孙正聿哲学文集

哲学的目光

◎ 孙正聿 著

吉林人民出版社

图书在版编目(CIP)数据

哲学的目光/孙正聿著.— 长春:吉林人民出版社,2007.1
(孙正聿哲学文集)
ISBN 978-7-206-05164-7

Ⅰ.哲…　Ⅱ.孙…　Ⅲ.哲学—文集
Ⅳ.B-53

中国版本图书馆 CIP 数据核字(2006)第 148742 号

哲学的目光

著　　者:孙正聿
责任编辑:谷艳秋　　　　封面设计:李晓东
吉林人民出版社出版 发行(长春市人民大街 7548 号　邮政编码:130022)
网　址:www.jlpph.com
全国新华书店经销
发行热线:0431-85395845　85395821
制　版:2002 图书文化设计制作中心　　电话:0431-85378099
印　刷:北京兴湘印务有限公司
开　本:650mm×920mm　1/16
印　张:27.5　　　　字数:360 千字
标准书号:ISBN 978-7-206-05164-7
版　次:2007 年 1 月第 1 版　　　印　次:2020 年 9 月第 3 次印刷
定　价:68.00 元

前　言

本卷包括三部分内容:上篇,哲学的使命,收入已发表和尚未发表的13篇发言和论文;中篇,哲学的视域,收入《哲学导论》一书中关于哲学主要领域的叙述以及《马克思主义哲学》一书绪论部分的有关论述;下篇,哲学的主要问题,收入《哲学修养十五讲》中的八个问题以及《马克思主义哲学》认识论部分的两个问题。从本卷的主题——哲学的目光——出发,对中篇和下篇收入的内容均进行了调整,并改写了部分文字。

总序　前提批判的哲学理论

一、我的生活经历和心路历程

1946年11月30日，农历丙戌年冬月初七，我出生在松花江畔的吉林市。

父亲是旧社会的职员，家里一直很穷，买不起课本之外的书籍。说不清为什么，我从小就喜欢看书，哥哥的课本，特别是语文、历史、地理一类的课本，不知道看了多少遍。儿时的最大乐趣，就是读“小人书”。在那时的“小人书”店里，厚一些的2分钱看一本，其余的1分钱看一本。我的许多知识都是从“小人书”中看来的。上中学的时候，每周两元钱的伙食费，常常是母亲在周日向邻居借来的。在那么艰难的日子里，我居然订阅了两本杂志——《世界知识》和《文学评论》。工作以后，填写的各种个人材料中，常常有“爱好”或“特长”一栏。想来想去，唯一可以填写的，就只有“读书”这一项了。

大约是在上初二的时候，我读了李卜克内西和拉法格的《回忆马克思恩格斯》。后来又读了梅林的《马克思传》和科尔纽的《马克思恩格斯传》。高中二年级的时候，读了恩格斯的《反杜林论》，艾思奇主编的《辩证唯物主义和历史唯物主义》。1966 年，在我高中毕业的时候，报考了哲学专业，然而“文革”开始了。在既无学可上又无工可做的几年中，在尚未关闭的图书馆里，我认真地阅读了《鲁迅全集》，并翻阅了《马克思恩格斯全集》。在翻阅这些著作的日子里，我的头脑中常常浮现出美国诗人朗费罗和俄国诗人普希金的两句“格言”：“伟人的生平昭示我们，我们也能够生活得高尚”；“跟随伟大人物的思想，是一门最引人入胜的科学”。在到农村当“知青”的日子里，在回城当工人的日子里，始终没有放弃读书和思考，我也希望自己像马克思那样，“为全人类而工作”。

1977 年，当进入大学学习的机会终于到来时，我又一次报考了哲学专业，从此开始了我的真正的哲学“专业”学习。1982 年初，大学本科毕业，我选择留校讲授马克思主义哲学。1986 年，我又有机会在职攻读博士学位，并在 1990 年以《理论思维的前提批判——论辩证法的批判本性》这篇论文通过博士学位论文答辩。有的朋友问我，为什么会想到以“辩证法的批判本性”作为学位论文选题？为什么会想到哲学是对“理论思维”的“前提批判”？我想，这不仅是“专业”研究的成果，更是我从生活中体悟出的对“哲学”的理解。在 20 多年的教书生涯中，我以这种“前提批判”的哲学理念，大约写作和发表了二百余篇论文，还写作和出版了十几本书，于是在自己 60 岁的时候，以这十几本书为主要内容，汇集成了现在的这套九卷本的个人文集。

二、我的“专业”与“事业”

我喜爱读书，还特别喜爱书籍中那些简洁、明快、深刻、睿智的“格言”。它们所蕴含的“哲理”，让我为之动容，为之感奋，乃至受益终生。

总序　前提批判的哲学理论

人生在世，悠悠万事，何事为大？“人应尊敬他自己，并应自视能配得上最高尚的东西。”这是西方哲人黑格尔的“格言”。我曾把它写在《现代教养》一书的扉页上，作为自己的座右铭。“尊敬自己”，就是自己把自己当成“人”，以“人”的标准规范自己的思想和行为；而人之为“人”的标准，则是人类文明所达到的“最高尚的东西”，也就是自己生活的时代所达到的“真善美”。一个人只有“尊敬自己”，只有“自视能配得上最高尚的东西”，才能成为真正的“人”。哲学，它所要给予人的，正是引导人们“尊敬自己”，“能配得上最高尚的东西”。

中、外哲人真是“不谋而合”。现代中国哲学家冯友兰说，哲学就是“对人生的有系统的反思”，哲学之“用”就在于“使人作为人能够成为人”。于是冯先生提出他的“境界”之说和“觉解”之说。人本来是源于自然、遵循必然的存在，然而，源于自然的人类却创造了超自然的特性——改变自然而发展自身的特性，遵循必然的人类却创造了自由的特性——掌握必然而融入自然的特性。因此，人生就有了不同的“境界”：凭借自然本性而生存的“自然境界”；超越自然而专注个人的“功利境界”；超越自我而关怀他人的“道德境界”；超越自然而又融入自然的“天地境界”。每个人对人生的“觉解”不同，因而其人生“境界”各有不同。哲学，就是“觉解”人生而升华其“境界”之学。这样的学问，当然也就是黑格尔所说的“尊敬自己”以“配得上最高尚的东西”的学问。

然而，超越自然的人类，并不是超然“世”外的存在。人是“在世”之在，是人给自己构成的“世界”——社会——的存在。“人的本质并不是单个人所固有的抽象物，在其现实性上，人是一切社会关系的总和。”这是马克思关于人的“格言”。人的“社会存在”，就是人的“现实的生活过程”。因此恩格斯断言，他和马克思所创建的哲学，就是“关于现实的人及其历史发展”的哲学。这是与“人”最亲近的哲学，与“我们”最亲近的哲学。

我的“专业”是哲学，我的“事业”则是研究和讲授马克思主义哲学。在研究马克思的哲学观的那本书即《解放的哲学》的后记中，我写下了这样的文字：

> 反思和阐释马克思的哲学观，有一种强烈的感动——被马克思的伟大人格和崇高理想所感动。马克思是“人”而不是“神”，但他是自觉地“为全人类而工作”的人，他是自觉地为“一切人的全面发展”而献身的人，他是一个真正的“大写的人”。只有这样的“大写的人”，才能为“大写的”人类贡献出“解放的哲学”。
>
> 反思和阐释马克思的哲学观，有一种强烈的震动——被马克思哲学所具有的“当代性”所震动。马克思的哲学是“时代精神的精华”，也是“文明的活的灵魂”，他以人类解放为目标和尺度而展开的“对现存的一切进行无情的批判”，特别是他对人的“以物的依赖性为基础”的生存状态的反思与批判，构成了真正具有“当代性”的“解放的哲学”。
>
> 反思和阐释马克思的哲学观，有一种强烈的激动——让马克思的哲学成为每个人的人生信念的激动。人生需要选择，选择需要标准。美国学者宾克莱在《理想的冲突》一书中提出：“一个人在对他能够委身的价值进行探索时，要遇到许多竞相争取他信从的理想，他若要使这种探索得到满足，就必须对各种理想有所了解。”“一个人除非对供他选择的种种生活方向有所了解，否则，他不可能理智地委身于一种生活方式。”人生是丰富多彩的，生活是日新月异的，而人生和生活的真正的意义则在于实现以“每个人的自由发展”为条件的“一切人的自由发展”。这就是马克思为“大写的”人类贡献

的“解放的哲学”——马克思主义哲学。

我愿以这种感动、震动和激动与读者共勉。

三、前提批判的哲学理论

我的第一本书，是我的博士学位论文，即《理论思维的前提批判——论辩证法的批判本性》，1992年由辽宁人民出版社出版。

这本书的形成，大约有五六年时间。自从开始哲学“专业”学习，我常常向自己提出一个问题：我所从事的“专业”即“哲学”，它到底是什么？在后来出版的《哲学通论》中，我明确地表达了自己的追问：哲学不是宗教，为什么它也给予人以信仰？哲学不是艺术，为什么它也给予人以美感？哲学不是伦理，为什么它也引导人以向善？哲学不是科学，为什么它也给予人以真理？难道“哲学”什么都是又什么都不是吗？在20世纪80年代的思考中，我的思想逐渐地聚焦到“哲学”与“科学”的关系上。

这个聚焦点的形成，是同当代中国的哲学改革直接相关的。通行的哲学原理教科书告诉人们：科学研究世界的“各个领域”，哲学则以“整个世界”为对象；科学提供各个领域的“特殊规律”，哲学则提供关于整个世界的“普遍规律”；因此，科学为哲学提供知识基础，哲学则为科学提供“世界观”和“方法论”。对于这种解释，我向自己提出的追问是：如果哲学与科学是一种“普遍”与“特殊”的关系，“哲学”不就是一种具有最高的概括性和最大的普遍性的“科学”吗？“哲学”还有什么独立的特性和独特的价值呢？正是在这种苦苦的求索中，恩格斯的一段论述，使我豁然开朗，真有“踏破铁鞋无觅处，得来全不费功夫”之慨。恩格斯的这段“格言”是：“我们的主观的思维和客观的世界服从于同样的规律，因而二者在自己的结果中不能互相矛盾，而必须彼此一致，这个事实绝对地统治着我们的整个理论思维。它是我们的理论思维的不自觉的和无条件的前提。"

哲学之外的全部科学，都是把思维和存在所服从的"同一规律"作为"不自觉的和无条件的前提"，运用理论思维去研究自然、社会和思维本身的规律；哲学则是把这个"不自觉的和无条件的前提"作为自己的对象。这不是表明，哲学是对科学活动中的"不自觉的和无条件的前提"的批判性"反思"吗？哲学对科学的关系，是"反思"的关系；哲学的反思，就是揭示、考察和论述科学活动中所隐含的那个"不自觉的和无条件的前提"！于是，我把"理论思维的前提批判"确认为我对"哲学"的理解；以这个标题出版的著作，也就成了我的"前提批判理论"的"奠基之作"。

"理论思维的前提批判"，构成了我的哲学思想的"研究范式"和"解释原则"，贯穿于我的整个哲学活动之中。在1998年出版的《哲学通论》一书中，我对自己的"前提批判"思想作出了系统的阐述。这就是：人类的思想活动可以区分为两个基本维度，一个是"构成思想"的维度，一个是"反思思想"的维度；科学是把思维和存在服从同一规律作为"不自觉的和无条件的前提"，去"构成"关于世界的"思想"；哲学则把科学所构成的关于世界的思想作为批判对象，"反思"科学所构成的"思想"。哲学对科学的"反思"，是"反思"科学思想中所隐含的各种"前提"，即：科学活动中的本体论、认识论和价值论问题；科学活动所遵循的逻辑规律、思维方式和思维方法问题；科学活动所造成的人类生存与发展问题；科学活动所"悬置"的"不自觉的和无条件的前提"即"思维和存在的关系"问题。因此，哲学是一种"反思思想"的"前提批判"活动。

在关于哲学的"反思思想"和"前提批判"的思考中，最重要的，是重新阐释了作为"哲学基本问题"的"思维和存在的关系问题"。在科学活动中，"思维和存在的关系"作为"理论思维的不自觉的和无条件的前提"，它并不是作为"问题"而存在的。只有在哲学的反思活动中，才把“思维和存在的关系”作为“问题”而构成哲学的反思对象。正因如此，“思维和存在的关系问题”，才成为哲学的“基本问题”。这表明，在对“哲学”的理解中，哲学的“基本问题”与哲学的“反思特性”是相互规定的：“思维和存在的关系问题”决定哲学的反思特性；只有哲学的反思活动，才把“思维和存在的关系”作为自己的“基本问题”。我的全部哲学活动，就是在反思“思维和存在的关系问题”中展开的。

对“思维和存在的关系问题”的“反思”，并不是一种超然世外的抽象的精神活动，而是一种“面向事情本身”的现实的思想活动。哲学所“反思”的“思维和存在的关系问题”，在其现实性上，就是人与世界的关系问题，就是“人生在世”的问题。哲学的“反思”，是从人的存在方式出发去“反思”人与世界的关系，去寻求解释人与世界关系的各种“前提”：人如何构成同世界的主客体关系？人为何能把世界视为现象与本质的矛盾关系？人依据什么来“改变世界”？人根据什么来规范自己的思想与行为？人类所追求的真善美的根据、标准和尺度是什么？这种关于“人生在世”的“前提批判”，使我把“哲学的目光”聚焦于对哲学的“本体论”的“反思”，聚焦于对“真善美”的求索。这种反思和求索的产物，首先就是我的第二本书《现代教养》。

1995年，吉林教育出版社的一位编辑约我写一本书，并明确地告诉我“写什么都行”。于是，我想到了对人生的“前提批判”，具体地说，就是对现代人的真善美的哲学反思。在我的夫人李璐玮的协助下，仅仅用了半年时间，就完成了《现代教养》这本书。但是，这本书所包含的人生感悟，却远非一朝一夕形成的。从20世纪80年代从事哲学的教学与研究以来，我个人始终萦绕于怀的，一是对“哲学”本身的追问，一是由这种追问所形成的对人生的感悟和理解，并有志于把这种感悟和理解以雅俗共赏的方式讲述给人们，尤其是青年大学生们。

由于《现代教养》这本书是以散文的风格写作的，把我对人生的感悟和理解，展现在对真、善、美的哲学阐释之中，因而引起了青年人、特别是青年大学生的共鸣。几个月时间，这本关于人的现代教养的哲学书就销售一空了。但我深知，对于一个长期以来习惯于哲学思辨的人来说，写好这样一本书，其实是勉为其难的。因此，在那本书的后记中，我老老实实地写下了自己的体会：

> 写好“现代教养”，大概需要三个东西：思想、知识和语言。
>
> 先说“思想”。这样的一本书，即使做不到“发人深省”，总要使人“受到启发”，这就需要“深沉”。而“深沉”是“玩”不出来的，这就需要长时期的“面向现实”、“面向本文”、“面向自我”的思想积累与升华。于是在写作中常常感到思想的贫乏。
>
> 再说“知识”。思想不够的时候还可以边想边写、边写边想；知识不够的时候，边写边“找”，边“找”边写，勉强凑上，也像是往新衣服上打补丁。于是感到“书到用时方恨少”。
>
> 再说“语言”。一本谈“教养”的书，语言总该生动一些，优美一些，使人增添一些语言方面的“教养”。但语言这东西却只能是水到渠成，有意为之，反而做作了。于是慨叹于“言之无文，行而不远”。
>
> 既然是写“现代”教养，思想、知识和语言，当然都应该具有“现代性”。但是，按照我们的理解，“现代”并不是历史的断裂。黑格尔曾经形象地把哲学的历史比喻为花朵否定花蕾、果实又否定花朵的自我“扬弃”的过程。人类的历史，人类的教养，也是如此。所以，我们在写作此书的过程

中，既力求其具有真切的“现代性”，又具有深厚的“历史感”。

在写作《现代教养》的过程中，我总是从对真善美的求索而联想到哲学的历史。人类所寻求的真善美，如果可以用一个词来概括，那就是“崇高”。在人类的精神坐标上，崇高与渺小是对立的两极。黑格尔所说的引导人类“尊敬自己”的哲学，冯友兰所说的“使人作为人能够成为人”的哲学，恩格斯所说的“关于现实的人及其历史发展”的哲学，在其价值目标上，不都是对“崇高”的追求吗？那么，为什么哲学的历史又是黑格尔所说的“厮杀的战场”呢？为什么现代西方哲学要“终结哲学”呢？为什么恩格斯说马克思主义哲学已不再是“哲学”而只是“世界观”呢？诉诸哲学史，我形成的基本看法是：哲学的历史，在其价值追求的意义上，就是寻求崇高的历史；哲学在寻求崇高的过程中，却使自己变成了被异化的崇高；因此，哲学的历史又是自我批判的历史，即不断地“消解”那种变成了“异化的崇高”的哲学的历史；哲学的当代使命，就是重新确认崇高的位置，也就是重新规划“哲学”。哲学与崇高之间的这种“四重化”关系，构成了我的以“崇高”为核心范畴的“前提批判”，并形成《崇高的位置——世纪之交的哲学理性》这本书。1997年，该书由吉林人民出版社出版。

在探索寻求崇高的哲学的过程中，我碰到了一个巨大的理论难题。这就是：为什么20世纪的西方哲学要“拒斥形而上学”和“终结哲学”，也就是拒绝哲学对“崇高”的承诺和追求呢？逻辑实证主义代表人物卡尔纳普关于“语言”的“两种职能”的论证，向我敞开了“终结哲学”的“谜底”：语言具有陈述经验事实的“表述”职能和表现情感意愿的“表达”职能；“科学”是以“表述”方式陈述经验事实，“艺术”则是以“表达”方式表现情感意愿；如果哲学履行语言的

“表述”职能而又不能像“科学”那样陈述经验事实，那么哲学就是“给予知识的幻相而实际上不给予任何知识”，因而必须“拒斥”哲学的“形而上学”，并因此封闭了哲学的“科学化”道路；如果哲学履行语言的“表达”职能而又不能像“艺术”那样震撼人的心灵，那么哲学就是某种“蹩脚的诗”而不具有任何真理的意义，因而同样必须“拒斥”哲学的“形而上学”，并因此封闭了哲学的“文学化”道路。正是对哲学的“表述”与“表达”两种职能的双重否定，对哲学的“科学化”和“文学化”两条道路的双重封闭，引发了我对哲学的存在方式的新的理解。这就是：作为存在论、真理论和价值论相统一的哲学，作为求索真善美即追寻崇高的哲学，它既不是像“科学”那样“表述”经验事实及其规律，也不是像“艺术”那样“表达”人的情感和意愿，而是以“表征”的方式构成理论形态的人类自我意识，构成“思想中所把握到的时代”，构成“时代精神的精华”和“文明的活的灵魂”。“表征”，是哲学的存在方式。哲学在自己的“表征”的存在方式中实现了对真善美即“崇高”的求索，实现了自己的存在论、真理论和价值论的统一。这就是我在《崇高的位置》一书中所体现的另一个基本思想：关于哲学的存在方式的思想。

哲学寻求崇高的历史，在其现实性上，是以理论的方式表征了人类存在方式的变革，表征了人类历史的文化内涵。马克思说：“人的自我异化的神圣形象被揭穿以后，揭露非神圣形象中的自我异化，就成了为历史服务的哲学的迫切任务。于是对天国的批判就变成对尘世的批判，对宗教的批判就变成对法的批判，对神学的批判就变成对政治的批判。”这样，我就从三个角度把握到哲学的历史，即：哲学反思“思维和存在的关系问题”的历史，就是以理论的方式表征人的存在形态变革的历史，也是揭示历史的文化内涵即寻求和重构崇高的历史。由此我感到可以比较系统地阐述我对“哲学”的理解了。1994年底，吉林大学哲学学科被教育部确定为“国家文科基础学科人才培养和科学研究基地”。为了引导学生按照哲学的本性学习哲学，我设计了一门新的课程，并从1995年起开始为本科生讲授，这门课程就是“哲学通论”。依据讲课录音，我的夫人李璐玮整理出了近80万字的讲课录音稿。经过近三年的反复修改，我撰写的《哲学通论》在1998年8月由辽宁人民出版社出版。

这部《哲学通论》的立意很明确，就是阐述对“哲学”的理解。围绕这个主题，讲了七个问题：哲学的自我理解，哲学的思维方式，哲学的生活基础，哲学的主要问题，哲学的派别冲突，哲学的历史演进，哲学的修养与创造。《哲学通论》出版之后，获得了很多荣誉：1999年获得国家图书奖提名奖，2001年获得吉林省社会科学优秀成果一等奖，“哲学通论课程和教材的建设与推广”又在2002年获得国家级教学成果一等奖。高等教育出版社和中国人民大学出版社分别在2000年出版了《简明哲学通论》和《哲学导论》。《哲学导论》从人类把握世界的各种基本方式的比较出发，讨论了哲学与宗教、艺术、常识和科学的关系问题，并阐述了哲学研究的主要领域。2004年，应北京大学出版社之约，我又为“名家通识讲座”系列丛书撰写了《哲学修养十五讲》。按照出版社的要求，这本书保留了课堂讲授的口语化特点，分别讲述了我以为是哲学的最重要的十五个问题：哲学与爱智，熟知与真知，人与世界，生存与生活，主体与客体，感性与理性，小我与大我，理想与现实，标准与选择，历史与文化，思维与存在，思想与反思，存在与本体，存在与表征，理念与境界。这几本书均已多次印刷达十余万册，在学界产生了广泛影响。

《哲学通论》积淀和升华了我对哲学的追问，系统地表达了我对哲学的理解：

哲学，它不是抽象的名词、枯燥的条文和现成的结论，而是人类思想的批判性的反思的维度、理想性的创造的维度。

它要激发而不是抑制人们的想象力、创造力和批判力，它要冲击而不是强化人类思维中的惰性、保守性和凝固性，它要推进而不是遏制人们的主体意识、反思态度和创造精神。

哲学，它既是人类的光辉灿烂而又迂回曲折的文明史的理论表征，它本身也是人类精神的庄严崇高而又艰苦卓绝的不尽追求的理论表现。古往今来的伟大哲人，无不具有巨大的、崇高的使命感和强烈的、执著的主体自我意识。对人类进步的关注，对人类命运的深思，对人类未来的憧憬，这是哲学家的不可或缺的“人文情怀”；对自己所从事的哲学事业的挚爱，对自己所承担的历史使命的自觉，对自己所进行的哲学探索的自信，这是哲学家的极为重要的心理品质；对流行的思维方式、价值观念和审美意识进行前提的追问，对人类的哲学理念进行创造性的重构与再建，对自己所承诺的哲学理念进行前提的批判，则是哲学家的永无止境的求索。

2000 年，我在清华大学做特聘教授期间，应吉林教育出版社之约，写了《超越意识》一书，论述了人何以是世界上最奇异的存在——超越性的存在，以及由人的超越性而构成的“属人的世界”。2002 年，人民出版社出版了《马克思辩证法理论的当代反思》。这本书以《理论思维的前提批判》为基础，从新的角度表达了我对马克思的辩证法理论的理解。2004 年以来，参加新编《马克思主义哲学》教材的编写工作，经过多次研讨和反复修改，我完成了该书的“绪论”和“认识论”部分。在此期间，应北京师范大学出版社之约，我以《思想中的时代——当代哲学的理论自觉》为题，分作“现代哲学革命”和“当代中国哲学改革”两部分，收入了我的相关论文。这本论文集作为“当代中国哲学家文库”中的一种于 2004 年出版。

哲学是思想中的时代。对时代精神的哲学概括，一直是我最为关切的重大问题。在20世纪80年代、90年代和21世纪初，我分别以《从两极到中介》（1988）、《从体系到问题》（1994）、《从层级到顺序》（2001）为题，概括了“现代哲学的革命”、“当代中国哲学研究的主流”和“当代哲学的趋向”。在此期间，还发表了《当代中国的哲学历程》、《解放思想的哲学与哲学的思想解放》等文章，表达了我对当代中国的哲学研究的历程与趋向的理解。

四、文集的主要内容和编排体例

这套文集的主要内容，就是上面说到的十几本书，因此最便捷的编排方式，莫过于按照每本书的出版时间来编排。然而，沉吟再三，我放弃了这种便捷的编排方式。

一套文集，首先要有“灵魂”，要有照亮整个文集的“普照光”。我觉得自己的基本思想，是把哲学理解为一种“前提批判”理论；我的全部文字，大体上是以“前提批判”的理念去反思各种问题。因此，在编排这套文集时，我首先考虑的是，如何体现自己的“前提批判”理论。书是写给读者的，易于读者理解，符合阅读逻辑，是我编排这套文集的另一个出发点。具体地说，就是把读者如何接受“前提批判”这一理论作为文集编排的出发点。依据自己确定的这两个编辑原则，我对整套文集作出这样的编排：

第一卷，我称之为《哲学的目光》。这个标题的立意是，在阅读的起点上，使读者体悟到哲学的特性，把握到哲学的思维方式，从而真正以“哲学的目光”阅读整个文集。这一卷分为上、中、下三篇。上篇，哲学的使命，从不同的角度表达我对哲学之“用”的理解，希望借此引导读者从多重视野接近哲学；中篇，哲学的视域，讲述哲学的主要领域，为读者敞开哲学思考的空间；下篇，哲学的主要问题，与读者一起思考最为重要和最为基本的哲学问题，引导读者走进哲学。

第二卷，《属人的世界》。这是由“哲学的目光”所照亮的世界，因而是第一卷的逻辑上的延伸。这一卷的主要内容是《超越意识》这本书，分别讲述了人的生活世界、人的精神世界、人的文化世界、人的意义世界以及常识的、宗教的、艺术的、科学的和哲学的世界，还把大学本科毕业不久写的《迷人的逻辑》放在这一卷，讲述一下“逻辑的世界”。

第三卷，《探索真善美》。承接以“哲学的目光”反思“属人的世界”，把对“属人的世界”的哲学理解，升华为对“真善美”的求索。这一卷的主要内容，是《现代教养》这本书，分别讨论了现代人的求真意识、价值观念和审美意识。

第四卷，《崇高的位置》。按照我的理解，崇高即是真善美，真善美即是崇高；哲学求索真善美，即是对崇高的寻求。这一卷的主要内容即是此卷标题的同名书，依据我对“哲学”与“崇高”的四重化关系的理解，以及我对哲学的“表征”方式的理解，论述了对“哲学”和“崇高”的“前提批判”。

第五卷，《哲学观研究》。20 世纪 80 年代以来中国的哲学研究，大体上可以分为三个阶段：一是 80 年代的教科书改革，其根本任务是重新理解马克思主义哲学和重构马克思主义哲学体系；二是 90 年代以来的哲学观研究，其根本任务是在开放的视野中重新理解“哲学”；三是进入 21 世纪以来的哲学问题研究，反思关乎当代人类生存和发展的重大理论问题和现实问题。这一卷在探索有关“哲学观”问题的基础上，集中地论述了马克思的哲学观。

第六卷和第七卷，《辩证法研究》上、下册，分别收入了《理论思维的前提批判》和《马克思辩证法理论的当代反思》。《理论思维的前提批判》集中地阐述了我的“前提批判”的哲学理念，并分别地论述了辩证法对形式逻辑、常识和科学的前提批判，以及哲学的自我前提批判。《马克思辩证法理论的当代反思》则进一步发挥了“前提批判”

的思想。把这两本书作为第六、七卷，主要是考虑读者在阅读前五卷的基础上，能够更为真切地理解这套文集的“灵魂”——“前提批判”的哲学理念。

第八卷和第九卷，把《哲学通论》分为上、下册放在文集的最后。《哲学通论》既是对“哲学”的具体论证，又是“前提批判”的哲学理念的具体体现，因而也是对我的哲学思想的某种系统性总结。把它放在文集的最后，既符合我的思想历程，也适合读者的阅读逻辑。作为文集最后一卷的第九卷，还以“附录”的方式收入了十几篇访谈文章和评论文章。

五、感谢与期待

出版这套文集，我是缺少思想准备的。两个月前，吉林人民出版社提出出版我的个人文集。这让我颇为踌躇。社长胡维革教授言辞恳切，让我感动；但按我的理解，出版多卷本个人文集，大概应当具备三个条件，一是年龄，二是资历，三是学识。我今年刚好60岁。虽然通常称之为“花甲之年”，但按照现代人的平均寿命，人们又把60岁视为中年，或者说“老中年”。此时出文集，确乎是早了。另外，自己的资历又太浅。1977年才上大学，1982年才教书和写作，与众多学界前辈相比，实在是没有资格出所谓的个人文集。最重要的是，“文章千古事，得失寸心知”，才疏学浅，对自己来说，决非谦虚之词。现在出版这套文集，只能说是吉林人民出版社的偏爱了。

我能够写出这些文字，并有机会把这些文字编为文集，首先应当感谢中国的改革开放。我是在高中毕业12年之后才有机会到大学学习，人们经常惋惜地说被“耽误”了12年。但是，每当听到这种说法的时候，我总是开玩笑地说，把“耽误”打上引号。我为什么这样说呢？1978年中国开始改革开放，我们入学后，适逢解放思想，既能够阅读各种书籍，又可以独立思考，而此前的12年的生活阅历和知识储备，又为这种阅读和思考奠定了比较坚实的基础，因而能够较快地在学术上成长起来。我们入大学之前，在极“左”思潮的环境中，想在人文社会科学有所造诣是十分不易的。这正如我所崇敬的鲁迅先生所说，“如履薄冰，发抖尚且来不及，还谈何创造?”我和我的同辈所取得的成果，其实是时代给予的。

我的导师高清海先生在庆祝他执教50周年的盛会上，曾经非常感慨地说，他的一生有两大幸事，一是遇到了好的老师，二是遇到了好的学生。在我60岁的时候，对此深有同感。我像自己的导师一样，也遇到了好的老师，这首先就是高清海先生。先生的言传身教，使我受益终生。还是在大三的时候，我怀着惴惴不安的心情，把我的哲学习作《试论黑格尔〈逻辑学〉的开端概念》送给先生。令我吃惊的是，先生竟在这篇学生的习作上写下了密密麻麻的批语。先生认同之处，画上了重重的浪线，写下了诸如“有思想”、“有见地”等字样；先生不以为然之处，画上了重重的横线，写下了诸如“想一想”、“是否如此”等字样。先生的鼓励增强了我的学术自信，1986年考取先生的博士研究生，在先生的指导下，在学术上逐渐成熟起来。

吉林大学的哲学学科，是一个富于思想的学术群体。科技哲学的舒炜光先生，西方哲学的邹化政先生，心理哲学的车文博先生，中国哲学的陈庆坤先生，都对我的学业产生深刻影响。特别是我所在的马克思主义哲学学科，更是一个充满思想活力的群体。刘福森教授、杨魁森教授等的学术思想，给予我很深的影响。张维久教授、艾福成教授对我的多方面的关怀，令我终生难以忘怀。我的几位在吉林大学任教的同窗好友，既是生活中的相互帮助的挚友，又是学术上的相互切磋的诤友。从1982年毕业留校任教，直到1996年任哲学社会学院院长，几乎每天都与孙利天教授在一起交谈，许多想法都是在这种思想交流中激发出来的。现在，由于事务繁忙，也由于年龄增长，交流的机会少了，实在是一大憾事。近些年来，由于有机会参加各种学术活动，又结识了许多学界朋友。我在2005年的“第五届马克思哲学论坛”上的致辞中说，“在人格上相互尊重，在学问上相互欣赏”，并不是一句套话，而是我的感慨与期待。

吉林大学哲学学科的学术传统，以我们这一代人为“中介”，也深深地影响着我们的学生。这是一批勤奋钻研、善于思考的学生。我和高清海先生一样，非常庆幸自己也能遇到这样好的学生。学生们在吉林大学哲学学科学会了做人，学会了做学问，对自己学科的学术传统有真切的体悟。在我60岁生日的时候，任教于清华大学的宋继杰博士写了一篇署名文章以表祝贺。继杰的这篇文字，既有对我个人的偏爱，大概也有对吉林大学哲学学科的偏爱。因其表达了吉大哲学学科的学术传统，也许有助于对我个人的这套文集的理解，特把这篇《守护住我们的学术思想传统》摘录于此。

> 我是1987年进入吉大哲学系学习的，迄今整整18年了。我最近在做一个课题，名为《海德格尔与古希腊思想》。海德格尔无时无刻不在思念、牵挂并重返他的希腊本原，这使我不断考问自己：我所做的哲学工作有没有本原？我的本原在哪里？尽管1998年后我到了北京有名师指点，甚至还有留洋“镀金”的经历，但毫无疑问，我的本原在吉林大学哲学系。
>
> 吉林大学哲学系之所以能够成为我的本原，不只是因为我在这里学习和工作了整整十一年，更是因为这里是当代中国最有资格成为思想之本原的地方，它是当代中国为数不多的真正称得上是有哲学的哲学系，因为它把握到了“哲学的灵魂”。而灵魂是不可分的，因此通常所谓的“中”、“西”、“马”的划界在这里是无意义的，吉大哲学系拥有一个共同的“哲学灵魂”和三者统一的学术思想传统。但在这个和谐统一

的学术思想传统之下，我清晰辨识出三种不同的理论路向或旨趣：首先是邹化政教授强调“直觉”和“逻辑”相统一的“形上思辨”路向，其次是高清海教授的关注现实生活的“哲学人类学”路向，第三个就是孙正聿教授的反思理论思维前提的“元哲学批判”路向。

孙正聿教授尽管出身高清海门下，又多少受到邹化政的影响，但他的哲思取向明显不同于高与邹，这从他的博士论文和成名之作《理论思维的前提批判》中初露端倪。他的元哲学的自觉、他对“哲学是什么”的持久而强有力的追问与体会，使得他的思想成为吉大哲学灵魂中独特而又不可或缺的一环。

从哲学本身来说，孙正聿教授的哲学工作的重要性在于，“元哲学”或“追问哲学是什么”是哲学思想发展的必要条件和根基。现代西方哲学的发展给予了明显的例证：20世纪西方哲学是一部“元哲学史”。海德格尔之所以超越于一般的存在主义者，可以在他对“形而上学是什么”、“哲学是什么”和“思想是什么”的追问中找到根据，而后现代法国思想又能别开生面，同样依赖于这种不懈的元哲学反省与批判（如德勒兹的《哲学是什么?》）。中国传统思想在当代能否“老树开新花”，也取决于当代中国哲学学者是否以及在多大程度上具有这种元哲学的自觉。

现在，大江南北“创新”二字不绝于耳，但哲学的创新谈何容易？如果“哲学的创新”指的是思想层次上的根本性突破与跃迁，而非多研究一个学派，多涉及一个领域的话。哲学需要至高的智商和情商。我们这一代人的哲学使命，首先不是创新，而是守护：守护住前辈学者的精神传统，而守护的前提是理解和自觉，对这个神圣的“三位一体”的学术思想传统的充分的理解和自觉。

有感于上述对于吉大哲学系学术思想“三位一体”传统的认识，我认为以下著作是每一个吉大哲学系学生所必读的，它们是邹化政《〈人类理解论〉研究》、《儒家哲学思想新探》；高清海《哲学与主体自我意识》和新出版的论文集；孙正聿《理论思维的前提批判》、《哲学通论》和论文集；孙利天《论辩证法的思维方式》（兼采邹、高之长的佳作）；王天成《直觉与逻辑》。而其中，孙正聿教授的书是你入学和即将毕业时都应该细心阅读的，因为当你初入哲学系的时候，它是一条绝对安全、可靠的道路，把你引向哲学；而当你即将毕业时，它又是一面镜子、一把尺子，可以衡量你论文的工作是不是哲学、是什么层次上的哲学。

当今时代是一个最需要哲学思想而又最容易遮蔽哲学思想的时代，所幸的是，作为吉大哲学系的学生，我们有我们的“哲学灵魂”之火的照耀，而不至于迷途。

人生活在世界中，生活在社会中，生活在家庭中。朋友和学生对自己的理解、信任和支持，使我生活在友情之中；父母对自己的培养，兄弟对自己的关怀，妻子对自己的体贴，子女对自己的依恋，使我一直生活在亲情和爱情之中。父亲性格温和，母亲性格刚烈。在我的记忆中，母亲总是为我们吃上“下一顿饭”而奔波，然而她从不抱怨，从不气馁，她的“格言”是“人要有志气”。她走起路来风风火火，办起事来干脆利落。也许就是这“志气”二字，使我走到了今天。母亲去世了。好长时间里，我总是浮现出一个想法，“妈妈不能吃饭了”，眼睛便不由自主地湿润了。

在我儿子结婚的仪式上，车文博教授在他的祝辞中说，“没有璐玮，正聿不会有那么大成就”。有谁会比我自己有更真切的体会呢？在人生的路上，我们携手走过三十多年了。如果用“相濡以沫”来形容，是不会为过的。那么艰苦的日子，她从不抱怨；那么坎坷的岁月，她从未灰心。她把两个孩子一手培养成人，她把我的事业当成自己的生命。她自己是一个热爱事业的人，热爱工作的人，既不喜欢穿着打扮，更不喜欢“家长里短”。也许正是她的内在的教养，使她成为我的终生恋人。我在自己的一生中，最大的幸运，莫过于有一个欣赏自己的为人、理解自己的事业的爱人。这套200余万字文集的初稿，全是她一个字、一个字打印出来，校对出来的。在以前出版的著作中，我很少提到她的名字，因为她总是说“没有必要”。现在，集结了我的前半生的文字出版了，我终于写上了这样几句话。写到这里，我已经无法抑制自己的泪水。

出版个人文集，对我来说，是一种欣慰，也是一种惶惑。欣慰自不待言，惶惑也是实实在在的。我问自己：在这200余万的文字中，究竟有多少是值得读者一读的？自己有多少“文献积累”，有多少“思想积累”，有多少“独立见解”，自己是清楚的。讲课时，什么时候理直气壮，什么时候惴惴不安；写稿时，什么地方酣畅淋漓，什么地方捉襟见肘；这些，有谁比自己体会更深呢？

四十初度时，我曾为自己写下这样几句话：“年过不惑亦有惑，爱智求真敢问真，是是非非雕虫技，堂堂正正方为人”。20年又过去了。心未老，人已老了。总想多读一些好书，多写一点儿让读者有所收益的书；也总想多讲一些好课，多带出一些大有作为的学生；当然，还希望身体不出毛病，多做一些事情，把我们的吉林大学和哲学学科办得更好一些，把自己承担的事情做得更好一些。

这个“总序”写得够长了，不知读者是否读得进去？就此收笔。

孙正聿

2006年10月12日谨识于长春阳光城寓所

目　录

上篇　哲学的使命

上篇　哲学的使命

SHANGPIAN
ZHEXUEDESHIMING

一　站在大学的讲台上

——在首届国家级教学名师奖颁奖大会上的发言

今天，在迎接我国第十九个教师节的喜庆时刻，教育部在庄严的人民大会堂隆重举行新中国首届高等学校教学名师奖表彰大会，并由我代表百名获奖者发言，我感到非常荣幸，并借此机会讲一讲我们的心里话。

我们来自祖国各地的不同院校，但我们又都是站在共同的大学讲台上，因此，我们有着共同的欢乐和关切，也有着共同的愿望与期待。

站在大学的讲台上，我们能够直接地感受到莘莘学子的渴望与要求。大学生在人生最美好的年华走进大学，他们渴望获得人类文明的精华，他们也渴望求解人生的意义与价值，因此，他们期待自己仰慕的学者在课堂上为他们传授科学理论与知识，他们也期待自己敬佩的教授在课堂上为他们展示人生的典范。我们作为大学教师，特别是作为学术象征的大学教授，怎么能逃避大学生的焦灼期待的目光，怎么能不殚精竭虑地为学生讲好每一门课和每一堂课？作为大学教师，我深深地感到，教师是我们的职业，教学则是我们的生活方式。教学既是我们对社会的贡献，更是我们的自我实现。教学受到学生的喜爱与欢迎，这是我们人生的最大的幸福。

站在大学的讲台上，我们能够真切地领悟教育在人类文明的传承与创生中的巨大作用，能够强烈地体会教育在富国强民、振兴中华中的重大意义。教育是历史文化的传递活动，也是历史文化的创生活动，它执行着文明的社会遗传的功能，又执行着文明的时代变革的功能。

教育是个体向历史、社会和时代认同的基础，又是个体批判性地反思历史遗产和创造性地构建现实与未来的前提。教育是把学生培养成掌握和运用专业知识的专门人才，更是把学生培养成具有现代教养的现代人。因此，我自己的教学改革的基本思路是“激发学生的理论兴趣，拓宽学生的理论视野，撞击学生的理论思维，提升学生的理论境界”，让大学生在继承和创生文明的大学校园里度过人生中最值得珍惜的青春年华，并为自己的全面发展奠定坚实的基础。

站在大学的讲台上，我们能够切实地理解教学是一门艺术，更是一种境界。在教学中，宏观线索的勾勒，微观细节的阐述，逻辑分析的独白，讲解视角的转换，典型实例的穿插，恰到好处的板书，思想感情的交流，疑难问题的提示，人格力量的感染，理论境界的升华，所有这些必须是成竹在胸，水乳交融，挥洒自如，引人入胜。我在讲授马克思主义哲学的过程中，深深地感到，讲好这门课程，不仅要求教师具有坚实的理论功底、广博的知识背景和灵活的教学艺术，而且要求教师具有融理想、信念、情操和教养于一身的强烈的人格力量。有了这种人格力量，讲起马克思主义哲学，才能充满自信，精神饱满，神采飞扬，富有魅力，才能把学生带入马克思主义哲学的气势恢宏、博大精深、睿智通达的理论境界。

站在大学的讲台上，我们尤其能够强烈地感受到社会的发展、科技的进步和时代的变革。我们常常把当今的时代称作“信息时代”、“网络时代”或“知识经济时代”，这意味着人类文明形态的历史性转换，意味着人的生存方式的社会性变革，也意味着人的思想观念的时代性震荡。如果我们仍然在传统的意义上把“教育”定位为“传授知识”，把“教材”定位为“标准答案”，把“教学”定位为“照本宣科”，我们怎么能适应和推进时代变革，把当代的大学生培养成创造性人才和全面发展的人呢？大学教师作为人类文明的传承与创生的活的载体，实事求是，解放思想，与时俱进，这不仅应当是每一个大学教师的最为强烈的自觉意识，而且应当是每一个大学教师的思想与行为。把高等学校办成科技创新、体制创新和理论创新的教育园地，这是我们每位大学教师所承担的时代使命和历史责任。

我们获得高等教育教学名师的殊荣，内心的激动是难以言表的，而我们的共同期待则是十分明确的，那就是用我们的真诚的劳动为祖国、为人类培养与时俱进的创造性人才！

2003 年 9 月 9 日

二 构建当代形态的马克思主义哲学

——“第五届马克思哲学论坛”上的致辞

第五届马克思哲学论坛在吉林大学召开，我们感到非常荣幸；有这么多学界朋友光临本届论坛，尤其令人感动和深受鼓舞。我代表吉林大学哲学基础理论研究中心和哲学社会学院向朋友们表示诚挚的感谢和热烈的欢迎！

在筹备这届论坛的过程中，我一直在想，为什么肇始于21世纪初的马克思哲学论坛会引起学界越来越广泛、越来越强烈的关注？我个人认为，这主要是因为改革开放以来的中国哲学正在发生一种双重的转换，这就是美国科学哲学家托马斯·库恩所说的研究范式和科学家集团的双重转换。这种转换，要求我们以新的时代背景和新的解释原则重新理解和阐释以马克思命名的哲学，并从而构建中国化的马克思主义哲学。

自20世纪80年代改革开放以来，中国哲学在推进社会解放思想的过程中，实现了自身的思想解放。这个思想解放，我把它概括为：从两极对立、非此即彼的思维方式当中解放出来；从唯上唯书、教条主义的研究方式当中解放出来；从人云亦云、僵死枯燥的话语方式当中解放出来。正是在推进社会解放思想和实现自身思想解放的过程中，20多年来的中国哲学界发生了研究范式和研究者集团的双重转换。我想，正是在这种背景下，连续四届的马克思哲学论坛取得了越来越坚实的研究成果，也吸引了越来越多的学界朋友关注这个论坛、参与这个论坛，从而为第五届马克思哲学论坛的召开创造了浓郁的学术氛围和旺盛的“人气”，也为这届论坛的主题和各个议题的选择和确认创造了条件。

围绕“中国化的马克思主义哲学形态研究”这个主题，本届论坛确定了4个主要议题。第一个议题是反省“新时期马克思主义哲学研究的历史与逻辑”。哲学是思想中的时代，是以理论的方式所表征的时代精神。概括哲学所表征的时代精神的历史性转换，我对20多年来的中国哲学研究作出三个基本论断：一是20世纪80年代的“从两极到中介”，二是20世纪90年代的“从体系到问题”，三是进入到21世纪的“从层级到顺序”。改革开放以来的中国跳出了非此即彼、两极对立的思维模式，逐步地确认了建设社会主义市场经济的总体战略，当代中国哲学正是以“从两极到中介”的范式转换，理论地表征了这个时代性变革；随着改革开放的深入，各种重大的现实问题成为理论研究的聚焦点，当代中国哲学又以“从体系到问题”的范式转换，以理论的方式推进当代中国的改革开放；进入新的世纪，当代人类的生存困境成为哲学反思的出发点，当代中国哲学又以“从层级到顺序”的范式转换，理论地表征了新世纪的人类基本理念——以顺序性的选择来实现人类自身的发展。

本届论坛的第二个议题是“马克思的哲学观与马克思开辟的哲学道路”。如果说20世纪80年代的中国马克思主义哲学研究，是以反省通行的哲学原理教科书为出发点而构建马克思主义哲学体系，那么，进入90年代的中国马克思主义哲学研究，则是以对“哲学”自身的反省为出发点，在开放的哲学视野中重新理解马克思主义哲学。正是在追问“哲学”自身的开放视野中，学界提出并探讨了关于马克思的哲学观的一系列重大问题。这其中包括：怎样理解马克思的哲学是“改变世界”的而不是“解释世界”的？怎样理解马克思哲学只是“世界观”而不再是“哲学”？怎样理解马克思的学说究竟是“哲学”还是“科学”？怎样理解马克思哲学是“实践唯物主义”还是“实践观点的思维方式”？我在自己为本届论坛提交的论文中，集中地讨论了上述问题，认为马克思的哲学革命是把传统哲学对“世界何以可能”和“自由何以可能”的追问，革命性地变革为对“解放何以可能”的求索。正是“解放何以可能”的哲学主题，实现了哲学从“解释世界”向“改变世界”的转换，实现了马克思学说的“哲学性”与“科学性”的融合，实现了马克思学说的解放的旨趣、道路和尺度的统一。

哲学自我反思的开放视野，在当代中国的现实性，首要的是中国哲学、西方哲学和马克思主义哲学的对话。这种对话，构成本届论坛的第三个议题。我们欣慰地看到，本届论坛不仅汇聚了中、西、马各界学者，而且征集到了多篇关于这种对话的高质量的学术论文。这为本届论坛乃至今后的马克思哲学论坛，开拓了更为宽阔的研究领域和更为开放的研究视野，并为本届论坛主题——中国化的马克思主义哲学形态研究——提供了重要的学术基础。

把“高清海与当代中国哲学”作为本届论坛的第四个议题，不仅仅是因为高清海教授是吉林大学马克思主义哲学学科的奠基人，也不仅仅是因为高先生在中国学术界所赢得的普遍尊重，更是因为高先生以哲学的方式关注现实，以理论的方式表征了我们这个时代，为构建中国化的马克思主义哲学形态做出了自己的杰出的贡献。高先生在80年代中期提出“实践观点的思维方式”，用实践的观点阐释人对世界的否定性统一关系，从而表征了人对世界的独特关系；在90年代，高先生又提出“类哲学”思想，理论地说明了物的逻辑与人的逻辑的区别，蕴含了真正的“以人为本”的哲学理念；在本世纪初，高先生又提出“中华民族需要自己的哲学理论”，表达了我们这个民族的理论自觉，并激励和鞭策我们在马克思开辟的哲学道路上坚持不懈地进行新的求索。

作为马克思哲学的后继者，无论是作为信仰者，还是作为研究者，在我们的学术活动中，都需要永葆对正义的激情、对真理的渴望和对更美好的事物的憧憬。让我们大家在人格上互相尊重，在学问上互相欣赏，共同推进当代中国的马克思主义哲学研究！

2005 年 7 月 26 日

三　赞美理论

——在“大学生人文素质教育系列讲座”上的报告

我今天给大家讲的题目是“赞美理论”。

恩格斯有一句名言：“一个民族想要站在科学的最高峰，就一刻也不能没有理论思维。”我们要想学好各门知识，能够站在科学的最高峰，要想建设好社会主义市场经济，提高中华民族的整体素质，就必须研究如何提高我们的理论思维能力。同时，我们还知道黑格尔的一句名言，他说，我们经常挂在嘴边的名词，往往是我们最无知的东西。这就是说，很多东西，虽然我们经常讲，但对于它应有的内涵，对于它的功能和作用，我们并不是很清楚。虽然同学们对于“理论”这个名词非常熟悉，但究竟什么是理论，理论究竟有什么作用，我们究竟如何学习理论，这些都是需要研究和探索的。从这种思考出发，我今天来谈一下《赞美理论》这个话题。

（一）理论“务虚”质疑

大家都知道，我们平时是把“理论”和“科学”这两个名词合在一起称作“科学理论”。然而，崇尚“科学”是我们这个时代的一股最强劲的潮流，漠视“理论”也是时下不容回避的一种社会心理，这确实是一种非常奇怪的社会现象。我提出的第一个问题就是理论“务虚”质疑，也就是说，我们为什么会把“理论”和“科学”分开，一方面崇尚“科学”，而另一方面又漠视“理论”呢？

这其中的最根本的原因就在于，人们通常认为，科学是“务实”的，而理论是“务虚”的。正因为是这样，所以人们才一方面崇尚科学，而另一方面却漠视理论。而造成这种漠视理论的原因，用一种时髦的话来说，就是在对“科学”和“理论”的理解上陷入了所谓的双重“误区”。一方面是对“科学”的理解陷入了一种误区，另一方面在对“理论”的理解上也陷入了误区。

所谓对科学的理解陷入了一种误区，就是说，我们为什么会认为科学是务实的，而理论是务虚的？这是因为，我们在相当大的程度上，把“科学”和“技术”当做是一个名词了。科学与技术，特别是同“技能”，是有区别的。所谓科学，大家到学校里边无论是学习自然科学也好，学习社会科学也好，人文科学也好，思维科学也好，我们都怎么说？我们学习自然科学理论，社会科学理论，人文科学理论，思维科学理论。不管是哪一种理论，实际上都是由一系列的原理、公式、公理、定理、定义所组成的概念系统，在这个意义上，所有的科学不都是理论吗？为什么人们会把“科学”和“理论”区别开来，并且认为科学是“务实”的，而理论是“务虚”的？我想，这里边有两个最主要的原因，一个原因就是我们通常把科学区分为基础科学和应用科学，把所谓的应用科学当做是狭义的科学而认为它是实的，另一方面又把基础科学当做一种纯粹的理论而认为它是虚的。还有一个原因，就是把所有的科学分为自然科学和人文社会科学，认为只有自然科学才是科学，才是实的，而人文社会科学是虚的，它是一种纯粹的理论。

我记得美国有一位科学哲学家，他曾经这样区分自然科学和社会科学，他说任何一种理论，如果它要想称得上是“科学”的话，那么它应该具备四个条件：第一点它具有客观性，第二点它具有一致性，第三点它具有可证伪性，第四点它具有可预见性。正是从这四点出发，他就对人文科学、社会科学提出质疑了，他说，你们人文社会科学有没有客观性，你们人文社会科学家能不能取得在认识上的一致性，你们所提出的理论能不能被证实或者被证伪，你们的理论能不能有一种可预见性？如果没有，那么就是说，你不能被叫做科学，而只能把这个词颠倒过来，叫做“学科”。这表明，人们崇尚科学、蔑视理论，首先是因为在对科学的理解上陷入了误区。

为什么认为理论是“虚”的呢？其中的一个重要的原因是因为理论同现实、同实践总是保持了一定的距离，用一个文雅一点的概念就是所谓的“间距”。理论同现实之间总是具有一定的间距的，很多人因此就认为理论是虚的。但是事实上，如果我们对理论有一个全面的认识的话，同学们就会看到，任何一种理论，它们都具有三个最基本的维度，或者说叫做向度。“维度”这个概念同学们应该说很熟悉，比如说空间三维，时间一维。那么我借用“维度”这个概念来说明怎么去理解理论，这就是，任何一种理论，它都有三个基本的维度：第一个维度，我把它叫做向上的兼容性，也就是任何一种理论，它都是人类认识史的总结，人类认识史的积淀，人类认识史的结晶；第二个维度，就是它的时代的容涵性，也就是说，任何一种理论，都是思想中的现实；理论的第三个维度，都具有逻辑的展开性，也就是说，任何一种理论都是概念的发展体系。正因为理论具有这样三个维度，所以任何一种理论，都不是虚的。我分别来说一下。

第一点，理论都具有向上的兼容性。也就是说，任何一种理论都是认识史的一种总结、积淀、结晶和升华。恩格斯曾经讲过这样一段话，任何真正的哲学都是“一种建立在通晓思维的历史和成就的基础上的理论思维”。哲学理论如此，其他理论也都是如此。就是说，任何理论，都不是僵死的、枯燥的教条，而是蕴含着整个人类认识史的内容。正因为任何一种理论都具有这样一种向上的兼容性，都是人类认识史的结晶，所以它才能使我们更好地去观察现实，更好地去透视现实，更好地去指导人类的实践活动。比如说，我们现在正在搞社会主义市场经济，那我们怎样才能把我们的市场经济搞好呢？怎样才能实现改革、发展、稳定的协调呢？其中一个重要的问题就是很好地去总结人类的认识史。这样就能够使我们避免在其他的国家的现代化的进程中、在他们建设市场经济的过程当中已经走过的弯路，能够使我们减少付出的代价。这就是理论的第一个维度。

第二个维度，理论都具有时代的容涵性。也就是说，任何一种理论，不管是自然科学理论，还是社会科学理论，都是一种思想中的现实。也就是说，它都是运用理论的形态表现了现实的状态。我记得马克思在评论黑格尔哲学的时候说过，黑格尔哲学绝不是一种超然于世界之外的玄思和遐想，而是以一种“最抽象的形式”表达了人的“最现实的生存状态”。我们在学校里边学习各种知识，大家在印象当中，最抽象的理论莫过于黑格尔的哲学了，然而看起来最抽象的那个黑格尔哲学，实际上它是以最抽象的形式表达了人类最现实的生存状况。因为黑格尔是以他那个最抽象的绝对理念，表现了当时的人类正好受到“抽象”的统治，也就是受到“资本”的统治。因此，任何一种理论，不管它的抽象程度有多高，实际上，它都是一种思想当中的现实，它都具有一种时代的容涵性。所以当黑格尔讲哲学的时候，他说，什么是哲学，哲学就是思想中所把握到的时代；马克思说，什么是哲学，任何真正的哲学都是时代精神的精华。哲学如此，其他的理论也是以理论的形式表达了一种现实的状况。这就是说，任何一种理论，都具有它的第二个维度。

理论的第三个维度，它都具有逻辑的展开性。也就是说任何一种理论，它都表现为一个概念发展的有机体系。马克思在谈到他的《资本论》的时候说，人们可以对《资本论》提出这样那样的批评，但是《资本论》作为一个完整的艺术品，使我感到自豪和骄傲。同学们在学习政治经济学的时候，如果你们读到马克思的《资本论》，有没有感受到它作为一部完整的艺术品所具有的那样一种逻辑的征服力？实际上，任何一种成熟的具有科学价值的理论，都具有这样三个最基本的维度：一，向上的兼容性，它是认识史的总结；二，时代的容涵性，它是一种思想中的现实，三，逻辑的展开性，它是一种概念发展的有机体系。

正因为是这样，我经常引用马克思的一句名言，他说，“理论只要说服人，就能掌握群众；而理论只要彻底，就能说服人”。理论具有巨大的征服力量，在这个意义上说，理论不是虚的，我们只有掌握了理论，锻炼了我们的理论思维能力，我们才能更好地去观察现实，去指导我们的各种各样的实践活动。

（二）理论的三重内涵

“理论”这个名词，我们经常挂在嘴边，但是正像辩证法大师黑格尔所说的那样，经常挂在嘴边的名词往往是我们最无知的东西。用一句中国的俗话来说，就是“熟知非真知”。我们经常说“理论”，但究竟什么是理论？在词典、辞海中，有各种各样的定义，但是我觉得，从理论的功能的角度看，理论就是规范人们的思想和行为的各种概念系统。如果说得通俗一点的话，理论就是规范我们想什么和不想什么，怎么想和不怎么想，做什么和不做什么，怎么做和不怎么做的概念系统。首先理论决定着我们想什么和不想什么，也就是决定着我们每个人的思想内容；其次理论决定着我们怎么想和不怎么想，也就是决定着我们的思维方式；第三点就是理论决定着我们做什么和不做什么，也就是规范着我们的行为内容；第四点就是理论规范着我们怎么做和不怎么做，也就是规范着我们的行为方式。同学们想一想，除了“想什么”和“做什么”，你还有什么？除了“想”就是“做”。所以我说，理论就是规范我们思想和行为的各种概念系统。但是通常认为理论只是一种知识体系，理论只是具有解释世界的功能。因为正是这样，我才要跟同学们谈第二个问题：理论的三重内涵。

在我看来，理论起码具有三重内涵：任何一种理论，首先都表现为一种知识体系，我们运用它来解释世界；第二个，任何一种理论，它都不仅仅是一种知识体系，而且它是一种思维方式；第三，任何一种理论，都不仅仅是知识体系和思维方式，更深层的，它又是一种价值规范。所以我说，任何一种理论，都具有这三重内涵，都是这三重内涵的统一。它既是一种知识体系，也是一种思维方式，又是一种价值观念。下面我分别来谈一下理论的这三重内涵。

首先来谈一下，理论作为一种知识体系，它给予我们的是什么？大家学习各门知识，学习各门理论，学习各门科学，究竟从中获得了什么？我们学习各种课本，看到它都是各种知识体系，但是学过了以后我们获得的是什么东西？我们经常谈到要树立一种科学的世界观，但是大家回味一下，我们都是怎么看这个世界的？为什么我们看到的这个世界并不一样，古代人、现代人所理解的这个世界为什么不一样？大家想过没有，是什么改变了我们的世界观？或者这样说，我们怎样树立一种科学的世界观？没有科学的理论，能否有科学的世界观？理论的第一重内涵，它作为一种科学的知识体系，首先是在于它给予我们一种具有科学性质的世界图景，也就是说，科学改变了我们对于世界的理解。大家想一想，如果没有哥白尼的日心说，你处于经验观察当中，你每天看到的都是太阳从东边升起，又到西边落下去了，那么你获得的太阳和地球的关系是什么关系？只能是"地心说"。在经验的水平上，你获得的经验常识永远是太阳围绕着地球旋转，因此只能是"地心说"。那么人们现在不接受"地心说"而接受"日心说"，为什么？因为你学习了理论，你知道哥白尼的日心说是科学的理论。同样的道理，如果没有爱因斯坦的相对论，那么我们怎么去把握这个世界？如果没有波尔的量子力学，我们如何去把握那个微观世界？所以大家都知道，特别是学习自然科学的同学都知道，为什么能有爱因斯坦和波尔的关于量子力学的那个论战呢？那就是因为，我们只有通过宏观仪器的中介才能看到微观世界的存在，因此才又提出了一个问题，我们所看到的究竟是微观粒子本身还是宏观仪器对我们的一种显现？不管对这个问题作出什么样的答案，都提出了这样一个问题：如果你没有关于量子力学的理论，你再去观察，你能看到什么呢？或者我给大家举一个更通俗的例子，比如说，你到医院去检查身体，给你透视，透视完了，你看片子，黑一道，白一道，你知道肺部有没有毛病？你只是看到了黑一道白一道。作心电图不也是如此么，你只是看到心电图上一个弯一个弯，有没有毛病，不知道。那谁知道呢，医生知道。为什么医生知道？因为医生有医学理论嘛。正因为这样，现在有一个说法，叫做观察渗透理论呀、观察负载理论呀，观察受理论的污染呀，没有中性的观察呀，实际上它都说了一个道理，这就是：人们要想科学地认识这个世界，前提是你必须具有科学理论；你没有科学理论，你就不可能科学地认识这个世界，这个世界给予你的就永远是一个经验的世界图景。

同学们到大学里边来受教育，教育不是让我们单纯地获得某几方面的专门技能，而在于它首先是改变了我们的世界图景。你再看世界，就不是那个经验图景，而看到的是科学的世界图景；你具有的科学理论越广博精湛，这个世界对于你呈现的越加丰富多彩。在这个意义上，是科学理论改变了我们的世界图景。所以我们必须学习科学理论，才能够使我们成为一个有教养的现代人。我经常愿意说一句话，到大学里边来受教育，不是为了简单地获得某种知识而来的，而是要使我们获得现代教养。这种现代教养的最基本的东西，首先就是它的科学的世界图景，通过科学理论所给予我们的世界图景。我们只有占有了科学理论，我们才能真正地一切从实际出发，理论联系实际，实事求是。这是因为，我们有相应的科学理论作为背景帮助我们去“透视”现实存在。为什么理论能够帮助我们“透视”？这就是我前边谈到的，任何一种科学理论，都具有向上的兼容性，它是认识史的积淀和结晶，它把整个人类认识经过无数次实践检验了的那个理论给予了我们大家，我们经过教育这个中介接受了人类的亿万次实践的成果，我们用这个成果来看这个世界，当然我们就会形成一个科学的世界图景。所以我想这是理论的第一重内涵。它作为一种知识体系，给予我们一种科学的世界图景。我们现在特别强调要树立一种科学的世界观，那么怎么树立科学的世界观？首先就要具有科学理论。说到这里，我不由得想起已经去世了的叶剑英元帅，曾经对“理论联系实际”作过的一个解释。他说理论联系实际，首先是要有理论，然后才是联系实际。如果你没有理论，你说我联系实际，你不是就事论事嘛。同学们到学校来学习，之所以说是人生当中的最大的幸福，就在于你用理论武装了自己的头脑，你才有科学的世界观，有一种现代科学的世界图景。

任何一种理论，它都不仅仅是一种知识体系，不仅仅给予我们一种世界图景，不仅仅决定着我们想什么和不想什么，它也决定着我们怎样想和不怎样想。如果我们前边说到的第一重内涵，它给予我们知识体系，给予我们世界图景，它决定着我们想什么和不想什么，那么现在我说的理论的第二重内涵，是决定着我们怎样想和不怎样想，也就是说，理论规范着我们的思维方式。这一点是需要同学们认真加以思考的一个重要问题。我们学习任何一门知识，学习任何一门科学，都不仅仅是作为一种知识来掌握的，重要的是要改变我们的思维方式。也就是通过理论的训练，使我们能够科学地、辩证地去看待问题。

实际上，人们的思维方式是有重大区别的。我们一直强调坚持辩证法，反对形而上学，为什么实际上许许多多的人总是用形而上学的思维方式去思考问题呢？恩格斯曾经提出，所谓“形而上学”的思维方式，就是“在绝对不相容的对立中思维”；恩格斯还具体地指出，“是就是，不是就不是；除此以外，都是鬼话”，这就是形而上学的“思维方式”。那么，为什么这种“形而上学”的“思维方式”会在人类思维中占据牢固的地位？恩格斯非常明确地回答：“初看起来，这种思维方式对我们来说似乎是极为可取的，因为它是合乎所谓常识的。”人们的日常生活，是一种依据和遵循“共同经验”的生活。在日常生活中，人作为经验的主体，以经验常识去看待事物和处理问题；各种事物作为经验的客体，以既定的存在构成人的经验对象。在这种日常生活的主—客体关系中，人是既定的经验主体，事物是既定的经验客体，主体的经验与经验的客体，具有确定的、一一对应的关系。白的就是白的，黑的就是黑的，男人就是男人，女人就是女人，太阳就是太阳，月亮就是月亮，一清二楚，泾渭分明。因此，日常生活要求人们的思维保持对“有”与“无”、“真”与“假”、“是”与“非”、“善”与“恶”、“美”与“丑”的非此即彼的断定；任何超越非此即彼的断定，都是对常识思维方式的挑战，也就是对日常生活经验的挑战。“两极对立”、“非此即彼”，这就是常识的思维方式。常识的思维方式形成于并适用于“日常活动范围”。一旦人的思维超出“日常活动范围”，进入非日常活动的“广阔的研究领域”，就会发生恩格斯所说的“最惊人的变故”——必须改变两极对立、非此即彼的常识思维方式。

在现代社会生活中，首先是迅猛发展的科学技术超出了“日常活动范围”，进入了非日常生活的“广阔的研究领域”，从而深刻地改变了常识的思维方式。列宁有一句名言，他说，什么是辩证法，“辩证法是活生生的、多方面的认识”。同学们在学校里学习各门知识，学习各门科学，要是了解一点科学史的话，就会知道，科学的发展不仅表现科学门类的增加，每门科学的拓宽和深化，而且它更重要地表现在各门科学的交叉和渗透以及某种带头学科的划时代的发现。大家都知道系统论、信息论、控制论，作为现代科学的划时代的发现，它改换了人们关于事物的认识的、理解的方式，也就是说，科学改变了人们的思维方式。美国有一位哲学家叫做莫尔顿·怀特，他写了一本书，题目叫做《分析的时代》，评论整个 20 世纪的哲学。他说，18 世纪机械学成为学问之王，19 世纪的进化论和黑格尔的历史思想占有统治的地位，到了 19 世纪末和 20 世纪初心理学有可能重新占据科学的王位。大家琢磨琢磨这段话，18 世纪人们是怎么思考问题，为什么一位哲学家拉美特利有一个著名的命题，他说，人是什么？人是机器。为什么会说人是机器？因为机械学成为学问之王嘛！人们曾经把西方的中世纪叫做“信仰的时代”，把文艺复兴时期叫做“冒险的时代”，把17世纪叫做“理性的时代”，把18世纪叫做“启蒙的时代”，把19世纪叫做“思想体系的时代”，而把20世纪叫做“分析的时代”。这是同科学的划时代的发现紧密联系在一起的，它改变了人们的思维方式。17世纪理性的时代，所以笛卡尔才说“我思故我在”。我想什么，我都得思考一下，我要怀疑一下嘛。18世纪就成了机械的时代，想什么问题都要用那个经典力学去考虑一下它符不符合某种基本原理。到了19世纪，有了达尔文的进化论和黑格尔的哲学思想。恩格斯是怎么评论黑格尔哲学的？他说，黑格尔的一个“伟大的、天才的、基本的思想”就是“把整个自然的、历史的和精神的世界描写为一个过程”。这不就是一种历史的思想么！如果大家有兴趣，看一下19世纪的各种各样的作品，都具有进化论和历史的思想。现代科学一个突出的说法叫做结构主义，为什么结构主义在现代科学当中盛行起来了？那就是因为有一位伟大的语言学家索绪尔建构了一种结构主义的语言学，而这种结构主义的语言学影响了整个的现代科学，人们都试图利用这种结构的方法去研究各门知识的领域，这不就改变了人们的思维方式么。每一种具有划时代发现的理论都改变了人们的思维方式。所以一位科学哲学家汉斯·赖欣巴哈说过，科学的发展改变了人们的思维方式，使得以前几个世纪最有教养的人都无法理解现代人的思维。科学改变了人们的思维。我们随口就可以说，系统论、信息论、控制论、自组织理论、耗散结构理论、突变论、协同学，可以说出一大堆。但是，我们不应当仅仅把它当做一个黑格尔所说的经常挂在嘴边的名词，而应当把它当做一种我们的现代的思维方式。这就是理论的第二重基本内涵，它是一种思维方式，它转换了我们怎么样去想问题。

任何一种理论又都具有第三重内涵，它同时又是一种价值规范。这是我们平时想得更少的，尤其是学习自然科学的人，总认为科学是求真的，科学怎么还提出价值问题来了？其实不然，同学们想一想，我说一个最简单的例子，比如说，两个同学一见面，争论一个问题，一个同学说，我这种回答是“科学”的，那另一个同学该怎么办？他说，那么我就服你了。这是什么意思？为什么一个同学说我是科学的，那么另一个同学就得表示服气了呢？心悦诚服，五体投地，甘拜下风，为什么？因为科学给现代人提供了一种价值观念。什么价值观念？科学的才是正确的。我们来判断一种是非，就是用科学来加以裁判的。这表明任何一种科学理论，它都具有一种更深层次的内涵，这就是它的价值规范，它不仅仅规范着我们想什么和不想什么，而且规范着我们做什么和不做什么，我们怎么做和不怎么做。科学不仅仅告诉我们概念的内容，而且它还告诉我们操作的程序，所以任何一种理论，它都同时具有肯定和否定的双重作用，它肯定了你做什么，它同时也就规范了你不得做什么，所以它都具有一种价值规范的作用。当然，人文社会科学规范的意义对我们平时的思想和行为显得更加明显和突出。我曾经说过，人们越来越关注当前的一种社会思潮，我把它概括为六句话，叫做“耻言理想、蔑视道德、躲避崇高、拒斥传统、不要规则、怎么都行”。如何使我们的行为能够符合时代的要求，深层是由理论来规范的。同学们想一想这个问题，就能想清楚这个道理。斯汤达说，人在走向社会之前应当为自己选择几条座右铭。我不知道同学们在迈入社会之前给自己选好座右铭没有。确实是这个样子，它这个东西确实是规范着你怎么想，你怎么做，特别是在转型时期，各种社会思潮正在互相冲撞的时期。

理论的三重内涵不是互相割裂的，它表层给予我们的是一种知识体系，但它深层蕴含的，一方面是思维方式，同时又是一种价值规范。正因为是这样，所以同学们在学习理论的过程中，既改变了我们的世界图景，又变革了我们的思维方式，也形成了我们的价值观念。正因为是这样，所以我要讲赞美理论，因为理论使我们整个的人变化了，使我们成为了一个有教养的现代人，一个社会主义现代化建设事业所需要的大学生。

（三）理论的社会功能

我和同学们来谈第三点，就是理论到底有什么作用？和上一个问题相联系，正因为我们平常只是把理论当做了一种知识体系，所以在理解理论的功能的时候，只是看到了理论的解释的功能。在我看来，理论起码具有四个方面的功能：第一，理论具有解释性功能；第二，理论具有规范性功能；第三，理论具有反思性功能；第四，理论具有理想性功能。首先，理论作为一种知识体系，它具有解释世界的功能，这个我就不多说了。科学哲学家赖欣巴哈曾经说过，什么叫知识？知识的本质就是概括，概括的目的是解释。所以我们通常理解的科学观是什么呢？我们通过观察和实验形成单称命题，然后再通过归纳的作用，形成全称命题或者说理论名词，最后是通过演绎的作用来作出预见和解释。因此任何一种理论，作为一种知识体系，直接的首先的都表现为一种解释的功能。第二，任何一种理论都具有规范的功能，也就是我前边说的，规范我们想什么和不想什么，怎么想和不怎么想，做什么和不做什么，怎么做和不怎么做，它规范着我们的思想和行为。

这里，我想重点谈一下理论的反思性功能和理想性功能。我们平时很少注意到理论的反思的、批判的功能。大学生，我特别强调这一点，他不是接受现成的知识，他要重新去思考已有的知识。伟大的科学家爱因斯坦有两句名言，一句叫做“提出一个问题比解决一个问题更重要”，另一句叫做“想象比知识更重要”。同学们好好琢磨琢磨这个问题，提出一个问题比解决一个问题更重要，也就是说，我们到学校里边是来学习知识的，但知识能否成为你的，关键在于什么地方？在于你能不能批判地、反思地去进行学习。文学家莱辛有一句名言，他说：“与其记住两个真理，不如弄懂半个真理。”我国的大学者王国维不也谈读书的三境界么。头两个境界都比较容易。第一句是“昨夜西风凋碧树，独上高楼，望尽天涯路”，登高望远，博览群书。第二句，“为伊消得人憔悴，衣带渐宽终不悔”，用处恋人的那种热情去读书，这不就行了么。这总还容易，难的是什么？“众里寻他千百度，蓦然回首，那人却在灯火阑珊处”。你要想能够获得真知，就必须是见人所未见。理论的一个巨大的功能，就在于它能够启发我们批判地 、反思地去看待问题。学习理论不仅仅在于记住某些现成的结论，更重要的是在于通过理论的训练，使人们能够批判性地思考问题，发现人所未见的真知。文学巨匠歌德曾经说过：“人们只是在知识很少的时候才有准确的知识，怀疑会随着知识一道增长。”知识少才有准确的知识，知识多了就会有自己的独立创新意识。如果一个大学生，没有一种批判的、反思的创新的意识，怎么能够在科学领域里有所作为呢？我们学习理论，不仅仅要看到它的解释的功能，规范的功能，还必须看到它的批判的、反思的功能，能够通过学习理论重新去思考理论。清华大学的老校长梅贻琦先生曾经说过：什么叫大学？“大学者，非有大楼之谓也，乃有大师之谓也。”不是立几座大楼就是大学了，大学就是因为大楼里边有大师。什么叫大师？大师就是他能有创新的东西教给大家，同时启发大家都具有创新的意识，这样我们才能够有所作为嘛！所以我们在学习理论的时候，一定要树立一种反思的意识、创新的意识，这样才能把理论学到手，学活，变成我们自己的思想内容、世界图景和思维方式。

任何一种理论都具有一种理想性的功能、引导性的功能。什么是理论？我们通常都说，理论是对现实的概括和总结，但是我们往往很少谈到理论是对现实的超越和引导。在经验的水平上，世界总是一种表象的杂多性和经验的流变性，只有上升到理论的层面，才能达到一种本质性的规律性的普遍性的必然性的认识，这不就是对现实的一种超越么！为什么我们总说，首先要进行一种理想性的试验呢？理论都具有一种理想性的功能。理论就是使不可能的东西变成可能的东西，所以理论总是具有一种理想性的功能。当代的解释学大师伽达默尔有一句名言，他说，什么叫理论？理论就是实践的反义词，理论就是对实践的反驳，理论就是对于实践的超越。我们经常强调实践的现实性，但却很少谈到实践具有无限的指向性。我们通常给实践下定义说，实践是人们有目的的、能动地改造世界和探索世界的具有社会历史性的客观物质活动。为什么我们这么说？首先就在于实践活动具有意识性、目的性。而这种意识和目的的根据究竟是什么？就是理论嘛。它不是我们单个人的想法，而是人类认识史的积淀。它提出一种理想性的要求，我们想攀登月球，将来我们攀登上月球了，想看看火星、木星、土星、天王星、海王星、冥王星，我们将来还想超出太阳系，超出银河系，所以人类的实践是具有无限的指向性，而理论给我们提供了一种实践的自我超越的理想性和引导性的功能。所以我们经常说哲学是时代精神的精华。说哲学是时代精神的精华，更重要的是在于它塑造和引导了时代精神。所以我们强调理论建设，我们要赞美理论，就是因为理论能够引导我们不断地实现自身的超越，实现自我的超越，这才是理论的比较完整的功能。它不仅仅是解释世界，也不仅仅是规范着我们的行为，而且它又能够使我们达到一种思想和行为的自我反思和自我批判，它又能够达到我们思想和行为的自我超越，从而使我们达到一种更加理想化的境界。所以人的存在是一种悖论性的存在，是一种二律背反的矛盾的存在。人既是一种现实性的存在，又是一种理想性的存在，它总是不满足于自己的现实，而总用自己的实践活动去超越自己的现实。人是超越其所是的存在。人永远不会停留在一个水平上。

我们怎么样才能不停留在一个水平上？就在于我们在实践的基础之上，不断地提出了新的理想性的理论，用这种理论来指导自己的行为。说一个最直接的例子，为什么我们都要学习邓小平的建设中国特色的社会主义理论？说到底，就在于它能够充分地表现了我刚才说的社会功能。它首先能更好地去解释我们中国和世界的现实。我们说，当今世界两大主题，和平和发展，我们用这样一种理论就能够更好地看清当代世界发生的变化，我们用建设中国特色的社会主义理论也能够看清我们中国现在正在发生着什么样的变化，中国的改革开放是怎样发展的。同时它还具有一种反思的和引导的功能，它能使我们不断地去观照我们现在从事的事业，怎么样使人们的实践更加符合社会主义市场经济的要求。所以我经常谈这样一个问题，那就是马克思的一句名言。他说："理论在一个国家实现的程度，总是决定于理论满足这个国家的需要的程度。"我非常欣赏这句名言。今天之所以必须学习邓小平的建设中国特色的社会主义理论，就在于，我们当代的中国需要这样一种理论来指导我们，它满足了我们当代中国实践的要求。因此我想，我们只有更好地去理解理论自身所具有的社会功能，我们才能够更好地、积极地去学习和运用理论。

在谈到理论的社会功能的时候，我还想引证马克思的一段话，因为我们在极"左"思潮的情况下，曾经把理论夸大到了它不应有的程度，因此造成了"假作真时真亦假"。我们在搞社会主义市场经济的过程中，由于我前面谈到的那样一种社会思潮的出现，人们漠视理论，在这种背景下，我想我们重温一下马克思关于理论的功能的一段论述，对我们是非常有启发的。马克思在《资本论》跋文里边说，理论的作用究竟应当怎么看呢？他作了这样一个比喻，他说，理论的作用可以这样看，任何一个社会的发展，特别是在社会变革时期，它总要有一种生育的"阵痛"。社会要发展，要变革，就像生孩子一样，没有一个阵痛期，那是不可能的。由此马克思谈到理论的作用，他说任何一种理论都不可能把社会的"阵痛"取消，但是，正确的理论能够"缩短"并且"减轻"社会生育过程当中的阵痛。我想这对于同学们学习理论不仅仅是具有启发的，而且是具有巨大的激励作用的。通过学习理论能够使我们的社会发展进程加快。

对于我们每个人的生活来说，理论的作用同样是巨大的。李大钊曾经说过："人们每被许多琐屑细小的事压住了，不能达观，这于人生给了很多的苦痛。"生活中总有那些躲不开、绕不过的沟沟坎坎，总有那些说不清、道不明的疙疙瘩瘩，总有那些剪不断、理还乱的恩恩怨怨，总有那些得不到、推不掉的争争夺夺。如果总是盯着这沟沟坎坎，想着这疙疙瘩瘩，说着这恩恩怨怨，做着这争争夺夺，人就会感到苦闷和悲哀。如果我们用科学的理论武装自己，我们就会心胸博大，视野开阔，活得堂堂正正，活得有滋有味。我国著名的哲学家贺麟先生说过，"哲学贵高明"。哲学就是以学术培养品格，以真理指导行为。通过理论学习，树立起科学的世界观、人生观和价值观，我们才能够对社会做出更大的贡献，也能够使我们每一个人生活得更有意义。

（四）撞击理论思维

这是关于我们如何学习理论的问题。我常常愿意说这样四句话，叫做"激发理论兴趣，拓宽理论视野，撞击理论思维，提升理论境界"。

在我看来，一个人学习理论，首先需要激发理论兴趣，没有理论兴趣，你怎么能学得进去理论呢？列宁有一句话说，"阅读黑格尔的逻辑学，是引起头痛的最好的办法"。你头没痛，读一读黑格尔的逻辑学，你就头痛了。既然头痛了大家为什么还要读呢？因为学习理论会引起头痛，但它又是能够形成理论思维的不二法门。每个人天生都是具有理论思维能力的，但是人的理论思维能力是需要锻炼和发展的。那么怎么锻炼和发展呢？只有激发自己的理论思维能力，才能深入到理论当中去。所以我想，我们要赞美理论，首先我们就应当热爱理论。如果同学们读一下关于马克思恩格斯的回忆录的话，我想大家都能够感受到理论的魅力。李卜克内西和拉法格回忆马克思和恩格斯的时候曾经说过，恩格斯的头脑就像一艘生火待发的军舰，随时可以驶向思想的任何一个港湾。无论谈什么问题，他都可以"驶向思想的任何一个港湾"。为什么？因为恩格斯有广博的理论知识，而且具有一种辩证的思维方式，并且还有一种为全人类工作的价值取向。在谈到马克思的时候，李卜克内西说，在那样一个夜晚，我和马克思谈起一个问题的时候，就像把窗帘的帷幕拉开一样，使我洞见到了整个历史的进程。这里是谈什么呢？就是《〈政治经济学批判〉序言》。大家都非常熟悉马克思的那段关于整个历史有规律的发展进程的论述，我这里就不重复了。美国的著名诗人朗费罗说，“伟人的生平昭示我们，我们也能够生活得高尚”；俄国的著名诗人普希金也说过，“跟随伟大人物的思想，是一门最引人入胜的科学”。我自己走上理论的道路，我觉得很重要的原因就在这里。我在中学时代就特别愿意看传记，而且特别愿意看具有伟大思想的伟大人物的传记。同学们要想激发自己的理论兴趣，我想，读一些传记文章，想一想那些政治领袖、文学大师、科学巨匠、思想伟人，他们的这些思想，会把你带到理论的汪洋大海。进入这个大海之后，你就会在这个海洋当中扬帆远航，乐而忘返。

学习理论首先是要激发我们的理论兴趣，其次就是要拓宽我们的理论视野。你要想有理论兴趣，这决不是一句空话，你占有的东西越多，你的兴趣越浓，你占有的东西越少，你的理论兴趣就越淡薄。同学们学习任何一种理论，都会有这样一种感受。所以我说要激发理论兴趣，还必须要拓宽我们的理论视野。但是，这二点就像我前面谈读书的前二个境界一样，“昨夜西风凋碧树”也好，“为伊消得人憔悴”也好，容易做到；难的是什么？“众里寻他千百度”么！怎么能够在那个“灯火阑珊处”发现那个真正的最有价值的东西？撞击理论思维！就是说，我们在学习理论的过程中，不要采取一种简单接受的方式，而应当不断地向自己提出问题。就像我前边谈到的那样，爱因斯坦说的，“提出一个问题比解决一个问题更重要”，同学们在学习的过程中都会深深地感受到这一点。就是说，你很难提出一个有意义的真问题，你提出的问题不是人们已经讨论过的，就是没有什么太大价值的问题。所以同学们到期末要答辩，为什么要求你首先去谈国内外的研究概况？

为什么让你介绍选题的意义？就是看你有没有提出一个有意义有价值的真问题。而要想能够提出一个有意义有价值的真问题，必须得想到爱因斯坦说到的下一句话，什么？“想象比知识更重要”！我们都知道有一句非常流行的广告词：“人类失去联想，世界将会怎样？”世界就是一个自在自然的世界。人是通过自己的联想、想象才能够创造出一个属于人的世界。列宁说：“世界不会满足人，人决心用自己的行动让世界满足自己。”实践活动就是这样。所以我们要想学习理论，就必须撞击我们的理论思维，充分发挥我们的想象能力，发挥我们的创造能力。

想要做到这一点，首先应当对我们的理论学习进行深刻的反思。我们首先想一下“记忆”。我们通常在学习知识的时候首先想到的是一种知识的储存，但是现代的心理学家、教育学家、认知科学家们都告诉我们，“记忆”的问题不是一个“储存”的问题，而是一个“检索”的问题，是一个激活我们的背景知识的能力的问题。我觉得，学习，最重要的是能够激活我们的背景知识，把我们所占有的全部知识都能够调动到我们探讨的问题上来。因此我常讲，一个人理论水平如何，理论思维能力如何，就在于他激活背景知识的能力，他能不能够把学习到的理论作为一种退入背景的知识而储存到自己的大脑里，而当我们思考问题的时候，能够自如地把这退入背景的知识调动出来。同学们都在学习微机，你想要什么，一打文件名，就可以把它调出来。所以撞击理论思维是提高我们的理论思维能力，能够真正掌握理论的最重要的一点，就是不断地撞击理论思维。

真正地撞击理论思维，不是一般地思考理论给予我们的东西，而是要追究理论得以成立的那个“前提”是什么。大家想一下，科学史上的任何一个伟大的理论发现、发明和创造，都是对于原有理论的前提的反思的一种产物。大家中学里都学习欧氏几何学，那么为什么会出现非欧几何学？如果我们总是承诺三角形三个内角和等于 180 度的话，会不会有非欧几何？不会。正因为他考虑到三角形三内角之和等于180度是建立在以平面为前提的，如果超越了平面，是一个球形，那么三内角之和就不再是180度了。我们今天听起来是这样，但是非欧几何的创立，它是一种撞击理论思维、反思理论前提的产物。同样，爱因斯坦能够创立相对论，也是因为他对牛顿经典力学作为前提的那个理论的定理、公式、初始条件等等进行了批判性的反思。同样，马克思能够创立他的政治经济学理论，能够创立《资本论》的宏伟的政治经济学体系，是因为他对英国的古典政治经济学进行了前提的批判。同样，马克思创立他的哲学理论，也是对德国古典哲学进行了前提的批判。所以我想，撞击理论思维不是一般地想，一般地思考问题，而是我们要养成这样的一种思维习惯，形成这样的一种思维的能力，那就是，对假设质疑，向前提挑战，这才是一种真正的撞击理论思维。我们的大学生，要想成为有创见的人才，就必须不断地撞击我们自己的理论思维。而我们要想能够捕捉到理论的前提，就必须培养自己的思维能力。前面我谈到，我们每个人都天生具有理论思维能力，这种理论思维能力是需要不断地去锻炼和培养的，而如何锻炼和培养呢，那就只有学习理论。只有在学习理论的过程当中，我们自觉地去撞击我们的理论思维，我们才能够提升我们的理论思维能力。今天有一句大家都熟悉的话，叫做“现代化首先是人的现代化，人的现代化最根本的是人的素质的现代化”。那么怎样提高人的素质？其中最重要的就是提高人们的理论思维能力。因此，我们就必须赞美理论、学习理论，并且在此基础上，不断地撞击我们的理论思维。

（五）提升理论境界

学习理论，不仅仅要激发理论兴趣，拓宽理论视野，也不仅仅要撞击理论思维，而且最重要的是提升我们的理论境界。任何一种理论都不是一种冷冰冰的学问，它都熔铸着理论家、思想家的情感、意愿、理想、情操。无论是人文社会科学，还是自然科学，都是一样，它都熔铸着科学家、思想家、理论家一种非常强烈的社会责任感，非常强烈的一种理想性的要求，熔铸着他的一种人格的魅力。我们要学习理论，就必须有一种高举远慕的心态，慎思明辨的理性，体会真切的情感，执著专注的意志和洒脱通达的境界。说到底，理论是一种境界。我们现在都讲学习，特别是在学习哲学的时候说要形成一种科学的世界观和方法论。但是同学们在学习的过程当中，都能体会到，理论不是枯燥的条文，不是僵死的教条，理论不是拿来照本宣科的东西，理论是一种教养，是一种内化了的东西。所以恩格斯曾经说过这样一段话，他说，当黑格尔去世之后，那些号称黑格尔学者的一些人，他们只是把黑格尔辩证法当做一种当缺乏思想的时候拿来到处套用的个别词句。就是说，当我缺乏思想了，我就“辩证”了：一方面是这样的，而另一方面是那样的，两面我都说。所以恩格斯曾经非常辛辣地进行了嘲讽，他说这是一种“用来搪塞的语录词汇”。理论不是一种外在的东西，它必须内化为你的思维方式，内化为你的价值规范，它才能够发挥出理论的社会功能。所以理论不仅仅是个思想体系。正因为是这样，理论是一种修养，理论是一个涵养的过程，理论是一个品味的过程。所以我说，学习理论不像学习一种技能，它既不能办“短训班”，也不能办“轮训班”，更不能办“突击班”。学习理论是一辈子的“终生大事”，需要一辈子进行学习和体会。

我们中国古代为什么强调“为学与做人其道一也”？同学们将来从事工作，特别是走上学术道路的话，就会越来越深切地感受到，人们是在做学问，但实际上是在比做人。一个学问大家，首先是要把人做好，人做不好不可能成为学问大家。爱因斯坦作过几次讲演，我不知道是否有同学看过《爱因斯坦文集》的第一卷，有两篇讲演，有一篇是悼念居里夫人的。这些文章谈了同一个道理，当然它不是用我们中国的古文，但同一个道理，为学做人其道一也。做人比做学问更重要。只有人做好了，学问才能做好，尤其是“大家”。所以爱因斯坦在悼念居里夫人时说，当我们去怀念居里夫人的时候，我们不仅应当看到她对人类的科学事业、对人类的文明作出的贡献，而且更应该看到居里夫人人格典范的作用。我觉得这对于我们理解理论、学习理论是至关重要的。理论不仅仅是先人给予我们的知识体系，也不仅仅是一种思维方式，更重要的是给予我们提供一种人生的意义。我们要想成为一个真正具有现代教养的人，其中一个重要的内容，就是需要有一种理论意识，因为人是一种历史的存在，文化的存在，自为的存在。作为当代的大学生，要想成为一个有教养的现代人，就必须用科学理论武装自己。这就要求我们在崇尚科学的同时，还要大声地赞美理论，这才能够使我们成为一个真正的有教养的现代人，为我们国家的社会主义现代化建设作出应有的贡献。

1996 年 6 月 25 日

四　我国人文社会科学研究的范式转换

——在吉林大学“人文社会科学名家论坛”上的报告

交流文科研究的体会，我觉得这个工作非常难做。虽然我们广义上都叫做文科，但实际上最粗略的划分，也可分为人文学科和社会科学。这种提法实际上已经标志了所谓的人文学科和社会科学在研究方式上是有重大的、原则的区别的。即使是在社会科学内部或者人文学科内部，区别也是非常明显的。比如说，作为人文学科，中文、历史、哲学、外语、艺术等等也有非常大的区别。所以我觉得不好讲，因为文科研究的普遍性不是很好掌握。另外，在文科研究中，每个人都有自己独立的研究方式、研究风格、研究课题，作为个人的一种经验或体会，也缺乏普遍的可操作性。所以今天我来谈文科研究的体会，确实是感到忐忑不安。

我在自己 20 多年的研究当中，感到有几个问题在我们进行研究，或者具体地说在撰写著作、论文、完成项目的过程中是值得考虑的。我觉得有四个问题：第一个问题，文科科研的范式转换。我借用美国科学哲学家库恩的说法，把他说的科学范式转换称做广义的范式转换。文科研究的范式转换，我觉得这是一个最重要的问题；第二个问题，我谈一下文科研究的前提条件。社会上有一种糊涂想法，似乎只要人们在社会上生活并且读一些书就能够进行文科研究。这是很糊涂的想法。许多人基本上区分不开什么叫做论文、什么叫做公文，是按照公文来写所谓的论文，因为他不知道什么叫做撰写学术论文。为什么会造成这种情况呢？原因很清楚，他不知道文科研究是有许多必不可少、不可或缺的前提条件。只有具备了研究的前提条件才能进入研究过程。第三个问题，文科研究的主要工作。这是我能够感受到的具有共性的东西，也是我想具体探讨的问题。我把它概括为寻找理论资源、发现理论困难、创新理论思路和作出理论论证。第四个问题，文科科研的主体意识。从当前来说，这一点可能是更重要的。不久前我给新留校的青年教师谈如何进行教学的时候我就谈这一点。虽然大家现在可能对米卢不太感兴趣了，但米卢说的那两句话总是不错的，“足球是快乐的”，“态度决定一切”。我们文科研究也是如此。你的主体意识状态是什么样的，直接决定着你的文科研究能达到什么水准。我和我的几个学友经常说一句话，文科研究到一定程度，就不是比学问，而是比人品了。我常说，哲学怎么搞？高举远慕的心态，慎思明辨的理性，体会真切的情感，执著专注的意志，洒脱通达的境界。没有这种主体的自我意识，包括哲学在内的文科，想成为大家、大师，不现实！

（一）文科研究的范式转换

这是一个非常重要的问题。我们都承认，广义的文科，是一种思想中的现实，或者说是一种思想中的时代。我常常讲，理论有三个基本的向度，一个是向上的兼容性，是人类认识史的总结、提炼、结晶和升华；另一个是任何一种文科理论都有时代的容涵性，都是思想中的时代；第三，任何一种理论都具有逻辑的展开性，都表现为一个概念系统。

文科理论，作为思想中的时代，不能不随着时代变革发生巨大的变化，并转换它研究的范式。研究范式的转换，不是一般的转换，而是我们整个研究的根本理念、基本课题、概念框架、解释原则、评价尺度的转换。随着中国发生的历史性的变革，作为文科的研究范式，应该发生什么样的变化，我这里主要谈三点。

1. 时代巨变与范式转换

我确实深深地感受到我们这个时代发生了可以称之为“巨变”的

前所未有的变化。我记得前不久去世的中国社会科学院的原院长胡绳同志在《中国社会科学》发表的一篇文章中说，20 世纪的后 50 年，人类所取得的科学技术成果，超过了先前几千年所取得的成果的总和。大家听到这个数据以后的反应是怎样的？我的反应是受到强烈的震撼。20 世纪的后 50 年，也就是刚刚过去的 50 多年，它所取得的科学技术的成果，比以前几千年取得的科学技术成果的总和还要多！我们现在讲“三个创新”，技术创新、制度创新和理论创新，那么制度创新和理论创新是以技术创新为前提的。技术的翻天覆地的变化怎么能不引起我们这个时代的带有根本性的变革呢？

对于今天这个时代的巨变，我把它概括为三句话：人类文明形态的变革、人们社会存在的变革和人们思想观念的变革。我感到我们这个时代发生了三个层面的带有根本性的变革。正是这种变革，要求我们文科的研究有一个根本性的范式转换。我们作为一个文科教师，特别是在座的青年教师，如果没有一种理论的自觉，还想今后在文科能够讲好课、搞好科研是不大现实的。这是最基本的前提，就是这个时代发生了根本性的变化。什么变化呢？就是人类文明形态、人们社会存在和人们思想观念的变革。

第一句话就是人类文明形态的变革。人类已经从原来的农业文明过渡为工业文明，又进入到今天称之为后工业文明。不管我们把这个后工业文明叫做信息时代也好，叫做知识经济时代也好，不管怎么称呼，它都标志着人类文明形态的变革。按照马克思的说法，划分一个时代，不在于它生产什么，而在于它用什么进行生产。如果从这个最基本的观点去看的话，当今人类社会确实发生了一个文明形态的巨变。那么我们文科研究能不发生重大变化吗？

第二个变化是人们社会存在的变化。这对于当代中国人来说应该是最为亲切的。我们把 1978 年以来中国的变化概括为两句话，一是从以阶级斗争为纲到以经济建设为中心，二是从计划经济到社会主义市场经济。邓小平1992年南巡讲话之后，实现了第二个更深刻的变化，当代中国从原来的非市场经济转向了市场经济。我觉得在理解我们经常挂在嘴边的“市场经济”这四个字的时候，需要有一个新的理解。按照马克思的说法，从非市场经济转向市场经济，不是一个一般性的变化，而是人的存在方式的全面变化。按照马克思的概括，这是从人对人的依附性的存在，转向以物的依赖性为基础的人的独立性的存在。简洁地说，是从人的依附性的存在转变成独立性的存在。这不是一个根本性的变革吗？市场经济最突出的特征是构成了“以物的依赖性为基础的人的独立性”。从几千年来的自然经济转向市场经济，这是从经济生活的禁欲主义到经济生活的追求现实幸福的转变，从精神生活的蒙昧主义到精神生活的理性自由的转变，从政治生活的专制主义到政治生活的民主法制的转变。所以在市场经济中隐含着三个基本取向：功利主义的价值取向、工具理性的思维取向和民主法制的政治取向。而这三者正好表现在作为时代精神精华的哲学的三个重要命题之中，那就是：我欲故我在、我思故我在、我生而为人。所以这是人的存在方式的根本变化。人文社会科学是研究人和社会的。人的存在方式发生变化了，我们的研究范式没有相应地发生变化，我们的研究怎么会符合时代的要求呢？

第三个时代巨变表现在人们思想观念的变化。我自己曾经说过一段话来概括这种变化。我用“标准”和“选择”这对范畴来说明从自然经济转向市场经济的带有根本性的变化。自然经济条件下，人们是一种“没有选择的标准的生命中不堪忍受之重的本质主义的肆虐”；而在市场经济条件下则是一种“弱化了标准的选择的生命中不能承受之轻的存在主义的焦虑”。为什么20世纪80年代以来盛行弗洛伊德、尼采、萨特？为什么社会上流行一个字——“烦”？这就是存在主义的焦虑。而这种存在主义的焦虑，就在于人的独立性是“以物的依赖性为基础”，就在于人的“物化”。我给研究生课程班讲的一门课叫“当代社会思潮”，我把这个当代的社会思潮概括为五句话，叫做两极对立模式的消解、英雄主义时代的隐退、高层精英文化的失落、理性主义权威的弱化和人类精神家园的困惑。读一读当代文学作品，感慨颇多。文学是时代的敏感神经，从《暴风骤雨》、《林海雪原》、《青春之歌》、《烈火金钢》到《烦恼人生》、《一地鸡毛》、《不谈爱情》和《懒得离婚》，透过它可以看到当代人的思想观念、审美情趣、价值选择正在发生的深刻变化。如果我们在自己的研究当中，也包括在自己的教学当中，不能体现人类文明形态的变革、人的存在方式的变革和人的思想观念的变革，我们究竟在研究什么？又用什么教育学生呢？这是我最真实的想法。如果我们不知道人类的文明形态、人们的存在方式和人们的思想观念发生的变革，如果我们只是照本宣科地把理论当做一种枯燥的条文、现成的结论和空洞的说教，能怨学生不愿意听你讲的课吗？能怨读者不读你写的书吗？我们要做一个好的教师，做一个称职的研究人员，我们就要跟上这个时代，认真思考这个时代。这是第一层意思，时代的变革要求我们改变研究范式。

2. 范式转换的三大阶段

我曾经写过一篇比较长的文章，叫做《当代中国的哲学历程》，很详尽地论述了当代中国哲学的范式转换。整个文科研究，我也可以把它概括为三个阶段，叫做20 世纪 80 年代以前的教科书范式、80 年代的教科书改革范式和 90 年代以来的后教科书范式。我觉得这对我们怎样进行文科研究是有直接价值的。

20 世纪 80 年代以前，或者说 1978 年改革开放以前，整个中国的文科研究，文史哲政经法研究，都是以本学科的教科书作为教学和研究的范式。哲学原理教科书在近 30 年的中国社会生活当中起到了四种作用：第一是区分你是不是搞马克思主义哲学；第二是用教科书来规范哲学所有的二级学科，“哲学史就是唯物主义和唯心主义的斗争史”，以此来规范中国哲学史、外国哲学史、美学、宗教学、伦理学等等；

第三，扩而大之，这本哲学教科书又变成了规范我们整个人文社会科学，乃至自然科学研究和文学艺术创作的一种范式；第四，用来规范我们国家整个的社会生活，包括我们的政治生活、经济生活、文化生活和精神生活。所以我把这个叫做80年代以前的教科书范式。

前不久在我们学校召开一个全国的马克思哲学观研讨会，我做了一个主题发言，我一开始提出一个问题，我说大家可以回忆一下，1978年以前，哲学界讨论了许许多多的问题，但是就有一个问题没有问过。什么都讨论了，经济基础与上层建筑、生产力与生产关系、同一性与斗争性，就有一个东西不能讨论——哲学观。究竟什么是哲学？所以，我用50万字写了一本书《哲学通论》，因为30年我们没有问过，哲学是什么。所以人们觉得最好回答的哲学问题就是“什么是哲学”：哲学是世界观也是方法论，哲学是理论化、系统化的世界观，哲学是对自然知识和社会知识的概括和总结，如此等等。歌德说过一段话，“人们只是在知识很少的时候才有准确的知识，怀疑会随着知识一道增长”。所以我在《哲学通论》的第一章就讲了当代哲学的8种哲学观：普遍规律说的哲学观，认识论说的哲学观，语言分析说的哲学观，存在意义说的哲学观，精神境界说的哲学观，文化批判说的哲学观，文化样式说的哲学观，实践论说的哲学观。那么，究竟什么是哲学？正是在追问哲学的过程中，深化了对哲学的理解，转换了哲学的研究范式，这就是80年代以来的教科书改革了。迄今为止，还有相当多的老师很难走出教科书的框子，所以提出的问题往往还是从教科书里来的。因此很多老师感到很困惑、苦恼，我写的东西怎么没人用了呢？我想这就是研究范式转换的问题。

进入20世纪80年代，我把它叫做教科书改革。不仅仅是哲学的教科书改革，而且是整个文科的教科书改革。不再把某一学科通行的教科书作为唯一的解释原则、概念框架和评价尺度，而是对这个东西本身进行了反省、反思、批判，从而提出来了一系列的新的问题。应当承认，整个 80 年代的文科研究还不是非常成熟。我前一段看了一篇文学批评的文章，很有感慨。文章描述的文学的状况，和我知道的哲学的状况几乎毫无二致。那时，大家都一窝蜂地伤痕文学、改革文学，我们哲学也是实践唯物主义、主体性，找热点、谈焦点，成为一种文科研究的时尚，表面上的多姿多彩掩盖了深层反思的欠缺。

如果说许多老师已经意识到了 80 年代的教科书改革的话，我觉得可能还有相当多的老师没有自觉到 90 年代以来发生的一场更深刻的文科的革命。我觉得这一点是更为重要的。现在我们哲学界很多人感到困惑，80 年代有热点、有焦点，90 年代没热点、没焦点，被边缘化了。其实，90 年代的哲学是哲学的巨大的进步，90 年代的文科是文科的巨大的进步。90 年代，不再是大家都在讨论实践唯物主义、主体性，不是谁一言九鼎。关于 90 年代，我叫做三种哲学的兴起：准原理哲学的兴起、部门哲学的兴起和专门化哲学的兴起。人们都各自进行他自己的专门化的研究，走出了原来的抽象的、空洞的争论而获得了切实的研究内容和研究成果。特别值得深思的是，包括哲学在内的整个文科都把本学科的思考聚焦到对根本理念的反思。在 90 年代，以追问“哲学究竟是什么”为主题的哲学论著相继问世。与此同时，各种版本的《文学概论》、《史学概论》、《法理学》、《经济学》、《政治学原理》、《社会学概论》应运而生，对“什么是文学”、“什么是史学”、“什么是法学”、“什么是经济学”、“什么是政治学”、“什么是社会学”，提出了见仁见智的独到见解，从而真实地推进了文科各学科的发展，使得文科研究的视野跳出了教科书的范式，因此我把 20 世纪 90 年代的研究范式叫做“后教科书范式”。

我今天和老师们进行交流，是从 90 年代所出现的后教科书范式出发的，也就是说，今天的文科研究已经把传统的教科书作为一种背景知识了，不再是从教科书提出问题，而是从现实生活、从理论自身提出问题，来进行我们今天的研究了。如果不是面向现实生活和现代科学，而是背向现实生活和现代科学，我们的文科研究是难以为继的。与时俱进，这不是一个口号，而是文科研究的根本性的指导思想和思维方式。

3. 思维方式的范式转换

范式转换，说到底是思维方式的转换。哈佛大学有一句名言："一个成功者和一个失败者，不在于他的知识和经验，而在于他的思维方式。"这话说得是太深刻了。作为一个文科研究人员，你的成功和失败，不是取决于你的知识和经验，而是取决于你的思维方式。如果你的思维方式没有发生变化，即使读了很多东西，写了很多东西，但是不会出现真正的理论创新。关于思维方式的转换，特别是文科研究中的思维方式的转换，我曾在三个时期写过三篇文章，可以表达我对文科研究思维方式转换的一种概括性的理解。1988 年我写了一篇文章叫《从两极到中介》，1994 年写了一篇文章叫《从体系到问题》，2001 年写了一篇文章叫《从层级到顺序》。这三个"从……到……"，表达了我对当代中国文科研究的思维方式变革的理解。

20 世纪 80 年代发生根本性的变化，是人们不再以一种两极对立、非此即彼的思维方式去看待问题了，这就是 80 年代的中国发生的巨大的变化。与此相适应，80 年代的文科研究发生了一个重大的变化，那就是从两极到中介，人们不再是简单地做一种定性的判断，而是要进行一种真实的研究。

我记得在给研究生班讲"当代社会思潮"的时候，曾经对于我概括的"两极对立模式的消解"，做了具体的概括，叫做：政治上从对抗走向了对话；经济上从对立走向了合作；文化上从对峙走向了融合；思想上从两极走向了中介。我还对哲学的历史演进作过这样一个概括：古代哲学是离开思维对存在的关系而直接断言存在，近代哲学是从思维对存在的关系去理解存在，而现代哲学则是从思维和存在的中介即实践、语言等等去反观思维与存在的关系。哲学从"传统"到"现代”的标志，就是从“两极”到“中介”。如果我们今天研究哲学再直接断言“世界是什么”，如果我们今天研究哲学还是离开思维对存在的关系去断言什么是什么，如果我们今天思考思维与存在的关系还离开实践、语言等中介，那怎么能是哲学的“反思”呢？2001年《新华文摘》转载我的一篇文章，题目叫做《反思：哲学的思维方式》。离开对反思的理解，你喜爱哲学，但是你不可能在哲学的层面上思考哲学。我就想啊，80年代已经发生的变化，迄今为止在我们的研究范式上还没有得到完全的体现，这是值得大家认真思考的。

1994年我写了一篇文章，题目叫做《从体系到问题》。我觉得这是在90年代发生的更深刻的变化。80年代我们总想在研究当中构建某种体系，建立某种概念框架。但是90年代一个根本性的变化，就是以现实生活向我们提出的理论问题作为研究的出发点。2001年我又写了一篇文章《从层级到顺序》，认为新的世纪将发生更为深刻的变化。我说过，20世纪哲学有五个时代性的命题，概括一下，叫做“拒斥形而上学”，“观察渗透理论”，“本体论承诺”，“合法的偏见”和“存在的遗忘”。最根本的就是6个字，20世纪的哲学“拒斥形而上学”。在拒斥形而上学的过程当中发生了更深刻的变化，这就是从层级到顺序。原来我们都在想寻求一个深层的东西来解释表层的东西，也就是用深层的统一性来规范表层的多样性。但是今天的研究不是这样的。为什么马克思的哲学叫做实践的转向？他是要在所有的东西当中寻求一个重要的东西来规范其他次要的东西。这是一种顺序性的选择，而不是一种层级性的追究。所以我用“标准”和“选择”这对范畴来说明“层级”与“顺序”的区别。所谓“层级”式的寻求，就是一种“没有选择的标准”，而所谓“顺序”式的安排，则是一种“选择的标准”，是一种对生活的实践的理解。这才是马克思所说的从“解释世界”到“改变世界”的变革。这是我感到的在研究范式上发生的一个更为深刻的变化，就是思维方式的变化。

这是第一个问题，关于我们今天进行文科研究的范式转换。我觉得有这样一种自觉的意识，是我们进行文科研究的首要的和基本的前提。如果我们没有这样一种范式转换的自觉，即使我们下了很大功夫，可能是事倍功半。当然，文科研究又不仅仅是要有这样一个首要的基本的前提，还有一些重要前提需要我们认真思考，这就是我想谈的第二点体会。

（二）文科研究的前提条件

很多人把文科想得非常简单，常常这样提出问题：文科不就是面向社会吗？不就是研究人吗？人不就是这样吗？社会不就是这样吗？书里不是都有答案吗？这种想法的产生，是同多年来的文科状况密不可分的，特别是把文科教材当成“标准答案”，更是强化了人们对文科的误解。

其实从某种意义上说，搞文科比搞理科还要困难。我把搞文科概括为8个字：“功夫、学养、悟性、境界”。没有专业系统的“功夫”，没有广博知识的“学养”，没有很高的“悟性”，没有强烈的人格的魅力和“境界”，文科是搞不好的。现在存在一个巨大的误解，好像文科人人都能搞。我觉得搞文科是有前提条件的。我把它概括为四句话：一套概念系统，一套背景知识，一套研究思路，一套评价标准。

1. 一套概念系统

什么叫理论？理论就是规范人们的思想和行为的各种概念系统。不是概念系统的不可能称之为一门学科、一种理论。所以大家想一想，我们之所以能够叫做专业的教师、专业的研究人员，我们所具有的和别人不具有的，首先就是一套概念系统。有没有一套概念系统是专业和业余的区别。我经常收到业余的搞哲学的人给我寄来的研究成果，而且都比较自信，认为他解决了全部的哲学问题。他首先缺乏的就是一套概念系统，没有这套概念系统不可能是专业意义上搞这门学科。

“概念”与“名称”是有原则区别的。就像黑格尔所说的，名称不是概念。大家想一想这个问题，为什么你是专业的？因为你操作的是一套概念；他为什么是业余的？他操作的是一套名称，或者说，他是把专业性的概念当做常识性的名称来操作的。物质、意识、认识，他什么都能跟你说，但是不知道概念的内涵。什么是概念的内涵呢？列宁说“概念”、“范畴”是人类认识的“阶梯”和“支撑点”，是具有丰厚的历史内容的。比如说，“物质”，看不见摸不着，怎么还是“客观实在”呢？这就需要掌握蕴含在“物质”概念当中的人类的认识成果。掌握一套概念系统是极为艰难的。掌握的不是一套名称，而是一套概念。有了专业的概念系统，才能在专业的意义上进行研究。

2. 一套背景知识

真正的概念是蕴涵着一套背景知识的。我最欣赏的是恩格斯关于哲学的说法，哲学就是一种“建立在通晓思维的历史和成就的基础上的理论思维”。哲学家必须“通晓思维的历史和成就”，所以哲学就是哲学史，哲学是一种历史性的思想，哲学史是一种思想性的历史，离开哲学史没有哲学。为什么在座的其他专业的老师学了一遍又一遍的哲学，但并不理解哲学，总是认为哲学“抽象”呢？就是因为你不知道古往今来的哲学家都说了些什么。那你还说什么呢？所以我认为所有文科科研，第一是表现出来的东西，就是概念系统，第二是隐含着的东西，就是隐含在概念之中的背景知识。谁不都需要站在巨人的肩膀上吗？所有的学科全如此。我最深刻的感受就是，我在讲所有的问题时，如果讲的好的话，都能浮现出众多哲学家关于这个问题都怎么看的，然后我再想出一个自己的想法。普希金说，“跟随伟大人物的思想是一门最引人入胜的科学”。这是耐人寻味的。

背景知识是最关键的。文科研究难是难在我们有没有下苦功夫去占有一套背景知识。我特别欣赏列宁说的，“不懂得黑格尔的《逻辑学》就不懂得马克思的《资本论》”，这就要求背景知识。列宁又追加一句话，“阅读黑格尔的《逻辑学》，是引起头痛的最好办法”。《逻辑学》蕴含着全部的哲学史，用恩格斯的话说，黑格尔是“以最宏伟的形式概括了全部哲学的发展”，读《逻辑学》怎么能不头痛呢？我在讲“哲学通论”的时候常常说一句话，懂不懂哲学就看你懂不懂黑格尔。如果你认为自己或多或少懂得了黑格尔，你就懂哲学了，如果你读黑格尔实在读不进去，你确实还没懂哲学，当然就更难以理解马克思的哲学及其哲学变革了。如果我们不占有一套背景知识，我们的研究又有什么根据呢？

3. 一套研究思路

我们在研究过程当中应该自觉地形成一套研究思路，而不是随随便便进行研究。我把它叫做“三面向，三跳出”。文科的研究要面向本文、面向现实、面向自我。既要三面向又要三跳出，那就是面向本文与悬搁本文，面向现实与拉开间距，面向自我与跳出自我。这在我的研究当中是最重要的一种思路。

首先必须面向本文，要多读书。理科不做实验就不要搞自然科学了，文科研究如果不读书就没办法搞了。这可以叫做“理科在实验，文科在文献”。我们的老师首先要进得去，还要出得来。这就是从自在和自为到自在又自为的过程，要进得去，要出得来。不仅要学会“面向本文”，还要学会“悬搁本文”，不仅要注重“文献积累”，还要注重“思想积累”。这两个积累不能互相替代，也不能互相偏废。把读的东西放在一边，自己去冥思苦想，这是一种更重要的思想准备。

第二要面向现实。但是，作为专业研究人员，究竟如何“面向现实”？许多人把“面向现实”理解为仔细地看，认真地听，似乎看的是什么样，就实事求是了。其实不然。我们现在最重要的说法，叫做“观察渗透理论”，“观察负载理论”，“没有中性的观察”，“观察总是被理论污染的”。我们有什么样的理论才能看到什么样的现实。真正的从实际出发要有背景知识，所以又必须与现实拉开间距。不久前我发表一篇文章，叫做《哲学如何面向现实》。广义地说，就是理论如何面向现实？只有和现实拉开间距才能深层地透视这个现实，才能理性地把握这个现实，才能批判地反思这个现实，才能理想地引导这个现实。否则“现实”不就变成了一系列的抽象的表象了吗？不就是马克思所说的“混沌的整体的表象”吗？这一点是比较重要的，就是既要面向现实又要拉开间距。

最后，既要面向自我又要跳出自我，既不囿于成见，又不流于空疏。当然，研究思路非常之多，以后有机会，可以再进一步讨论。比如说，我非常愿意用自己的一个比喻，文科研究需要三个东西，叫做“靶子”、“灵魂”和“血肉”。首先文科研究要有“靶子”，你针对什么。为什么有些人写的书多而论文少？书把一个东西叙述清楚就可以了，论文却必须针对某种或某些观点，有针对性地论证自己的观点。文科研究最重要的是要有靶子。第二就是“灵魂”。有的文章用谁都听不懂的话在讲一个尽人皆知的道理，我们应该用谁都听懂的话讲一个谁都没有想到的道理。伽达默尔讲五个字，“合法的偏见”，振聋发聩。我们所有的认识成果都是偏见，又都具有历史的合理性，所以都是“合法的偏见”。第三个是“血肉”。我常常愿意讲一句话，写小说的功夫不在“故事”而在“细节”，写论文的功夫不在“观点”而在“论证”。基本理念概念化，这是文科研究的真功夫，这是文科论著的“血”和“肉”。没有“血肉”，不就是毛泽东批评的“瘪三”吗？

4. 一套评价标准

很多人认为，文科这东西，天下文章一大抄。其实，我真的感到，行家一出手，便知有没有，我不敢说自己是行家，起码通过二十多年的学习和研究，基本能做到，如果你给我一篇文章，就可以感受到它的档次。

我把文科的研究成果从高到低划分为五个层次：解释原则的创新、概念框架的构建、背景知识的转换、提问方式的更新、逻辑关系的重组。我看到我们的文科研究，好多都是第五个层次——逻辑关系的重组。表现在书上，都不是著，甚至都不是编著，而是编。书是分三个层次的，不用别人评，那出版社就给你评了，给你定位了，它写某某著，某某编著，某某编，这是不一样的。为什么叫“编”呢，因为你只是一种逻辑关系的重组，别人是那样叙述的，你换了一种叙述方式。最难的是解释原则的创新。我觉得一篇所谓的博士论文，它要求的是解释原则的创新，在座的还有我们搞科学哲学的老师，那就是科学哲学家拉卡托斯所说的“理论硬核”的改变。“取法乎上，仅得其中”，如果我们没有这样一种自觉的标准意识，没有这种自觉定位，我想，我们很难做高水平和高质量的文科研究。这就是我和老师们交流的第二个大问题，关于文科研究的前提条件。

（三）文科研究的主要工作

虽然各个学科区别非常大，但是，凡是面向人和社会的文科研究，我认为还是有某些共同的东西。我把文科研究的主要工作概括为：寻找理论资源，发现理论困难，创新理论思路，做出理论论证。这四句话都是有针对性的，下面分别说一下。

1. 寻找理论资源

这和我上面所说的前提条件是吻合的，是一致的，就是要面向“本文”，我认为这是最主要的。这其中，首要的是迫使博士研究生寻找理论资源，这是一项最基本的工作。我觉得研究生学习就是寻找理论资源的过程，多读一点经典的书。我们老师也是这样，在寻找理论资源上下功夫。现在有些教师，特别是青年教师在寻找理论资源上有一些偏见，表现在重洋轻中，很多人甚至公开标榜中文的东西我不看。我觉得我们毕竟是在中国搞学问，洋的东西是应当多看，谁的外文越好，可能越便利些。但是如果从形式逻辑的角度说，外语是一个必要条件而不是一个充分条件。这就表现在我们很多的研究成果上，很少有人说是引证了当代中国谁的研究成果。对于国内的学者，是你没有读人家的呢？还是不屑于读呢？这是包括学风在内的问题。怎么去寻找理论资源？寻找哪些理论资源？这需要结合具体的学科，但有一点是共同的，没有理论资源就没有文科研究。

2. 发现理论困难

我们很多人的文科研究就是没看到理论困难。没有发现理论困难，怎么会有真实的理论问题呢？我举一个最简单的例子，说黑格尔是唯心论者，就批黑格尔了，但是有没有人问一问：如此聪明绝顶的、博学多才的黑格尔怎么搞唯心主义了呢？我们如此平常的人怎么都搞唯物论了呢？那么，黑格尔是遇到了什么不可解决的理论困难了呢？如果你没有这么问，你研究的是什么黑格尔？你怎么能够理解那个唯心主义呢？又怎么能够理解列宁说的“聪明的唯心主义比愚蠢的唯物主义更加接近于聪明的唯物主义”？又如何坚持唯物论和反对唯心论？

我常愿意举一个例子，通常说形而上学否认运动、变化、发展。能有这事吗？手一拍桌子，不联系？手一抬起来，不运动？你从小到大，不发展？既然如此，怎么还有形而上学呢？列宁说，“问题不在于有没有运动，而在于如何用概念的逻辑去表达它”。从经验事实上说，谁能否认运动？然而，当你用思维的逻辑去描述和解释运动的时候，却往往会感到概念的无能为力。所以列宁最欣赏黑格尔的一句话，“从来造成困难的都是思维，思维把不间断的东西间割断了”。这就提出“思维和存在的关系问题”了。想一想，这才有哲学，才有我们所有的理论啊！如果不是有这样一种复杂的问题的话，为什么进行人文社会科学研究呢？

什么是人文社会科学？就是把简单的东西变复杂，因为事情本来就是复杂的，因为社会和人本来就是复杂的。而人文社会科学就是要揭示出社会和人的复杂性，从而变革人们对人与人、人与社会、人与世界之间关系的理解。所以我认为，文科研究是以寻找理论资源为前提，最重要的是发现理论困难。爱因斯坦说，“提出一个问题比解决一个问题更重要”。我们都强调问题意识，你怎么发现问题？一到写毕业论文的时候，要么想找点“热点”、要么想找点“冰点”，就是不想找“难点”。所以我说什么叫做博士？博士就是抓住基础理论、稳定研究方向、坚持独立思考、进行课题研究。发现不了理论困难，你怎么提出问题呢？

我们不仅要发现理论困难，还必须把理论的外部困难转化为理论内部的困难，也就是把理论与经验之间的矛盾升华为理论内部的逻辑矛盾。我们现在许多搞研究的同志，把理论的外部困难就自然而然地当成了理论内部的困难。这是理论研究的最大误区。看到理论和经验发生矛盾了，认为就是解决理论和经验之间发生的矛盾。其实，最大的困难是不能把外部的困难转化为内部的困难。如果你不能意识到理论的内部困难，就不可能有理论的创新。发现理论的内部困难，那就要“通晓思维的历史和成就”了。

3. 创新理论思路

我把哲学的创新概括为三种：创造、创意和创新。理论叫创新，生命叫创造，思想叫创意。没有生命的创造就没有思想的创意和理论的创新。哲学、文学是一致的。没有生命的创造想谈理论的创新是不可能的。“慎思明辨的理性”与“体会真切的情感”是水乳交融的，“反思”和“体悟”是不可或缺的。如果你有这种自觉意识的话，确实有助于你做到理论创新。

4. 做出理论论证

我认为我们的文科研究当中最大的问题有两个：一个是没有发现理论困难，一个是没有做出理论论证。无论是评项目、评成果还是评书，我的最强烈的感觉就是缺少理论论证。不是“论著”吗？不是“论文”吗？但是就是没有“论证”。甚至我们一些博士论文还这样写：历史、现状、问题、对策。这是公文，不是论文。再看我们所谓的“专著”，编、章、节、目，就像毛泽东批评的，1234，甲乙丙丁，ABCD，开中药铺。每个小目不超过半页，多的不会超过两页，这样的书我不看。从这个角度看，评书非常好评，先翻一遍，如果一个问题不超过两三页，没有论证，恐怕就不会是有学术价值的好书。

公文是把一件事情说清楚，论文是把一个道理讲明白。论文在于论证，论证在于逻辑。所以我特别强调论文的逻辑之美。马克思说："理论只要说服人，就能掌握群众，而理论只要彻底，就能说服人。"这就是论证的力量。我读马克思、恩格斯、列宁、毛泽东的书，总是被巨大的逻辑力量所震撼。我讲课特别提倡不用讲稿，这样才有利于你进行论证。旁征博引也好，逻辑分析也好，是在论证我的观点，而不是说这个问题分大一、二、三、四，还有小1、2、3、4。就是全记住了，有什么用呢？文科要达到的是一种境界，不是一种现成的知识。

（四）文科研究的主体意识

如果说前面我所讲的是技术性的、技巧性的、操作性的一些想法的话，我所讲的这个第四点是最根本的。我们的文科研究搞到什么程度，取决于我们文科研究的主体意识。

1. 抑制不住的渴望

我们为什么要进行文科研究？为了提职？为了换钱？这是症结之所在。研究搞的好不好就取决于此。不久前在北京召开国际数学家大会，这些著名的数学家都在数学中获得了美的心理体验。常人看来一辈子陷在枯燥的数字堆里，实在没意思，而这些数学家说，我觉得没有比这更好的事了。不夸张地说，我搞哲学，我就觉得这个世界上没有比搞哲学更美好的事了。文科研究最根本的一点，就是抑制不住的渴望。什么是文科研究的抑制不住的渴望？首要的就是要有强烈的社会责任感，这种抑制不住的渴望首先是一种博大的人文情怀，是一种关怀人类命运的渴望。

第二种渴望是自我实现的渴望。骨鲠在喉，不吐不快。从教学说，我教故我在，我教书所以我存在。老师不就是讲课的吗？你的自我实现不就是在课堂上吗？另一个自我实现不就是在你所写的论著当中吗？

我觉得这是一种抑制不住的渴望，把自己想清楚的道理要告诉给别人的渴望。

更深层的是一种审美愉悦的渴望。别的高峰体验都没有比研究的高峰体验更使人激动。在研究当中发现了理论困难，进而形成了自己的独立的见解，而且试图对它做出理论论证的时候，这种研究中的高峰体验，我把它看成一种审美愉悦的渴望。

2. 为学术而学术的态度

任何一个口号的提出都应有它的针对性。“为学术而学术”，曾经作为一个很不好、甚至是错误的口号来批评。为什么？因为要强调为现实而学术，为政治而学术。我觉得，今天的文科研究人员，多了为功利而学术，为宣传而学术，为提职而学术。正是针对这种情况，我想提倡“为学术而学术”，这包含四层意思：

一是职业学者的生活方式。你选择了一种职业，意味着你选择了一种生活方式。我们选择了文科研究，选择作为一个学者、一个职业学者而不是业余学者，你的生活方式就是为学术而学术，就是通过研究学术你才存在的。

二是职业学者的生活态度。你怎么理解生活的？你怎么对待生活的？你是一种为学术而学术的生活态度。就是说，你以学者的态度去看待生活、去理解生活，对生活进行理想性的引导。

三是职业学者的工作方式。这就更加切实了。怎么工作呢？为什么有这样一句话呢？叫做“学术无禁区，宣传有纪律”。我同意这句话。宣传总要有个口径吧？学术必须独立思考吧？搞学术与搞宣传，你的生活方式、生活态度、工作方式、应有心态都不一样。要有一种自觉意识，这两种工作不一样。为学术而学术，重要的是一个求真意识。为学术而学术是我们的工作方式，这是以学术面向现实的方式。

四是职业学者应有的心态。记得80年代我正读博士的时候，研究生院组织讨论“红、黄、黑”，当官的路红彤彤，经商的路黄灿灿，搞学问的路黑洞洞，这样说来，谁都愿意红彤彤、黄灿灿，谁又愿意黑洞洞呢？那时是刚刚搞市场经济，而我们今天实现了条条大路通罗马。价值多样化了，我们做什么都能够得到这个社会的承认，而且我觉得对于有的人来说，学术的选择应该是你最好的选择。这种心态用我们哲学的话来说就是“平常心，异常思”。许多人把它颠倒了，“平常思”而“异常心”，生活、行为都和别人不一样了。所以我们应有一种为学术而学术的应有的心态，这一点对于我们来说是非常重要的。

3. 在思想上跟自己“较劲儿”

最关键的是要有难为自己的韧性，或者说要在思想上跟自己较劲。我认为文科研究的过程就是在思想上和自己较劲的过程。

为什么文科研究会出现“三多三少”呢？教学多而科研成果少，书多而论文少，一般性的文章多而好的文章少？“文章千古事，得失寸心知”。很多人说过，隔几年看自己写的文章看不进去了，脸红了。这就是当时没跟自己较劲。如果当时在思想上跟自己较劲，我觉得你对于自己写过的东西是非常珍惜的、亲切的，总觉得是很有价值的。

你有套概念系统、研究思路，关键是这个研究过程是不是和自己在思想上较劲了，和自己在思想上过不去了。我觉得我能做出一些研究成果，就是不断地和自己在思想上较了20多年的劲！我自己印象中没有真正过个春节，没有假日的概念，总有一些问题萦绕在自己脑海里面。

1985年我在《哲学研究》上发表了第一篇文章，文章的题目叫做《认识的内容和形式的二重性》，我觉得确实是个较劲的结果。教科书上说了，人的认识内容是客观的而形式是主观的。我要给学生讲课，我绞尽脑汁去想，如果内容要想客观，形式能否主观？我要戴一个墨镜，看的东西都是黑的了。我的主观形式是黑的，意识内容能有赤橙黄绿青蓝紫吗？所以我就提出一个问题，如果认识的形式是主观的，就没有认识内容的客观性。这就是较劲的结果。

我从1986年开始，到1987年底，写完了《从两极到中介——现代哲学的革命》这篇文章。这篇文章之所以有较大的影响，被许多杂志转载，应当说是用心的结果。无论是哲学研究，还是现实生活，我们在相当长的时期里总是两极对立、非此即彼，特别是十年“文革”，更是要么“高大全”，要么“坏透顶”，一研究哲学就只能讲唯物论与唯心论、辩证法与形而上学，把哲学的派别冲突简单化了，也就把哲学庸俗化了。马克思的“实践转向”解决了一个根本的问题，它超越了两极对立的模式，从人类的实践活动及其历史发展出发去看待人与世界的关系，因而实现了现代哲学的革命。我的这篇文章正是以理论的方式表征了时代的变革和哲学的变革。

我写的博士论文是探讨“论辩证法的批判本性”。我向自己提出一个问题：谁都承认辩证法是批判的，都说辩证法具有批判的功能，但为什么辩证法只能是批判的，不能是非批判的？我就和自己较这个劲，为什么辩证法是批判的？形而上学怎么就不批判呢？憋了一年半，终于明白一个道理，那就是恩格斯的一段话。恩格斯说：“我们的主观的思维和客观的世界服从于同样的规律，因而两者在自己的结果中不能互相矛盾，而必须彼此一致，这个事实绝对地统治着我们的整个理论思维。它是我们的理论思维的不自觉的和无条件的前提。”这就是说，无论在我们研究当中还是生活当中，我们都把思维和存在的统一性当做一个“不自觉的和无条件的前提”，认为思维关于存在的规定也就是存在本身的规定。正是把这个“不自觉的和无条件的前提”当做一个批判和反思的对象，所以辩证法才在本性上是批判的。我觉得这篇论文确实解决了一个重大的问题，就是辩证法的批判本性的根据问题，其实也就是哲学的批判本性的根据问题，因而我把这篇博士论文的正标题叫做《理论思维的前提批判》。

我觉得当代中国哲学最重要的问题，是哲学与科学的关系问题。教科书模式的问题就在这里，哲学改革就是解决这个问题，哲学与科学的关系问题。但是这个问题怎么解决？我和自己较了几年的劲。我想我初步想清楚了这个道理，这就是：科学以整个世界为对象，从而形成关于整个世界的全部思想，而哲学以科学所提供的关于整个世界的全部思想为对象，反过来而思之，这就是哲学的“反思”。科学是形成关于世界的思想，而哲学是对科学所形成的思想的反思，因此哲学是一门反思的学问，也就是思想以自身为对象反过来而思之。所以我说，只有当哲学“无家可归”的时候，哲学才真正地“四海为家”。也就是只有当哲学像恩格斯所说的那样被“驱逐”出了自然领域，被“驱逐”出了社会历史领域，又被现在的思维科学“驱逐”出了思维领域，才有了今天的“四海为家”的哲学。这就是当代的哲学范式的革命。

这是我举的例子。我觉得我能写出的任何有价值的论文和书，都是和自己在思想上较劲的结果。我写《崇高的位置》，构思这本书时脑子里一直就萦绕着一个问题：哲学是对崇高的寻求，在寻求的过程中自己就变成了异化的崇高，而哲学的发展过程就是哲学自我消解和自我重构的过程，也就是消解异化的崇高和重构崇高的过程。所以哲学的历史是一个崇高的寻求，崇高的自我异化，消解被异化的崇高和重建崇高的四重化的过程。想清楚这个思路，自己觉得真是痛快淋漓。

我近年来在想一个问题，哲学应该有一个它的特殊方式。我觉得整个现代哲学没有解决卡尔纳普给现代哲学提供的陷阱。卡尔纳普说，语言有两种职能，一种是语言的表述职能，陈述经验事实；一种是语言的表达职能，表达情感和愿望。充当语言表述职能的是科学，充当语言表达职能的是艺术。语言只有两种职能，因此哲学要么像科学那样“表述”，要么像艺术那样“表达”，所以要么哲学“科学化”，要么哲学“艺术化”，而哲学既不能像科学那样表述经验事实，又不应该像艺术那样表达情感意愿，哲学不就应当被“消解”了吗？所以现代哲学就落入了卡尔那普的陷阱，我们中国的教科书就是试图“哲学科学化”。在这里有一个认识上的困难，就是如果哲学不充当表述职能，那就充当表达职能，所以后现代主义非常明确地提出哲学的拟文学化。我就想不陷入这两个圈套，1997 年我在《社会科学战线》上发表了《论哲学的表征意义》，提出哲学既不是“表述”，也不是“表达”，而是“表征”。我做了一个论证，要是从“表述”角度去看，比如“我思故我在”、“存在就是被感知”、“绝对理念的自我运动”、“语言是存在的家”，这不都是唯心主义的胡说八道吗？我思想我存在，我不思想我就不存在了吗？存在就是被感知，我没感知到的存在就不存在了？都这么批判笛卡尔和贝克莱。批判黑格尔时说，也不知道什么地方有一个绝对理念在那里游荡着，然后外化出个自然界，再外化出人的社会，外化出人的思想。有这样的笛卡尔、贝克莱和黑格尔吗？问题就出在不理解哲学不是表述，不是表达，而是表征。哲学是以理论的方式“表征”了某种时代精神，而不是“表述”某种经验事实。笛卡尔“表征”的是理性权威，贝克莱“表征”的是认识的反省，黑格尔“表征”的是思想体系的时代。这是哲学与科学的区别，也是哲学的思维方式与科学的思维方式的区别。当然我正在做这项工作，是否有道理是另一个问题。我的一个博士生说，我的思想历程是“超越两极，批判前提，寻求崇高，表征意义”。这大概就是我所做的主要工作吧。

4. 美的心理体验

正是因为有一种抑制不住的渴望，有一种为学术而学术的心态，有这样一种和自己较劲的韧劲，才能在研究的过程中、在研究的结果中感受到的不是一种痛苦，而是一种从未有过的、常人难以体会到的美的体验。我曾写过一篇短文，叫做“找感觉”。所有的感觉都能感受到人生的快乐，但很难有我们这样一种创造的心理体验，这样一种无可替代的人生的幸福。别看歌曲中唱“跟着感觉走，紧拉住梦的手”，但人的最大的幸福是“跟着理性走，紧拉住哲学的手”。的确是这样，理论研究能感受到常人无法体会到的美的喜悦。马斯洛说过，人的需要有不同的层次：生存需要、安全需要、归属需要、尊重需要、审美需要，而审美需要才是一种真正的自我实现。我想我们在文科的研究当中，如果有一种抑制不住的渴望，有一种为学术而学术的态度，有一种跟自己较劲的韧劲，能够达到一种美的心理体验，那么我们的人生和工作就是快乐的。

2002 年 11 月 8 日

五　对当代中国文化现实的自觉

——在“21世纪中华文化世界论坛”上的发言

文化自觉，既是对文化传统的自觉，更是对文化现实的自觉。

对文化现实的自觉，主要地是对当代人类的社会生活及其社会思潮的自觉；对中国的文化现实的自觉，则主要地是对当代中国人的社会生活及其社会思潮的自觉。本文以当代人类的社会生活及其社会思潮为背景，集中地反思当代中国人的社会生活及其社会思潮，以期达到对当代中国的文化现实的自觉。

（一）对当代人的存在方式及其困境的文化自觉

文化是人的存在方式，也就是人的社会生活。文化的自觉，从根本上说，应当是对人的存在方式即人的社会生活的自觉。

关于人的存在方式，马克思曾以传统社会的自然经济、现代社会的市场经济和未来社会的产品经济为基础，作出三种基本形态的概括，即：与自然经济相对应的“人的依赖关系”的存在方式；与市场经济相对应的“以物的依赖性为基础的人的独立性”的存在方式；与产品经济相对应的“建立在个人全面发展和他们共同的社会生产能力成为他们的社会财富这一基础上的自由个性”的存在方式。① 这表明，对现代社会中的人的存在方式和社会生活的文化自觉，从根本上说，就是对“市场经济”中的人的“以物的依赖性为基础的人的独立性”的自觉。这种文化自觉，既具有关注当代人类社会生活的普遍意义，更具

① 参见《马克思恩格斯全集》第30卷，人民出版社1995年，第107—108页。

有理解当代中国人的社会生活和存在方式的特殊意义。

从人类的现实生活过程看，人的存在方式的最重大的变化莫过于从“自然经济”中的“依附性”存在转变为“市场经济”中的“独立性”的存在。

从人的存在方式上看，所谓“自然经济”，就是在生产力水平低下或较为低下的情况下的“人的依赖性”或“人对人的依附性”的人的存在方式。在“自然经济”形态下，“人的生产能力只是在狭窄的范围内和孤立的地点上发展着”。[①] 由于生产力水平低下或较为低下所造成的“人对人的依附性”，“自然经济”的根本特征是经济生活的禁欲主义、文化生活的蒙昧主义和政治生活的专制主义的“三位一体”。经济生活的禁欲主义既需要文化生活的蒙昧主义，更需要政治生活的专制主义。自然经济的人的存在方式，从本质上看，就是这种禁欲主义、蒙昧主义和专制主义“三位一体”的“人对人的依附性”的存在方式。

在西方近代以前的社会生活中，这种“人对人的依附性”，表现为“人对神的依附性”。作为“神圣形象”的“上帝”，它是人的全部思想和行为的根据、标准和尺度，而人则把自己的本质力量异化给了作为“神圣形象”的“上帝”，从而成为依附于“上帝”的存在。在这里，“上帝”就是绝对之真、至上之善和最高之美。因此，人们通常把西方的中世纪称作“神学文化”，并相应地把近代以来的西方文化称作“后神学文化”。同样，在以自然经济为基础的中国封建社会的社会生活中，在“存天理，灭人欲”，“君子喻于义，小人喻于利”，“君为臣纲，父为子纲”以及“法先王之法”、“以孔子之是非为是非”的告诫与“纲常”中，我们不仅可以看到非此即彼、两极对立的绝对化的思维方式和价值观念，而且可以看到由此所造成的人对“神圣形象”的

① 参见《马克思恩格斯全集》第30卷，人民出版社1995年，第107页。

“依附性”存在：人的存在的价值和依据被异化为代表“国家”、“社稷”的“君主”，被异化为代表“人性”、“人格”的“圣贤”，被异化为代表“经典”、“文本”的“儒学”，被异化为代表“伦理”、“道德”的“纲常”。总之，人在以自然经济为基础的“文化”中被“异化”为“依附性”的存在。

按照马克思的观点，超越自然经济的市场经济，实现了人的存在方式由“人对人的依附性”到“以物的依赖性为基础的人的独立性”的历史性转变。马克思提出，在这种“以物的依赖性为基础的人的独立性”的存在方式中，“才形成普遍的社会物质交换，全面的关系，多方面的需求以及全面的能力的体系”。[①] 如果我们把“自然经济”的特征概括为经济生活的禁欲主义、文化生活的蒙昧主义和政治生活的专制主义，那么，在与“自然经济”相比较的意义上，我们可以对“市场经济”的特征作出如下的概括：经济生活的反对禁欲主义而要求现实幸福，文化生活的反对蒙昧主义而要求理性自由，政治生活的反对专制主义而要求天赋人权。“市场经济”的这种要求的理论表达，则构成人们所熟知的著名的哲学命题，这就是：“我欲故我在”（要求现实幸福）；“我思故我在”（要求理性自由）；“我生而为人”（要求天赋人权）。这些哲学命题表达了对“后神学文化”的自觉。

如果我们更深入一步地从人的思维方式、价值观念和行为方式等人的存在方式的视角去透视“市场经济”，那么，我们又可以对“市场经济”的特征作出更为实质性的概括。这就是：功利主义的价值态度（以功利原则为价值核心）、工具理性的思维方式（以科学思维为合理性）和民主法制的社会体制（市场经济即法制经济）。市场经济的这三条基本“原则”形成了现代社会的文化现实。当代中国，这里指自1978年以来的当代中国，从原来的计划经济转向市场经济，它所面对

① 《马克思恩格斯全集》第30卷，人民出版社1995年，第107—108页。

的根本问题，就是这种由市场经济所规定的现代社会的文化现实的问题。我们所说的对当代中国的文化现实的自觉，主要地就是以中国人的文化理念去反思这种文化现实。

市场经济按照自己的要求去塑造全部的社会生活，从而也就塑造了人的新的存在方式——人在市场经济中的存在方式。马克思的“以物的依赖性为基础的人的独立性”的概括揭示了市场经济以及与之相适应的人的存在方式的二重性：一方面，与自然经济相比，市场经济使人的存在方式由“人对人的依附性”转变为“人的独立性”；另一方面，市场经济中的“人的独立性”又只能是“以物的依赖性为基础”，因此它所实现的由“人对人的依附性”到“人的独立性”的转变，只是由“人的依赖关系”转变为“物的依赖关系”。人的“独立性”和“对物的依赖性”，构成“市场经济”中的全部矛盾的根本性内容。而“现代社会”则是以“市场经济”为基础的市场经济、现代科技和大众文化“三位一体”的社会。人们在现代社会的“实际生活过程”，就表现为人的“独立性”与“对物的依赖性”的矛盾冲突的过程。正是这种矛盾冲突，构成了文化层面的当代社会思潮。对当代中国文化现实的自觉，在其直接的意义上，就是对当代社会思潮的文化自觉。

（二）对当代意义危机的文化自觉

文化在其广义的理解中，可以理解为人的存在方式或人的社会生活；文化在其狭义的理解中，则特殊地理解为由人的社会生活所决定的作为社会心理倾向的感觉文化、作为社会思想潮流的大众文化和作为理论学术思潮的精英文化。这三种文化的融汇构成每个时代所特有的社会思潮。据此，本文认为，对当代人类社会生活的文化自觉，特别是对当代中国的文化自觉，主要地是对当代社会思潮所蕴含的意义危机的文化自觉。

在以自然经济为基础的传统社会中，人们的经济生活、政治生活、文化生活和精神生活都处于两极对立的状态之中，人们总是以两极对立的思维方式去思考一切问题。传统哲学作为传统社会的“思想中的现实”，它集中地体现了这种两极对立的生存方式及其思维方式，即总是试图在真与假、善与恶、美与丑的绝对对立中去寻求某种绝对的确定性。由于传统哲学总是把这种绝对的确定性对象化为某种确定的存在并使之神圣化，从而造成了马克思所说的“人在神圣形象中的自我异化”。现代的市场经济、科技文明和大众文化则日益深刻地消解掉了这些“神圣形象”的灵光，使得人们的生存方式发生了“从两极到中介”的变革：当代世界的政治模式形成了“从对抗到对话”的多元化和多极性，“和平与发展”成为当今时代的主题；当代世界的经济模式发生了“从对立到合作”的变革，出现了“经济全球化”的趋势；当代世界的文化模式发生了“从对峙到融合”的变革，“欧洲中心主义”已被多元文化模式的共存、交流与融合所取代；当今人类的思维模式更是集中地体现了“从两极到中介”的深刻变革，把真善美理解为时代水平的人类自我意识，把人类已经达到的认识成果理解为时代水平的“合法的偏见”，把人类的存在视为“超越其所是”的开放性、未完成的存在，已逐步成为当代人类的共识。这种“两极对立模式的消解”，使人类从两极对立、非此即彼、僵死凝固的生存方式和思维方式中解放出来，无疑是人类历史的巨大进步，它标志现代社会与传统社会的本质区别。然而，由于“消解”了两极对立模式，“消解”了近代哲学以来的理性主义权威，因此也“消解”掉了传统社会所悬设和承诺的绝对确定的种种思想的根据、价值的尺度和行为的标准，造成了当代社会生活和当代社会思潮中的意义危机。

以市场经济的存在方式为基础的当代社会生活和当代社会思潮，表明当代人类的生活世界处于深刻的“意义危机”之中。当代哲学作为当代“意义”的社会自我意识，它需要对这种时代性的“意义危机”作出全面的反应、批判的反思、规范性的矫正和理想性的引导。

以市场经济取代自然经济的过程，从根本上说，就是现代化的过程，从传统社会转变为现代社会的过程。因此，“现代化”深切地体现了市场经济的内在矛盾。

现代化，既是一个前所未有的、迅猛发展的自然人化过程，也就是以现代的科学技术征服自然的过程，又是一个前所未有的、急速实现的个体社会化过程，也就是以等价交换的原则实现人的全部社会关系的过程。由此，在现代化的进程中便愈益明显地凸现了两个方面的尖锐矛盾：一是现代科学技术的迅猛发展与日益严峻的全球问题的矛盾，二是人的生存方式的现代化与人的物化状态的矛盾。现代化所实现的空前的自然人化过程，为人类的生存和发展创造了前所未有的物质财富，但同时又造成了包括人口膨胀、环境污染、生态失衡、粮食紧张、能源危机以及核战争威胁等在内的“全球问题”。而市场经济所实现的“以物的依赖性为基础的人的独立性”，既挺立了个人的主体性和独立性，增强了人的主体自我意识，形成了某种人的自我实现的条件，又造成了“抹去一切职业的灵光”，“把一切都沉浸到金钱的冰水当中去”，也就是使人“物化”的生存状态。这就是当代的人与自然、人与社会的双重性矛盾所构成的“现代化问题”。

面对这种现代化的双重性矛盾，形成了世界性的现代化思潮与反现代化思潮的尖锐矛盾。作为反现代化思潮，一是表现为发展中国家的以道德理想主义批判发达国家中的“物欲横流”，一是表现为发达国家的以文化保守主义所进行的现代化反省。作为现代西方哲学的现代化思潮，则把现代化所实现的自然的人化即自然的隐退，视为哲学一向所寻求的绝对性、确定性和终极性的消解。真理观的多元论，价值观的相对论，历史观的非决定论，构成了现代西方哲学的主导性解释原则。由此便形成了当代哲学的形上与形下、科学主义与人本主义、理想主义与实用主义、道德主义与功利主义、终极关怀与“消解哲学”的尖锐冲突。这可以说是对当代人类社会生活的深切的文化自觉即哲学自觉。

在这种文化自觉中，我们可以发现，对于人类的“文化”来说，最为艰难的是“选择”某种“标准”来确认生活的“意义”。在人类历史的发展进程中，社会所悬设和承诺的“意义”的“标准”，与个人对这个“标准”的选择与认同，总是处于矛盾之中。特别是在人类生活世界发生时代性变革的过程中，由于常识意识、科学精神、审美意识和伦理文化的全面变化而引起的“意义范式”的转换，总是造成时代性的“意义危机”。这种“意义危机”，既会激发“意义”的个体自我意识的新的感受和领悟、新的期待和追求，也会引发“意义”的个体自我意识的新的困惑与迷惘、新的矛盾与冲突。“我到底要什么”的价值取向和价值认同与“我们到底要什么”的价值导向和价值规范，正是深刻地体现了各个时代的“标准”与“选择”的矛盾。

在文化的意义上，现代社会的突出特征，是把自然经济中的“人在神圣形象中的自我异化”，变成了市场经济中的“人在非神圣形象中的自我异化”。这构成了当代文化现实中的“标准”与“选择”的新的冲突。

人在这种“非神圣形象中的自我异化”，深切地感受到一种二重化的矛盾：一方面，“神圣形象”的消解，或者如尼采所说“上帝被杀死了”，人们既感受到没有了“窥视”自己、“惩罚”自己的“上帝”的解放了的愉悦，又感受到了一种没有“规范”自己、“约束”自己的“标准”的空虚；另一方面，在“非神圣形象”即“法”、“政治”和“理性”等等“世俗”化的“规范”中，人们既感受到新的“束缚”和“压抑”，又感到“非神圣形象”作为“标准”的“非神圣性”，因而也感受到一种无所皈依的烦躁。这种烦躁就是一种“没有标准的选择的生命中不能承受之轻的存在主义的焦虑”。

在市场经济中，“现代性的酸”使得传统的天经地义的“标准”失去了神圣的灵光。当人们进行“选择”的时候，却总是难以确认选择的“标准”。捷克著名小说家米兰·昆德拉把他的一部风靡全球的小说命名为《生命中不能承受之轻》，这种“轻”，就是生命难以承受的“没有标准的选择”之“轻”，也就是生命难以承受的“存在主义的焦虑”之“轻”。在现代哲学中，西方的“存在主义”曾经把它之外的一切哲学都斥之为“本质主义”哲学。然而，由于“存在主义者把整个理念世界作为无用的精神建筑而加以抛弃，结果他们却碰到这样一个令人痛苦的矛盾：他们必须在一无选择的原则，二无任何他们可以用以衡量他们是否选择得好的标准的情况下进行选择”，由此便造成了“存在主义的焦虑”。①

哲学作为“意义”的社会自我意识，它对当代人类的巨大的生活价值，就是实现对当代人类的存在方式的矛盾与困境的文化自觉，也就是对时代性的“意义危机”做出全面的反应、批判的反思、规范性的矫正和理想性的引导。因此，真正的哲学意义上的文化自觉，总是以自己提出的新的问题、新的提问方式以及对新问题的新的求索，批判性地反思人类生活的时代意义，理论性地表征人类生活的矛盾与困惑、理想与选择，为人类的思想与行为提供自己时代的根据、标准和尺度，从而塑造和引导新的时代精神。以当代社会生活的内在矛盾和当代人的种种困惑为对象而进行哲学反思，这就是当代哲学所承担的文化自觉的使命。

（三）对“发展”问题的文化自觉

“发展”是人的存在方式，也是当代人类面对的最大问题，是当代学界争论最激烈的问题。在关于“发展”问题的激烈论争中，学界在时代性与人类性的交接点上深化了对“发展”的辩证理解，提出并形成了以“发展”为聚焦点的一系列哲学范畴，诸如生存与发展，发展的事实与价值，发展的价值与代价，发展的标准与选择，发展的大尺

① 保罗·富尔基埃：《存在主义》，上海译文出版社 1988 年版，第 50 页。

度与小尺度，发展的人化与物化等等，特别是处于从计划经济转向社会主义市场经济过程中的当代中国学者，更是以反思市场经济为出发点，深化了对发展的文化自觉。

“发展问题”是现代化思潮与反现代化思潮争论的焦点。20 世纪 90 年代，国内哲学界比较集中地讨论了发展的价值基础、合理性目标以及发展的代价等问题。有的论者提出，发展从来就不是客观的中性的纯粹的经济增长过程，也不仅仅是人们的物质生活状况的逐步改善过程，更重要的是各种文化价值在经济增长中起着根本性的作用，它决定增长作为一种目标的合理性。“代价”是发展过程中的一种被否定和牺牲的替代性价值，即主导价值趋向对其他价值形态的抑制、否定和牺牲。还有的论者提出，价值观的主导范式具有强烈的时间效应，价值观自身不能先验地确定自身的合理性，对于当代中国而言，首要的是立足现代化对前现代化价值观的反思，而不是立足后现代化对现代化价值观予以反思。关于“发展问题”的这种哲学思考，从理论上支持了当代中国对现代化目标和社会主义市场经济的选择。

发展问题的严峻性在于，发展的过程具有正、负两面效应，具体言之，发展的过程表现为人自身的“人化”与“物化”的二重化过程。发展，对人自身的正面效应来说，就是“人化”的过程；然而，在当代人类的“发展”进程中，却突出地表现为“人化”与“物化”的双重性过程。市场经济按照自己的要求去塑造全部社会生活，不仅塑造了人的“独立性”，而且塑造了人对“物”的依赖关系。马尔库塞提出，“发达工业文明的内在矛盾正在于此：其不合理成分存在于其合理性中”。他具体地指出，这种“不合理成分存在于其合理性中”的情况，可以说是“它的各种成就的标志”：“掌握了科学和技术的工业社会之所以组织起来，是为了更有效地统治人和自然，是为了更有效地利用其资源。当这些成功的努力打开了人类实现的新向度时，它就变得不合理了。”[①] 这突出地表现在，在普遍性的市场机制中，每个个体的生存都被抛向了“市场”，每个个体的生存状况都取决于在“市场”中的“赢利”或“亏损”，谋求个人利益便不仅成为实现个人的生存与发展的“基本”手段，也成为实现个人的生存与发展的基本“观念”，即市场经济所内涵的“功利主义的价值观”。

市场经济按照自己的要求去塑造全部的社会生活，就会把市场经济的等价交换、优胜劣汰的原则融入整个社会生活，特别是把“固定地充当一般等价物”的“货币”作为交换一切、衡量一切、评价一切的“根据”、“标准”和“尺度”，也就是把“货币”当成哲学意义上的“本体”。在评论黑格尔的“绝对理念”时，马克思曾经作出这样的评论，即：黑格尔是以“最抽象的形式”，表达了人类“最现实的”生存状况，因为人们正在受“抽象”的统治。[②] 这里的所谓“抽象”，就是统治人的“货币”，就是人所依赖的“物”。正是在这个深层的哲学意义上，人被“物化”了。

人的“物化”，从根本上说，就是作为“人的本质”的丰富的“社会关系”，以及由丰富的“社会关系”所展现的丰富的“社会生活”，被“简化”、“抽象化”为纯粹的功利关系、金钱关系、交换关系。在这种被“简化”和“抽象化”的社会关系中，是“人对物的关系”决定“人对人的关系”，因此，“人的独立性”只能是“以物的依赖性”为基础。这就是马克思所说的市场经济条件下的“以物的依赖性为基础的人的独立性”。

发展，它既是对存在状态或存在过程的描述，又是对存在状态或存在过程的评价，因而是以评价为逻辑先在的对存在的描述。这意味着，“发展”问题的核心问题是对存在状态如何评价即评价的标准问

① 马尔库塞：《单向度的人》，上海译文出版社 1989 年版，第 17 页。
② 参见《马克思恩格斯全集》第 30 卷，人民出版社 1995 年版，第 114 页。

题，以及依据某种标准作出行为选择的问题。“标准”与“选择”，是“发展”作为哲学问题的最重要的基本范畴，并且越来越明显地成为当代文化反省的最重要的基本范畴。

人类历史的一个突出特征在于，“片面性”是它的“发展形式”，即历史总是以某种“退步”的形式而实现自身的“进步”。历史过程中的任何进步都要付出相应的“代价”，任何“正面效应”都会伴生相应的“负面效应”，任何“整体利益”的实现都意味着某些“局部利益”的牺牲，任何“长远利益”的追求都意味着某些“暂时利益”的舍弃，由此便造成了人的历史活动的“目的”的自相矛盾，也造成了反观和评价人的历史活动及其“标准”的自相矛盾。这种历史活动的“目的”及其评价“标准”的自相矛盾，最重要的是反观历史的“大尺度”与“小尺度”的矛盾。

所谓历史的“大尺度”，就是以人的“根本利益”、“长远利益”、“整体利益”为出发点的反观历史的尺度；与此相对应，所谓历史的“小尺度”，则是以人的“非根本利益”、“暂时利益”、“局部利益”为出发点的规范人的历史活动的尺度。生活本身告诉我们，当我们离开历史的“小尺度”而仅仅承诺历史的“大尺度”的时候，我们不仅无法实现“大尺度”所承诺的价值理想，而且尤为惨痛的是会使这个“大尺度”所承诺的价值理想变形，把“大尺度”变成某种压抑个人发展的“本质主义的肆虐”；与此相反，当我们离开历史的“大尺度”而仅仅着眼于历史的“小尺度”的时候，我们不仅会失去“大尺度”的价值理想，而且尤为严峻的是使这个“小尺度”所规范的历史活动危及人自身的存在，从而使人们在这种“小尺度”中感受到一种“生命中不能承受之轻的存在主义的焦虑”。

毫无疑问，马克思的关于人的全面发展的价值理想，是一种反观人的全部历史活动的“大尺度”；然而，正是在这个“大尺度”中，又蕴含着规范和反观人的历史过程的“小尺度”。在相当长的时期里，我们离开这个“大尺度”所蕴含的“小尺度”，不仅造成了极“左”思潮的泛滥，而且使这个“大尺度”本身失去了自己的感召力。在建设社会主义市场经济的过程中，一种非常值得重视的社会思潮在于，对马克思所承诺的人的全面发展的价值理想的“冷漠”与“淡化”。然而，在人们（每个人）的现实的价值选择中，却总是不可避免地蕴含着某种“大尺度”的制约与规范：其一，个人的价值理想总是某种具有社会内容的价值理想，而不可能是某种超社会性的自我幻想；其二，个人的价值认同总是“认同”某种社会性的价值规范，而不可能是某种超社会性的自我认同；其三，个人的价值取向总是“取向”某种社会的价值导向，而不可能是某种超社会性的自我导向。因此，我们需要从马克思的人的全面发展的价值理想去引导和规范人们的价值理想、价值取向和价值认同，从而在文化自觉的基础上把建设社会主义市场经济的过程塑造和引导为实现人的全面发展的过程。

载《文化自觉与社会发展》，商务印书馆2005年3月版

六 怎样培养博士

——在“全国博士生论坛”上的报告

我讲三个问题：一是分清层次，自觉定位；二是重在引导，开展研究；三是明确标准，鼓励创新。

（一）分清层次 自觉定位

从20世纪80年代初恢复研究生培养制度，仅仅经过20余年，我国已经成为“生产”博士的大国之一，因此暴露出来的突出问题是博士学位获得者的整体质量问题。这一现象，呈现给我们的首要问题就是：我们是否分清了培养层次？是否对博士学位获得者的培养目标达到了自觉定位？

就文科情况看，在本科生、硕士生、博士生的培养中，我们逐步地实现了四个方面的分化：一是在学习领域上，本科生主要是在一级学科领域学习，硕士生主要是在二级学科领域学习，而博士生则是在特定专业方向领域学习；二是在学习内容上，本科生主要是形成广博的知识背景，硕士生主要是打下扎实的理论基础，博士生主要是开展专题研究；三是在学习方式上，本科生以讲授为主，硕士生以讲授和讨论并重，而博士生则以讨论为主；四是在考核方式上，本科生以闭卷答题为主，硕士生以课程作业为主，而博士生则以撰写文章为主。

这些分化是重要的，但是，这些分化本身并不能保证培养层次的区分，因此也并不能保证培养目标的实现。博士生的培养目标是“高级专门人才”，关键是“高级”和“专门”。有人批评“博士不博”，如果是要求博士具有广泛坚实的专业基础，这当然是对的，而如果是要求博士“什么都懂”，“什么都会”，那就完全背离了“高级专门人才”的培养目标。博士不是“杂家”，恰恰相反，必须是“专门”家，是“高级”的“专门”家。从这种认识出发，上述的学习领域、学习内容、学习方式和考核方式的分化，就必须实现“层次”上的分化，而不仅仅是“内容”和“形式”上的分化。

我是教哲学的，我觉得哲学专业的本科教育是引导学生“进入哲学”，硕士生教育是引导学生“领悟哲学”，而博士生教育是引导学生“研究哲学”。这是三个不同“层次”的培养目标和培养模式。正是从这种“分层”培养的理念出发，我把本科生教育定位为“激发理论兴趣，拓宽理论视野，撞击理论思维和提升理论境界”。这里突出的是兴趣的培养、视野的开拓、思想的震撼和境界的升华，目的是提高学生的理论思维能力和培养学生的哲学的生活态度。与本科不同，我把硕士生教育定位为“寻找理论资源，发现理论困难，坚持独立思考，作出理论论证”。这里突出的是文献的积累和思想的积累，特别是发现问题和论证思想的能力，目的是为进入研究状态奠定基础。与硕士生不同，我把博士生教育定位为“抓住基础理论，稳定研究方向，创新理论思路，进行课题研究”。这里突出的是理论性和专门化的培养，特别是研究能力的养成和创新意识的强化，目的是培养“高级专门人才”。

这种“层次”性的“定位”，意味着我们面对一系列严峻问题，其中最重要的是导师队伍问题。“导师”不同于“教师”，重点不在于“教”而在于“导”，也就是“引导”研究生（特别是博士研究生）学会“研究”。这就要求“导师”本身既有坚实的研究领域和丰厚的研究成果，又有丰富的研究经验和真切的研究心得，这两方面是缺一不可的。所以我想专门谈谈导师队伍问题。

（二）重在引导　开展研究

博士生导师的“引导”，我以为主要有三个方面：一是“学科”引导，二是“学术”引导，三是“学问”引导。

先谈“学科”引导。每门学科之间都具有重大差异，能否理解和把握学科特点，是能否在本学科进行专门研究的前提。比如“哲学”，它是一种批判性的反思活动，而不是对经验对象的实证研究。“引导”博士生研究“哲学”，从根本上说，就是“引导”学生的思想在批判的、反思的、形上的层面上进行。具体地说，哲学研究应当做到“时代精神主题化，现实存在间距化，流行观念陌生化，基本理念概念化”。首先是“时代精神主题化”，注意发现和捕捉到具有时代意义的哲学问题并使之“主题化”；其次是“现实存在间距化”，使关于现实的“思想”成为“反思”的对象；再次是“流行观念陌生化”，使被反思的思想成为真正的批判对象；最后是“基本理念概念化”，对自以为是的基本理念作出系统化的逻辑论证。

其次是“学术”引导。不管“学科”之间具有怎样的差别，作为“学术”，却具有广泛而深刻的一致性。就“文科”说，学术研究的前提是两个积累，即文献积累和思想积累，二者缺一不可。一般来说，从事“文科”研究的人都能理解文献积累的重要性，但是，着重哪些文献的积累，怎样积累文献，从文献积累中获得什么，却需要导师具有广阔的视野和深刻的思想。然而，一些导师和学生所缺乏的恰恰是深厚的和深沉的思想积累。思想积累离不开文献积累，但文献积累并不直接就是思想积累。思想积累必须是在思想上和自己过不去，在思想上跟自己“较劲”，一点一滴地积累真知灼见。显然，这种思想积累是最为困难的，也是最为重要的。没有深厚和深沉的思想积累，哪里来的“理论创新”呢？

再次是“学问”引导。搞学问不仅需要“十年磨剑”、“板凳坐冷”，而且需要“平常心”和“异常思”，这是当代中国学人最喜欢的六个字。思想要“异常”，否则就没有思想的创新；心态要“平常”，否则就会失去真实的思想。但是，我们有时会碰到这种情况，博士生不是用谁都听得懂的语言讲出富有独创性的思想，而是用谁都难以听懂的词句讲了一个平淡无奇的道理。我感到，引导学生真实地研究、真诚地探索和真切地思考，这是导师的最重要的和最基本的责任。有了这种真诚，博士生才不会漫无边际地问自己“写什么”，而是老老实实地问自己“能写什么”；不是挖空心思地琢磨若干新词，而是认认真真地酝酿一些思想；不是天马行空地表达一些想法，而是确有根据地作出论证。

（三）明确标准　鼓励创新

如果说人们对博士生的培养质量表示忧虑，搞文科的人可能比较直接地表现为对文科博士生培养质量的忧虑。这里面的一个突出问题，是对文科研究成果，其中包括文科博士学位论文，有无明确的评价标准的问题。比如说，我们要求博士学位论文必须有“创新”，但究竟怎样理解和判断“创新”？我在从事文科研究和培养文科学生的过程中，有一个不成熟的想法，就是把文科研究成果（包括文科博士学位论文）分为五个档次，一是“解释原则的创新”，二是“概念框架的构建”，三是“背景知识的转换”，四是“提问方式的改变”，五是“逻辑关系的重组”。最重大的创新，是解释原则的创新，也就是库恩所说的“研究范式”的转换和拉卡托斯所说的“理论硬核”的变更。这样的学术论著和学位论文，具有实现学科变革的重大价值。其次是概念框架的构建，也就是依据新的理念所建构的概念逻辑体系，它往往具有一定的填补学科空白的意义。第三是背景知识的转换，依据新的背景知识形成某些新的结论，形成某些认识的转换或提升。第四是提问方式的改变，从新的角度提出问题，从而拓宽或深化对问题的理解。最次是逻辑关系的重组，也就是把已有的知识和理论进行新的排列组合，以新的形式表达作者对已有知识和理论的论证与阐释。如果大体上有一种对学术论著和学位论文的评价标准，我们就可以更为深刻地理解创新，更为准确地把握创新，从而也就能够更为有力地鼓励创新，把更多的博士生培养成富有创新能力的“高级专门人才”。

2006 年 9 月 23 日

七　学风建设与学术研究
——《光明日报》访谈录

记者：我知道您有个观点：中国学术规范化现正处于“化”的过程中，这个“化”指的是学术化。正是在“学术化”的进程中，“学术规范化”成为学术界不可逃避的问题。能否就学界的学术化与学术规范化谈谈您的见解？

孙正聿：中国的“学术规范化”，与中国的“学界学术化”大体是同步的。学界的学术化和学界的规范化都正在“化”的过程中。学术规范的缺失，首先是学界本身尚未学术化和规范化。一些从事学术研究的人尚缺乏正规的、系统的、严格的学术训练，尚不具备从事学术研究的不可或缺的概念系统、背景知识、研究方法以及学术的自我意识，尚未实现对“学术”和“学问”的认同。在这种背景下，学术规范“化”为学术工作者的自觉意识，显然是一项艰巨的历史任务。

学术界的学风问题，主要表现在学者偏离学术、学术缺失规范和学术资源配置不合理这三个方面。学术是科学、理性和真理的象征，也是自由、理想和崇高的象征，而学者则是学术的人格化。一些学者不以学术为本，而是以学术为末，不以学者的生活方式为荣，而以学者的生活方式为耻，不是潜心于学术研究，而是在学术上投机取巧，乃至于弄虚作假，沽名钓誉，从而损害了学者和学术的形象和声誉。部分学者对学术的偏离，造成公众对学者群体和学术研究的信任危机。学术规范化，首先应当是学界、学者的学术化。

学术规范的缺失，还在于学术批评的匮乏与无效。学术是研究和探索的过程，也是对话和批评的过程，离开普遍性的学术批评就没有整体性的学术进步。现在的问题是，学术界不仅缺乏普遍性的对话与批评，而且真正的学术批评难以取得学界的共识，因而也难以取得应有的成效。尤其应当引起重视的是，学界尚未作到学术研究中的“人格上的相互尊重和学问上的相互欣赏”，有的所谓学术批评变成了人身攻击，而真正的研究成果却得不到应有的承认。仅举一例：我国学者的论著中，究竟有多少人引证我国学者的论著？这不仅关系到对他人劳动成果的尊重，也关系到避免学术生产的简单重复，更关系到学术的规范化和良好学风的形成。

记者：关于学风建设，您既强调学者必须共同遵循的学术规范，又强调各门学科的不同特点，您是怎样看待二者关系的？

孙正聿：学术规范化的目的是学术化，而学术化的基本形式是学术本身的多样化。规范学术研究的目的是推动学术发展，这应当是学术规范化的重要前提。例如，我们通常都对博士学位论文提出“理论创新”的要求，但真正的“创新”谈何容易？我曾经把人文学科博士论文分为五档，最高的是解释原则的创新，其次是概念框架的构建，再次是背景知识的转换，再其次是提问方式的更新，最次是逻辑关系的重组。实际情况是，极少有所谓“解释原则的创新”，而有些论文是“逻辑关系的重组”，也就是把古人的、洋人的、他人的某些研究成果以自己的逻辑重新组合起来了。怎样对待这种情况？一是必须严厉地制止论文中抄袭现象，从根本上拒斥各种不规范的学术行为，更重要的则是注重对研究生和学者的培养和训练。正是从建设性引导出发，我对硕士研究生提出“寻找理论资源，发现理论困难，创新理论思路，作出理论论证”的要求，对博士研究生提出“抓住基础理论，稳定研究方向，坚持独立思考，进行课题研究”的要求。引导研究生在哲学研究中作到“时代精神主题化，现实存在间距化，流行观念陌生化和基本理念概念化”，从而培养他们的哲学研究所必需的激情、功夫、悟性和境界。这种引导，不仅使学生获得独立的研究能力，而且使他们获得影响终生的学术自觉。

在当代中国的学术研究中，实现学术研究的学术化，还必须重视学术研究中的“学科”问题，也就是从学科特点出发展开学术研究。我是研究哲学的，在我看来，哲学是以时代性的内容、民族性的形式和个体性的风格去求索人类性的问题，所以我认为，“哲学”既是哲学家以人类的名义讲述个人的故事，又是哲学家以个人的名义讲述人类的故事，个人的体悟和思辨与人类的存在和文明是熔铸在一起的。哲学的突出特征是以个体性的风格去求索人类性的问题。在当代中国，以理论的方式面向现实而推进“理论创新”，以批判的维度反思思想而实现“思想创意”，以生命的体悟感受生活而阐发“人生境界”，可以说是哲学研究的多种方式。“哲学”的定义很难下，但是，只要一种思想活动指向了构成思想的前提，对不证自明、不言而喻的“自明性”进行批判性反思，这就是哲学活动；反之，就不是哲学活动。如果对“哲学”活动进行“学术规范”，最根本的，应当是“规范”思想在批判的、反思的、形上的层面上进行。这是“规范”哲学在真正的哲学意义上进行学术活动。扩而大之，每门学问的最根本的学术规范，也应当是“规范”这门学问的研究者在该门学问的本意上展开研究活动。非常遗憾的是，在当前的“学术规范化”的讨论中，似乎还仅仅停留在“技术”或“道德”的层面上，而没有深入到对“学问”本身的规范上。正因如此，我们就需要注重每门学科的“一种游戏的多种玩法”。一方面，在关于学术规范化的讨论中推进对每门学科作为“一种游戏”的深切把握，促进研究者在该门学问或者说“该种游戏”的意义上开展研究活动，这就是我所说的最根本的“学术规范化”；另一方面，又自觉地保护每种游戏的“多种玩法”，不要让技术层面的“规范化”消解掉学术层面的“多样化”。我个人觉得，在推进中国学术的过程中，学术工作的规范化与学术研究的多样化，这将是我们面对的日益突出的两方面问题。

记者：教育部学风建设委员会的成立，表明人们对学术规范的一种决心和期待。作为学风建设委员会的副主任，您有怎样的期待？

孙正聿：学风，是学术研究的社会风气。作为一种社会风气的学风，不仅关系到学术队伍的建设、学术研究的成果以及学术自身的传承与创新，而且关系到整个社会的风气、整个民族的精神状态和整个国家的综合国力。

不良的学风，直接伤害的是学者和学术在公众中的形象和声誉。学者和学术，向公众显示一种社会的自我意识，向公众表达一种社会的价值理想、价值规范和价值导向。学者的学术研究不仅为社会生产思想和理论，而且为社会提供理想和信念。不良的学风损害了学者和学术的形象，就会伤害公众对学者的生活方式和工作方式的理解和同情，就会模糊社会的主导性的自我意识，就会弱化公众对主导性的价值理想、价值规范和价值导向的认同，从而影响到整个民族的精神状态和整个国家的社会风气。

不良的学风，直接影响的是学者的劳动产品即研究成果。马克思说："在科学上没有平坦的大道，只有不畏劳苦沿着陡峭山路攀登的人，才有希望达到光辉的顶点。"学术研究，是对人类智力的挑战，它既需要学者的"抑制不住的渴望"，又需要学者的强烈的社会责任感。学术研究与投机取巧、弄虚作假和沽名钓誉是风马牛不相及的。不良的学风，不仅会使学者作为一种理想化的生活方式失去感召力和示范力量，而且会使学者的思想失去其力度和深度，无力回答理论和现实的重大问题。思想力，是综合国力的重要体现，是推进社会发展的重要动力，而不良的学风则直接影响了以理论创新为标志的思想力。

学术规范既是一种他律，又是一种自律，既是对学术活动的规范，又是对学术资源的规范，涉及的问题是十分广泛的。作为一名从事学术活动的研究者，最后想谈的是研究者对自己的规范。哲学家黑格尔说："人应尊敬他自己，并应自视能配得上最高尚的东西。"我非常喜欢这句话。学术规范是一种外在的约束，但是，只有把这种外在的约束升华为学者的内在的"规范"，不屑于从事任何有损于学术良心的活动，才能实现学术的"规范化"。我经常引证列宁的一句话，"阅读黑格尔的逻辑学是引起头痛的最好的办法"。搞学问，就是不停地在思想上跟自己"较劲"，就是不间断地在思想上跟自己"过不去"，也就是坚韧不拔地"引起头痛"，而这正是"痛并且快乐着"。快乐地"引起头痛"，怎么能蝇营狗苟地把学术活动变成有悖于学术本身的"不规范"行为呢？

改变不良学风，需要学者认同学术研究的工作方式和生活方式。对于学界同仁，我有三点期待：一是要"忙别人之所闲"和"闲别人之所忙"，潜心于学术研究，致力于文献积累和思想积累；二是要"平常心"和"异常思"。思想要异常，否则就没有思想的创新。心态要平常，否则就会失去真实的思想。以平常之心而达于异常之思，才能实现思想和理论的创新；三是要"大让小"和"小尊老"，在人格上相互尊重，在学问上相互欣赏，积淀学术传统，凝聚团队力量，培育学术精神，在批评与对话中出"大师"、出"精品"、出"学派"。

载 2006 年 6 月 21 日《光明日报》

八　培养“人”

——关于21世纪的人文教育

1. 21世纪的高等教育应当自觉地承担起双重使命：既要承担起把受教育者培养成“某种人”的“专业教育”的使命，又要承担起把受教育者培养成“人”的“人文教育”的使命。

培养“人”的“人文教育”，与培养“某种人”的“专业教育”，二者既是相互渗透、相辅相成的，又是相互区别、不可或缺的。然而，对新世纪的高等教育的最大误解，却莫过于仅仅把高等教育当做培养“某种人”的“专业教育”，而模糊或者是弱化高等教育培养“人”的“人文教育”。

2. 所谓培养“某种人”的“专业教育”，是指把受教育者培养成掌握某种专业知识、具备某种专业技能、从事某种专业工作、扮演某种专业角色的教育。在被人们称之为“信息时代”、“网络时代”、“高科技时代”或“知识经济时代”的新世纪，高等教育理所当然地必须更加卓有成效地承担起这种培养“某种人”的“专业教育”的使命。然而，仅仅从培养“某种人”的“专业教育”去理解和实施“高等教育”，却会把“高等教育”等同于“职业教育”甚至是“职业技术教育”或“职业技能教育”，以至于用传授经验、技能和知识的方式去充当整个的高等教育，从而丢掉高等教育培养“人”的崇高的人文理想和深刻的人文内涵。

所谓培养“人”的“人文教育”，是相对于培养“某种人”的“专业教育”而言的。社会对教育的承诺，不仅是以社会中的每个个体都需要掌握和从事某种“专业”为前提的，更是以社会中的每个个人都需要实现从“毛坯状态”的人到“自我实现”的人、从“自然状态”的人到“特定时代”的人为前提的。这里的后一个前提，是把人培养成“人”的“人文教育”的根据。

“人”是必须“培养”的。这是因为，“人”并不是生物意义上的“自然”的存在，而是社会学意义上的“历史”的存在。用马克思的话说：“人的本质不是单个人所固有的抽象物。在其现实性上，它是一切社会关系的总和。”① 社会文明的历史发展，构成了人之为人的历史性内涵。我们通常所说的“原始人”、“古代人”、“近代人”和“现代人”，并不是“自然时间”概念，而是“历史时间”概念，即以历史文化的内涵来区分不同时代的人。这种人的社会性的历史文化内涵，包括不同时代的人与自然、人与社会、人与他人、人与自我的历史性的相互关系，包括人的具有时代性特征的思维方式、价值观念、审美意识和生活方式，包括人的具有时代性特征的关于自身的处境、理想、选择和焦虑的自我意识等等。每个时代的个人只有与自己时代的历史文化相统一，他才能生活于自己时代的生活状态之中，他才真正是该时代的人。由于人不是超历史的、生物式的存在，而是历史性的、社会性的存在，因而人之是否为“人”，从根本上说，就在于他（她）是否占有该时代的历史文化，即是否生活于该时代的生存状态之中。由于人对历史文化的占有主要是通过“教育”而实现的，因此，教育始终承担着“使人作为人能够成为人”的“人文教育”的使命。由于“现代化”已经和正在使现代社会的文化内涵发生急剧的、广泛的、深刻的变化，因此，培养“现代人”的现代高等教育，就更加凸显了它的培养“人”的“人文教育”的历史使命。

3.“人”与“现代”的统一，或者说把“人”培养成“现代人”，

① 《马克思恩格斯选集》第1卷，人民出版社1995年版，第60页。

最根本的途径与方式，莫过于普及和提高现代的高等教育。

教育，是一种历史文化的传递活动，执行着社会遗传的特殊功能。每个时代都不仅以教育的方式使个人掌握前人的经验、常识以及各种特殊的知识与技能，而且以教育的方式使个人掌握该时代的价值观念、道德规范和各种行为准则，以教育的方式使个体丰富自己的情感、陶冶自己的情趣和开发自己的潜能，以教育的方式使个人树立人生的信念与理想，形成健全的人格。教育是个体向历史、社会和时代认同的基础，又是历史、社会和时代对个体认可的前提。教育是个体占有历史文化与历史文化占有个体的中介。

教育，特别是高等教育，它又是一种历史文化的创生活动，执行着社会发展的特殊功能。教育是形成未来的最重要因素。它激发个体的求知欲望，拓宽个体的生活视野，撞击个体的理论思维，催化个体的生命体验，升华个体的人生境界。高等教育不仅仅是历史文化的传递活动，也是历史文化的批判活动。它赋予个体以批判地反思文化遗产和创造地想象未来的能力。它激励个体变革既定的世界图景、思维方式、价值观念和审美意识，从而创建人的新的生存状态。

教育的根本目标是培养全面发展的人，因而需要全面地培养人的德性、智能、情感、意志、理想、信念和情操。教育具有崇高的人文理想和深刻的人文内涵。从现代教育说，其具体内涵，就是使人成为具有“现代教养”的“现代人”。教养，是指人的综合素质与能力。现代教养，就是指现代人的综合素质与能力。它包括现代的思维方式及其所建构的现代世界图景，现代的价值观念及其所规范的现代行为方式，现代的审美意识及其所陶铸的现代生活旨趣。它表现为现代的求真意识、理论意识、创新意识、批判意识、效率意识和辩证意识，它表现为现代的自尊意识、自律意识、自强态度和自主境界，它表现为现代的审美情趣、审美体验、审美追求和审美反省。现代教养就是现代人的真善美。

教育的根本目标是“使人作为人能够成为人”，具体地说，现代教育的根本目标就是使人成为具有现代教养的人。作家张炜在对大学生的一次讲演中提出，“大学应该是现代思想的发源地，大学应该高瞻远瞩。大学尤其不应该是个时髦的地方。太时髦了就容易遮掩真正的见解，淹没清晰的思路”。正是基于对大学的这种理解，他认为，不管学习什么专业，“在大学阶段都要涉足比较重要的、深邃的思想体系，这种开阔思路、视野的过程，对一生都非常难得”，“大学生时期最重要的，是要有超越职业追求的某些理念和实践，这样才算没有白过了大学生活”。我很欣赏张炜关于大学、大学生以及大学生活的这些看法，并认为这些看法阐发了“教养”之于“教育”，特别是“现代教养”之于“现代教育”的意义，我还以培养学生的“高举远慕的心态、慎思明辨的理性、体会真切的情感、执著专注的意志和洒脱通达的境界”来表达对“人文教育”的期待。

4. 高等教育的人文教育，重要的是培养人的“高举远慕的心态”，即崇高的理想、坚定的信念和高尚的情操。我们经常说，21 世纪需要创造性人才，面向 21 世纪的大学的使命是培养创造性人才，进入 21 世纪的大学生应当成为创造性人才，然而，创造性人才的最深层的根基究竟是什么？现代科学巨匠爱因斯坦说：“第一流人物对于时代和历史进程的意义，在其道德品质方面也许比单纯的才能成就方面还要大。即使是后者，它们取决于品格的程度，也远超过通常所认为的那样。”①一个人有了“高举远慕的心态”，才会有创造的“抑制不住的渴望”，才会形成“进攻性”的创造思维，才会获得“灵感爆发”的“奖赏”。在当代中国的社会转型的过程中，面对“耻言理想、蔑视道德、躲避崇高、拒斥传统、不要规则、怎么都行”的社会思潮，当代中国的高等教育尤为需要凸显培养“人”的“人文教育”，把培养大学生的

① 《爱因斯坦文集》第 1 卷，商务印书馆 1976 年版，第 339 页。

“高举远慕的心态”置于高等教育的首位。

“人文教育”，并不只是培养人的“心态”，而且是培养人的“能力”。人们都在倡言“素质教育”，而一个人的最为重要的“素质”就是他的“能力”。联合国教科文组织曾经提出关于未来教育的四大培养目标，即“学会学习”、“学会合作”、“学会生存”、“学会做事”。“学会学习”与“学会知识”是不同的。长期以来，我们的高等教育存在的最大的问题，就是形成了一种既“上不去”、又“下不来”的“知识储存”型的培养模式。就是说，我们总是把“教育”定位为“传授知识”，把“教材”定位为“标准答案”，把“教学”定位为“照本宣科”，如此这般培养出来的学生，既难以形成“上得去”的理论研究型人才，也难以成为“下得来”的应用操作型人才，而是制造一批又一批的“知识储存型”的“产品”。因此，我们应当反躬自问：没有教育理念的更新，我们的高等教育如何能够培养创造性人才？新世纪的大学生又怎样能够真正成为创造性人才？

大学不同于小学和中学。如果说小学是“描述”层次、中学是“解释”层次，那么大学理所当然地应该是“反思”层次。所谓“描述”就是“知其然”，即接受既定的知识；所谓“解释”就是“知其所以然”，即理解既定的知识；所谓“反思”，它与“描述”和“解释”的根本区别，在于它把“既定的”、“给予的”、“天经地义”的“知识”当成了“反思”的对象，从而在“反思”中去寻求更深刻的、更全面的、更合理的“解释”。文学家歌德曾经说过：“人们只是在知识很少的时候才有准确的知识，怀疑会随着知识一道增长。”王国维更以读书的“三境界”说明“反思”的真谛。他说，读书的最高境界是“众里寻他千百度，蓦然回首，那人却在灯火阑珊处”。对假设质疑，向前提挑战，这是培养创造性人才的必由之路。

21世纪的高等教育中的“人文教育”，从根本上说是提升人的“境界”。从掌握知识的角度说，知识既是死的，又是活的。把“知识”当做现成的结论和枯燥的条文“储存”下来，它就是死的；反之，把“知识”内化为自己的“能力”、“教养”和“境界”，它就是活的。把知识激活，才是创造性人才。爱因斯坦说，在科学活动中，“想象比知识更重要”，“提出一个问题比解决一个问题更重要”。新世纪的大学生应培养自己的“问题意识”，在撞击自己的理论思维的过程中，自觉地寻找理论资源，发现理论困难，创新理论思路，活化既定知识。而从培养“人”的这个根本使命上说，高等教育的人文教育则是使受教育者在“人文”的陶冶中真切地感受到生活本身的魅力，对生活保持持续的兴趣和热情，从而以创造性的心态与能力置身于新世纪的生活之中。哲学家黑格尔说：“人应尊敬他自己，并应自视能配得上最高尚的东西。”[①] 让新世纪的公民追求“最高尚的东西”，这就是21世纪的培养“人”的“人文教育”。

载《现代教育科学》2002年第1期

① 黑格尔：《小逻辑》，商务印书馆1980年版，第36页。

九　关于哲学教育改革的几个问题

（一）“哲学”与“哲学教育”：关于哲学教育改革的出发点和立足点

哲学教育，当然应当是对受教育者进行“哲学”教育，即按照哲学的特性进行教育，并使受教育者掌握人类把握世界的一种独特的基本方式——哲学方式；然而，哲学教育长期以来存在的根本问题，却恰恰在于以非哲学的方式进行所谓的“哲学”教育，以致受教育者从来没有思考和体验过哲学方式的独特性质和特殊价值。因此，哲学教育改革的出发点和立足点，既不是课程体系和教学内容的改革，也不是教学方式和教学手段的改革，而必须是对“哲学”和“哲学教育”的“反思”与“定位”。

作为“世界观理论”的哲学，它是理解和协调人与世界之间关系的理论，它为人们提供理解和协调人与自然、人与社会、人与历史、人与他人、人与自我“相互关系”的“大智慧”和“大聪明”。哲学的“大智慧”和“大聪明”，既不是枯燥的条文，也不是现成的结论，而是“向上的兼容性”、“时代的容涵性”和“逻辑的展开性”的统一。首先，哲学具有“向上的兼容性”，是人类认识史的积淀、结晶和升华，是一种“建立在通晓思维的历史和成就的基础上的理论思维”。这就是说，哲学是历史性的思想，哲学史则是思想性的历史，哲学与哲学史是密不可分的，离开“思维的历史和成就”，哲学就会失去它的丰富的理论内容，就会失去它的至为重要的“历史感”；其次，哲学具有“时代的容涵性”，是思想中所把握到的时代，是“自己时代精神的精华”。哲学理论的力量，在于它以理论的方式去把握现实，使人们超越感觉的杂多性、表象的流变性、情感的狭隘性和意愿的主观性，达到对现实的全面反映、深层透视、理性解释、批判性反思和理想性引导。再次，哲学具有“逻辑的展开性”，表现为哲学范畴的逻辑体系。用列宁的话说，概念、范畴是人类认识的“阶梯”和“支撑点”。哲学理论的深厚的历史感和强烈的现实感，都只能是实现在它的逻辑化的概念展开过程之中。从一定意义上说，哲学理论的力量，就在于这是一种理论的逻辑力量、理论的说服力量、理论的征服力量。

正是哲学自身具有的“向上的兼容性”、“时代的容涵性”和“逻辑的展开性”，使得哲学理论既具有了丰富性、生动性和深刻性，又显示了深厚的历史感、强烈的现实感和巨大的逻辑感。我们只有在哲学教育中充分体现哲学本身的特性，才能切实有效地搞好哲学教育。问题在于，无论是哲学教学，还是哲学教材，长期以来存在着下述背离哲学本性的问题：一是把哲学当成现成的结论、枯燥的条文和空洞的说教，既没有深厚的历史感，也没有强烈的现实感，又没有巨大的逻辑感，因而不能在哲学教学中做到“以理服人”；二是以所谓“原理加实例”的方式去编写修修补补、拼拼凑凑、毫无创意、千部一面的教材，把教材变成可以死记硬背的“标准答案”。这样的教学和教材，使哲学失去了它的丰富性、生动性和深刻性，丢弃了它的历史感、现实感和逻辑感，学生怎么能够愿意接受这种现成的结论、枯燥的条文和空洞的说教呢？尤为重要的是，哲学的特性表明，哲学从来不是一种冷冰冰的逻辑，而是熔铸着人类的理想、信念、情操和教养。在马克思主义哲学中，则熔铸着它的创始人及其后继者的崇高理想、坚定信念、高尚情操和深厚教养，因而具有一种气势恢宏、博大精深、睿智通达的理论境界，为人们提供了一种最能“以理服人”的世界观、历史观、人生观和价值观。我们只有充分理解哲学、特别是马克思主义哲学的理论性质，才能奠定哲学教育改革的明确的出发点和坚实的立足点。

（二）“专著”与“教材”：关于哲学教材的改革与建设

哲学教育中的问题，主要是表现在哲学教学与哲学教材这两个方面；因而，哲学教育的改革，也必须落实到哲学教学改革和哲学教材改革这两个方面。尤其值得深思的是，哲学的教学改革与教材改革是相互依存、相辅相成的：教学改革只有诉诸于教材建设，才能使教改成果获得相当稳定和广泛传播的方式；反之，教材建设只有源于教学改革，才能使教材适应和推进教学改革。厘清教学改革与教材建设的这种辩证关系，有助于我们澄清教学改革和教材建设中的一些重要问题。

首先是“教材”与“专著”的关系。长期以来，哲学教材中的突出问题，是把“教材”与“专著”对立起来，认为“专著”只是作者个人的见解，不具有“客观性”、“一致性”或“普遍性”；而“教材”则是不“掺杂”个人见解的“客观真理”。我认为，这种理解是陷入了关于“专著”和“教材”的“双重误区”，既阻碍了“专著”的发展，也误导了“教材”建设。正是这种双重的“误区”，造成我国高等教育长期以来存在的一个奇怪的现象，这就是把“教材”视为人皆可以“编写”的产品，并因此把“教材”当做难登大雅之堂的等而下之的东西。这种情况，尤为严重地表现为哲学教材的“编写”。试问一下，有谁能搞清楚究竟“编写”了多少种“千部一面”的“哲学原理”这种教材？如此“编写”出来的“哲学教材”究竟在哲学教育中会起怎样的作用？

我们都知道，人类文明主要是以“教育”为中介而实现其社会遗传，而“教材”则是作为各门学科的“本文”而实现人类文明的传承与发展。每一代人首先都是通过各门学科的“教材”而了解和掌握人类文明的成果。这表明，“教材”应当而且必须是人类文明在自己的时代水平的集中体现。就是说，每个时代的“教材”不仅必须是人类文明的最重要的“本文”，而且还必须是在自己时代的水平上展现人类文明的成果。因此，“教材”不仅应当是名副其实的“专著”（关于某个学科的人类文明成果的专门性著作），而且必须是最具权威性和前沿性的“专著”（关于某个学科的当代水平的专门性著作）。

对于哲学来说，它的“教材”尤其需要具有“专著”的性质。哲学是以时代性的内容、民族性的形式和个体性的风格去求索人类性问题，任何一种真正的哲学都只能是经由哲学家的头脑而把握和展现的时代精神。离开哲学家个人的系统研究、独立思索、深切体悟和忘我求索，怎么能够形成以严谨的概念体系去表述文明积淀与时代精神相统一的哲学“教材”呢？翻开哲学史，我们会发现，每个时代的真诚探索的哲学家，总会形成广泛的深刻而又一致的哲学思想。或者说，谁思考得越深刻，谁就会获得时代水平的深层的一致性；反之，谁拒绝深刻地思考，谁就会在浅层的共同性中隐含着无法解决的矛盾。哲学教材需要的是时代水平的深层的一致性，而不是某种抄来抄去的浅层的共同性。

实行“教材”改革，前提是变革“教育”理念。“教育”，并不是以“教材”的方式向受教育者灌输某种亘古不变的“绝对真理”，而是通过“教材”启发受教育者思考本门学科的各种问题，并进而创造性地提出问题和解决问题。如果把“教育”定位为灌输“绝对真理”，就会把“教材”定位为“标准答案”，这哪里会有“专著性”的教材呢？这哪里会有“面向21世纪”的课程与教材呢？这哪里会培养出“创造性”的“人才”呢？变革“教育”理念，理所当然地就会变革“教材”理念。“教育”是培养创造性人才，教材就不可能是“教条化”的“标准答案”，而必须是最具权威性和前沿性的“专著”。教育部组织的“面向21世纪课程教材”，中国人民大学出版社策划出版的“21世纪哲学系列教材”，都把高等教育的教材建设定位为“面向21世纪”。这并不是一个时髦的口号，而是以新的教育理念和教材理念为出发点，实行教材改革的切实的努力。

教材建设中的另一个问题，是所谓“讲坛”与“论坛”的关系。这是“教材”与“专著”关系的另一种表现形式。

任何一门学科的存在与发展都离不开“讲坛”与“论坛”这两种方式。“讲坛”的内容，从根本上说，只能是源于“论坛”的成果；“论坛”的成果也需要转化为“讲坛”的内容，才能得以广泛传播和逐步完善。但是，“论坛”与“讲坛”的状况往往是不同步的，“论坛”的成果总是超越“讲坛”的内容，而“讲坛”的内容则总是滞后于“论坛”的成果。不仅如此，“论坛”总是“百家争鸣”，各抒己见，“讲坛”则需要相对统一，取得某种共识。

正是由于“讲坛”与“论坛”的这种矛盾关系，在哲学的“讲坛”上一直存在两种倾向：一种是不负责任地把“讲坛”变成“论坛”，以致使“讲坛”失去了应有的严肃性、规范性和权威性；另一种则是把“讲坛”与“论坛”割裂开来，并因此把“讲坛”变成现成的结论、枯燥的条文和空洞的说教。应当承认，后一种情况是哲学教育中的普遍情况，因而也应当是哲学教育改革面对的主要问题。

20 多年来的改革开放，为繁荣和发展当代中国的马克思主义哲学提出了不可胜数的新问题，“哲学论坛”对这些新问题进行了广泛的讨论，并在这种讨论中拓宽和深化了马克思主义哲学的基础理论，为“哲学讲坛”提供了具有强烈的时代感的教学内容。例如，80 年代以来的“哲学论坛”比较集中地探讨了认识论的反映论与选择论的关系，辩证法的本体论与认识论的关系，价值论的理想主义与功利主义的关系，历史观的决定论与非决定论的关系，真理观的事实判断与价值判断的关系，唯物论的物质论与实践论的关系等一系列重大的理论问题。在这种讨论中，深刻地变革了以素朴实在论为代表的直观反映论的思维方式，变革了以机械决定论为代表的线性因果论的思维方式，变革了以抽象实体论为代表的本质还原论的思维方式，形成了具有丰富理论内容的唯物辩证法的世界观、历史观、人生观和价值观。如果“拒斥”“哲学论坛”所探讨的理论问题及其所形成的理论成果，“哲学讲坛”怎么能够实现教学内容的改革呢？在人类迈进21世纪的时候，哲学界正在对20世纪的哲学历程进行深切的回顾与反思，这为梳理和概括“哲学论坛”的理论成果，进而把“论坛”的成果转化为“讲坛”的内容，创造了难得的大好时机。我们应当以严肃认真而又积极主动的态度去实现“论坛”成果向“讲坛”内容的转化，创建一大批真正是“面向21世纪”的“专著性”的哲学教材，为新世纪的哲学教育改革提供坚实的基础。

（三）“有理”与“讲理”：关于哲学教学改革

教改的问题，主要是教员问题。这句话对哲学教学改革来说尤为真切。

哲学是“爱智”，这意味着，哲学不是枯燥的条文、现成的结论和空洞的说教，而是一种反思的智慧、批判的智慧、变革的智慧，它要激发人们的想象力、批判力和创造力，它要弘扬人们的主体意识、反思态度和探索精神，它要培养人们的哲学的生活方式和哲学的思维方式，即追求理想的生活方式和辩证智慧的思维方式。这就要求哲学教师不仅具有坚实的理论功底、广博的知识背景和灵活的教学艺术，而且具有融理念、信念、情操和教养于一身的强烈的人格力量。试想一下，一个心胸狭隘的人，如何能够讲好“究天人之际，通古今之变”，“判天地之美，析万物之理”的中国哲学？一个对国家、民族、人类漠不关心的人，又如何能够讲好“解放全人类”的马克思主义哲学？就此而言，哲学师资队伍的建设和哲学教学的改革，不可能是一蹴而就的。

哲学的力量，首先是理论的力量。马克思说：“理论只要说服人，就能掌握群众；而理论只要彻底，就能说服人。”哲学教学，说到底就是两个字：“讲理”；“讲理”的前提，则必须是“有理”。这就要求哲学教师不仅要掌握“知识”，而且必须要搞清“道理”，在自己的思想中达到“向上的兼容性”、“时代的容涵性”和“逻辑的展开性”的统一。哲学是最具有理论魅力的学科。讲出“理论”的魅力，哲学课就会最受欢迎；反之，哲学课就会最受冷落。因此，哲学教师不仅要“有理”，还必须会“讲理”。

如果说教学是一种艺术，那么哲学教学就更应当是一种高超的“讲理”的艺术。我感到，在哲学教学中，总体线索的勾勒，微观细节的阐述，逻辑分析的独白，讲解视角的转换，背景知识的引用，典型事例的穿插，恰到好处的板书，思想感情的交流，疑难问题的提示，理论想象的激发，人格力量的感染，理论境界的升华，应当是成竹在胸，水乳交融，挥洒自如，引人入胜。具体地说，我认为哲学的“讲理”，应当注重“激发理论兴趣，拓宽理论视野，撞击理论思维和提升理论境界”这四方面。

激发学生的理论兴趣，这是搞好哲学教学的基本前提。兴趣是最好的老师。一个对哲学毫无兴趣的人，怎么能够接受哲学理论呢？激发学生的理论兴趣，既不能靠抽象的空洞的说教，也不能靠聪明智巧的卖弄，更不能靠奇闻轶事的罗列，而只能靠教师的坚实的理论功底和灵活的教学艺术，在教学中把理论本身讲活、讲深、讲透，讲出哲学的丰富性、生动性和深刻性，讲出哲学的历史感、现实感和逻辑感。

学生的理论兴趣，是同学生的理论视野成正比的。哲学教学必须注重拓宽学生的理论视野。我感到，在哲学教学中，应当特别注重五种对话：一是与哲学史对话，使讲授的每个问题都具有一种深厚的历史感；二是与现代哲学对话，特别是与影响广泛的科学主义思潮、人本主义思潮以及“后现代主义”思潮对话；三是与现代的自然科学、社会科学、人文科学和思维科学对话；四是与当代中国和当代世界对话，以哲学的方式去反思当今的时代精神；五是与当代中国哲学界讨论的热点问题对话，使学生缩短与理论的距离，对理论产生应有的亲切感。

撞击学生的理论思维，这应当是哲学教育改革的核心环节。哲学，它要激发而不是抑制人们的想象力、创造力和批判力，它要冲击而不是强化人类思维中的惰性、保守性和凝固性，它要推进而不是遏制人们的主体意识、反思态度和创造精神。正因如此，哲学才能锻炼和提高人们的理论思维能力，才能培养和强化人们的创造性的综合素质。爱因斯坦说，“想象比知识更重要”，“提出一个问题比解决一个问题更重要”。在哲学教学中，应当引导学生寻找理论资源，发现理论困难，创新理论思路，真正弄清道理。只有学生在撞击理论思维的过程中弄清道理，才有可能把马克思主义哲学内化为自己的世界观、历史观、人生观和价值观。

激发理论兴趣，拓宽理论视野，撞击理论思维，其目的与结果都是要提升理论境界。哲学是理论化的世界观、历史观、人生观和价值观，它决定人们的世界图景、思维方式、价值理想、审美情趣和终极关怀，也就是从根本上决定人们想什么和不想什么、怎么想和不怎么想、做什么和不做什么、怎么做和不怎么做。这意味着，哲学是每个人的“终生大事”。人们学习和探讨哲学的过程，是使人们进入哲学的理论境界的过程。

（四）“上得去”与“下得来”：关于哲学专业培养模式的改革

在我看来，我国高等教育改革的根本问题，是要培养“上得去”的理论研究型人才和“下得来”的应用操作型人才，改变那种既“上不去”又“下不来”的“知识储存型”的培养模式。这也应当是哲学专业培养模式改革的重要思路。

长期以来，哲学专业教育存在的主要问题，是形成了一种“知识储存型”的培养模式。近些年来，在建设社会主义市场经济的过程中，则形成了又一种值得注意的严重倾向，这就是用“下得来”的培养模式去弱化乃至代替“上得去”的培养目标，也就是从“市场需求”出发，千方百计地培养“应用操作型”人才，认为“上得去”的培养模式只是极少数哲学专业系的事情。这集中地表现在课程体系和教学内容的“改革”中，即：试图通过增设“市场需求”的经济学、管理学、法学、行政学乃至“营销”、“税收”、“外贸”等方面的课程，来强化学生的“应用性”或“实用性”。

我认为，这种把哲学专业教育定位为“下得来”的培养模式，是陷入了又一种“双重误区”：其一，哲学专业究竟培养什么样的人才？是所谓“实用性”的还是“理论型”的？其二，哲学专业培养“理论型”人才是否背离“市场需求”？

哲学专业的毕业生（包括本科生和研究生）当然可以从事各种不同的职业，但是，就“哲学”自身的特性和“哲学专业”的设置说，它应当培养的是“上得去”的理论研究型人才。这里，我们应当区分一般的哲学教育与哲学的专业教育。高等学校中的哲学教育作为最根本的和最重要的“素质教育”即世界观、历史观、人生观和价值观教育，它应当是面向全体学生的（包括所有专业的专科生、本科生和研究生），但这种哲学教育并不是“哲学专业”教育。“哲学专业教育”是特指哲学系对哲学专门人才的培养。因此，从理论上说，哲学专业的培养模式，应当是培养“上得去”的理论研究型人才。

人们提出的问题是，在现实中，如果哲学专业系把自己的培养模式定位为“上得去”，就必须解决下述问题：其一，面对“市场需求”，多数学生不愿意“上得去”而希望“下得来”；其二，即使有些学生希望“上得去”，但结果既“上不去”又“下不来”；其三，即使有些学生“上得去”，但又“无处可去”。

我想首先讨论最后一个问题。我们所培养的哲学专业学生，究竟是“上得去”的多了，还是少了？显而易见，不仅是少了，而且是太少了。我国的整个哲学教育，都亟须一批“有理”、“讲理”即“上得去”的哲学教师，这是推进哲学教育改革的根基之所在。同时，我们还必须看到，在高等教育的“素质教育”中，不仅仅是“哲学原理”，也不仅仅是“中国哲学”、“外国哲学”，而且是“伦理学”、“逻辑学”、“美学”、“宗教学”乃至“科学哲学”、“技术哲学”、“文化哲学”、“管理哲学”等等，正在成为“素质教育”中的“显学”。同样，我国的学术研究、理论宣传、新闻出版乃至政府部门和企业集团，都亟须一批又一批真正“上得去”的哲学专门人才。就此而言，我们的哲学专业教育不是需要培养一大批“上得去”的哲学专门人才吗？我们的哲学专业教育的主要问题不正是需要提高哲学教学质量和拓宽哲学专业领域吗？真正“上得去”的哲学专业人才，怎么能够“无处可去”呢？关于前两个问题，我以为解决问题的出路不是把哲学专业教育定位为“下得来”，而是让不同的专业和不同的学生“各就其位”。其一，哲学专业就位“哲学”，其他专业的课程则就位于各自专业，学生可以通过“双学位”或“辅修”等方式而获得其他专业知识；其二，通过哲学教育改革（首先是教学质量的提高）而吸引本专业学生，并吸引其他专业学生攻读哲学学位，从而培养真正“上得去”的哲学专门人才。

载《哲学研究》2000年第6期

十　当代中国的哲学历程

世纪之交，在对当代中国哲学的回顾与展望中，我们需要追问：当代中国究竟走过了怎样的哲学历程？这个哲学历程究竟蕴含了怎样的哲学逻辑？这个哲学历程及其所蕴含的哲学逻辑究竟孕育了怎样的哲学未来？这个哲学历程及其所蕴含的哲学逻辑和它所预示的哲学未来，怎样理论地表征了当代中国的历史进程和当代中国人的心灵历程？这应当是在搜集、整理和概括当代中国哲学史料的基础上深入研究的重大理论问题。

（一）历史与逻辑的统一：当代中国的哲学历程

近年来出版的有关当代中国哲学的著作，均以建国 50 年来的哲学为研究对象，本文则把改革开放前 30 年的哲学作为理论背景，集中地探索改革开放以来的当代中国的哲学历程。本文关于研究对象的确认，主要是基于两点理由。

首先，这个研究对象的确认是基于我对“哲学历程”与“哲学事件”的区分。建国后的前 30 年，特别是“文革”十年，由于“哲学”在我国全部社会生活、特别是政治生活中的特殊作用，每个时期的哲学、每个时期提出的哲学问题、每个时期所出现的哲学论争，总是直接地与该时期特定的“历史事件”、特别是该时期特定的“政治事件”密切相关，以至于人们只能是把前 30 年的哲学史当做一个个的“哲学事件”来研究。具体地说，这种对“哲学事件”的研究主要是诉诸于三个方面：一是从形成每个“哲学事件”的现实基础——“历史事件”（特别是“政治事件”）——出发，以“历史事件”为根据去诠释和评论“哲学事件”；二是直接地以研究“历史事件”的方式去考察“哲学事件”，提供一个个“哲学事件”的基本资料、描述一个个“哲学事件”的基本过程以及梳理与评论一个个“哲学事件”中的理论观点；三是把某个时期的哲学当做“哲学事件”的集合，对这些集合起来的“哲学事件”进行某种总结性的概括与评论。

与“哲学事件”不同，所谓的“哲学历程”主要包括两层含义：其一，它是一个以“历史”为基础的“逻辑”展开过程，而不是与一个个“历史事件”相对应的一个个“哲学事件”的集合。哲学的“逻辑”展开，蕴含着“历史”的要求，但它以哲学的方式表现为传统问题的深化、反思层次的跃迁和思维方式的更新；其二，它是一个以理论“表征”历史的展开过程，而不是一个个可以被“历史事件”简单诠释的“哲学事件”。哲学作为“思想中所把握到的时代”、“时代精神的精华”，它并不仅仅是“反映”和“表达”时代精神，而且要“塑造”和“引导”时代精神。改革开放以来的中国哲学，在推进社会的解放思想的过程中，不断地实现了自身的思想解放，不仅显示出哲学自身发展的逻辑，而且理论地表征了当代中国的“历史进程”和当代中国人的“心灵历程”，因而构成了当代中国的“哲学历程”。

其次，确认改革开放以来的当代中国哲学为研究对象，是为了把前30年的“哲学事件”作为背景，集中地探讨迎接新世纪的当代中国哲学，阐释它的历史与逻辑相统一的“哲学历程”，揭示它所蕴含的“哲学逻辑”及其所预示的“哲学未来”。

建国以来前30年的哲学的一个突出特征是，人们把通行的哲学原理教科书当做模式化的马克思主义哲学理论体系，以它为标准来区分马克思主义哲学与非马克思主义哲学，并以它为指导来构建哲学的各二级学科（如中外哲学史、伦理学、美学、逻辑学、宗教学、科技哲学等），还以它为根据来规范人们的政治生活、经济生活、文化生活、精神生活和全部社会生活。这种教科书哲学及其在全部社会生活中的重要地位和重大作用，从根本上说，是把社会主义归结为计划经济的产物。在这个意义上，改革开放以前的教科书哲学既有其历史的合理性，也蕴含着内在的否定性。随着80年代以来的改革开放，由计划经济转向市场经济，中国的哲学研究便合乎逻辑地由教科书哲学转向反思教科书哲学的哲学改革。

以80年代以前的“教科书哲学”为背景，当代中国的哲学历程便以历史与逻辑相统一的总体面貌显现出来。当代中国的改革开放，从总体上经历了从“以阶级斗争为纲”到“以经济建设为中心”和从“计划经济”到“社会主义市场经济”这样两个阶段；与此相对应，中国人的思想也经历了两次大转变，即实现了两次思想的大解放。当代中国哲学在推进社会的解放思想和自身的思想解放的过程中，既实现了哲学理论自身的发展，又理论地表征了当代中国的历史进程和当代中国人的心灵历程。

在冲破“两个凡是”、从“以阶级斗争为纲”转到“以经济建设为中心”的过程中，80年代的中国哲学界不仅以讨论“真理标准”的方式而推进了当代中国的解放思想的进程，并且以改革哲学教科书为出发点，在关于“实践唯物主义”的讨论中推进了哲学自身的思想解放，出现了当代中国哲学史上重新理解马克思主义哲学的理论热潮，形成了关于世界观、认识论、历史观和价值论的一个又一个的“热点”问题和“焦点”问题，理论地表征了当代中国实行改革开放的历史进程和当代中国人解放思想、更新观念的心灵历程。

进入90年代以来，在深化改革开放、从“计划经济”转到“社会主义市场经济”的“社会转型”过程中，当代中国哲学界不仅以讨论“真理与价值”、“公平与效率”、“发展与代价”、“理性与非理性”、“科学精神与人文精神”的方式而关注和反思市场经济及其正、负两面效应，而且以深化“哲学”自我理解的方式而推进马克思主义哲学在当代的发展。与80年代的哲学教科书体系改革相比，90年代的中国哲学出现了从“体系”意识到“问题”意识的重大变化，以及从“热点”问题和“焦点”问题到以哲学的自我理解为核心开放性地研究各种哲学问题的重大变化。这种重大变化，既为重新建构新世纪的马克思主义哲学奠定了坚实的理论基础，又理论地表征了以改革、发展和稳定相协调为基本取向的当代中国的历史进程，以及在市场经济正负两面效应冲击中的中国人的心灵历程。

从80年代的教科书体系改革和重新理解马克思主义哲学，到90年代的哲学问题意识的兴起和哲学的自我理解，再到面向世界与未来、以理论创新的方式重新建构新世纪的马克思主义哲学，这就是改革开放以来的当代中国哲学的历史与逻辑相统一的哲学历程。

（二）重新理解马克思主义哲学：80年代的哲学教科书改革与“实践唯物主义”的理论内涵

改革开放以来，哲学界面向现实重新理解马克思主义哲学，直接指向的当然是长期以来通行的哲学原理教科书的体系框架和理论内容。就体系而言，人们从列宁所说的马克思主义是“一整块钢铁”提出问题，即：把马克思主义哲学分述为“两大块”（辩证唯物主义和历史唯物主义）、“四大部分”（唯物论、辩证法、认识论、历史观），是否能体现马克思主义哲学的本质及其在哲学史上的变革？人们由对“体系”的责难又转向对“内容”的质疑，即：在这种分述的哲学框架里，其内容究竟怎样？比如，“唯物论”部分所叙述的内容与18世纪法国唯物主义对“物质”、“运动”、“意识”的理解究竟有没有实质区别？“辩证法”部分所叙述的内容与哲学的基本问题即“思维和存在的关系问题”究竟有无关系？怎样才能实现“唯物论”和“辩证法”、“辩证唯物主义”和“历史唯物主义”的统一？如何以“实践转向”的基本认识重新理解马克思主义哲学？

在对教科书的体系和内容的沉思中，理论界对马克思主义哲学的重新理解，不能不逐步地集中在密切相关的两个问题上：一是怎样从

“研究对象”和“理论性质”上实现对马克思主义哲学的重新理解？二是怎样从“哲学旨趣”和“理论使命”上实现对马克思主义哲学的重新理解？在80年代初，前一个问题是以讨论“辩证法也就是认识论”这个命题集中体现的，后一个问题则是以讨论“马克思主义与人道主义”这个问题集中体现的。

二十多年来，这两个问题所受到的关注程度形成强烈反差。关于“马克思主义与人道主义”这个问题的讨论，不仅受到整个理论界（而不仅仅是哲学界）的普遍关注，而且还得到了社会各界的广泛关注，并构成延续至今的主要哲学问题。与此不同，关于“辩证法也就是认识论”的讨论则仅限于哲学界内部，而且这个问题又被分别讨论“辩证法”、“认识论”和“历史观”以及“实践唯物主义”等问题所“遮蔽”，以至于这个问题的“真实意义”并没有得到哲学界本身的认同。但在我看来，无论是“人道主义”问题，还是“实践唯物主义”问题，在理论上的深化，都有待于深入挖掘“辩证法也就是认识论”的“真实意义”。

80年代初所展开的关于“马克思主义与人道主义”和“辩证法也就是认识论”的讨论，具有显著的理论背景。从最重要的基本文献上说，是两部“手稿”式的著作——马克思的《1844年经济学哲学手稿》和列宁的《哲学笔记》。这两部“手稿”式的著作之所以在80年代初的中国理论界（后者主要是在哲学界）引起普遍的关注，这两部著作的基本思想或重要命题之所以成为当时的理论研究的某种出发点，不仅在于这是理论界在“文革”后所面对的“重新理解马克思”的根本性问题，而且是因为改革开放之初有两个重要的“理论资源”直接地影响到“重新理解马克思”的中国理论界，这就是以卢卡奇、葛兰西以及马尔库塞等为代表的“西方马克思主义”和以凯德洛夫、柯普宁和伊里因科夫为代表的前苏联哲学界的“认识论学派”。

“西方马克思主义”在对马克思的“手稿”的研究中，形成的一个认识是，马克思本人是一个人道主义者，马克思的哲学是一种人道主义哲学，因此，马克思的哲学与后来以“科学主义”的方式构成并以马克思的名字命名的哲学、特别是与斯大林版本的“辩证唯物主义和历史唯物主义”哲学具有显著的区别甚至是根本的不同。应当说，这些观点对于改革开放之初从理论上批判“文革”并寻求哲学体系改革的中国哲学界是具有震撼力、吸引力和启发性的。但是，由于当时尚缺乏对马克思的“手稿”和“西方马克思主义”的较为全面和深入的研究，也缺乏对作为改革对象的通行的哲学教科书的理论困境的系统研究，特别是缺乏对马克思主义与“人道主义”和“科学主义”及其相互关系的深入研究，因此，这个表面上轰轰烈烈的关于“马克思主义与人道主义”的讨论似乎并未取得人们想象的那些结果。它的真实意义，也许主要是在于它理论地表征了人们对解放思想、实事求是的渴求，对改变教条主义地对待马克思主义的渴求。与此形成对照的是，表面上似乎并不热烈的关于“辩证法也就是认识论”的讨论，却触及到了哲学理论的性质、对象和功能等问题，因而也触及到了通行教科书的真正的理论困境。就此而言，这个讨论的理论意义是重大的，因而也是应当深入展开的。

列宁在1914至1916年写下的关于哲学的“笔记”，主要是针对普列汉诺夫把马克思的认识论解释成费尔巴哈式的认识论、把马克思的辩证法解释成“实例的总和”等问题，以摘录和评论黑格尔《逻辑学》等著作的方式所构成的极其宝贵的哲学思想。这些思想的构成，主要是一个“唯物主义者”（列宁）通过研究一个“唯心主义者”（黑格尔）而实现的对另一个“唯物主义者”（普列汉诺夫）的批判。通过这个哲学历程，列宁曾尖锐地提出：“聪明的唯心主义比愚蠢的唯物主义更加接近于聪明的唯物主义”；列宁所得出的最为重要的哲学结论则是：“辩证法也就是（黑格尔和）马克思主义的认识论”；对于这个论断，列宁特别强调地指出，“正是问题的这一‘方面’（这不是问题的一个‘方面’，而是问题的实质）普列汉诺夫没有注意到，至于其他的马克思主义者就更不用说了”①。

列宁《哲学笔记》的基本思想，特别是他关于“辩证法也就是认识论”的基本命题，对于寻求哲学体系改革的中国哲学界具有最为直接的理论意义。教科书哲学的根本的理论问题到底是什么？《哲学笔记》的基本思想告诉人们，哲学的基本问题即“思维和存在的关系问题”并不是“一个问题”或“问题的一个方面”，而是“问题的实质”，不能离开这个问题去设想“辩证法”和所有哲学问题。这就是要从“思存”关系、“主客”关系即“认识论”去理解哲学的理论性质。然而，正是由于教科书哲学没有从理论性质上规定各种哲学问题，也就是没有从“思维和存在的关系”出发去阐述全部哲学问题，它才无法解决“两大块”、“四大部分”的统一问题。针对教科书哲学的这个根本性的理论缺陷，并以西方近代哲学已经实现的“认识论转向”和前苏联“认识论学派”对马克思主义哲学的研究成果为主要的理论背景，在80年代中期的中国哲学界便合乎逻辑地形成了以“认识论”模式构成的新的马克思主义哲学体系。

马克思的“手稿”和列宁的“笔记”，以及“西方马克思主义”和前苏联“认识论学派”对这两部著作的研究，都凸现了一个重大的理论问题，即“实践”在马克思的哲学变革以及马克思主义哲学体系中的意义。在教科书哲学中，是狭义地把“实践”当做“认识论”的首要的观点，只是在“认识论”部分中予以论述，而不是把“实践”当做马克思的哲学变革的理论实质和马克思主义哲学体系的解释原则。因此，80年代初的中国哲学界在以“手稿”和“笔记”为理论背景而展开的关于改革教科书哲学的过程中，越来越注重对“实践”的研究，并从而凸现了对恩格斯称之为包含天才世界观萌芽的第一个宝贵文件

① 参见《列宁全集》第55卷，人民出版社1990年版，第308页。

即马克思的《关于费尔巴哈的提纲》的研究。翻阅80年代中期以来的当代中国的马克思主义哲学论著，人们便会发现一个十分醒目的现象：不计其数的哲学论著都是以《提纲》关于“实践”的论述作为研究的出发点。这表明，以“实践”的观点来重新理解马克思主义哲学，已经成为80年代以来的中国马克思主义哲学的主流。

以“实践”的观点去理解全部哲学问题，首先引发的是关于“反映论”的讨论。显然，以实践观点为基础的“能动的反映论”，理所当然地凸现了认识的“能动性”，由此便构成了关于认识论的“反映论”与“选择论”、“重构论”的讨论。这场讨论以皮亚杰的发生认识论为主要的理论背景，强调从S→R（刺激→反应）二项式图式转变为S→O→R的三项式结构，从而突出了主体及其思维结构在自在客体转化为观念客体中的作用，直接地深化了哲学界对主—客体关系和思存关系的认识。由于认识论研究中凸现了主体的能动性，因而在历史观研究中也相应地凸现了关于主体的创造性活动与历史发展规律之间关系的讨论。这场讨论以80年代在中国学界影响颇大的卡尔·波普的“非历史决定论”为背景，形成了关于“历史决定论”与“非历史决定论”的讨论，出现了“辩证决定论”等一系列关于历史观的新认识。认识论和历史观的讨论引发的一个重要问题是如何看待“真理”的问题，具体地说，是“真理”与“价值”的关系问题，即人的全部历史活动（包括人的认识活动）是否都是实现人的“价值”的活动？而无论是从人的能动性去理解“认识论”，从人的创造活动去理解“历史观”，还是从人的价值追求去理解“真理观”，都理论地凸现了一个共同的问题——“主体性”问题。而这个“主体性”问题又是形成于以“实践”的观点去重新理解马克思主义哲学的哲学历程中，因此，在80年代中、后期便合乎逻辑地在中国哲学界凸现了两个密切相关的哲学概念——“主体性”和“实践唯物主义”。

“实践唯物主义”的理论内涵是值得深入研究的。从表层上看，它是对马克思主义哲学的“称谓”问题；但从实质上看，则是对马克思主义哲学的“定位”问题，即究竟如何理解马克思主义哲学的问题。

“实践唯物主义”这个提法，它之所以具有为重新理解的马克思主义哲学“定位”的意义，主要是因为它的理论内涵结晶了80年代中国哲学界经过近10年的哲学论争所形成的最为重要的理论成果。如果借用哲学原理教科书的“四大部分”的划分方式，我们就会看到：在世界观的意义上，“实践唯物主义”强调从人的“实践”出发去理解人与世界、思维与存在的关系，从而变革了教科书的那种人站在“世界”之外“观”世界的“世界观理论”；在认识论的意义上，“实践唯物主义”强调从“主体”出发去理解主体对客体的实践关系和认识关系，突出了主体在认识运动中的“选择”、“反思”、“建构”的作用，使“能动的反映论”获得了真实的“能动性”；在辩证法的意义上，“实践唯物主义”强调从人的存在方式和发展方式——实践——出发去揭示人与世界、思维与存在、主体与客体、主观与客观的矛盾，不仅突出了辩证法的反思的思维方式和批判性的本质，而且在“辩证法也就是认识论”的意义上丰富了辩证法的理论内容，实现了辩证法问题与哲学基本问题的统一；在历史观的意义上，“实践唯物主义”强调从人的历史活动出发去理解历史的发展规律，改变那种把“历史规律”视为超然于人的历史活动之外的东西的看法，并力图以人的存在的历史性去解释全部哲学问题，实现以实践观为基础的世界观、认识论、价值论和历史观的统一。

正因为“实践唯物主义”具有为重新理解的马克思主义哲学“定位”的意义，因此“实践唯物主义”这个“称谓”不仅受到学界反对这种提法的人的责难，而且在认同这个“称谓”的学者中也存在多方面的甚至是原则性的分歧。研究这些分歧，我们就会发现，对于具有“定位”意义的“实践唯物主义”究竟予以怎样的理解和解释，主要是取决于对“理论”和“历史”这两方面的不同理解。

在“历史”的意义上，如何理解“实践唯物主义”及其对马克思主义哲学的“定位”，与人们如何理解当代中国的改革开放，特别是如何理解当代中国从计划经济向社会主义市场经济的转化密切相关。简洁地说，当代中国的改革开放最为需要的是不是“大胆地闯”的实践精神？社会主义市场经济最为重要的是不是弘扬人的主体性和创造性？以计划经济模式为历史根据的教科书哲学体系是否必须改革？马克思主义哲学在新的时代是否需要获得大发展？这些隐含在理论论争背后的“历史意识”，从深层制约着人们对理论的理解。

在“理论”的意义上，如何理解“实践唯物主义”及其对马克思主义哲学的“定位”，则是同人们对80年代近10年的哲学论争及其成果的熟悉程度、理解程度、接受程度密不可分的，其中，特别是与对“辩证法也就是认识论”这个命题的理解密切相关。这个命题的真实意义在于：哲学究竟是关于“思维和存在的关系”的理论，即理解与协调人与世界之间“矛盾”的理论，还是关于“整个世界”的理论？因此，这个命题关系到如何理解哲学的“性质”和“对象”问题，关系到能否从哲学的基本问题——思维和存在的关系问题——去理解马克思主义哲学的问题，关系到教科书哲学的理论困境究竟在哪里的问题，并因而对于理解“实践唯物主义”及其对马克思主义哲学的“定位”具有根本性的理论意义。同时，正如列宁所说，“辩证法也就是认识论”这个根本性的理论问题连马克思主义的理论家、宣传家普列汉诺夫都不懂得，因而真正从理论上重新理解马克思主义哲学和变革通行的哲学教科书体系，绝非易事。正因如此，这个关系哲学的“性质”和“对象”的重大理论问题在80年代尚未引起应有的重视和深入的讨论。这表明，关于“实践唯物主义”的讨论需要有一个“否定之否定”的过程，即：从重新理解马克思主义哲学到重新理解哲学，再以重新理解的哲学为基础而重新理解马克思主义哲学。就此而言，进入90年代的中国哲学界的理论视野聚焦到“哲学的自我理解”，是完全合乎逻辑的。

（三）重新理解哲学：90年代的“哲学观”论争与哲学“问题意识”的兴起

与80年代的颇为热烈的“哲学景观”相比，进入90年代的中国哲学的显著特点，似乎是失去了某些共同关注的“热点”和“焦点”，因此有人感叹，90年代的中国哲学由“中心”到了“边缘”，并认为这种“缺热点”、“少焦点”的哲学陷入了扑朔迷离、难以预料的窘境。哲学研究的这种状况既不是孤立的，也不是偶然的。在总结80年代以来的文学批评时，有的学者就提出，“80年代的文学批评与文学创作基本上是团块状态的结构，大家做什么，一窝蜂地去做，什么伤痕文学、寻根文学、改革文学、实验文学等等，这表明了文学创作、文学研究与批评的一种状态，大家思考的问题、出发点、使用的批评方法，主要的思想资源大体相似。不过，80年代的文学批评虽然热闹，却始终是比较单纯的，比较简单的。90年代要比80年代有进步，已经蜕掉了表层的喧嚣与浮华。它虽然不如80年代来得灿烂，令人炫目，但从批评知识学的意义上讲，建设性的成就要远远大于80年代”。[①] 同样，如果我们以“哲学历程”的视野去观察、思考和总结刚刚过去的10年，我们就会发现，90年代的中国哲学既是当代中国哲学历程中的合乎逻辑的重要环节，也是当代中国的历史进程的至关重要的理论表征。

从“哲学历程”看90年代的中国哲学，我以为可以作出两个重要的哲学概括：其一，90年代的中国哲学实现了从“体系意识”到“问题意识”的重大转换；其二，90年代的中国哲学实现了从80年代的“热点”和“焦点”问题到“一个问题”与“所有问题”的“共振”

① 参见王光明等：《批评：自我反思与学理寻求——关于90年代文学批评的对话》，《新华文摘》2001年第1期，第100—101页。

的重大转换。前一个转换是后一个转换的根据和实质，后一个转换则是前一个转换的内容和表现。

经过80年代的改革开放，90年代的中国大踏步地走上了建设社会主义市场经济的道路。从“计划经济”转向“市场经济”，这并不仅仅是经济学意义上的资源配置方式的变革，而且是以经济生活为基础的全部社会生活的重大变革，即人的存在方式的变革。经济形式的多样化，经济利益的多样化，生活方式的多样化，社会组织形式的多样化，就业岗位和就业形式的多样化，以及日常经验的科学化、日常消遣的文化化、日常交往的社交化和日常行为的法制化，日益显著地改变着人们的存在方式。许多曾经备受人们关注的“热点”和“焦点”被色彩缤纷、急剧变化的生活本身“冲淡”了，而生活本身的多样化则向理论提出了各式各样的、层出不穷的、甚至是“花样翻新”的各种问题。“问题”，日益成为哲学研究的出发点。

90年代的中国哲学在突出地、集中地反思“哲学”本身的过程中，把对哲学的反思“发散”于空前增多的各式各样的“哲学问题”之中，特别是突出地“展现”在关于“真理与价值”、“公平与效率”、“发展与代价”、“理性与非理性”、“科学精神与人文精神”的论争之中，正是理论地表征了当代中国在建设社会主义市场经济的过程中所呈现的人的存在方式多样化的历史进程，以及当代中国人在深刻的“社会转型”过程中转换和重建自己的思维方式和价值观念的心灵历程。这就是90年代的中国哲学所出现的从“体系意识”到“问题意识”的重大转换的“历史”根据。

从“理论”的角度看，90年代的中国哲学所出现的这种具有标志性的重大转换，则在于它是当代中国哲学发展的合乎逻辑的结果。整个80年代的哲学任务，是以变革通行的哲学原理教科书为出发点，在重新理解马克思主义哲学的进程中重建它的理论体系。“体系意识”是整个80年代中国哲学界的“主流意识”、“主导意识”。所谓的“热点”问题或“焦点”问题，无不与重构体系的“体系意识”密切相关。最为显著的标志是，80年代作为“热点”或“焦点”问题的“物质本体论”与“实践本体论”问题、“反映论”与“选择论”问题、“辩证法”与“系统论”问题、“历史决定论”与“非历史决定论”问题，恰恰是作为“体系”的“四大部分”即“世界观”、“认识论”、“辩证法”和“历史观”中的核心问题而展开激烈论争的。具有“称谓”和“定位”马克思主义哲学意义的“实践唯物主义”，更恰恰是作为重建马克思主义哲学体系的“解释原则”而提出的。

然而，这种重建马克思主义哲学体系的急迫的“体系意识”，在改革开放初期并不具备现实的可能性。重建马克思主义哲学体系，除去应有的历史前提，还必须至少具备三个重要的理论前提，即：占有充分的“理论资源”，发现真正的“理论困境”，形成创新的“理论思路”。

首先，从“理论资源”上说，由于哲学总是以时代性的内容、民族性的形式和个体性的风格去求索人类性问题，因此就不仅需要重新理解马克思主义哲学，而且需要重新研究西方哲学（特别是现代西方哲学）和中国哲学（包括现代新儒家哲学）及其与马克思主义哲学的关系。在80年代，中国哲学界虽然比较集中地讨论了马克思的“手稿”和“提纲”以及列宁的“笔记”，并围绕“马克思主义与人道主义”、“实践唯物主义与辩证唯物主义和历史唯物主义”等问题展开过较为深入的讨论，但无论是对马克思主义“文本”还是对当今的时代都缺乏系统的理论研究。在80年代，汹涌而入的现代西方哲学的各种思潮，曾经从多方面引发中国哲学界的思考，但是，无论是对“分析”哲学还是“解释”哲学，无论是对“结构主义”还是“存在主义”，无论是对维特根斯坦还是对海德格尔，都还处于“引进”、“评述”而非“反思”、“消化”的阶段。对于中国传统哲学，80年代的哲学界基本上是局限于对中国哲学史自身的研究，而极少触及它与马克思主义哲学的关系。至于力图“返本开新”的现代新儒家哲学，虽然引发了哲学界的某种“激情”或“热情”，但主要是作为一种特定的对象而被学界的一些人予以研究。缺少对“文本”的系统研究，缺少马、中、西的沟通与交流，这就是80年代的中国哲学界在重建马克思主义哲学体系时的“理论资源”不足。

其次，从发现“理论困境”和创新“理论思路”上说，主要是存在理论深度不够和难以取得共识这两个方面。科学家爱因斯坦认为，“提出一个问题比解决一个问题更重要”。通行的哲学教科书的根本性的理论问题究竟是什么？重建马克思主义哲学体系的真正的理论困难究竟是什么？在80年代的较长时间里，人们还主要是盯住“体系”本身作文章，提出或形成了一些互有差别的新体系，诸如“一总三分”或“一总四分”的方案。当超越对“体系”的构造而触及“内容”的时候，难以弥合的分歧造成了难以深入的争论，其中最为关键的问题是：究竟怎样理解“实践”在马克思主义哲学体系中的地位和作用？把“实践观”作为“解释原则”将构成怎样的马克思主义哲学“范式”？离开对这个根本性问题的讨论，既不能找到真正的“理论困境”，也不可能形成真正的“理论思路”。

80年代的中国哲学界在“体系”上陷入的困境，只能是从“体系意识”的自我超越中获得新的出路。这就是90年代的从“体系意识”到“问题意识”的历史性转换。由于重构马克思主义哲学体系所面对的最重要的“问题”是“理论资源”贮备不足、“理论困境”捕捉不准、“理论思路”深度不够的问题，因此，90年代的中国哲学的“问题意识”主要是表现在对这三大根本性“问题”的探索之中。所谓“理论资源”不足，既是由于人们缺乏对马克思主义哲学“文本”的系统研究，又是因为人们把研究的视野仅仅局限在马克思主义哲学“文本”之中。如何理解马克思主义哲学，它的重要前提是如何理解哲学；正是因为人们对“哲学”有着相距甚远乃至截然不同的理解，才无法形成对马克思主义哲学的统一性理解；因此，重构马克思主义哲学的首要任务，应当是在当代的背景下进行哲学的自我理解。这表明，进入90年代的中国哲学界逐渐地“聚焦”于哲学的自我理解，即“元哲学”问题，并非偶然。

哲学的自我理解，既不是自我封闭的苦思冥想，也不是固执己见的自我认同，而是以广阔的哲学视野为背景，以开放的哲学意识为基点，在各种各样的哲学观、特别是当代的各异其是的哲学观的比较鉴别中，深化对“哲学”的理解。正是由于90年代的中国哲学界以“哲学观”为“聚焦点”，才逐步“激活”了包括各种各样的哲学思潮、哲学流派、哲学观点在内的各种哲学问题。其中，首先是“激活”了对马克思主义哲学、中国哲学和西方哲学的比较研究，试图从这种比较研究中，深化对“哲学”的理解。其次是“激活”了对“两大思潮”即科学主义思潮与人本主义思潮的比较研究，试图从这种比较研究寻找到“超越”这两大思潮的“思路”。再次是“激活”了对“两种文化”即中国文化与西方文化的比较研究，试图从这种比较研究中为“哲学”奠定深厚的文化底蕴，特别是从中国传统文化中获得具有现代意义的“东方智慧”。

以“哲学观”问题为“聚焦点”而“激活”对马克思主义哲学、中国传统哲学和西方哲学的研究，这就是“一个问题”与“所有问题”的“共振”。这种“共振”，以“开拓性哲学”、“准原理哲学”、“分支哲学”和“部门哲学”兴起的方式实现了90年代的哲学繁荣。20世纪最后10年的当代中国哲学的繁荣，为跨世纪的中国马克思主义哲学的大发展奠定了坚实的理论基础。

由于“哲学”的自我追问，引发了对哲学的众多的基础理论问题的反思。这主要包括两个方面，一是哲学的“理论性质”、“研究对象”、“思维方式”、“生活基础”、“派别冲突”及“社会功能”等“哲学观”问题；二是哲学的“本体论”、“认识论”、“真理观”、“价值观”、“历史观”、“发展观”等“基本理论”问题。正是对这些重大的基础理论问题的探索，90年代的中国哲学界出现了具有“开拓性”的理论进展。例如，围绕本体论问题展开的关于“在”与“在者”、“实体主义”与“非实体主义”的讨论，从真理观、价值观和历史观的统一中讨论认识论问题，以及从经济社会协调发展和可持续性发展对发展观的反思，都拓宽了哲学基础理论研究。这就是在基础理论上所出现的“一个问题”和“所有问题”的“共振”。

90年代的中国哲学界出现的一个重要现象是，不少学者强调改变哲学各二级学科“壁垒森严”的状况，一些被视为专攻“哲学原理”的学者探索“原理”中所蕴含的“哲学史”问题，或从对“史”的探索中而阐发“原理”问题；而另一些被视为专攻“哲学史”的学者则以“论”即“哲学原理”为出发点而论述“史”的问题，或注重从“史”的研究中“提炼”出“哲学原理”。这种“双向融合”的研究方式，并不同于一般的“史论结合”，因为它的“出发点”和“立足点”都是在哲学理论上的突破或创新。我把“哲学原理”与“哲学史”的这种“双向融合”趋向，称之为“准原理哲学”的兴起。它真实地体现了“哲学是历史性的思想”、“哲学史是思想性的历史”的统一。正是在这种统一中，深化了人们对恩格斯关于哲学是“一种建立在通晓思维的历史和成就的基础上的理论思维”的认识。

90年代中国哲学的繁荣，还在于“专门化哲学”的兴起。这主要包括两个方面：一是“科学哲学”、“文化哲学”、“语言哲学”、“管理哲学”、“经济哲学”、“法哲学”等分支或部门哲学的兴起。这些在80年代已见端倪的分支哲学或部门哲学，在90年代的“问题意识”兴起的背景下，不断地获得了真正的“哲学意识”，即逐步地形成了关于这些分支哲学或部门哲学的“哲学性质”的“自我意识”。“专门化哲学”兴起的另一种表现，则是某些具有强烈的“思想家”意识的“专家”的涌现。在80年代，“现象学”、“分析哲学”、“解释学”、“实用主义”、“结构主义”、“存在主义”等等，主要地还是像一些五颜六色的“思潮”在吸引人们的注意；到 90 年代，中国哲学界则涌现了一批研究杜威、维特根斯坦、胡塞尔、海德格尔、伽达默尔以及福柯、德里达、哈贝马斯等等的专家，他们不仅分别地探索这些现当代哲学家的各种哲学思想，而且致力于挖掘和展现这些哲学家对“哲学”本身的理解，从而在“哲学观”的意义拓宽和深化了人们对哲学的现代理解。

90 年代的中国哲学所出现的从“体系意识”到“问题意识”的转化，以及由此而形成的“一个问题”（哲学的自我理解问题）和“所有问题”（开放性的各种哲学问题）的“共振”，为跨入新世纪的中国哲学奠定了两个坚实的基础：一是使中国哲学界走出了“理论资源”匮乏的简单、抽象、空洞的哲学论争，为新世纪的哲学发展提供了重要的理论准备；二是规范着新世纪的中国哲学沿着当代中国的“哲学历程”所展现的“哲学逻辑”而实现自己的发展，这就是以反思 90 年代的哲学自我理解为基础，面向世界与未来，创造性地重构新世纪的马克思主义哲学。

载《教学与研究》2001 年第 8 期

十一　解放思想的哲学与哲学的思想解放

1. 哲学是思想中的现实。改革开放以来的当代中国哲学，是同当代中国的改革开放息息相关、密不可分的。在当代中国改革开放的进程中，当代中国哲学既承担着双重的使命，也表现为双重的进程，这就是推进社会的解放思想和实现自身的思想解放。而在这个双重化的进程中，正是通过哲学自身的思想解放，才实现了它的解放思想的社会功能。

2. 从总体上看，当代中国的改革开放经历了两个大阶段，与此相对应，中国人的思想也经历了两次大转变，即实现了两次思想的大解放。第一次是“转”脑筋，也就是从“以阶级斗争为纲”转向“以经济建设为中心”。第二次则是“换”脑筋，也就是从“计划经济”转向“市场经济”。正是在这个“转”脑筋和“换”脑筋的过程中，当代中国哲学发挥了前所未有的解放思想的社会功能。

从“以阶级斗争为纲”转向“以经济建设为中心”，首要的任务是冲破“两个凡是”的禁锢，以实践作为检验认识的真理性的标准，实事求是地对待中国与世界的现实，实事求是地寻求当代中国的发展道路。正是在这个冲破“两个凡是”的解放思想的过程中，当代中国哲学以讨论“实践标准”的方式推进了当代中国的解放思想的进程，使人们普遍地接受了“贫穷不是社会主义”、“发展才是硬道理”的思想，从而有力地推进了当代中国的改革开放。

从“计划经济”转向“市场经济”，这首先是一次更为深刻的解放思想的过程。这个解放思想的过程，是一个从两极对立的思维方式当中解放出来的过程，是一个从教条主义的思想框框中解放出来的过程。在这个解放思想的过程中，当代中国哲学以变革哲学观念和变革思维方式的理论活动推动人们挣脱两极对立的思维方式和教条主义的思想框框，以实践观点的思维方式看待社会的变革和推进社会的变革。

从“计划经济”转向“市场经济”，并不仅仅是资源配置方式的转变，从根本上说，是人的存在方式的转变。按照马克思的观点，超越“自然经济”的“市场经济”，实现了人的存在方式由“人对人的依附性”到“以物的依赖性为基础的人的独立性”的历史性转变。马克思认为，正是在这种“以物的依赖性为基础的人的独立性”的存在方式中，“才形成普遍的社会物资交换，全面的关系，多方面的需求以及全面的能力的体系”。在这个人的存在方式的变革的过程中，当代中国哲学又以讨论“实践唯物主义”和“主体性”以及“主体际关系”等理论活动，强化人的主体自我意识，增强人的主动性、积极性和创造性，促进人们对社会变革和新的存在方式的适应，塑造和引导新的时代精神。

从“计划经济”转向“市场经济”，这是一次空前深刻的社会转型的过程，它必然伴生着价值范式的重建，并由此引起普遍性的价值观念的震荡与困惑。社会的价值导向与个人的价值取向的问题，制约着当代中国改革开放的深化和社会主义市场经济的建立。在这个重建价值范式的过程中，当代中国哲学又以其讨论“价值”、“正义”、“崇高”、“人文精神”等的理论活动，逐步深入地探索了市场经济的正、负两面效应，为建设现代、健康、文明的社会主义市场经济，开拓了广阔的思想空间。

3. 在当代中国改革开放的过程中，中国的经济生活、政治生活、文化生活、精神生活和全部社会生活，都发生了举世瞩目和空前深刻的变革。在这个社会变革的过程中，当代中国哲学既发挥了解放思想的作用，又经历了自身的思想解放。从总体上看，哲学自身的思想解放主要表现在以下五个方面：一是变革通行的哲学原理教科书的哲学范式，从两极对立的思维方式当中解放出来；二是强化哲学研究中的问题意识和创造精神，从教条主义的研究方式当中解放出来；三是超越哲学的经验化、常识化理解，从简单化和庸俗化的哲学倾向中解放出来；四是突破哲学与科学二元关系的解释模式，从哲学的知识论立场上解放出来；五是激励哲学家的主体自我意识，从哲学研究的“无我”状态中解放出来。

（1）变革通行的哲学原理教科书的哲学范式，这是当代中国哲学自身的思想解放的最直接的出发点，也是当代中国哲学发挥其推进社会解放思想的社会功能的首要前提。而这二者的共同之处，都是从两极对立的思维方式当中解放出来。

在相当长的时期内，人们总是把“哲学”等同于通行的哲学原理“教科书”所表述的“原理”，因此，我们把改革开放以前的哲学从总体上界说为“教科书哲学”。这种界说的主要依据在于：一是把全国通行的哲学原理教科书作为标准的马克思主义哲学概念框架，以这个教科书模式去宣传、讲授、解释和研究马克思主义哲学，并以这个教科书模式为标准去区分马克思主义哲学与非马克思主义哲学；二是以这个教科书模式作为最基本的哲学理论框架和解释原则，去建构包括中外哲学史、伦理学、宗教学、逻辑学和美学等在内的全部哲学学科，并用它去研究、评述和批判古今中外的各种哲学理论、哲学派别和哲学思潮；三是以这个教科书模式作为最高层次的真理体系，去规范自然科学和社会科学的研究以及文学艺术的创作，并用它去论证包括政治生活在内的全部社会生活中的各种重大举措，从而规范人们的精神生活和实践活动。

这种教科书哲学及其在全部社会生活中的重要地位和重大作用，从根本上说，是把社会主义归结为计划经济的产物。在这个意义上，改革开放以前的教科书哲学既有其历史的合理性，也蕴含着内在的否定性。随着80年代以来的改革开放，由计划经济转向市场经济，中国的哲学研究便合乎逻辑地由教科书哲学转向反思教科书的哲学改革。

80年代以来，在解放思想、改革开放的过程中，首先是在哲学原理界内部形成了以变革教科书体系为基本指向和主要任务的哲学改革的潮流。这场哲学改革的出发点和归宿，是重新理解和重新建构马克思主义哲学体系。其突出特点，是以实践为核心范畴，重新理解人与世界、思维与存在、主体与客体、主观性与客观性、历史规律与人的历史活动、自由与必然等哲学所探索的重大关系问题，并以这些重新理解的研究成果去重构马克思主义哲学体系。在哲学原理界内部改革的同时，包括中外哲学史在内的各个哲学分支学科也出现了自身的改革，并从而深化了哲学原理界的教科书改革。西方哲学领域在翻译和评述现代西方哲学论著的基础上，逐步地从研究对象自身出发，把一系列新的哲学范畴、新的哲学问题和新的哲学提问方式渗透到哲学理论探索之中，展开了马克思主义哲学与现代西方哲学的对话。中国哲学领域以介绍和评论现代新儒学为突破口，对中国传统哲学乃至整个传统文化的利弊得失进行反思，探索“返本开新”、“融会中西”的途径与意义。持续高涨的文化热，不仅构成了哲学原理与哲学各个分支学科的交接点，并把哲学改革的侧重点聚集在中国现代化建设的文化模式和协调发展的问题上。其重大意义，在于从当代人类社会实践、特别是当代中国改革开放的社会实践出发，变革人们的思维方式、价值观念、审美意识和行为方式，以适应和促进中国的现代化进程。

回顾和总结80年代的哲学改革，我们可以比较清楚地看到，这场哲学改革主要是在面向改革开放的现实和重新理解马克思的两个维度的交接点上，聚焦于对教科书哲学的反思。而这场哲学改革的基本成果，则在于突破了传统的两极对立的思维方式，实事求是地研究哲学本身，并以这种实事求是的哲学去推进社会的解放思想和改革开放。这些源于现代社会生活的哲学问题，不断地开拓了哲学基本理论研究的新领域，从而为马克思主义哲学的当代研究注入了生机和活力。

（2）改革传统的教科书哲学，并非只是重新探索教科书所表述的各种理论内容，更为重要的是改革传统的哲学研究方式，也就是改变“原理加实例”的注释方式，从教条主义的研究方式当中解放出来。这种改革，集中地表现为哲学研究中的从“体系意识”到“问题意识”的转变，也就是把“教科书哲学”作为退入背景的知识，从现实生活和现代哲学中提出问题，并且注重提问方式本身的转换。仅就哲学原理内部说，就特别突出地探索了“哲学观”问题，对哲学的理论性质、研究对象、体系内容、社会功能以及现代理解等问题进行了较为深入的探索，从而拓宽了哲学的研究视野。与此同时，哲学原理界还比较集中地提出和探讨了认识论的反映论与选择论的关系、辩证法的本体论与认识论的关系、价值论的理想主义与功利主义的关系、真理观的事实判断与价值判断的关系、历史观的决定论与非决定论的关系、唯物论的物质论与实践论的关系等一系列重大问题。

改变教条主义的研究方式，还明显地表现为“准原理哲学”的兴起。这里所说的“准原理哲学”，指的是哲学原理与哲学各分支学科的双向融合。在80年代以前，哲学的各个学科处于界限分明、壁垒森严、互不介入的状态。在80年代反思教科书的哲学改革过程中，这种状况虽有所改变，但仍然是以各自的“研究领域”为对象。进入90年代，某些共同的“问题”开始成为哲学研究的出发点，从而形成了一种双向融合的趋向：一是哲学原理在探索现代社会生活和现代哲学提出的重大理论问题的过程中，显著地拓宽了自己的研究视野和背景知识，不仅注重于史论结合，以及哲学原理与具体科学的结合，而且注重于从文化哲学、科学哲学、语言哲学、逻辑哲学以及伦理学、心理学、宗教学、逻辑学和美学等多重视角去讨论问题，并且融注了这些学科的研究成果，从而改变了哲学原理的研究方式和自身形象；二是哲学史和哲学的各个分支学科强化了自身的“原理意识”，在探索某些共同问题的过程中，力求在“原理”的意义上形成某种哲学思想。这在中国哲学和西方哲学的研究领域中，以中西哲学比较研究的方式，表现得尤为突出。这种“准原理哲学”的兴起，更加明显地凸现了90年代哲学研究的“问题意识”。

改变教条主义的研究方式，还表现在“专门化哲学”的兴起。这里所说的“专门化研究”，主要是指这样两种趋向：一是注重研究人类文化的某个成分或某个侧面，并从这种研究中寻求当代哲学的生长点。这种研究趋向的突出特征，是在汲取现代西方哲学积极成果的基础上，通过对语言、逻辑、观念、科学、技术、艺术、宗教、政治、法律、经济等的哲学探索，形成马克思主义的语言哲学、逻辑哲学、科学哲学、艺术哲学、政治哲学、经济哲学和法哲学等等。二是注重研究现代哲学的各种流派及其所提供的方法论，其中主要是深化了对现象学、结构主义、存在主义、解释学、新实用主义和解构主义的研究。哲学研究的“专门化”，强化了哲学研究的职业化和技术化，从而突出了各种“具体问题”在哲学研究中的地位。这种“专门化哲学”的兴起，为中国哲学界走出简单、抽象、空洞的哲学论争，在坚实的哲学研究的基础上形成更富于创造性和启发性的世界观理论，提供了必要的理论准备。

（3）哲学自身的思想解放，最重要的是实现对哲学本身的重新理解。在相当长的时期内，人们总是以经验的、常识的思维方式去理解和解释哲学，从而造成了一种普遍性的简单化和庸俗化的哲学倾向。从这种倾向中解放出来，构成了当代中国哲学的一项重要使命。

哲学是常识的延伸和变形，还是对常识的超越？这关系到哲学的理论性质和社会功能。哲学是理论化的世界观，是一种理论思维方式，也是以理论的方式而构成的价值规范。以哲学的方式所构成的世界图景、思维方式和价值规范，是对常识的世界图景、思维方式和价值规范的超越。然而，由于人们总是在经验常识中生活，常识来源于经验、适用于经验，所以人们总是以经验常识的方式去理解和解释哲学，以至于把哲学变成某种冠以“哲学”名词的常识。

我们应当看到，当代中国的现代化过程，是人的存在方式的变革和整体素质提高的过程，而这个过程的最具基础性的普遍性的内容与方式，则是一个“非日常生活”的“日常化”过程。这主要包括日常经验科学化、日常消遣文化化、日常交往社交化、日常行为法治化以及农村生活城市化等社会生活的各个方面。而这种变化所蕴含的深层内容，则是人的世界图景、思维方式和价值规范的变革与重建。

哲学把自身定位为对常识的超越，而不是常识的延伸和变形，就能够发挥哲学变革人们的世界图景、思维方式和价值规范的解放思想、更新观念的作用。哲学的“世界观理论”，并不是为人们提供某种区别于常识的凝固的“世界图景”，而是把常识的世界图景作为批判反思的对象，揭示构成这些世界图景的诸种前提，启发人们以历史的和辩证的态度去看待和理解这些世界图景，为人们寻求和形成新的可能的世界图景敞开自我批判和自我超越的空间。因此，在变革常识世界图景的过程中，哲学的常识化，就是反思态度、批判精神和创新意识的自觉化和普遍化，即人们普遍地、自觉地以历史的和辩证的态度去看待常识和科学所提供的世界图景，从而使人们的世界图景处于生生不已的历史转换之中。以现代科学为基础的现代哲学，深刻地变革了以素朴实在论为代表的直观反映论的思维方式，变革了以机械决定论为代表的线性因果论的思维方式，变革了以抽象实体论为代表的本质还原论的思维方式，形成了富有理论内容的辩证的思维方式。哲学层面的价值观是历史的和辩证的价值观，致力于寻求科学精神与人文精神、科学理性与价值理性、功利主义与理想主义的辩证统一。它引导人们自觉地超越绝对主义或相对主义的价值态度，不断地提升人们的人生境界。哲学价值规范的常识化，就是辩证的价值态度和人生境界的普遍自觉化。我们应当以这样的理解去推进哲学从简单化、庸俗化的倾向中解放出来。

(4) 在相当长的时期内，人们总是习惯性地从哲学与科学的二元关系中去理解和解释哲学，从而造成了普遍性的“哲学知识论立场”。

所谓“哲学知识论立场”，就是从哲学与科学的二元关系出发去界说哲学，认为科学是研究世界的“各个领域”并提供关于世界的各种“特殊规律”，而哲学则是以“整个世界”为对象并提供关于世界的“普遍规律”，因而把哲学归结为具有最高的概括性（最大的普遍性）和最高的解释性（最大的普适性）的“知识”。

这种“哲学知识论立场”，仅就对“哲学”自身的理解说，存在着两个重大问题，一是如何理解“哲学”与它的“基本问题”的关系，二是如何理解“哲学”与人类把握世界的“基本方式”的关系。当代中国哲学正是在对这两个重大问题的深入探索中，从深层的理论问题上推进了哲学自身的思想解放。

哲学的基本问题是“思维和存在的关系问题”，而不是“思维和存在”的问题；这就是说，哲学是把“思维和存在的关系”当做“问题”而予以“反思”，并不是把“思维”和“存在”作为对象而形成关于“整个世界”的“知识”。这种区别是具有根本性的。它从理论性质上确定了哲学对科学的“反思”关系。

从人类把握世界的基本方式的角度看，哲学和科学是人类把握世界的两种基本方式，把哲学归结为科学，就是对具有独立存在意义的哲学的否定。当然，我们可以用“科学的”或“不科学的”概念来区分不同的哲学，这正像我们可以用“善的”或“恶的”、“美的”或“丑的”概念来区分不同的哲学一样。哲学寻求真善美的统一，因此，广义的“科学”概念（“正确的”、“真理性的”）可以用来区分不同性质的哲学，但却不能把“科学”当做“哲学”的标准。

哲学和科学作为人类把握世界的两种不同基本方式，还在于哲学不仅与科学具有“双向”关系，而且与人类把握世界的各种基本方式具有“多向”关系。哲学的反思对象包括科学、艺术、宗教、伦理、语言、历史等在内的全部文化现象。哲学从人类把握世界各种方式的相互关系中去理解科学，又从人类文化的整体关系中去审度科学，因此哲学才能批判性地反思科学，并推进科学的发展。

哲学与科学作为人类把握世界的两种不同的基本方式，最深层的区别是在于：科学是把“思维和存在”的统一当做理论思维的“不自觉的和无条件的前提”，从而现实地实现“思维和存在”的统一，为人类提供认识和改造世界的科学成果；与此相反，哲学是把理论思维的这个“不自觉的和无条件的前提”作为自己的根本的反思对象，也就是把“思维和存在的关系”作为“问题”而进行反思，并通过这种反思而推进科学和整个人类文明的发展。这样，我们就可以从上述两个问题——哲学与它的“基本问题”的关系问题和哲学与人类把握世界的其他方式的关系问题——的统一中深化对哲学自身的理解。这种理解，开辟了哲学研究的广阔道路。

（5）哲学是以时代性的内容、民族性的形式和个体性的风格去求索人类性的问题，个体性的风格是繁荣和发展哲学的必要前提。就此而言，哲学只能是“有我”的哲学，而不能是“无我”的哲学。当代中国哲学的思想解放，是同哲学家的强烈的主体自我意识的形成密不可分的。

哲学是人类自我意识的时代水平的理论表达，即以理论形态表达的人类对自身的生存状况、焦虑和理想的自我意识。哲学创造，就是哲学家在通晓人类自我的历史的基础上，以其独特的心灵体验、独立的反思意识和独到的理论解释去表达自己时代的人类的自我意识，去建构“思想中所把握到的时代”，为人类揭示新的理想境界和展现新的可能世界，也就是塑造和引导新的时代精神。因此，哲学创造与哲学家的自我实现是融为一体的，创造哲学的哲学家必须有炽烈而执著的主体自我意识。

然而，长期以来，当代的中国哲学家并不是以展示新的世界和提示新的理想的哲学创造者的自我意识进行哲学创造，而是以某种既定理论的解释者和客观真理的占有者的自我意识进行哲学活动；不是把哲学活动理解为以自我实现的形式去表达当代人类的自我意识，而是把哲学活动理解为丢弃自我和宣示与我无关的客观真理的过程。哲学家丢弃了自我的独特的心灵体验、独立的反思意识和独到的理论解释，就丢弃了哲学的炽烈的“爱智”精神，当然也就无法形成创造性的哲学。

发展哲学必须面向“现实”、“本文”和“问题”，这是毫无疑义的。但同样明显的是，观察渗透理论，本文需要解释，问题在于提出。每个时代的人类自我意识都处于纷繁复杂的矛盾状态，哲学家必须具有高举远慕的心态、慎思明辨的理性、体会真切的情感、执著专注的意志、洒脱通达的境界，才能真切地思考现实，真切地理解本文，真切地提出问题。

4. 哲学是“时代精神的精华”，这并不仅仅是说哲学是对时代精神的“概括和总结”，而且是说哲学是对时代精神的“塑造和引导”。哲学在人类社会生活中、特别是在社会转型的变革过程中，具有巨大的积极的能动作用。改革开放以来的当代中国哲学正是发挥了这种积极的能动作用。它在把人们从两极对立的思维方式、教条主义的思想框框和僵死枯燥的话语方式中解放出来的过程中，它又以哲学的方式为当代中国提供反思的智慧、批判的智慧和变革的智慧，为当代中国人提供辩证的世界图景、思维方式和价值规范，重塑人们的理想与信念，并引导人们对“崇高”的憧憬与追求。而这个“塑造和引导”新的时代精神的过程，正是当代中国哲学实现自身的思想解放的过程。推进社会的解放思想和实现自身的思想解放，构成了改革开放以来的当代中国哲学的双重化进程。

载《求是学刊》1999 年第 6 期

十二　哲学如何面向现实

哲学是思想中的现实。面向现实，这是哲学生命的源泉，也是哲学创新的源泉。然而，值得深思的是，哲学作为人类把握世界的一种基本方式，即区别于常识、宗教、艺术、伦理和科学的一种特殊方式，它只有以自己的方式面向现实，才能实现哲学自身的发展，并从而发挥哲学变革现实的独特作用。因此，在新世纪发展马克思主义哲学，就不仅必须持之以恒地坚持“面向现实”的哲学研究，而且需要自觉地以哲学的方式“面向现实”。

（一）“面向现实”与“拉开间距”

关于哲学，人们经常引证黑格尔和马克思的两个论断，即黑格尔所说的哲学是“思想中所把握到的时代”和马克思所说的哲学是“自己时代精神的精华”。如果认真思考这两个论断，我们就会发现，这两个论断表达了如下思想：其一，哲学必须面对的“现实”，并不是各种各样的“实例的总和”，而是人类生活的“时代”和构成人类生活意义的“时代精神”；其二，哲学对“现实”的把握，并不是再现时代的诸种“表象”，而是使哲学自身成为“思想中的时代”或“时代精神的精华”，并从而塑造和引导新的“时代精神”。

“时代精神”作为哲学面对的“现实”，它总是表现为各个时代的相互冲突的思维方式、价值观念、审美情趣和生活理想，并凝结为各个时代的“科学精神”、“艺术精神”、“伦理精神”等等。这表明，哲学对“现实”的“贴近”，是以自己时代的“科学精神”、“艺术精神”、“伦理精神”等等为“中介”来实现的。这种“中介化”的“贴近”方式，表明哲学是以“拉开间距”的方式而实现自己的“面向现实”。正是由于哲学与“现实”“拉开间距”，才使得哲学能够超越感觉的杂多性、表象的流变性、情感的狭隘性和意愿的主观性，全面地把握“时代精神”、深层地透视“时代精神”、理性地规范“时代精神”、理智地反观“时代精神”、理想地引导“时代精神”，从而使哲学真正成为“思想中的时代”即“时代精神的精华”。

学界所熟悉的美国出版的“导师哲学家丛书”，曾经把中世纪哲学称作“信仰的时代”，把文艺复兴时期的哲学称作“冒险的时代”，把17世纪哲学称作“理性的时代”，把18世纪哲学称作“启蒙的时代”，把19世纪哲学称作“思想体系的时代”，而把20世纪哲学称作“分析的时代”。尽管人们可以对这些概括做出各种不同的评价，但这种概括方式确实是显示了哲学与“现实”的特殊关系，即哲学总是作为“思想中的时代”而构成人类把握世界的一种独特方式，

作为“思想中的时代”，哲学既不是通过对经验事实的“表述”而“科学”地解释世界，也不是通过对主观意愿的“表达”而“艺术”地表现世界。正因如此，“哲学”既不是人类把握世界的“科学方式”也不是人类把握世界的“艺术方式”，因而也不是以“科学方式”或“艺术方式”去“面向现实”。我把哲学的这种特殊方式称之为与“科学”的“表述”方式和“艺术”的“表达”方式相区别的哲学的“表征”方式。哲学以“表征”的方式“面向现实”，就需要以与“现实”“拉开间距”为前提。

哲学对“时代精神”的“表征”，表现了哲学与现实之间的既“疏远”又“亲近”的特殊关系。在评论黑格尔的“思辨哲学”时，马克思提出，黑格尔是把现实的“自然”、“精神”和“人”都神秘化地描述为“绝对理念”即“无人身的理性”的“自我运动”。那么，这种“神秘化”的描述是否意味着黑格尔哲学是一种超然于“现实”即“时代”之外的玄思和遐想呢？马克思指出，黑格尔哲学是以“最

抽象的形式”表达了“最现实的”人类状况，即：“个人现在受抽象统治，而他们以前是互相依赖的。但是，抽象或概念，无非是那些统治个人的物质关系的理论表现。”① 这就是说，“抽象”的黑格尔哲学或黑格尔哲学的“抽象”，它是理论地“表征”了黑格尔所生活的“时代”——现实被“抽象”所统治，即人的存在依赖于“统治个人的物质关系”。就此而言，黑格尔的“思辨哲学”就不是远离了他自己的时代的“现实”，而恰恰是以哲学的方式“表征”了他所生活的“时代”。

马克思的哲学革命，从根本上说，在于他以哲学的方式“表征”了新时代的“时代精神”。在对黑格尔的“抽象或理念”所表征的“统治个人的物质关系”的深切反思中，马克思提出：“我的研究得出这样一个结果：法的关系正像国家的形式一样，既不能从它们本身来理解，也不能从所谓人类精神的一般发展来理解，相反，它们根源于物质的生活关系，这种物质的生活关系的总和，黑格尔按照18世纪的英国人和法国人的先例，概括为‘市民社会’，而对市民社会的解剖应该到政治经济学中去寻求。”② 正是在这种哲学—政治经济学批判中，马克思发现，黑格尔以抽象的观念普遍性所表达的“统治个人的物质关系”的普遍性，就是“资本”与“劳动”的关系。在资本主义社会里，“资本”具有独立性和个性，而活动着的个人却丧失了独立性和个性。“资本”统治着整个的现实，这是资本主义社会的最现实的普遍性，也是现实受“抽象”（资本）的统治的最普遍的现实。

如果我们把黑格尔以“抽象”的理论所“表征”的个人受“抽象”统治的现实，同马克思对黑格尔的“抽象”的批判加以对比，我们还会发现，哲学作为“思想中的现实”，它不仅是理论地表征着现

① 《马克思恩格斯全集》第30卷，人民出版社1995年版，第114页。

② 《马克思恩格斯选集》第2卷，人民出版社1995年版，第32页。

实，而且表现着哲学家对现实的不同理解与要求。作为无产阶级革命理论的马克思主义哲学，不仅承认个人受“抽象”统治的现实，而且要求把人从“抽象”的统治中解放出来，也就是从“物”的普遍统治中解放出来，从“资本”的普遍统治中解放出来，把“资本”的独立性和个性变为人自己的独立性和个性。正是在这里，表现了马克思主义哲学“面向现实”的根本特征——“改变世界”。

（二）“面向现实”与“改变世界”

哲学如何面向现实，是同哲学自身的变革密不可分的。马克思曾经把对全部旧哲学的批评集中为一点，即“哲学家们只是用不同的方式解释世界”。[①] 值得深思的是，马克思的这个批评不仅是针对唯心主义哲学，而且是指向全部旧唯物主义哲学，特别直接地指向费尔巴哈的唯物主义哲学。马克思说，费尔巴哈“和其他的理论家一样，只是希望确立对存在的事实的正确理解，然而一个真正的共产主义者的任务却在于推翻这种存在的东西”，[②] 因此马克思强调地指出，“对实践的唯物主义者即共产主义者来说，全部问题都在于使现存世界革命化，实际地反对并改变现存的事物”，并因而把哲学的真正使命简洁地概括为“问题在于改变世界”。[③]

“解释世界”与“改变世界”，这是两种迥然有别的“面向现实”的方式。长期以来，人们总是在把“世界观”解释为“关于世界的根本看法”的意义上而把哲学界说为“理论化的世界观”，并因此把“哲学”理解为“关于整个世界的普遍规律的理论”。在这种关于哲学的理解模式中，哲学的研究对象变成了“整个世界”及其“普遍规律”，而哲学的使命则变成了对“整个世界”做出具有“最大普遍性”

① 参见《马克思恩格斯选集》第1卷，人民出版社1995年版，第61页。
② 同上，第96—97页。
③ 同上，第75、61页。

和“最大普适性”的“解释”。这就是传统哲学的“知识论立场”。这种哲学的知识论立场决定传统哲学总是以“解释世界”的方式去“面对现实”。

从人类文明史看，哲学以“解释世界”的方式“面对现实”，从根本上说是“哲学”和“科学”尚未完全分化的产物，也就是把“哲学”视为凌驾于“科学”之上的“科学的科学”的产物。与此相反，哲学以“改变世界”的方式“面对现实”，则首先是以“哲学”与“科学”的高度分化为前提。这正如恩格斯所说，当我们“能够依靠经验自然科学本身所提供的事实，以近乎系统的形式描绘出一幅自然界联系的清晰图画”，那种“用观念的、幻想的联系来代替尚未知道的现实的联系”的“自然哲学就最终被排除了”。① 这表明，哲学以何种方式“面对现实”，首先是取决于人类文明的发展程度。只有在“科学”能够对“整个世界”（自然、社会和思维）做出“科学解释”的前提下，“哲学”才有可能超越传统的“知识论立场”，并因而实现对“解释世界”的传统哲学的自我超越。

哲学从“解释世界”到“改变世界”的革命，从根本上说是人类文明发展的产物，但这个革命本身并不是自发实现的，而是由马克思所创建的新哲学自觉实现的。马克思批评“哲学家们只是用不同的方式解释世界”，并因而提出“问题在于改变世界”，这首先是源于马克思对新哲学的历史使命的自觉。马克思提出：“真理的彼岸世界消逝以后，历史的任务就是确立此岸世界的真理。人的自我异化的神圣形象被揭穿以后，揭露具有非神圣形象的自我异化，就成了为历史服务的哲学的迫切任务。于是，对天国的批判变成对尘世的批判，对宗教的批判变成对法的批判，对神学的批判变成对政治的批判。”② 马克思关

① 参见《马克思恩格斯选集》第4卷，人民出版社1995年版，第246页。

② 参见《马克思恩格斯选集》第1卷，人民出版社1995年版，第2页。

于新哲学的历史使命的论断，为整个现代哲学的“转向”提出了鲜明的时代性主题，这就是把哲学的目光从对“整个世界”的猜测转向对“人类解放”的关切，从对“普遍规律”的寻求转向对“现存世界”的变革。正是这种从传统哲学到现代哲学的革命，实现了哲学“面对现实”的根本方式的变革，这就是从“解释世界”的方式到“改变世界”的方式的变革。

（三）“面向现实”与“反驳实践”

对于马克思创建的“改变世界”的新哲学，人们往往产生两种误解：其一是把“批判的武器”当成“武器的批判”，似乎“改变世界”的马克思主义哲学不是以“理论”的方式去面对现实，而是直接地以“实践”的方式去改变现实；其二是把“批判的武器”当做“论证的武器”，似乎“改变世界”的新哲学不是以“理论”的方式去“反驳实践”，而是以“理论”的方式去“指导实践”。

“改变世界”的新哲学，它是相对于“解释世界”的旧哲学而言的，即：这种“改变世界”的新哲学不是企图对“整个世界”做出某种永恒的终极性“解释”，而是为人们理解、协调和变革人与世界的相互关系提供“批判的武器”，即不断地变革人们的思维方式、价值观念和审美情趣，从而把人类生活的“现实”变成理想的现实。这就是说，“改变世界”的新哲学，是从人的实践活动出发去理解人与世界关系的哲学，是一种实践论的“世界观理论”。正是在这个意义上，马克思主义哲学实现了从“解释世界”到“改变世界”的变革，而不是说，马克思主义哲学改变了以“理论”的方式去“面向现实”。

人类的“历史”就是“追求着自己的目的的人的活动”过程，就是以“实践”活动的方式把“理想”变为“现实”的过程。实践活动作为人的存在方式，它是人类存在的“最切近本质”的“现实”。“哲学”如何对待“实践”，这从根本上表明了哲学如何“面对现实”；因此，关于哲学如何“面对现实”的讨论，最重要的就是讨论哲学如何对待“实践”

长期以来，我们只是把“哲学”对“实践”的关系单纯地解释为“理论源于实践”和“理论指导实践”的双向关系，而忽视了“理论超越实践”和“理论反驳实践”的互动关系。理论源于实践，但又超越实践，这就是理论所具有的“理想性”。人类的实践活动具有“直接现实性”，但这种“现实性”的实践活动却是以变革人类存在的“现实”为“目的”，即是把人类存在的“现实”变为“理想”的现实的活动。“理论”正是以其理想性的世界图景和理想性的目的性要求而“超越”于实践，并促成实践活动的自我超越。

实践活动作为实现“理想”的人类历史过程，人类的历史发展过程也就是实践活动的自我超越，即历史地否定已有的实践方式、实践经验和实践成果，又历史地创造新的实践方式、实践经验和实践成果。在实践自我超越的历史过程中，理论首先是作为实践活动中的新的世界图景、思维方式、价值观念和目的性要求而构成实践活动的内在否定性。这种内在否定性就是理论对实践的理想性引导。正是在这个意义上，当代解释学大师伽达默尔曾经提出，“一切实践的最终含义就是超越实践本身”，而“理论就是实践的反义词”。① “反驳实践”，这是“哲学”作为“批判的武器”而“面向现实”的基本方式。

哲学对实践的“反驳”，还在于它以自身与现实的“间距性”而批判性地反思实践活动、规范性地矫正实践活动和理想性地引导实践活动。人类的任何一种实践活动都具有“二律背反”的性质，并因而表现出正、负“双重效应”。无论是当代人类所面对的“全球问题”，还是市场经济所形成的人的“物化”问题，都显著地表现出了当代人类实践活动的二重性，因此，当代人类的实践活动近切地需要“哲学”理论的“反驳”，即理论地批判反思实践活动并促进实践活动的自我

① 伽达默尔：《赞美理论》，三联书店1988年版，第46、21页。

超越。

当代人类的“现代化”的实践活动，这既是一个前所未有的、迅猛发展的自然人化过程即以现代的科学技术“征服”自然的过程，又是一个前所未有的、急剧实现的个体社会化过程即以等价交换原则来实现人的全部社会关系的过程。因此无论是“发达国家”还是“发展中国家”，都在“现代化”的实践活动中日益明显地凸显了两个方面的尖锐矛盾：一是现代科学技术的迅猛发展与日益严峻的“全球问题”的矛盾；二是人的生存方式的“现代化”与当代人的“物化状态”的矛盾。

现代化所实现的空前的自然人化过程，为人类的生存和发展创造了前所未有的物质财富，但同时又造成了包括人口膨胀、环境污染、生态失衡、粮食紧张、能源危机以及核战争威胁等在内的“全球问题”。而市场经济所实现的“以物的依赖性为基础的人的独立性”，既挺立了个人的主体性和独立性，增强了人的主体自我意识，形成了某种人的自我实现的条件，又造成了“抹去一切职业的灵光”，“把一切都沉浸到金钱的冰水当中去”，也就是使人“物化”的生存状态。

当代人类的实践活动所造成的“全球问题”和“人的物化”状态，构成了当今时代的“时代精神”的内在矛盾。在以自然经济为基础的传统社会中，人的生存方式是在禁欲主义、蒙昧主义和专制主义的“三位一体”的重压下所构成的“人对人的依附性”，而在以市场经济为基础的现代社会中，人的存在方式则是一种“以物的依赖性为基础的人的独立性”。市场经济把它的等价交换原则渗透到全部社会生活当中，造成了人与自然的异化（对自然的攫取所造成的“全球问题”）、人与社会的异化（社会对人的全面发展的扭曲）、人与他人的异化（金钱关系所形成的人际关系的冷漠与紧张）、人与自我的异化（人成为金钱的奴隶而造成的自我的失落）。现代人的这种“物化”或“异化”，表明当代人类的生活世界处于深刻的“意义危机”之中。哲学作为人类关于存在的自我意识理论，它需要对这种时代性的“意义危机”作出全面的反应、批判的反思、规范性的矫正和理想性的引导。这就是当代哲学对实践的“反驳”，也就是当代哲学所引导的当代人类实践活动的自我超越。

（四）“面向现实”与“自我批判”

“反驳实践”的哲学并不是以某种“终极真理”去“裁判”实践，恰恰相反，哲学只有在“自我批判”中才能真正实现对实践的“反驳”。哲学的“自我批判”，这是哲学“面向现实”的基本方式。

长期以来，人们总是把包括哲学在内的“理论”视为与主体无关的“客观真理”，又把“现实”视为与主体无关的“客观存在”，因而把“理论”面对“现实”当做用既定的“理论”去解释和回答各种“现实”问题。由此便造成了哲学家和实践家在“哲学面向现实”问题上的双重误区：一方面，哲学家往往苦于哲学无法直接地、具体地解决各种“现实”问题，因而或者放弃“哲学面对现实”而搞所谓的“纯学术”，或者放弃对“理论”自身的研究而去搞所谓的“哲学应用”；另一方面，实践家基于哲学无法直接地、具体地解决各种“现实”问题，因而或者“拒斥”哲学对现实的干预，或者把哲学当做僵死的教条而生搬硬套。正是在这种双重“误区”中，实践失去了哲学的“反驳”，源于实践的哲学也失去了发展的动力。

哲学作为理解和协调人与世界的相互关系的“世界观理论”，它是一种以自身的逻辑力量规范人们对世界的理解与解释，调整人们的认知取向、价值取向和审美取向，并从而制约人们实践活动的方式、领域、层次、效果及其反馈的理论模式。人们用以观察和解释世界的哲学模式不同，人们所理解的世界、人们对世界的要求以及人们的行为方式和行为效果就迥然不同。哲学面对现实，既是用已有的哲学模式去反省和调整人们对世界的理解和要求，更是通过对现实的理论升华而批判已有的哲学模式和重构新的哲学模式。

在论述人的思维本性时，恩格斯曾经提出，人的思维是“至上性”与“非至上性”的辩证统一，“按它的本性、使命、可能和历史的终极目的来说，是至上的和无限的；按它的个别实现情况和每次的现实来说，又是不至上的和有限的”。[①] 哲学作为人类把握世界的一种基本方式，它首先是植根于人类思维的“至上”性和“无限性”，表达了人类思维对确定性、必然性、统一性和终极性的寻求。这正如德国哲学家石里克所说，“所有的大哲学家都相信，随着他们自己的体系的建立，一个新的思想时代已经到来，至少，他们已发现了最终真理。如果没有这种信念，哲学家几乎不能成就任何事情”。[②] 然而，任何一种哲学思想，又只能是、本来是自己时代的产物，由此便造成了“哲学”自身的内在矛盾，即哲学旨趣的终极性与哲学理论的历史性的矛盾。哲学要“面向现实”，既要坚持哲学旨趣的终极性即坚持理想性地引导现实，更要自觉哲学理论的历史性即在自我批判中实现理论的自我超越和推进实践的自我超越。

哲学作为人类的创造性的精神活动，从根本上说，就是哲学家从新的视角、以新的方式、用新的综合为人类展现新的世界，提示新的理想，并从而推进人类实践活动的自我超越。因此，哲学创造内涵着以否定性的思维去对待人类的现实，揭示现实所蕴涵的多种可能性，“反驳”人类既定的“实践”活动；以否定性的思维去检讨各种理论的前提，揭示理论前提的多种可能性，“反驳”包括哲学自身在内的既有“理论”；在现实与理论多种可能性的某种交错点上，揭示人与世界之间的新的意义，提示可供人们反省和选择的新的理想。因此，“面向现实”的哲学家并不是以某种既定理论的解释者或客观真理的占有者的身份进行哲学活动，而是以“展示”新的世界、“提示”新的理想、

① 《马克思恩格斯选集》第3卷，人民出版社1995年版，第427页。
② 参见石里克：《哲学的未来》，转引自《哲学译丛》1990年第6期，第1页。

“反驳”既有实践的哲学创造者的自我意识从事哲学研究。因此，“面向现实”的哲学家，既要具有对“现实”、“实践”进行否定性思维的忧患意识和对象批判意识，更要具有对已有的“哲学”进行否定性思维的创新意识和自我批判意识。哲学只有以“自我批判”的方式去“面对现实”才能实现哲学的与时俱进和理论创新。

载《江苏社会科学》2002 年第 2 期

十三　用什么告慰先生

2004年10月14日12时45分，高清海老师与我们永别了。在送别先生的日子里，我一直在想，我们究竟用什么告慰先生？

近些年来，学院的开学典礼或毕业典礼，先生总是向刚入学或即将走出校门的学生谈起“命运”。他回顾自己的人生经历，他思索各式各样的人生，他尝试着向学生谈论自己对命运的一种感悟。他说，命运，其实并不神秘，它是个人的性格逻辑所构成的人生之路。每个人都有自己的性格，每个人都有自己的命运。

高老师对命运的感悟，也许是最符合他自己的命运的。

像他的伟岸的身躯一样，高老师的人格也是直立的，挺拔的。在他的目光中，你可以看到慈爱，也可以看到严厉，你可以看到宽容，也可以看到犀利，但却从来看不到谄媚和猥琐。他从不讨好任何人，也从不欺负任何人，他从不轻易赞扬某个人，更不随意贬低某个人。他对你说的，就是他所想的。他自己所做的，就是他自己以为对的。他尊重别人，他同样尊重他自己。和先生在一起，你总会感到人应该像人那样直立地生活，而不应该像动物那样爬行。人用自己的人生显示生命的力量，光彩和尊严，这是先生的性格与命运，也是先生为我们树立的人生典范。

为人的风骨与为学的风格是一致的。独立思考，理论创新，这对先生来说，决不是挂在嘴上的名词或某种时髦的口号，而是他的生命活动。高老师的每篇文章，高老师的每部著作，不仅仅是他的深思熟虑的作品，更是一种抑制不住的渴求的产物。他要把他的思考告诉人们，他不写不快，他非写不可。高老师总结自己的为学经验，概括为两个字：笨想。他说，笨想，当然不是不读书，不是不积累文献资料，而是不能唯上唯书，不能人云亦云。在为《哲学通论》撰写的序言中，高老师发问：我们“为什么培养不出哲学家？我们并不缺乏哲学理论，并不缺少哲学知识，我们有许多哲学方面的‘专门家’、‘学问家’乃至‘理论家’，但出了多少能够表征我们时代精神、堪称真知灼见的‘思想’？我们有太多的‘有理论而无思想’的文章和书籍！”对于这种状况，先生的看法是，“长期以来我们已经习惯于这种照本宣科的研究方式、写作方式，眼睛只看着别人、看着古人、看着洋人，却忘记了还有个‘自我’、自我的头脑”。先生沉痛地发问：“连马克思的本来属于解放人们头脑的哲学我们也采取了这种‘灌输’的方式去束缚人们，我们怎能培养出哲学家来？”

先生关切的绝不仅仅是个人的命运，也不仅仅是哲学的命运，他是把个人的命运和哲学的命运，与国家的命运、民族的命运、人类的命运密切地联系在一起的，甚至可以说，他是从国家、民族和人类的命运出发来思考个人的命运和哲学的命运。在《理论的命运与中国的命运》一文中，先生立足于这样一种深切的思考：“人是按照事先经过思考的目标而行动的动物。如果说生物以其生命作为探索工具，因而往往要以大量个体的死亡为代价，有时还要甘冒整个种族灭亡的风险才能获得一种成功的生存模式；那么，人类高明之处就在于，它有一个思想实验室，能够运用理论为工具去实现生物必须由生命来完成的探索功能。”因此，理论的命运，哲学的命运，关系到国家的命运，民族的命运，乃至人类的命运。正是这种深沉的使命意识，铸就了先生的深沉的哲学思想。

五十多年来，特别是近二十多年来，先生矢志不渝地致力于哲学的理论创新，是因为他把哲学视为民族之魂，认为哲学标志着一个民族对自身自觉意识所达到的高度和深度，体现着一个民族的心智发育和成熟的水准；先生愈挫愈奋地致力于教科书改革，是因为他认为我们已经处在变革的时代，改革必须发动每一个能思想的头脑，调动一切人的主动性、积极性和创造性，而不能用千部一面的教科书来束缚人们的头脑和手脚；先生独树一帜地致力于创建类哲学，是因为他认为人是超越了“种”存在的“类”存在，而哲学则是这种独特的“类”存在的理论形态的自我意识，“哲学的奥秘在于人”，哲学的使命是解放人。

近二年，在与病魔抗争的日子里，先生的生命，先生的思想，迸发出了更加瑰丽的光芒，为我们写下了《中国传统哲学的思维特质及其价值》、《中华民族的未来发展需要有自己的哲学理论》。先生说：“中华民族的生命历程、生存命运和生存境遇具有我们的特殊性，我们的苦难和希望、伤痛和追求、挫折和梦想只有我们自己体会最深”，因此我们需要有自己的哲学理论。先生充满期待地对我们说，创造“当代中国哲学”，实质就是要创造中华民族的“思想自我”。“一个社会和民族要站起来”，“关键在于首先要在思想上站立起来”，“一个在思想上不能站立的民族”，“不可能真正成为主宰自己命运的主人”。这是先生求索终生的思想箴言，也是先生临终的思想嘱托。为中华民族的未来而创造属于我们自己的哲学，也许是对先生在天之灵的最好告慰。

先生在看着我们。

2004 年 10 月 18 日

中篇　哲学的视域

ZHONGPIAN
ZHEXUEDESHIYU

一　哲学是理论形态的世界观

哲学是一种从总体上把握世界的人类智慧。汉语的“哲学”一词源于古希腊文的“philosophia“，意思是“爱”（philem）和“智慧”（sophia），即“爱智”。古希腊哲学的集大成者亚里士多德把“爱智”的哲学定义为“寻求最高原因的基本原理”的学术，正是表达了从总体上把握世界的思想追求。汉语的“哲”字，为聪明、智慧之义。以“哲学”翻译“爱智”的学术，不仅恰切地表达了追求智慧的原义，而且深切地体现了中国哲学的丰厚内涵。中国哲学“究天人之际”而寻“宇宙万物之道”，体现了中华民族从总体上把握世界的人类智慧。

从总体上把握世界的人类智慧，是对人与世界关系的总体理解的智慧，即具有世界观性质的人类智慧。作为世界观的哲学，既是源于人类探索宇宙之谜的渴望，又是源于人类寻求历史谜底的渴望，也是源于人类求解人生之谜的渴望。

从总体上把握世界的哲学，首先是一种驰骋人类智慧、探索宇宙奥秘的渴望。人类面对千差万别、千变万化、无边无际、无始无终的茫茫宇宙，又面对着有生有死、有爱有恨、有聚有散、有得有失的有限人生，引发出对宇宙、人生的无限的追问和苦苦的求索。为探索宇宙、人生的奥秘而“寻求最高原因的基本原理”，由此便形成了追本溯源、寻根究底的哲学。

从总体上把握世界的哲学，又是一种求索历史的谜底和推进社会发展的渴望。人类的历史进程，充满着错综复杂的矛盾，理想的冲突与搏斗，社会的动荡与变革，历史的迂回与前进，绘制出人类自己创造自己，自己发展自己的扑朔迷离、色彩斑斓的画卷。政治理想问题、社会制度问题、伦理道德问题、价值观念问题，更为切近地激发着哲学的求索历史奥秘的“抑制不住的渴望”。

从总体上把握世界的哲学，也是一种求索人生意义和追求理想生活的渴望。社会人生纷繁复杂，利害、是非、祸福、毁誉、荣辱、进退，色彩斑斓、纷至沓来。求索人生的意义和阐发生活的价值，追求理想的生活和论证生活的理想，由此便构成“认识你自己”和“观照自己的心灵”的哲学。

从总体上把握世界的哲学，根源于人自身的实践的存在方式。人类改造世界的实践活动，是以关于世界的规律性认识为前提、并以人的目的性要求为动力的对象化活动。没有对人与世界关系的总体理解，就无法成功地改造世界以造福人类本身。因此，人类在自己的实践活动中，总是渴望获得对人与世界关系的总体性把握和根本性理解，由此便激发起一代又一代人的哲学思考。

从总体上把握世界的哲学智慧，在人类的思想史上经历了曲折的演变过程。由于历史的和知识的局限，哲学家们曾赋予哲学各种各样的非哲学的思想内容，给哲学下过众说纷纭、莫衷一是的定义。古代西方哲学曾把哲学视为包罗万象的“知识总汇”，近代西方哲学又把哲学视为凌驾于一切科学之上的“科学的科学”，现代西方哲学则把哲学归结为“语言分析”（分析哲学）、“科学的逻辑”（科学哲学）、“对理解的理解”（解释学）和“存在的意义”（存在主义）等等。

马克思主义哲学不是离开人类文明发展大道的宗派主义，恰恰相反，它是在批判地总结人类思想史的基础上，在近代工业革命、近代科学和无产阶级争取人类解放的历史条件下，继承和发扬了哲学作为“文明的活的灵魂”的世界观的理论特性，在哲学史上明确地把哲学规定为理论形态的世界观。马克思主义哲学从“现实的人及其历史发展”去看待人与世界的关系，以实践观点的思维方式阐释人对世界的否定性统一关系，以“人类解放”和实现“每个人的自由发展”为旨趣而展开“对现存的一切进行无情的批判”，实现了哲学史上的伟大革命。正是在标志马克思主义的哲学革命的意义上，恩格斯提出，马克思主义哲学作为“现代唯物主义”，已经根本不再是“哲学”，而只是“世界观”。[①] 也正是在强调马克思主义哲学的革命变革的意义上，马克思提出，“哲学家们只是用不同的方式解释世界，而问题在于改变世界”[②]。以“改变世界”为己任的世界观理论，既是马克思主义的哲学观，也是由这种哲学观所构成的马克思主义哲学。

① 《马克思恩格斯选集》第3卷，人民出版社1995年版，第481页。
② 《马克思恩格斯选集》第1卷，人民出版社1995年版，第61页。

二　哲学是人类把握世界的一种基本方式

作为世界观理论的哲学，是人类把握世界的一种基本方式。

人与世界的现实关系是极其丰富的。这既是因为世界具有无限的丰富性，也是因为人类具有把握世界的各种方式。以人类的实践活动为基础的人类把握世界的主要方式包括：宗教、艺术、常识、科学、哲学等等。从人的社会生活出发，具体地探讨哲学与人类把握世界的其他方式的相互关系，能够在比较中深化对作为世界观理论的哲学的理解。

哲学与宗教　在人类把握世界的各种方式中，哲学与宗教的关系是十分密切的。从“历时态”上看，世界哲学史的一个普遍现象就是哲学脱胎于原始宗教；从“同时态”上看，哲学和宗教是从总体上把握世界的两种“世界观”。正是这样“纵”、“横”两种关系，既显示了哲学与宗教之间的密切联系，也为我们从哲学与宗教的比较中理解哲学提供了必要的前提。

哲学与宗教都是理解和解释人与世界关系的“世界观”。人们在对宇宙、历史、人生的总体思考中，总是或者诉诸于宗教，或者诉诸于哲学，并且往往是在哲学与宗教的冲突中形成自己的世界观、历史观、人生观和价值观。

宗教的本质特征，在于对神的信仰。当人们感到对自然界异己的力量不能掌握并因而无法依赖时，便会转向对超自然的宗教世界的信仰和依赖。这正如马克思所说，“宗教是还没有获得自身或已经再度丧失自身的人的自我意识和自我感觉”[1]。宗教中的神圣形象，把各种各样的力量统一为至高无上的力量，把各种各样的智能统一为洞察一切的智能，把各种各样的情感统一为至大无外的情感，把各种各样的价值统一为至善至美的价值。这样，宗教中的神圣形象，就成为一切力量的源泉，一切智能的根据，一切情感的标准，一切价值的尺度，人从这种异在的神圣形象中获得存在的根本意义。这就是宗教所构成的“颠倒的世界观”。

哲学与宗教以不同的方式发挥其世界观功能。作为理论思维的哲学，主要是通过抽象思维的逻辑力量来表现它对人与世界关系的理解，宗教则不仅诉诸于抽象的理论，而且借助于各种直观的表象以及体制性的教规和仪式。哲学与宗教的根本区别，在于宗教的本质是对神的信仰，而哲学的特质则在于它的批判性的理性思考。在西方的近代哲学中，就形成了“先理性而后信仰、先自我而后上帝”的哲学批判精神。在马克思主义哲学中，则把哲学的思考更为鲜明地聚焦于“现实的人及其历史发展”，并提出“反宗教的斗争间接地就是反对以宗教为精神抚慰的那个世界的斗争”，“因此，真理的彼岸世界消逝以后，历史的任务就是确立此岸世界的真理。人的自我异化的神圣形象被揭穿以后，揭露具有非神圣形象的自我异化，就成了为历史服务的哲学的迫切任务”。[2]

哲学与艺术　哲学是人类把握世界的“理论方式”，艺术则是人类把握世界的“审美方式”。作为人类创造能力的特殊表现，哲学以理论方式为人类创造的是概念的世界，艺术则以审美的方式为人类创造形象的世界。哲学通过逻辑论证“以理服人”，艺术则通过艺术形象“以情感人”。哲学与艺术是人类把握世界的两种不同的基本方式。

---

① 《马克思恩格斯选集》第1卷，人民出版社1995年版，第1页。
② 同上，第2页。

以理论方式把握世界的哲学，与以艺术形象把握世界的艺术，又具有密切的相关性。艺术表现人类心灵的复杂性、丰富性和创造性，表现人与世界之间的丰富多彩的矛盾关系，表现人按照美的规律来塑造人和世界。哲学则把艺术活动作为反思的对象，揭示艺术所蕴含的人性的奥秘，论证艺术所表现的生活的意义与价值，阐发艺术所体现的人与世界之间的丰富关系，从而达到对世界与人生的深层把握。

哲学与常识 常识是人类把握世界的最基本的方式。它以人们的世世代代的共同经验为内容，构成人们的常识的世界图景、思维方式和价值规范。在常识的世界图景、思维方式和价值规范中，人们的经验世界得到最广泛的相互理解，人们的思想观念得到最普遍的相互沟通，人们的行为方式得到最直接的相互协调，人们的内心世界得到最便捷的自我认同。常识是一种经验层面的世界观，对人类的存在和发展具有重要的生存价值。但是，常识来源于经验，适用于经验，却不能超越经验。超越依附于经验的常识的思维方式，表现为以哲学和科学为基本方式的人类理论思维方式。

人类理论思维方式的形成，是以系统化的概念体系去描述和解释经验世界为标志的。它所表述的已不是既定的、直观的经验事实，而是用以解释经验事实的关于事物的本质、共性、规律、必然的认识，即是一种关于普遍必然性的知识。这种普遍必然性的知识，是关于超越经验对象的、并用以解释经验对象的知识，因而是一种源于经验、但又超越经验的知识。科学和哲学作为人类理论思维的两种基本方式，都具有这种超验的特性。

人类思维概括和解释的对象，不仅包括具体的事物，而且包括整体的世界。哲学思维就是从寻求对世界的统一性解释而萌发和形成的。哲学作为从总体上把握世界的理论思维方式，古代哲学就已经从寻求现实的因果关系而逐步地转向探寻世界的现象与本质的逻辑关系，把世界的统一性视为超越经验而为思维所把握的“本体”，从而使哲学具有“世界观”的特性。在超越经验常识的意义上理解哲学，是以哲学的方式把握世界的重要前提。

哲学与科学　科学和哲学是人类理论思维的两种基本方式。作为理论思维，哲学与科学具有高度的相关性和复杂的相似性；作为两种不同的理论思维方式，哲学与科学又表现为两个既相互区别又相互补充的思想维度。

科学思维和哲学思维是在超越神话思维方式和常识思维方式的过程中同步形成的。在相当长的时期内，科学还以未分化的形态而蕴含在哲学母体之中。哲学和科学的成熟过程，就是哲学和科学分化的过程，也就是科学从哲学母体中分化出来的过程。当科学尚在哲学母体的怀抱中，作为“知识总汇”的哲学还不可能明确地提出和探讨自己的基本问题——思维和存在的关系问题；随着科学逐步地从哲学母体分化出去，哲学则明确地把思维和存在的关系问题作为自己的基本问题，逐步地实现了从“知识总汇”向“世界观理论”的转变。

哲学和科学作为人类理论思维的两种不同方式，它们之间的重要区别在于：科学是人类运用理论思维能力和理论思维方法探索自然、社会和精神的奥秘，获得关于世界的规律性认识，并用以改造世界的活动。科学活动的本质是实现人类对世界的规律性把握，也就是实现“思维和存在”在规律层次上的统一；与科学活动不同，人类的哲学活动是反思“思维和存在的关系问题”，也就是把“思维和存在的关系”作为“问题”进行“反思”。在哲学的“反思”中，人类的科学活动及其理论成果成为被反思的对象。这表明，科学与哲学、科学的认知活动与哲学的反思活动，是人类理论思维的两种不同的基本方式，是人类思想的两个不同的基本维度，它们在人类的思想活动中是对立的统一。

哲学对科学的反思，一是对科学活动中的基础性问题的反思，即对科学活动中的主体与客体、主观与客观、经验与理性、直觉与逻辑、观察与理论、理解与解释、真理与价值等“思维和存在的关系问题”的反思，从而揭示科学活动中所蕴含的世界观、认识论和方法论问题；二是对科学研究成果的反思，提炼和升华科学成果的基本原理和基本范畴，总结和概括科学成果的世界观和方法论意义；三是对时代的科学精神的反思，通过对科学所蕴含的时代精神的总结和升华，使哲学真正成为“时代精神的精华”；四是对科学的社会功能的反思，揭示科学技术的二重性，使科学技术真正成为造福人类的活动。

对科学的哲学反思，不仅意味哲学对科学的超越，即把科学成果转化为哲学理论，而且意味哲学的自我超越，即随着科学的发展而变革哲学自身。恩格斯说，“随着自然科学领域中每一个划时代的发现，唯物主义也必然要改变自己的形式；而自从历史也得到唯物主义的解释以后，一条新的发展道路也在这里开辟出来了”。①

① 《马克思恩格斯选集》第4卷，人民出版社1995年版，第228页。

三　哲学的世界观与人生观

在人与世界的关系中，在人的认识和改造世界的对象性活动中，人类既要外向地探索外部世界的客观规律，又要内向地认识自我的本性。人们探索外部世界的客观规律，在最终的意义上，并不是为了解释和说明外部世界，而是为了掌握外部世界的客观规律来实现人自己的目的；人们认识自我的“本性”，从根本上说，也不是为了把玩或欣赏自己的奇异之处，而是为了合乎规律地实现自身的发展。人类的一切探索，包括哲学从总体上把握世界，都是为了人自身的发展而进行的探索。哲学的世界观，内在地包含着人生观。

人生观是关于人生问题的根本观点、根本看法。人究竟是怎样的存在，人究竟为什么活着，人活着有什么意义和价值，人怎样生活才有意义，都是人生观问题。它是在探讨人与世界的关系中，思考人自身的问题，思考人对生活的态度问题。世界观是人生观的理论基础，它给人生观提供一般观点和方法的指导；人生观是世界观的重要内容，是世界观在人生问题上的体现。哲学作为系统化的世界观，它内在地包含着对人与世界关系的理解，包含着对人和人生的理解，包含着关于人的本质和价值、人生的目的和理想，以及人的自我发展、自我创造和自我实现的哲学表达。

人生观的内容极为丰富，既包括对人的本质、人的存在方式、人的历史发展以及人生的意义和价值的根本性理解，又具体地表现为生死观、幸福观、理想观、荣辱观等。人是源于自然的存在，然而源于自然的人类又是超越自然的寻求自由的社会存在，人类的历史是从必然走向自由的历史；人是现实的存在，然而，现实的人却总是不满足和不满意于人的现实，总是要把现实变成人所希望和向往的现实，即把现实变成理想的现实；个人的生命是有限的存在，人却总是力图以某种追求去超越有限的人生，使生命显示其意义与价值。人是寻求意义的存在，人无法忍受无意义的生活。自由与必然、理想与现实、有限与无限的矛盾，燃烧起熊熊的人的生命之火，实现了人自身的发展。

人生观的突出问题，是个人与社会的关系问题。马克思说，“人的本质不是单个人所固有的抽象物，在其现实性上，它是一切社会关系的总和”①。个人与社会的关系，直观地表现为个人与家庭、集体、阶层、阶级、民族、国家和人类的关系，深层地表现为人的个体性与普遍性、独立性与依附性、个人利益与整体利益、个人的价值取向与社会的价值导向、个人的价值期待与社会的价值理想等矛盾关系。人生的意义与价值，正是在如何处理这些矛盾关系当中体现出来的。

作为世界观和人生观的哲学，它的基本功能之一是“使人作为人能够成为人”，也就是对“人”的培养和教育。“人”是必须培养的。这是因为，人并不只是生物学意义上的自然的存在，而且是社会学意义上的历史的存在。社会文明的历史发展，构成了人之为人的历史性内涵。由于人对历史文化的占有主要是通过“教育”而实现的，因此，教育始终承担着“使人作为人能够成为人”的使命。每个时代都不仅以教育的方式使个人掌握前人的经验、常识以及各种特殊的知识与技能，而且以教育的方式使个人掌握该时代的价值观念、道德规范和各种行为准则，以教育的方式使个体丰富自己的情感、陶冶自己的情操和开发自己的潜能，以教育的方式使个人树立人生的信念与理想，形成健全的人格。教育是个体向历史、社会和时代认同的基础，又是历史、社会和时代对个体认可的前提。哲学教育的意义在于，它激发个

① 《马克思恩格斯选集》第1卷，人民出版社1995年版，第56页。

体的求知欲望，拓宽个体的生活视野，撞击个体的理论思维，催化个体的生命体验，升华个体的人生境界。李大钊说，“哲学者，笼统地说，就是论理想的东西”。[①] 哲学理论熔铸着对人类生活的热爱，对人类命运的关切，对人类境遇的焦虑，对人类未来的期待。马克思主义哲学是关于现实的人及其历史发展的哲学，深刻地揭示了人的存在方式、人与世界关系的本质、人类历史发展的规律和争取人类解放的崇高理想，为人们正确理解和处理个人与社会、理想与现实的关系，选择正确的人生道路和实现人生的价值，提供了科学的世界观和人生观。学习马克思主义哲学，能够帮助人们形成正确的世界观和人生观，从而把人培养成“人”——有理想，有道德，有教养的“大写”的人。

① 《李大钊文集》，人民出版社 1984 年版，第 345 页。

四　哲学的主要特性

哲学的根本特性，是运用理论思维从总体上把握世界的世界观性质。正是这个根本特性，把哲学与人类把握世界的其他方式——宗教、艺术、常识和科学——区别开来，并使哲学具有反思的和批判的、阶级的和民族的、历史的和时代的主要特性。

哲学的反思性　作为世界观理论的哲学，它的基本问题是思维和存在的关系问题。对思维和存在关系的反思是哲学思维的基本特点。“反思”，是思维对存在的一种特殊关系。思维对存在的“反思”关系，就是思维把“思维和存在的关系”作为“问题”（对象）来思考。思维对存在的这种“反思”关系，构成人类思想的哲学维度。

思维与存在之间具有无限丰富的矛盾关系。人类以常识、宗教、艺术和科学等各种方式把握世界，从而构成思维与存在之间的经验的、幻想的、直觉的、体悟的、审美的、逻辑的等等无限丰富的矛盾关系。但是，从人类思想的“维度”上看，“思维与存在的关系”却可以归结为两个最基本的“维度”：一是构成思想的维度，也就是思维以人的认识活动和实践活动为中介而实现的思维与存在相统一的维度；二是反思思想的维度，也就是思想以自身为中介所实现的把“思维和存在的关系”作为“问题”而予以“反思”的维度。“反思思想”，是人类把关于世界的“思想”作为对象，去追问思维和存在统一的根据，去考察断定思维与存在相统一的标准，去揭示思维与存在之间的更深层次的矛盾，从而实现人类思想在逻辑层次上的跃迁。哲学是作为人类思想的反思活动而存在和发展的。

哲学作为人类思想的“反思”的维度，深深地植根于人类的存在方式即实践活动之中。人类作为改造世界的实践—认识主体，其全部活动的指向和价值，在于使世界满足人类自身的需要，把世界变成对人来说是真、善、美相统一的世界。因此，具有理论思维能力的人类，不仅仅是把思维和存在的统一当做“理论思维的不自觉的和无条件的前提”，去探索自然的、社会的和人生的奥秘，而且总是对“前提”本身提出质疑，力图在最深刻的层次上把握人及其思维与世界的内在统一性，并以人类所把握到的统一性去解释人类经验中的一切事物和规范人类的全部行为。哲学的特殊性质就在于，它是人类的这种最深层的渴望与追求的理论表达；哲学的独特价值就在于，它在反思理论思维前提的进程中，使人类不断地深化对思维和存在关系问题的认识，从而不断地更新人类的思维方式、价值观念和审美意识，并引导人类现实地变革自己的生存状态和生活方式，实现人自身的全面发展。

在哲学史上，哲学的反思表现为多种方式。马克思主义哲学是一种实践论的反思方式。所谓实践论的反思方式，就是从人的思维的最本质最切近的基础——实践——出发，揭示思维与存在、人与世界之间的矛盾关系，从而达到对思维与存在、人与世界之间关系的辩证理解。人是世界上最奇异的存在：人是现实的存在，又是理想性的、未完成的存在；人是感性的存在，又是理性的存在，人的感性与理性永远处于矛盾之中；人是个体的存在，又是人类的一员，个体的小我与作为人类的大我总是处于矛盾之中；人们自己创造自己的历史，历史又具有不以个人意志为转移的客观规律；如此等等。实践论的反思，正是以人的这种实践的存在方式为基础，揭示人的理想与现实、个体与社会、自由与必然的矛盾，从而深化人对自身存在方式的理解，对人与世界关系的理解，成为指导人类认识世界和改造世界的科学的世界观。

哲学的批判性　哲学反思是把思维和存在的关系作为问题而予以

追究和审查的思考方式，因而本质上是批判的。批判是人类特有的活动方式，它包括观念形态的精神批判和物质形态的实践批判这两大批判形态或批判方式。哲学的反思活动是一种观念形态的精神批判活动，它直接表现为对思想的批判。

哲学的反思是对思想的特定层次，即思想的前提进行批判的反思活动。在哲学的意义上，思想的前提是构成思想的根据、推演思想的支点、评价思想的尺度和检验思想的标准。对思想的前提进行批判，也就是对思想的根据、支点、尺度和标准进行批判。哲学批判所要实现的，是整个思想的逻辑层次的跃迁，也就是实现人类的思维方式、价值观念、审美意识和终极关怀的变革。哲学的反思具有前提批判的性质。这种前提批判使得哲学追问具有了开放性、无限性特质，充分体现了哲学是对智慧的追求与热爱的本性。

关于哲学的批判本性，古今中外的哲学家都予以高度重视和进行深切的思考。德国古典哲学奠基人康德，把哲学视为一种“清理地基”的工作，认为“哲学家的事业”就是对“自明性的东西”进行分析。法兰克福学派的主要代表人物霍克海默提出，“哲学的真正社会功能在于它对流行的东西进行批判”，“无论科学概念还是生活方式，无论流行的思维方式还是流行的原则规范，我们都不应盲目接受，更不能不加批判地仿效。哲学反对盲目地抱守传统和在生存的关键性问题上的退缩”。[①] 英国现代哲学家I. 伯林提出：“如果不对假定的前提进行检验，将它们束之高阁，社会就会陷入僵化，信仰就会变成教条，想象就会变得呆滞，智慧就会陷入贫乏。社会如果躺在无人质疑的教条的温床上睡大觉，就有可能会渐渐烂掉。要激励想象，运用智慧，防止精神生活陷入贫瘠，要使对真理的追求（或者对正义的追求，对自我实现的追求）持之以恒，就必须对假设质疑，向前提挑战，至少应做

① 麦克斯·霍克海默：《批判理论》，重庆出版社1989年版，第250页。

到足以推动社会前进的水平。”[1] 哲学的批判本性，集中地体现为辩证法的批判本质。马克思说，辩证法“在对现存事物的肯定的理解中同时包含对现存事物的否定的理解，即对现存事物的必然灭亡的理解；辩证法对每一种既成的形式都是从不断的运动中，因而也是从它的暂时性方面去理解；辩证法不崇拜任何东西，按其本质来说，它是批判的和革命的。”[2]

哲学的民族性　民族，是指在历史上形成的具有共同语言、共同地域、共同经济生活以及共同文化、共同心理素质的稳定的人群共同体。民族的存在与发展，是同民族传统的延续与继承密不可分的。共同的民族语言“储存”了共同的历史与文化，从而“储存”了具有民族性的共同经验、思维方式、价值观念、审美情趣和终极关怀，并形成了相应的宗教传统、道德传统、艺术传统和哲学传统。“世界是一座丰富多彩的艺术殿堂，各国人民创造的独特文化都是这座殿堂里的瑰宝。一个民族的文化，往往凝聚着这个民族对世界和生命的历史认知和现实感受，也往往积淀着这个民族最深层的精神追求和行为准则。”[3]

哲学的民族特色，集中地表现在各个民族的哲学所探索的具有民族特色的哲学问题之中。对哲学问题的概括和总结，结晶为特定的哲学范畴；对哲学问题的系统论证及由此构成的特定的哲学范畴体系，则构成具有民族特色的哲学理论体系。哲学的民族性是个性，民族性的哲学体系中所包含的普遍性问题，如本体论、认识论、人生观、价值观等等，则是哲学的共性。真正伟大的哲学思想是以民族性的个性揭示出普遍性的哲学问题。正是在这个意义上，一个民族的哲学，越是民族的，也越是世界的。

---

① 布莱恩·麦基编：《思想家——当代哲学的创造者们》，三联书店 1987 年版，第 4 页。

② 《马克思恩格斯选集》第 2 卷，人民出版社 1995 年版，第 112 页。

③ 2006 年 4 月 21 日胡锦涛在美国耶鲁大学的演讲。

哲学的阶级性 在阶级社会中，作为意识形态的哲学，总是具有阶级的特性。“统治阶级的思想在每一时代都是占统治地位的思想。这就是说，一个阶级是社会上占统治地位的物质力量，同时也是社会上占统治地位的精神力量。”[①] “在阶级社会中，每一个人都在一定的阶级地位中生活，各种思想无不打上阶级的烙印”[②] 迄今为止的哲学史，无论是古代哲学和近代哲学，还是现、当代哲学，任何一种哲学学说都不可避免地具有阶级性。

马克思主义哲学的显著特征之一，在于它公开地声明自己的阶级性。“旧唯物主义的立脚点是市民社会，新唯物主义的立脚点则是人类社会或社会的人类。”[③] 马克思主义哲学是争取无产阶级和人类解放的哲学，是“改造世界”的哲学。没有变革现实的需要，就不会产生哲学的变革；而没有哲学变革，就不可能有指导变革现实的变革的哲学。在马克思主义哲学中，哲学的变革与变革的哲学是统一的。

哲学的历史性 任何一种真正的哲学理论，都是人类认识史的结晶，都是积淀着人类智慧的理论成果。哲学发展的最基本的逻辑，就在于哲学是一种历史性的思想，而哲学史则是思想性的历史。哲学问题总是自我相关、自我缠绕的。哲学中的“老问题”以胚芽的形态蕴含着新问题，哲学中的“新问题”则以成熟的形态展开了老问题。正是这种新、老问题的自我相关和自我缠绕，使哲学史构成了一系列螺旋式上升的圆圈。

任何真正的哲学都以特定的历史尺度批判地考察全部哲学史，吸收哲学史的全部积极成果，揭露先前哲学所蕴含的内在矛盾，发现先前哲学所遇到的真实的理论困难，从而以解决这种理论困难的方式去

① 《马克思恩格斯选集》第1卷，人民出版社1995年版，第98页。
② 《毛泽东选集》第1卷，人民出版社1991年版，第283页。
③ 《马克思恩格斯选集》第1卷，人民出版社1995年版，第57页。

推进哲学的发展。列宁曾以描述哲学史上的“圆圈”的方式，刻画了哲学的这种历史性和时代性特征。哲学史上的“一串圆圈”，表现的是哲学的批判继承关系，也就是由哲学的新问题与老问题的自我相关和自我缠绕所决定的“向上兼容”的关系。在论述黑格尔哲学时，恩格斯曾经一再强调地指出，黑格尔的辩证法理论是以最宏伟的形式总结了全部哲学发展，黑格尔的每个范畴都是哲学史上的一个阶段。同样，列宁也强调地指出，黑格尔的辩证法是思想史的概括，黑格尔是把他的概念、范畴的自己发展和全部哲学史联系起来了。作为科学的世界观理论的马克思主义哲学，更是在批判地总结全部人类思想史的基础上形成的。

哲学的时代性　哲学从来不是超然于世界之外的玄思和遐想，而是“思想中所把握到的时代”。这表明了哲学与现实的不可割裂的密切关系。人们只有从时代的历史性特征及其历史性转换出发，才能理解哲学的理论内容及其历史演化。美国出版的“导师哲学家丛书”，曾以下列标题来表征中世纪以来的各个时代的哲学：“信仰的时代”（中世纪哲学）；“冒险的时代”（文艺复兴时期的哲学）；“理性的时代”（17世纪哲学）；“启蒙的时代”（18 世纪哲学）；“思想体系的时代”（19世纪哲学）；“分析的时代”（20 世纪哲学）。不管这种概括恰当与否，但它确实显示了哲学的时代性特征。

任何真正的哲学，都必须捕捉到自己时代的迫切问题，必须把自己时代的迫切问题作为哲学思考的聚焦点。“问题是时代的格言，是表现时代自己内心状态的最实际的呼声。”① 每个时代都有自己的迫切问题；只有准确地捕捉和深刻地回答自己时代的迫切问题的哲学，才能够成为“自己时代的精神上的精华”。②

---

① 《马克思恩格斯全集》第 1 卷，人民出版社 1995 年版，第 203 页。

② 同上，第 220 页。

五　马克思主义哲学及其当代课题

诞生于19世纪中叶的马克思主义哲学，是由卡尔·马克思和弗里德里希·恩格斯共同创立，并以马克思的名字命名的。马克思主义哲学的诞生，是哲学史上的一次最伟大的革命变革，标志着人类哲学思维的发展进入了一个崭新阶段。

任何一种真正的哲学，既是同它的创建者的个人智慧和追求目标密不可分的，又是同这种哲学赖以产生的历史条件和时代要求息息相关的。马克思和恩格斯为之奋斗终生的崇高目标是人类自身的解放，他们所创建的马克思主义是关于人类解放的学说。马克思和恩格斯的崇高目标及其所创建的学说，是人类文明史的必然产物，也是时代精神的集中体现。

19世纪40年代，欧洲资本主义已进入了成熟阶段，并以其成熟的资本主义生产方式而孕育了成熟的无产阶级，因而为人类追求和实现自身解放提供了现实条件。与此同时，18世纪末到19世纪初的自然科学已经从分门别类地“搜集材料”的科学而发展为系统地“整理材料”的科学，从而为辩证地理解自然、历史和思维的运动过程提供了科学前提。与此同时，当时已获得的哲学社会科学成果，又为马克思主义哲学的诞生提供了理论前提。作为资本主义生产关系理论的英国古典政治经济学，英、法两国思想家所提出的空想社会主义学说，特别直接的是18世纪末到19世纪初的德国古典哲学，其中最为重要的是黑格尔的辩证法和费尔巴哈的唯物主义，构成了马克思主义哲学的理论来源。

关于马克思主义哲学，人们通常是以“辩证唯物主义和历史唯物主义”予以表述，并在通常的哲学原理教科书中把它叙述为唯物论、辩证法、认识论和历史观四个方面的理论内容。在这种表述中，主要包含两层含义：其一，马克思主义哲学是“辩证唯物主义”，既不是唯心主义哲学（包括辩证唯心主义哲学），也不是旧唯物主义哲学。在这种理解中，既是从唯物主义的历史发展来界说马克思主义哲学，也是从辩证法的历史发展来界说马克思主义哲学。就唯物主义的历史发展说，马克思主义哲学是超越了古代的素朴的唯物主义和近代的形而上学唯物主义的“辩证唯物主义”；就辩证法的历史发展说，马克思主义哲学是超越了古代的素朴的辩证法和近代的唯心主义辩证法的“辩证唯物主义”。其二，“历史唯物主义”是“辩证唯物主义”在社会历史领域的“推广和应用”，也就是运用辩证唯物主义的基本原理去解释和说明社会历史。在这种理解中，既是要求人们以唯物主义的观点去解释历史，也就是以社会存在去解释社会意识；又是要求人们用辩证法的观点去解释历史，也就是辩证地看待社会存在与社会意识、历史发展过程与人的创造活动等等的相互关系。对于这种解释，近30年来学界提出一系列新的见解。

改革开放以来，在当代中国的哲学改革中，哲学界提出以“实践唯物主义”来表述马克思主义哲学。这个提法源于马克思恩格斯在《德意志意识形态》中的一段论述：“对实践的唯物主义者即共产主义者说来，全部问题都在于使现存世界革命化，实际地反对并改变现存的事物。”① 对此，学术界有不同的理解。一种理解认为，马克思恩格斯在这里把他们所创立的哲学概括为“实践唯物主义”；另一种理解则认为，马克思恩格斯在这里所讲的是“实践的唯物主义者”，而不是“实践唯物主义”；还有一种理解认为，用“实践唯物主义”来概括和

① 《马克思恩格斯选集》第1卷，人民出版社1995年版，第75页。

称谓马克思主义哲学，是对马克思恩格斯关于“实践的唯物主义者”思想的正确引申，符合马克思主义哲学的基本观点。

实践唯物主义首先是突出了马克思主义哲学的根本特性即实践性。实践观贯穿于马克思主义哲学的各个环节，离开了实践观，就无法理解马克思和恩格斯在哲学史上所实现的革命性变革。马克思写于1845年春的《关于费尔巴哈的提纲》，被恩格斯称为包含天才世界观萌芽的第一个宝贵文件。它凝聚着马克思对全部哲学史的高度概括性总结，熔铸着马克思对哲学本身的深切反思，表达了马克思对全部旧哲学的根本性批评，显露出马克思的哲学革命的标志性特征——“实践的转向”。

马克思的这个哲学论纲是从批判全部旧哲学——旧唯物主义和唯心主义——出发的。马克思说：“从前的一切唯物主义——包括费尔巴哈的唯物主义——的主要缺点是：对对象、现实、感性，只是从客体的或者直观的形式去理解，而不是把它们当做人的感性活动，当做实践去理解，不是从主体方面去理解。因此，结果竟是这样，和唯物主义相反，唯心主义却发展了能动的方面，但只是抽象地发展了，因为唯心主义当然是不知道现实的、感性的活动本身的。”① 在这段简洁精辟的文字中，马克思既尖锐地指出了旧唯物主义的“主要缺点”，又深刻地揭露了唯心主义“抽象地发展了”能动的方面的本质。而这二者的共同之处，则在于它们都不懂得“革命的”、“实践批判的”意义。

在《关于费尔巴哈的提纲》中，马克思从下述几个方面明确地区分了新唯物主义与旧唯物主义（直接的是费尔巴哈的唯物主义）：费尔巴哈致力于把宗教世界归结于它的世俗基础，新唯物主义则致力于在实践中使世俗基础革命化；费尔巴哈不满意抽象的思维而诉诸感性的直观，新唯物主义则把“感性”理解为实践的、人类感性的活动；费

① 《马克思恩格斯选集》第1卷，人民出版社1995年版，第58页。

尔巴哈把人看做是单个人所固有的抽象物，新唯物主义则把“人”理解为属于一定社会形式的、进行实践活动的人；旧唯物主义的立脚点是“市民”社会，新唯物主义的立脚点则是“人类社会”或“社会化了的人类”；包括旧唯物主义在内的全部旧哲学只是用不同的方式解释世界，新唯物主义的历史使命则是改变世界。以上的对比可以使我们非常清楚地看到，从实践的观点去理解人及其与世界的关系，并通过人的实践现实地改变世界，是马克思的哲学论纲的精髓，也是马克思在哲学史上所实现的“实践的转向”。

任何一种真正的哲学，都是自己时代的“时代精神的精华”，都必须回答自己时代的最重大的理论和现实问题，必须把自己时代的迫切问题作为哲学思想的聚焦点。马克思主义哲学是“自己的时代、自己的人民的产物”，是“同自己时代的现实接触并相互作用”的哲学。人民所关切的时代性问题，就是马克思主义哲学的时代性课题。

我们时代的哲学课题，首先是当今时代的主题。所谓时代主题，是指在一定历史时期内，由世界主要矛盾所决定，反映世界基本特征并对世界形势的发展具有全局性影响和战略性意义的问题。1985 年，邓小平指出：“现在世界上真正大的问题，带全球性的战略问题，一个是和平问题，一个是经济问题或者说发展问题。和平问题是东西问题，发展问题是南北问题。概括起来，就是东西南北四个字。南北问题是核心问题。”① 进入新世纪后，和平与发展仍是当今世界的主题。在哲学层面探讨当今时代的主题，从而深切地反思当代人类的存在状态与未来命运，是马克思主义哲学研究的重大理论课题。

每个时代的时代精神，都在不同的程度上表现为该时代的科学精神。科学是一种体现人类智力最高成就的人类活动，科学精神是在科

① 《和平和发展是当代世界的两大问题》，《邓小平文选》第 3 卷，人民出版社 1993 年版，第 105 页。

学活动中凝聚和升华了的人类精神。我们时代的另一个重大的哲学课题，是探索21世纪的科学精神以及新技术革命与当代人类的生存方式和思维方式的变革。

在人类文明的不同历史时代，科学精神具有不同的内容和不同的形式。在总结和概括科学和哲学的发展史的基础上，恩格斯提出："在希腊人那里是天才的直觉的东西，在我们这里则是严格科学的以实验为依据的研究的结果，因而其形式更加明确得多。"① 文艺复兴时期是恩格斯所说的"需要巨人而且产生了巨人"的时代，是科学的求真求实精神在近代重新开启的时代；17世纪是近代实验科学兴起、科学理性逐渐扩展和深化的时代；18世纪是逐渐盛行的崇尚理性力量的时代；19世纪是恩格斯所说的由"搜集材料"的科学转向"整理材料"的科学，也就是建立各门科学的概念发展体系的时代；20世纪则是在现代科学既高度分化又高度整体化的背景下，科学迅猛发展和自我反思的时代。

当代科学技术的最显著的特点，是它的发展呈指数增长的趋势。20世纪60年代以来人类所取得的科技成果的数量，比过去的两千余年的总和还要多。人类的科技知识，19世纪是每50年增加1倍，20世纪中叶是每10年增加1倍，当前则是每3年至5年增加1倍。在当代科学技术的发展呈指数增长的过程中，科学的分支化与整体化同步展开。研究的完整性，研究对象的多学科性，学科的多对象性，科学研究的信息化，成为当代科学研究的认识论特征。与此相适应，"当代科学技术发展形成的思维方式的特点是：从绝对走向相对；从单义性走向多义性；从精确走向模糊；从因果性走向偶然性；从确定走向不确定；从可逆性走向不可逆性；从分析方法走向系统方法；从定域论走向场

① 《马克思恩格斯选集》第4卷，人民出版社1995年版，第271页。

论；从时空分离走向时空统一”①。当代科学的认识论特征，以及与此相适应的思维方式的变革，意味着当代的科学精神发生了重大变化，从而也意味着由这种科学精神所表征的时代精神发生了深刻的变化。当代的科学精神，虽然蕴含着一般的求真精神、求实精神、批判精神和创造精神，但它更明显地具有真正的激励批判与创造的精神，更明显地具有真正地从人的实践活动及其历史发展的观点去看待人所理解的世界的历史意识。我们应当以当代的科学精神丰富和发展马克思主义哲学的世界观理论。

当代人类面对的突出的重大问题之一，是重新理解与协调人与自然的关系问题。这是当代的生态破坏、环境污染、资源枯竭向人类提出的严峻问题，也是当代哲学的重要课题。

作为世界观理论的哲学，一向是把人与自然的关系作为自己的重大问题。德国古典哲学的奠基人康德提出，世界上有两种东西让我们深深敬畏，这就是我们头顶的星空和心中的道德律。对宇宙星空怀抱虔诚的敬畏之心，对生生不息的大自然充满由衷的敬意，与我们休养生息的大自然亲近、融合，在与自然的融合中焕发出人的全部生命力，培育起热爱生命、热爱自然，与大自然和谐相处的内在情感，才能真正实现可持续发展。恩格斯早就指出：“我们不要过分陶醉于我们人类对自然界的胜利。对于每一次这样的胜利，自然界都对我们进行报复。每一次胜利，起初确实取得了我们预期的结果，但是往后和再往后却发生完全不同的、出乎预料的影响，常常把最初的结果又消除了。”②破坏人类赖以生存的家园，就必然威胁人类自身的生存与发展。在哲学层面上深刻理解科学发展观，实现人与自然的和谐相处，实现人类

① 宋健主编：《现代科学技术基础知识》，科学出版社和中共中央党校出版社 1994 年版，第 48 页。

② 《马克思恩格斯选集》第 4 卷，人民出版社 1995 年版，第 383 页。

社会的可持续发展，是当代人类面对的重大哲学课题。

任何真正的哲学，它作为“自己时代精神的精华”，并非仅仅是“反映和表达”时代精神，而且尤为重要的是“塑造和引导”新的时代精神。这集中地体现了哲学的批判性和理想性，特别是马克思主义哲学的批判精神和理想追求。深刻反思当代人类的生存方式，在世界观层次推进人类对人自身的全面发展的理想追求，是我们时代的重大的哲学课题。

在传统社会中，人类存在方式的根本特征是马克思所概括的“人对人的依附性”。哲学作为理论形态的人类自我意识，传统哲学表征了自然经济中的人对人的“依附性”的存在方式，即以“绝对真理”的化身而表征着人对神化了的权威的“依附性”。在两极对立的思维方式中，寻求某种绝对的、终极的真理性认识，即关于支配宇宙的最普遍原则的知识，从而把哲学视为“绝对之真”、“至上之善”和“最高之美”，是全部传统哲学的共同特征。近代哲学的深厚的生活根基，在于它所表征的是人类社会由自然经济向市场经济的转换、人的存在方式由“人对人的依附性”到“以物的依赖性为基础的人的独立性”的转换。“市场经济”的这种基本要求和基本原则的理论表达，构成了近代哲学的基本特征和历史任务，这就是从理论上论证“以物的依赖性为基础的人的独立性”的合理性。但是，人的这种存在方式具有显著的二重性：与自然经济相比，市场经济使人的存在方式由“人对人的依附性”转变为“人的独立性”，这是人类存在方式的历史进步；然而，市场经济中的“人的独立性”，只能是“以物的依赖性为基础”，因而这又只是由“人的依赖关系”转变为“物的依赖关系”，并没有真正实现“人的独立性”。近代哲学以理论的方式表征这种“以物的依赖性为基础的人的独立性”的存在方式，就不能不具有显著的理论的二重性：既以“自由”的原则表征“人的独立性”，又以“绝对”的理念表征“对物的依赖”关系。

马克思从“现实的人及其历史发展”出发，抛弃了关于合乎“人的本性”的社会条件的议论，考察和揭示人类历史的现实基础，从而在社会有机体众多因素的交互作用中，在社会形态曲折发展的历史进程中，在社会意识相对独立的历史更替中，发现了生产力的最终的决定作用，从而揭示了人类社会发展的客观规律。马克思提出，人类的存在表现为三大历史形态，即“人的依赖关系”、“以物的依赖性为基础的人的独立性”和“建立在个人全面发展和他们共同的社会生产能力成为他们的社会财富这一基础上的自由个性”。[①] 在“以物的依赖性为基础的人的独立性”的历史形态中，虽然个人摆脱了人身依附关系而获得了“独立性”，但这种“独立性”却是“以物的依赖性为基础”的，人在对“物的依赖性”中“再度丧失了自己”，因此哲学的现代使命就跃迁为对“非神圣形象”（物）的批判。马克思把哲学的批判首先指向黑格尔的“无人身的理性”，使现实的关系从抽象的观念中显现出来，又从哲学批判转向政治经济学批判，使人与人的关系从物与物的关系中显现出来。这样，马克思的“批判的武器”，就明确地承担起把人从“抽象”的“普遍理性”中解放出来的使命，承担起把人从“物”的普遍统治中解放出来的使命，把人从“资本”的普遍统治中解放出来的使命，承担起把“资本”的独立性和个性变为人的独立性和个性的使命。争取人类解放和实现每个人的全面而自由的发展，这是我们时代的最根本的哲学课题，也是马克思主义哲学的最根本的当代价值。

马克思主义哲学中国化，是一项重大的时代性的课题。20 世纪以来，马克思主义哲学在中国的传播过程，也是马克思主义哲学与中国传统哲学在新的历史时代相结合，创建具有中国特色、气派和风格的当代中国马克思主义哲学的过程。这一过程，既是中国传统哲学进行

① 《马克思恩格斯全集》第 30 卷，人民出版社 1995 年版，第 107—108 页。

自我革命，适应新的时代，获得新的生命力的过程，也是马克思主义哲学与中国的现实实际相结合，与中国传统的哲学、文化等历史实际相结合，使自己具有中国的内容、中国的作风和中国的气派的过程。马克思主义哲学与中国哲学相结合的实质是：在马克思主义哲学基本精神的指导下，立足当代中国和世界的现实，对中国哲学进行总结和概括，继承和发扬中国哲学的优秀遗产，形成中国化的马克思主义哲学。中国化的马克思主义哲学所包含的对中国哲学的总结和概括，主要是体现在：一是对中国哲学基本精神的继承和发展；二是对中国传统哲学中与马克思主义哲学相通、相似的内容的吸取和发挥；三是对中国哲学中特有的而马克思主义哲学鲜有论及、甚至无有论及的合理思想、命题和概念的吸取和改造；四是从中国先秦以来的各种哲学流派、各种哲学学说中吸取合理的有价值的内容；五是总结和吸取中国哲学发展的经验教训。

以马克思主义为理论基础的社会主义运动，是争取人类解放和实现人的全面发展的伟大事业。反思社会主义的历史命运，探索中国特色的社会主义道路，是当代最重大的现实问题，因而也是我们时代的最现实的哲学课题。

社会主义运动不是“少数人的或者为少数人谋利益的运动”，而是“绝大多数人的，为绝大多数人谋利益的独立的运动”。① 代表最广大人民群众的根本利益，为最广大人民群众的根本利益而奋斗，是全部马克思主义学说的灵魂，是社会主义运动的实质。历史上的各种哲学，它们可以对现实不满、对现实进行批判，但没有一种是为创立新的世界而奋斗的哲学，因而只能是“解释世界”的哲学。马克思主义哲学的世界观当然具有科学地解释世界的功能，但更重要的是它实际改变世界的功能。马克思和恩格斯说：“对实践的唯物主义者即共产主义者

① 《马克思恩格斯选集》第1卷，人民出版社1995年版，第283页。

来说，全部问题都在于使现存世界革命化，实际地反对并改变现存的事物。”① “共产主义对我们来说不是应当确立的状况，不是现实应当与之相适应的理想。我们所称为共产主义的是那种消灭现存状况的现实的运动。”②

源于现实的哲学问题是最有生命力的哲学问题，探索现实问题的哲学是最具有生命力的哲学。以当代中国的马克思主义哲学研究和回答我们时代的哲学课题，这是时代赋予我们的历史使命。

① 《马克思恩格斯选集》第 1 卷，人民出版社 1995 年版，第 75 页。
② 同上，第 87 页。

六　中国哲学及其特色、气派和风格

中国哲学是独立于欧洲及其他文明国家自行发展的，形成了中国哲学的独特风格和特有的概念体系与表达方式，因而与西方哲学和印度哲学并称世界哲学的三大体系。

中国哲学大致产生于夏商周三代，成形于春秋末期，战国时代已出现百家争鸣的繁荣局面。在中国哲学的历史发展中，大致可以区分为先秦子学、两汉经学、魏晋玄学、隋唐佛学、宋明理学、明清实学、近代新学等主要阶段。“五四”运动以来的中国，马克思主义哲学以其不可遏止的生机而传播于中国，形形色色的西方哲学思潮如放闸之水而流行于学界，中国传统哲学则在时代的巨变中而被重新阐扬。社会生活的空前震荡，国家民族的救亡图存，中西文化的猛烈撞击，新旧学术的砥砺契合，由此便构成了思路各异、学派纷呈、各具规模、论战迭起的现代中国哲学。20 世纪 80 年代以来，在当代中国改革开放、建设中国特色的社会主义的伟大历史进程中，当代中国哲学承担起了推进社会的解放思想与实现哲学的思想解放的双重使命，实现了当代中国哲学的繁荣与发展。

中华民族是富于哲学智慧的民族。日本学者西周泽西名“爱智”（philosophia）为“哲学”，显然是利用了中国表达智慧的“哲”字。然而，“哲学”虽为“爱智”之学的译名，“中国哲学”的“哲学”却不能完全在西方的“爱智”的原义上去理解。中国哲学亦称形而上学，“形而上学”，语出《易·系辞》：“形而上者谓之道，形而下者谓之器”，由此区分了形上与形下，道与器。就《易传》而言，形而上学乃天地、阴阳、动静之学，亦即宇宙万物之道。道是中国哲学的终极性范畴，也是中国人所追求的终极境界。中国哲学以“究天人之际”为要务，是以天人关系来表达思存、主客这一哲学主题的。但天人问题并不等同于思存、主客问题，它具有丰富的内涵和独特的理论意义，因而没有造成思存、主客的分裂与对峙。哲学以宇宙人生为主要对象，中外哲学概莫能外。而中国哲学却着力于人生的探索。但中国哲学不是孤立地研究人，而是在天人之际追寻人之为人的根据，所以人孤立起来看并不是哲学范畴，要想使人进入哲学的思考系，必须使它升华，追寻人人之人，非个人之人。中国哲学讲求“身以载道”，他自身就是他的哲学的实践者，不论儒、道、释所追求的仁、道、真如有何不同，皆能与道同体，达一最高境界。因而中国哲学之本体，不是脱离人生的孤立自存的抽象物，乃人生道德修炼之所得。

关于中国哲学，著名哲学家冯友兰先生有过多方面的系统论述。探索这些论述，可以帮助我们体会“中国哲学的精神”。冯友兰认为，“哲学在中国文化中所占的地位，历来可以与宗教在其他文化中的地位相比”,[①] 因而哲学一直是中国人的“安身立命之本”。他具体地指出，中国人“不是宗教的，因为他们都是哲学的。他们在哲学里满足了他们对超乎现世的追求。他们也在哲学里表达了、欣赏了超道德价值，而按照哲学去生活，也就体验了这些超道德价值”[②]。由此他还进一步提出：“通过哲学而熟悉的更高价值，比通过宗教而获得的更高价值，甚至要纯粹得多，因为后者混杂着想象和迷信。在未来的世界，人类将要以哲学代宗教，这是与中国传统相合的。人不一定应当是宗教的，但是他一定应当是哲学的。”[③]

① 冯友兰：《中国哲学简史》，北京大学出版社 1996 年版，第 1 页。
② 同上，第 4 页。
③ 同上，第 5 页。

对于这种人所应是的“哲学”，冯友兰解释说：“照中国的传统，研究哲学不是一种职业。每个人都要学哲学，正像西方人都要进教堂。学哲学的目的，是使人作为人能够成为人，而不是成为某种人。其他的学习（不是学哲学）是使人能够成为某种人，即有一定职业的人。”[①] 在这里，冯友兰提出了关于哲学（实际上不只是中国哲学）的一种极为重要的理解，即：哲学是“使人作为人能够成为人”，而其他的学习则是“使人能够成为某种人”。

正是基于哲学是“使人作为人能够成为人”的理解，冯友兰提出，“哲学的主题是内圣外王之道，所以学哲学不单是要获得这种知识，而且要养成这种人格”。为此，他引证另一名著名哲学家金岳霖的话说，中国的哲学家必须是“知识和德行在他身上统一而不可分。他的哲学需要他生活于其中；他自己以身载道。遵守他的哲学信念而生活，这是他的哲学组成部分。……对于他，哲学从来就不只是为人类认识摆设的观念模式，而是内在于他的行动的箴言体系；在极端的情况下，他的哲学简直可以说是他的传记”。[②]

冯友兰认为，这种与人生合而为一的哲学，是“既入世而又出世”，“最理想主义的，同时又是最现实主义的；它是很实用的，但是并不肤浅”。“入世与出世是对立的，正如现实主义与理想主义也是对立的。中国哲学的任务，就是把这些反命题统一成一个合命题。”[③]正是基于上述理解，冯友兰提出，他所说的“哲学”，“就是对于人生的有系统的反思的思想”[④]；而“宇宙论的产生，是因为宇宙是人生的背景，是人生戏剧演出的舞台。知识论的出现，是因为思想本身就是知识”[⑤]。由此他进一步提出，“按照中国哲学的传统，它的任务不是增加关于实际的积极的知识，而是提高人的精神境界”[⑥]，他具体地提出

①②③④⑤⑥ 冯友兰：《中国哲学简史》，北京大学出版社 1996 年版，第 10、9—10、7、2、291、292 页。

和论述了人生的“自然境界”、“功利境界”、“道德境界”和“天地境界”，认为“哲学的任务是帮助人达到道德境界和天地境界，特别是天地境界”。① 由此他乐观地展望了中国哲学的前景：“随着未来的科学进步，我相信，宗教及其教条和迷信，必将让位于科学；可是人的对于超越人生的渴望，必将由未来的哲学来满足。未来的哲学很可能是既入世而又出世的。在这方面，中国哲学可能有所贡献。”②

中国传统哲学的特色，集中地体现为中国哲学精神。这主要是天人合一的宇宙观，革故鼎新的发展观，刚健有为的人生观，知行合一的实践观，社会和谐的理想观。中国哲学凝聚了中华民族对世界和生命的认知和感受，积淀了中华民族的精神追求和行为准则，形成了中国哲学的恢宏气派和独特风格。

中华文明是世界古代文明中始终没有中断、连续五千多年发展至今的文明。中华民族在漫长历史发展中形成的独具特色的文化传统，深深影响了古代中国，也深深影响着当代中国。现时代中国强调的以人为本、与时俱进、社会和谐、和平发展，既有着中华文明的深厚根基，又体现了时代发展的进步精神。

在现代中国哲学的发展史上，最为重要的是马克思主义哲学在中国的传播、应用与发展。由中国早期共产主义者介绍到中国的马克思主义哲学，在毛泽东的《实践论》、《矛盾论》等哲学名著中得到系统的论述和深刻的发挥，并在毛泽东的《中国革命战争的战略问题》、《论持久战》、《新民主主义论》等著作中得以具体应用和发展。毛泽东哲学思想是现代中国哲学的最可珍贵的精华。改革开放以来，中国哲学界以当代社会生活的深刻变革为根基，以中国传统哲学和现当代西方哲学为主要的理论背景，在重新理解马克思主义的哲学变革的聚焦点上，深入地研究了哲学观、本体论、认识论、辩证法、

①② 冯友兰：《中国哲学简史》，北京大学出版社 1996 年版，第 293 页。

历史观、人生观、价值观等重大的哲学问题，深入地探索了当代世界和当代中国的重大现实问题中的哲学问题，从而推进了当代中国哲学的发展。

七　西方哲学与后现代主义思潮

“西方”一词并不是一个单纯的地域概念，而是一个具有丰厚内涵的文化概念。西方哲学产生于公元前 7 世纪前后，迄今已有二千多年的历史。在西方哲学思想的发展史上，曾经出现过几次转向性的变化，其中最为重要的是近代哲学的“认识论转向”以及现代哲学的“实践转向”和“语言转向”。所谓“认识论转向”，就是近代哲学明确地提出作为哲学基本问题的“思维和存在的关系问题”之后，使哲学从本体论转向了认识论。所谓“实践转向”和“语言转向”，则是指现代哲学在解决传统哲学主—客二元对立的过程中所出现的哲学转向性变化。“实践转向”是用以标志和说明马克思主义哲学所实现的哲学革命，“语言转向”则是用以标志和说明现代西方哲学的特征与趋向。在学习西方哲学的过程中认真思考这些“转向”，会帮助我们在历史与逻辑的统一中深化对西方哲学的理解，并进而在中、西哲学的比较研究中深化对“哲学”本身的理解。

按照西方哲学的历史分期，我们可以对其各主要阶段的哲学作出如下的概括与提示：

古希腊哲学是西方哲学的源泉。在一千多年的时间里，古希腊哲学经历了三个时期：公元前 6—5 世纪为早期，这是希腊哲学的产生、发展时期；公元前 4 世纪是希腊哲学的成熟时期，柏拉图和亚里士多德把希腊哲学推到鼎盛阶段；亚里士多德之后的希腊哲学进入晚期，它传播到希腊化地区，又被后来的罗马征服者所吸收，流行于罗马帝国的广袤疆域之内，随着古代希腊罗马文明的衰落，希腊哲学也逐渐颓败，在罗马帝国瓦解之际终于被基督教哲学所取代。[①]

中世纪经院哲学形成于古希腊哲学的遗产和基督教的经典《圣经》这样两个主要思想来源。它主要是运用柏拉图的哲学和亚里士多德的哲学为神学作论证，并从而构成了欧洲中世纪的意识形态。在这一时期的哲学中，唯名论与唯实论的争论是其主要内容和表现方式。

近代哲学主要是指欧洲文艺复兴以来的15世纪至18世纪的哲学。借用美国"导师哲学家丛书"的提法，近代哲学主要是包括"冒险的时代"（文艺复兴时期的哲学）、"理性的时代"（17世纪的哲学）和"启蒙的时代"（18世纪的哲学）。就其理论内容而言，主要是包括大陆唯理论哲学、英国经验论哲学和法国启蒙哲学。近代哲学的中心问题是认识论问题，并集中地展开了经验论与唯理论的论争。笛卡尔、培根、斯宾诺莎、贝克莱、休谟、莱布尼兹等是近代哲学的最重要的代表人物。

18世纪末到19世纪初的德国古典哲学，是欧洲传统哲学的最高成果，在西方哲学的发展史上具有特别重要的意义，因此在西方哲学的历史分期中总是作为单独部分而进行专门讲授与研究。德国古典哲学的出发点是解决近代哲学的经验论与唯理论的对立，也就是解决"思想的客观性"问题。德国古典哲学的奠基人康德以其"三大批判"（《纯粹理性批判》、《实践理性批判》和《判断力批判》）而著称于世。建构了庞大的哲学体系的德国古典哲学的集大成者黑格尔则正如恩格斯所说，既以"最宏伟的方式概括了哲学的全部发展"，又"不自觉地"为人们"指出了一条走出这些体系的迷宫而达到真正地切实地认识世界的道路"。[②] 在批判黑格尔哲学的过程中，唯物主义者费尔巴哈虽然"紧紧地抓住自然界和人；但是，在他那里，自然界和人都只是

① 赵敦华：《西方哲学通史》，北京大学出版社1996年版，第1页。
② 《马克思恩格斯选集》第4卷，人民出版社1995年版，第220页。

空话。无论关于现实的自然界或关于现实的人，他都不能对我们说出任何确定的东西。但是，要从费尔巴哈的抽象的人转到现实的、活生生的人，就必须把这些人作为在历史中行动的人去考察”。[①] 恩格斯说：“费尔巴哈没有走的一步，必定会有人要走的。对抽象的人的崇拜，即费尔巴哈的新宗教的核心，必定会由关于现实的人及其历史发展的科学来代替。这个超出费尔巴哈而进一步发展费尔巴哈观点的工作，是由马克思于 1845 年在《神圣家族》中开始的。”[②] 这就是马克思的“实践转向”所实现的哲学革命。

现代西方哲学也是在反叛黑格尔绝对唯心主义哲学的基础上发展起来的，它主要是包括从 19 世纪末到 20 世纪的英美分析哲学和欧陆人文哲学，并形成了以科学主义思潮与人本主义思潮的斗争与融合为主要特征的哲学内容。在现代西方哲学中，实用主义大师杜威、分析哲学大师维特根斯坦、现象学大师胡塞尔、存在主义大师海德格尔和解释学大师伽达默尔占有显著地位，他们的哲学思想产生了广泛深远的影响。

20 世纪 80 年代以来，在现代西方哲学的演进过程中，出现了被称之为“后现代主义”（postmodernism）的哲学思潮。这种哲学思潮，是作为当代西方社会、特别是思想文化领域的后现代主义思潮的重要方面或重要内容而出现的。

作为一种理论思潮的“后现代主义”，它并不是产生于“现代之后”，而是形成于“现代之中”。它并不是呼唤或预测“现代之后 ”的“后现代”，而是反思和批判盛行于“现代之中”的“现代主义”。因此，当代思想家所论述的“后现代”，主要地并不是指历史中的一个时代，而是指对待“现代主义”的一种态度，即反“现代主义”的态度。

---

① 《马克思恩格斯选集》第 4 卷，人民出版社 1995 年版，第 240—241 页。

② 同上，第 241 页。

这种“后现代主义”思潮的出现决非偶然。从历史的角度看，“现代社会”是相对于“传统社会”而言的。传统社会是以自然经济为基础的社会，对于“传统社会”，“现代社会”是一种巨大的历史进步。然而，建立在对“物的依赖性”的基础上的“人的独立性”，并不是真实的、普遍的“人的独立性”，以市场经济为基础的“现代社会”，并不是实现每个人的全面自由发展的“乐土”。马克思的资本主义批判，正是从经济、政治、文化和思想等方面深刻地揭露了资本主义的“现代社会”的种种矛盾及其内在的否定性，并深刻地阐述和论证了以社会主义的“现代社会”去取代资本主义的“现代社会”的历史必然性。在这个意义上，马克思的学说是迄今为止最深刻的“现代主义”批判理论。正因如此，许多被称之为“后现代主义”的代表人物，如哈贝马斯和德里达，各以不同的方式去“引申”和“发挥”马克思的某些思想去批判“现代主义”和构建其“后现代主义”理论。

“后视代主义”延续了西方现代哲学“拒斥形而上学”的“消解哲学”思潮。“后现代主义”对“哲学”的“消解”，从根本上说，是把“哲学”作为“普遍性”、“规律性”、“必然性”、“根源性”、“基础性”、“统一性”以及“崇高”的代名词，因而试图通过对“哲学”的“消解”，而实现对一切“非神圣形象”的“消解”，即：消解普遍对个别的规范，现实对根源的依赖，必然对偶然的支配，规律对创造的制约，统一对选择的排斥，崇高对渺小的蔑视等等，重构甚至是倒置普遍与个别、现实与根源、必然与偶然、规律与创造、统一与选择、崇高与渺小的关系。这是现代西方哲学“消解哲学”的实质。

在“后现代主义”思潮中，罗蒂试图以“多元”代替“基础”，福柯试图以“断层”取消“根源”，德里达试图以“边缘”颠覆“中心”，其真实的意义与价值，在于这种“后现代主义”哲学思潮理论地表征着当代人类的自相矛盾的自我意识，这就是：挺立个人的独立性和文化的多样性，与崇高感的失落和生存意义的危机的自相矛盾的自我意识。

八　逻辑学、伦理学、宗教学和美学

逻辑学　“逻辑”一词来自古希腊语的“λoγoξ”（逻各斯），汉语“逻辑”一词是对拉丁语系的“Iogic”、“Logik”、“Iogigue”的音译。在最一般的意义上，可以说“逻辑学”是以人的思维为对象、研究人的思维规律的科学。但是，在这种解释中，已经蕴含了对“逻辑学”研究对象的不同理解。这是因为，人的思维包括思维的内容与思维的形式这样两个方面。所谓思维的内容，是指思维关于对象的各种规定性的把握；所谓思维的形式，则是指把思维关于对象的各种规定性相互联结起来的方式，因而又称作思维的形式结构。在一般的逻辑学教科书中，常常是把逻辑学定义为关于思维的形式结构及其规律和规则的科学，并且特别地指出，逻辑学是“暂时撇开思维的内容而专门研究思维的形式结构”。作为比较宽容的理解，则是从思维的内容与形式两方面出发，把逻辑学分解为“形式逻辑”和“非形式逻辑”。如果以思维的形式规律为对象，就形成了逻辑学中的形式逻辑；如果以思维的非形式规律为对象，则形成了逻辑学中的非形式逻辑。由于形式逻辑是目前逻辑学的主体部分，也是最为成熟的部分，以至于在许多情况下人们说到逻辑时所指的就是形式逻辑。① 这种理解是比较恰当的。

“逻辑”是一门古已有之的学问。按历史分期，可以把逻辑分为古代逻辑、近代逻辑和现代逻辑。

---

①　参见宋文坚主编：《逻辑学》，人民出版社1998年版，第12页。

就古代逻辑而言，在人类文明史上，形成了世界性的三个不同的逻辑传统，即：中国逻辑传统、印度逻辑传统和希腊逻辑传统。中国逻辑传统形成于先秦，有名家逻辑思想、墨家逻辑思想和儒家的正名理论，但在秦汉以后，中国逻辑发展缓慢。印度逻辑传统形成于婆罗门的正理逻辑和佛教的因明学，17 世纪新正理逻辑发展到很高的水平。希腊逻辑传统形成于古希腊，开始于亚里士多德的逻辑，一直延续到近代西方。西方的古代逻辑可以分为古希腊逻辑和中世纪逻辑。古希腊逻辑中主要是亚里士多德逻辑和斯多葛学派逻辑。前者主要是研究涉及到概念、词项这些非命题成分的推理形式，如三段论等。亚里士多德逻辑中的这部分内容在现代的一些文献和著作中也称为词项逻辑。斯多葛学派逻辑主要是研究命题之间的联结词的推理规律，这种逻辑称为命题逻辑。

西方的近代逻辑主要有培根的归纳逻辑、穆勒的归纳逻辑以及康德关于逻辑的学说。康德首次提出“形式逻辑”一词，用以指称研究思维形式结构的逻辑。以亚里士多德的词项逻辑和斯多葛学派的命题逻辑为主，加上后来在亚里士多德逻辑模式下的一些发展以及一些近代归纳逻辑的内容等，现在通常称为传统逻辑。

“现代逻辑”一词有两个方面的涵义，一个是历史时期方面的涵义一个是实质内容方面的涵义。就历史时期方面的涵义来说，一切在现代产生、发展起来的逻辑都可以冠以“现代”二字。就实质内容方面的涵义来说，现代逻辑指的是数理逻辑和一切在数理逻辑的基础之上或采用数理逻辑的思想方法而发展起来的逻辑。现代逻辑不同于传统逻辑的最显著的特征是符号化，因为这一特征现代逻辑的各个分支又统称为符号逻辑。由于数理逻辑对于它们的重要作用，有时也用“数理逻辑”来表示符号逻辑，这形成了对数理逻辑的广义理解。数理逻辑因此有了狭义和广义之分。狭义的数理逻辑即关于数学的逻辑，广义的数理逻辑即符号逻辑。

在关于逻辑学的称谓中，还经常见到“普通逻辑”这种说法。从这些教科书的内容来看，普通逻辑大体包括传统逻辑、思维的基本规律和一些简单逻辑方法。传统逻辑部分主要有以词项逻辑和传统命题逻辑为主的演绎逻辑，以及以各种归纳推理为内容的归纳逻辑。这样一些内容的综合使得普通逻辑实际上是一个教学体系而不是一个理论体系。①

在对现代逻辑的理解中，我们还应看到，虽然它的主流是数理逻辑，但同时应包括非外延的逻辑系统。这种非外延逻辑即是西方近代以来的内涵逻辑，它的成熟形态是黑格尔的《逻辑学》所提供的概念辩证发展的逻辑。这种与“形式逻辑”相对应的“辩证逻辑”，它的根本立足点是概念的辩证本性，它所遵循的是思维的“具体同一性”原则，它所展现的是概念内涵的否定与重构的辩证运动。由于概念、范畴是人类认识的“阶梯”和“支撑点”，概念、范畴的否定与重构体现的是人类思想运动的进程，因此，以概念的辩证发展为实质内容的“辩证逻辑”，可以说是人类思想运动的逻辑。这种“辩证逻辑”与作为哲学理论的“辩证法”之间的关系，这种“辩证逻辑”能否“形式化”的问题，正在哲学界和逻辑学界进行深入的讨论。

伦理学　通常是把伦理学解释为关于道德及其起源和发展、人们的行为、人们相互间和人们对社会、国家等的义务的学说，② 并把道德解释为“调整人们之间以及个人和社会之间关系的行为规范的总和”，强调道德是“靠社会舆论、人们的信念、习惯、传统和教育的作用来维持的精神力量”。这种解释表明，伦理学研究的对象是道德，而伦理学所要研究的问题就是道德所包含并要解决的个人利益与社会整体利益的矛盾。

---

① 见宋文坚主编：《逻辑学》，人民出版社 1998 年版，第 19—21 页。

② 参见《辞海》，上海辞书出版社 1980 年版，第 221 页。

人类伦理道德思想的产生和发展，是人类对生活于其中的社会关系认识的结果。在汉语中，“伦，犹类也；理，犹分也”。“伦”字有类、条理、顺序、秩序等基本含义，继后有引申义“关系”，因而古代思想家强调对人们“教以人伦”，认为父子、君臣、夫妇、长幼、朋友之间的亲、义、别、序、信是人们之间的最重要的“人伦”关系；“理”字本义为“治玉”，引申为分、条理、道理、规则等词义，而“分”则是指本分、职责。“伦理”二字的含义，就是指人们在各种社会关系中应遵守的规则和应尽到的职责。

在历史上，伦理思想大多是某种哲学思想的组成部分，或者是哲学思想在道德思想领域的贯彻。古代西方传统的观点是把哲学分为两类：一类是“纯理论哲学”，即关于：“实是之所以为实是的最高原因的原理”的学说，另一类则是“实践的哲学”，即关于个人和社会的活动及其关系的学说；而在“实践的哲学”中，则分为道德哲学和政治哲学两个部分。古希腊时期的伟大哲人苏格拉底最早把研究道德视为哲学的主要任务，在人的精神方面确立了善和至善的命题，此后的柏拉图又在其理念论中予以阐扬，而柏拉图的学生亚里士多德则首先创造了“伦理学”这个名词，第一次写出了著名的《伦理学》著作，使伦理学成为一门独立的学科。中国伦理学思想早在尧舜时代就有萌芽，在春秋战国时代出现了伦理思想极为丰富的《论语》、《孟子》、《墨子》、《荀子》等著作。

一般认为，伦理学的最基本的问题是利益和道德的关系问题，并认为这个问题包含两方面内容：第一方面是经济关系和道德谁决定谁，以及道德对经济关系有无能动作用的问题。这方面问题的不同解决，决定着对道德的根源、本质、发展规律和社会作用等重要问题的理解和能否正确解决，也决定着伦理思想史上马克思主义伦理学与唯心主义、旧唯物主义伦理学的根本区别。第二方面是个人利益和社会整体利益的关系问题，即个人利益服从社会整体利益，还是社会整体利益从属于个人利益。怎样回答这方面的问题，决定着各种社会道德价值体系的原则、规范和观念，决定着人们道德行为的方向、准则、境界和评价，决定着形成道德品质的途径和方法的不同解决。伦理学的一切问题都是围绕着这个根本问题的两方面展开的；伦理思想史也是在解决这一根本问题的认识过程中发展变化的；各种伦理学说都必然要这样或那样回答这个根本问题，并且从它们怎样回答这个最为基本的伦理学问题而决定它们之间的区别和对立。但是，关于伦理学的基本问题，学界还存在不同观点，这表现为 4 种主要分歧：认为伦理学的基本问题是利益与道德的关系问题；认为道德与社会历史存在的关系问题是伦理学的基本问题，这是哲学基本问题唯物论与唯心论在伦理学中的反映；不同意把哲学基本问题的两个方面简单地延伸为伦理学的基本问题，认为伦理学基本问题是善恶矛盾问题；认为人的存在发展，和要求个人对他人、对社会应履行的义务这两方面关系是伦理学的基本问题。在现行各种伦理学教材和辞典中，以采纳第一种见解为理论起点者占多数。①

在关于伦理学的理解中，我们还应当特别注意“伦理”与“道德之间的关系。长期以来，“道德”与“伦理”这两个概念常常被混为一谈，或者至少是缺乏本质上的区分。这导致了对“伦理学”的许多误解。“伦理”表明的是社会规范的性质，而“道德”表明的却是生活本意的性质。道德是一个存在论概念，是一个作为伦理学基础的特殊的存在论概念。道德问题是伦理学的根本性问题。伦理规范作为一些禁令，总是为保护有意义的生活，而确立伦理规范只是依照道德要求的技术性处理。因此，伦理学的主题是“道德”而不是“伦理”，道德主题引出两个问题：一是关于获得幸福的生活方式，另一个是由

① 李淮春主编：《马克思主义哲学全书》，中国人民大学出版社 1996 年版，第 399 页。

获得幸福的生活方式去澄清建立伦理规范的要求。[①] 在对伦理学的了解中，提出并思考上述问题是必要的和重要的。这会使人们理解，人们“在社会机制中生活决不意味着为了社会机制而生活”，“社会必须服务于生活”。这还会使人们理解，“生活中最主要的不幸就是误以为生活目的是某种结局，这种态度离间了生活与生活目的，生活目的成了遥远的目标，生活也就似乎总是还没有开始。生活目的是与生活一起显现的东西，它不是遥远的目标而与生活最接近的存在方向性，但又是永远无法完成的追求。可以说，生活目的不是某种结局而是生活本身那种具有无限容纳力的意义”，“生活是一种自身具有目的性的存在方式，这种目的性就是生活本身的意义”。应当说，在这种关于伦理学思考中，体现的是一种哲学的前提批判的精神，因而有助于人们在哲学的意义上去思考和探寻伦理学问题。

宗教学　宗教是一种极为复杂的文化现象，宗教学则是一门以人类宗教现象为研究对象的综合学科。从宗教的产生起，就有了对宗教的某种认识，但在相当长的时期内，还没有把宗教作为系统研究的对象。作为一门人文学科的“宗教学”是在近代以来的宗教研究中兴起的。最早提出“宗教学”这一概念的是英籍德国学者麦克斯·缪勒，他于1870年在皇家学院作过题为“宗教学导论”的系列讲演。宗教学一出现就带有对不同的宗教进行比较研究的特点，因而往往被人们称作“比较宗教学”。由于这种比较宗教学在开始阶段主要是致力于广泛搜集东西方宗教史料，并逐渐形成了对历史上各种宗教形态的研究，因此这种比较宗教学又变成了更为广泛流行的“宗教史学”。后来，在西方宗教学领域内又出现了一系列分支性学科，如宗教现象学、宗教社会学、宗教心理学等等。

宗教作为一种复杂的文化现象，它与艺术、道德、法律、科学之

① 参见赵汀阳：《论可能生活》，三联书店1994年版，第16—17页。

间具有复杂的联系，其中，特别是与哲学之间存在复杂的联系。在艺术史上，宗教艺术的存在是一种重要现象。它通常是以宗教为内容和题材，以艺术的形式表达宗教的思想观念和感情，服务于宗教神学。宗教艺术对人们，特别是对宗教徒有很强的感染力，使其获得某种心灵的满足和审美的享受。因此，在宗教学研究中，宗教艺术成为一种重要对象。宗教与道德的关系也是十分密切的。宗教从其产生起，就对道德发生重要影响。随着宗教的发展，它的道德化特征更为明显。宗教的信条和教父以道德规范的形式渗透于社会之中，直接调节人们的生活。宗教与法律的关系也是非常复杂的。宗教主要是依靠灌输宗教法规和道德信条，并通过内在的信仰和外在的习惯、舆论来规范人们的行为。同时，宗教也以其组织和制度中的强制和惩罚来维持其权威。宗教既是一种意识形态的上层建筑，又是一种体制性上层建筑，在政教合一的国家中，宗教教规同时就是世俗法律。至于宗教与哲学的关系，就更为密切和复杂。它们作为两种不同性质的世界观体系而影响人们的全部生活。正是由于宗教与艺术、道德、法律、科学和哲学之间发生复杂的联系，需要从多学科的视角去研究宗教现象，因而宗教学已成为一门跨学科的综合学科。

宗教学作为一门独立学科，既不同于宗教哲学，也不同于神学，但又同二者有密切联系。宗教哲学是以哲学概念、逻辑方法在理论上解释、论证、阐发宗教教义的学科。在本体论上，宗教哲学把神的存在作为出发点和归宿，用各种方式来论证和解说神的存在。在认识论上，宗教哲学把神灵世界和超自然现象作为认识客体，用神的启示来解释人类的认识现象和过程以及认识的真理性和它的检验标准。在历史观上，宗教哲学多持宿命论观点，用神的旨意和计划来解释和描绘人类历史。宗教哲学是以宗教教义为基础的哲学，虽然它在宗教的形式下涉及某些哲学问题，但往往具有神秘、繁琐乃至荒唐的特点。

宗教学起源于西方，并在 20 世纪盛行于西方。自辛亥革命以来，中国的许多政治家、思想家、哲学家和宗教学者，对宗教进行了认真的研究和重新的审视。辛亥革命后，新文化运动其势如潮，猛烈地冲击着陈腐的文化观念。宗教如同其他的一切陈腐观念一样，也受到了民主与科学的审视。朱执信发表《耶稣是什么东西》，蔡元培发表《以美育代宗教说》，屠存实发表《宗教问题演讲》，陈独秀出版《基督教与基督教会》，李干忱出版《破除迷信全书》，太虚出版《佛教源流及其维新运动》等，这些文章和论著的内容涉及相当广泛，几乎对宗教的起源与消亡、宗教的本质与社会作用、宗教与科学、哲学、道德、艺术、教育的关系等问题，都进行了初步的探讨与研究。30 年代到 40 年代，对宗教问题展开了全面的研究和讨论，有一大批有关宗教的论著问世。其中包括王恩洋的《佛学概论》，王治心的《中国宗教思想史大纲》，刘剑横的《唯物的宗教观》，许地山的《扶箕迷信的研究》，赵紫宸的《基督教进解》，曾宝荪的《实验宗教学教程》等。从内容上看，这些论著大致可分为两类，一类偏重于纯学术的探讨，主要是对佛教、伊斯兰教、基督教、道教以及一些民间宗教在我国发生和发展的考证；另一种是偏重于宗教理论和观点的阐述，多具有论战的性质。

具体说来，这一时期的宗教思想界主要讨论了以下几个问题：一是关于宗教的起源与消亡问题。千百年来，宗教神学一直把宗教的起源加以神化，认为宗教产生于神的启示，并由此断信宗教具有永恒不灭的性质。唯物论和无神论者抨击了这种观点。宗教的端始在于人们对自身生理和精神现象的无知与愚昧，在于对自然力的恐惧。二是关于宗教与哲学和科学的关系问题。有些人认为，宗教即哲学，即科学，即道德，即情感。一些有识之士对此进行了批判。他们指出，宗教以信仰为基础，哲学以理性为基础，科学以事实为基础，它们根本不能混为一谈。这些辨析无疑有着进步的意义和一定的价值。三是关于宗教本质和社会作用问题。激进主义者在全盘否定宗教迷信的基础上，主张坚决打倒宗教，消灭宗教，认为这是破除迷信、解放思想、发展文化、拯救人民于水火的当务之急。有些人既反对盲目的宗教信仰，又反对不分青红皂白地攻击宗教，而主张宗教与科学相互容纳，长期共存。四是关于有神与无神的问题。现代唯物论者举起无神论的大旗，向有神论发动了强大的攻势，在无神论的沉重打击下，近代中国的宗教神学一扫昔日的威严，唯物主义思潮乘势得到了长足的发展。

美学　一般认为美学是研究美的学科，但也有学者认为美学是研究审美活动的学科，是研究人对现实的审美关系的学科，著名哲学家黑格尔还提出美学是艺术哲学。这些关于美学的不同定义，实际上是表现了美学的最基本的研究对象：美（美的本质或美的哲学）、审美（审美心理）、艺术。其中，对于美的本质的探讨在历史和逻辑上构成美学的基础部分。

世界上每一个民族都有本民族的美学思想，美学思想已有几千年的历史。18 世纪中叶，美学在西方成为一门独立的学科。20 世纪以来，美学与心理学、伦理学、社会学、人类学、文化史、艺术史等相邻学科的渗透日益加强，形成了包括审美心理学、审美社会学等在内的众多分支学科。

古往今来的哲人，总是像关注“真”和“善”一样，特别地关注对“美”的探寻与反思。在西方哲学史上，从古希腊的柏拉图、亚里士多德到德国古典哲学的康德、黑格尔，从马克思主义哲学的创始人马克思、恩格斯到拉法格、卢卡奇，从现代西方哲学的海德格尔、卡西尔和伽达默尔到所谓“后现代主义”的德里达、福柯和罗蒂，无不对“美”的问题表现出极大的哲学关注。同样，在中国哲学史上，从先秦诸子到近、现代的哲学大师，或兼攻美学理论，或具有艺术气质，或探寻美学问题，总是致力于对“天人合一”、“知行合一”、“情景合一”的真善美的统一的寻求。美的本质、美的存在、美的发现和美的追求，构成了以“美”为聚焦点的哲学层面的美学问题。

西方美学思想发源于古希腊。柏拉图和亚里士多德把古希腊的美学思想推向了鼎盛的高潮。在他们现存的著作中，有着相当丰富的美学思想。他们都把对美的哲学思考同艺术实践结合起来。柏拉图重在对美的哲学思考，亚里士多德重在审美创造的研究；古罗马美学思想基本上是古希腊美学思想的延续。贺拉斯的《诗艺》、朗吉弩斯的《论崇高》，大都是沿着亚里士多德开创的文艺美学的道路，对文艺进行美学探讨。在漫长的中世纪，欧洲的美学思想基本上处于停滞状态。美学如同哲学一样，也沦为“神学的奴婢”。神学家就是美学家，他们完全从宗教的角度去分析和解释审美现象，把美看成上帝的一种属性，上帝是最高的美，是一切感性事物的美的最终根源。文艺复兴时期，随着人的解放，文艺和美学思想都得到更大的发展和繁荣，使欧洲文化达到了古希腊社会以后的第二个高峰。文艺复兴运动促进了生产力的解放和精神文化的解放，促进了美学由神学向人学转变，给美学思想的发展带来了巨大活力和生机。维柯在《新科学》中初步研究了某些美学问题。他把人类思维分成两个部分，即诗的逻辑和理智的逻辑。维柯认为，从人类思想的发展过程来看，诗的逻辑不应从属于理智的逻辑，维柯还在美学研究的方法上注入一种历史发展的观点和史论结合的方法。维柯所提供的思想资料为近代美学的建立与发展创造了条件。

美学作为一门独立的学科，是由18世纪德国哲学家和美学家鲍姆嘉通首次提出来的。他于1750年正式出版其《美学》专著第一卷，因此而获得“美学之父”的称号。

鲍姆嘉通认为，人类心理活动分成知、情、意三个部分，知是理性认识，已由逻辑学来研究，意是道德活动，已由伦理学来研究，而情属于感性认识的部分，却一直没有一门相应的独立的科学来研究，鲍姆嘉通主张建立一门新科学来研究这个被遗漏的部分，这门新科学就是“美学”。康德是德国古典美学的奠基人，其间经过费希特与谢林、歌德与席勒等人的不断补充、丰富和发展，到了黑格尔便把德国古典美学的发展推向了新的高峰，成为以往一切美学派别的集大成者。①

中国的美学思想历史悠久。在漫长的发展过程中，儒、道、禅三家思想逐渐合流互渗，形成了独具特色的美学传统。近代以来，随着西学东渐，西方各种思想学说开始涌入中国。梁启超、王国维最先引入西方美学，经蔡元培大力提倡，真正学科意义上的美学在中国始露萌芽。

1912 年，蔡元培发表《对于教育方针之意见》，把美育列为教育的重要内容；1917 年，他又发表《以美育代宗教说》，详细阐发了审美功能与一般世俗实利的本质区别。主张用美感教育代替宗教。吕澄、陈望道、范寿康在 20 年代中期分别出版了《美学概论》。30 年代以来，朱光潜出版《谈美》、《文艺心理学》系统介绍克罗齐、立普斯、布洛、谷鲁斯等人的学说，并结合审美及艺术创作实践，对美的本质、审美经验、创造与欣赏等问题，作了详细的梳理和阐发。宗白华在广阔的文化背景上，分析中西艺术的不同特征。指出，西方艺术表现了"'人'与'物'，'心'与'境'的对立相视"，而中国艺术则追求人与自然的亲切统一；中国艺术的空间是一种人情化、节奏化、音乐化的时空合一的空间。鲁迅、瞿秋白等人则大力翻译介绍马列经典作家以及普列汉诺夫、卢那察尔斯基的美学论著，使唯物史观成为探索艺术及审美问题的重要方法。新中国成立以来，特别是改革开放以来，我国的美学研究取得了重要的研究成果，丰富了美学的研究内容。②

马克思在《1844 年经济学哲学手稿》中曾提出，人既是按照"任

---

① 参见《美学教程》，中国社会科学出版社 1987 年版，第 2—6 页。

② 参见吴枫、杜文君主编：《中华现代思想宝库》，吉林人民出版社 1991 年版，第 2073 页。

何物种的尺度来进行生产”，又是“随时随地都能用内在固有的尺度来衡量对象”，所以，“人也按照美的规律来塑造”。[1] 这就是说，人的生产活动是实现“客观规律”和“主观目的”的统一，而这种“统一”则是“按照美的规律来塑造”。这样，马克思就为我们从人的存在方式去理解“美”作出了宝贵的提示。在现代美学研究中，美、审美和艺术都得到了愈益深入的探索。对于美的本质问题的哲学解答，大体可以分为主观论、客观论和主客观统一论三种。由于艺术关涉人的感性活动，又被认为是美的集中而又具体的体现，因而艺术成为美学的重要部分。美学主要探讨艺术活动中审美价值的创造和接受、艺术的本质、艺术品的本源存在等问题。当代西方美学走向艺术的倾向愈来愈明显，部门美学纷纷崛起。随着心理学的发展，审美（或审美心理）成为美学的另一个重要部分。[2]

---

① 马克思：《1844 年经济学哲学手稿》，人民出版社 1979 年版，第 50—51 页。

② 参见李淮春主编：《马克思主义哲学全书》，中国人民大学出版社 1996 年版，第 453 页。

九　科学技术与科学技术哲学

一般认为，科学技术哲学是科学技术和哲学相连接的桥梁，主要是对科学技术本身及其与经济、社会、文化相联系的各个方面进行哲学层次的思考和探索，以便掌握科学技术发展的一般规律，把握科学技术的社会影响，从哲学和文化的层面认识科学技术的性质。我国的科学技术哲学是在19世纪马克思和恩格斯创立的自然辩证法的基础上发展起来的，注重运用马克思主义的观点和方法考察科学技术发展的历史和现状、重视总结我国和其他国家科学技术发展的经验和教训，对正确制定和贯彻我国科学技术发展的战略方针和促进社会主义现代化建设具有重大意义。在具体内容方面，科学技术哲学探讨科学技术发展所提出的本体论、认识论、方法论等方面的问题；研究科技发展所涉及的各类文化问题；分析研究国外科学哲学、技术哲学诸流派以及科学技术与社会研究方面的各种观点。科学技术哲学探讨的问题与马克思主义哲学、逻辑学、外国哲学、中国哲学等学科有关联，也与科学技术史、生态学、社会学、环境经济学、管理科学、决策科学等学科相交叉。它的学科研究范围主要包括自然辩证法原理、科学哲学、技术哲学、生态哲学、科学社会学、技术社会学、科学思想史、各门科学技术中的哲学问题、科学技术方法论、科技战略和科技政策研究、科学技术与社会研究、环境与发展研究等。

在对科学技术哲学的理解中，有必要分别地论述科学哲学和技术哲学。这里，我们尤其有必要单独地、着重地谈论科学哲学。一般地说，我们可以把科学哲学视为对科学的哲学理解。科学哲学是对科学的哲学理解。但是，对科学进行理解的“哲学”是什么？哲学所理解的“科学”又是什么？哲学为何以及如何“理解”科学？由于对“哲学”、“科学”和“理解”赋予了不同的内涵，于是就形成了各种不同的科学哲学观。

现代西方科学哲学的历史与逻辑，存在着一条得到哲学界普遍关注和认可的基本线索。这就是从孔德的实证主义到罗素、维特根斯坦的逻辑原子主义，从卡尔纳普、赖欣巴哈、亨普尔的逻辑实证主义到波普尔的批判理性主义，从库恩、拉卡托斯、费耶阿本德的历史主义到劳丹、夏皮尔的新历史主义的基本线索。这条基本线索展现给人们的是不断演变着的科学哲学观：从把科学哲学视为对科学的逻辑结构研究转换为对科学命题的逻辑分析，又从对科学命题的逻辑分析转换为探索科学发现的逻辑，再从探索科学发现的逻辑转换为对科学发展模式的历史考察。毫无疑问，在这种演变着的科学哲学观之间，存在着重大的差异和深刻的分歧；但是，这种演变又有历史的连续性和逻辑的可比性。透过它们的种种差异和分歧，就能发现其中蕴含着的对科学哲学的某种统一性理解，即都把科学哲学归结为关于科学的哲学，研究科学自身的种种问题——科学的方法、科学的技巧、科学的逻辑结构、科学的语义构成、科学的一般结果和科学的发展模式等等。

关于科学哲学，还有一种值得关注的重要思路，这就是把科学哲学视为对科学的人文主义的理解。美国当代科学哲学家瓦托夫斯基在其所著《科学思想的概念基础——科学哲学导论》一书中突出强调的是，必须从“科学哲学是一门哲学的学科”这个基本认识出发去理解科学哲学。他提出，作为一门哲学的学科，科学哲学在理论内容上同传统哲学的形而上学、认识论和逻辑学等学科保持历史的连续性；在研究方法上，它继承了传统哲学的批判的、分析的、辩证的方法，批判的辩证法是哲学的生命线。他认为，应当从人类的一般认识活动去理解科学认识活动，从科学以前的认识方法去探索科学的认识方法，从人类的一般性概念去透视科学的基本概念，也就是把认识论作为人类活动的一般规律去沟通科学认识与其他认识之间的联系。

在关于科学哲学的思考中，我们应当看到，理解科学有两种不同的方式。一种是对科学本身的学习，即掌握科学的研究方法、思维方式和概念系统。另一种则是对科学思想的概念基础的研究，即把科学思想作为反思的对象进行批判性考察。前一种是理解科学思想的科学事业，后一种是理解科学理解的哲学事业。我们需要建设马克思主义哲学的科学哲学和技术哲学。它的重要前提是确立马克思主义的科学哲学观和技术哲学观以及科学技术哲学观。在这种理论思考中，特别重要的是要把科学技术哲学作为“哲学”来思考。

十　进入哲学思考的背景知识

学习哲学，非常重要的是要有相应的背景知识。哲学的背景知识，我概括为“一纵”和“二横”。

什么是“一纵”？“一纵”就是哲学史。我常愿意说一句话，哲学就是哲学史。为什么？因为哲学是一种历史性的思想，而哲学史是一种思想性的历史。哲学是一种历史性的思想，大家要想真正了解哲学，首先必须诉诸于哲学史。我非常欣赏恩格斯的一段话，恩格斯说什么叫哲学？他说，哲学就是一种“建立在通晓思维的历史和成就的基础上的理论思维”。学习哲学史，就是要通晓思维的历史和成就。作为哲学史，有几本书大家应该看一下子，一个就是我们国家的哲学家冯友兰先生，他写的《中国哲学简史》。它不仅仅是一种哲学史，它同时又是真正的哲学思想。作为西方人写的西方哲学史，比较晓畅明白的就是罗素写的《西方哲学史》，我个人比较欣赏黑格尔写的《哲学史讲演录》。美国人杜兰特的《哲学的故事》大家也可以看一下。列宁在他的《哲学笔记》当中说你要研究哲学，起码要有七个知识领域，第一知识领域就叫做哲学史，第二叫做动物智力的发展史，第三叫做人类智力的发展史，第四语言学，第五心理学，第六高级神经生理学，第七科学技术史。这意味着哲学是通晓思维的历史和成就的一种理论思维。恩格斯还有一句名言，他说，我们每个人都天生地具有理论思维的能力，但是这种能力是需要锻炼和培养的。可是迄今为止，除了学习以往的哲学之外还没有别的办法。我们的最重要的能力是什么能力？理论思维的能力。恩格斯告诉我们，你要想培养和提高自己的理论思维能力，你就必须怎么样？你就必须去研读哲学史，通晓思维的历史和成就。正是从这个角度出发，恩格斯还有段名言。恩格斯说，由于自然科学家对于哲学史的不熟悉，所以他们往往把几百年前就已经在哲学史上早已废弃了的命题当做全新的时髦的东西拿了出来。恩格斯这三段话放在一起去理解，什么是哲学？哲学就是一种建立在通晓思维的历史和成就的基础上的理论思维。所以主要的西方国家的大学的哲学系，它主要就是学习哲学史。

学习哲学，特别是要想进入哲学思考，除了这“一纵”之外，我还特别提倡“两横”。第一个“横”就是人类把握世界的基本方式的比较。哲学与宗教，哲学与艺术，哲学与常识，特别是哲学与科学，你只有在人类把握世界的各种方式的比较研究和思考当中，你才可能进入哲学。第二个“横”就是当代的哲学家、当代的各种哲学派别都是怎么来理解哲学的，就是要拓宽自己的理论视野。没有这样的一个开阔的理论视野那就没有办法进行思考哲学了。下面我就分别地具体地和大家讨论这“一纵”和“二横”。

我们首先具体地来探讨这“一纵”，就是这个哲学史。我给大家作一个纵向的粗线条地概括。哲学的过程是一种思想性的历史的演进的过程，哲学史是一种思想英雄的较量和伟大心灵的更迭。它就是哲学家以个人的名义讲述人类的故事。杜兰特叫做“哲学的故事”，这个名字起得好，哲学就是讲故事，讲人类文明史这个大故事。对于哲学家来说，它是一种双重化的东西，既是以个人的名义来讲述人类的故事，又以人类的名义来讲述他自己个人的故事。所以我特别强调，哲学是以时代性的内容，民族性的形式和个体性的风格去求索人类性的问题。我曾经发表过一篇文章，题目就叫做《创建有我哲学》。哲学不能无我，哲学是以小我的形式来讲这个人类的大我，讲人类的故事，所以大家学习哲学，最为重要的一个前提条件，就是诉诸于哲学史。关于哲学史，我们可以给它作一个高度的概括。大家都知道，我们有一个说法，叫做古代哲学，近代哲学、现代哲学。哲学史，它具有极其丰厚的理论内涵，从一个最总体的粗线条去划分，可以把哲学史划分为古代哲学、近代哲学和现代哲学。列宁有一句名言，个体的认识史，就是浓缩了的人类认识史。我们每个人，从小到大，几十年实际上是以一个压缩了的形式表达了人类几千年，甚至是人类上万年的这样的一种认识史。如果我们把哲学分为古代、近代和现代哲学三部分，那么它们各自的特点是什么呢？我给大家作一个总体性的概括。这里边我引进几个重要的参照系。第一个参照系统，就是思维和存在的关系问题。从这个基本问题出发我们就会明白了，什么叫做古代哲学，什么叫做近代哲学，什么叫做现代哲学。当代英国的最著名的最重要的科学哲学家波普，他有一个理论，叫做三个世界理论。波普认为，世界1，他把它叫做物理自然世界，而他把我们人类的精神意识世界叫做世界2，什么叫做世界3呢，就是语言文化所构成的世界。什么是古代哲学？就是它离开了思维对存在的关系，而直接地去说存在是什么样的，就是离开了世界2对世界1的关系而直接断言世界1。它关键就是缺少了一种近代以来的哲学的反思的自觉。古代哲学从总体上说，它的最大的问题就在于它离开了思维对存在的关系而直接断言存在，它离开了世界2对世界1的关系而直接断言世界1。全部哲学，特别是近代哲学的重大的基本问题是思维和存在的关系问题，那就是因为，近代哲学出现了一种被当代的哲学家称之为认识论转向的哲学变革。近代哲学的突出特点就在于，它从思维对存在的关系出发，去反思思维对存在的关系问题。从世界2对世界1的关系出发去反思二者的关系，因此它成了哲学史上的认识论转向。这种转向也就是一种哲学反思的自觉。

现代哲学的特点又是什么呢？它最突出的特点就在于，它从思维和存在的中介出发，去反思二者的关系，从世界3出发进行反思。现代哲学，它同近代哲学相比，发生了一场带有更加根本性的哲学革命。

这个革命就在于，它不是直接地追究那个思维和存在的关系，或者说世界 1 和世界 2 的关系，而是它找到了一个什么？现代哲学它找到了一个，思维和存在能够成为关系的那个现实的基础，也就是找到了思维和存在的中介。这个中介是什么？就是历史、文化、语言、实践。因此，我们把现代哲学的革命叫做实践转向和语言转向。马克思主义的哲学我们叫做实践的转向，而把现代西方哲学叫做语言的转向。现代西方哲学家有一个共同的认识，这就是，虽然世界在人的意识之外，但世界却在人的语言当中。语言既是人的世界的积极的界限，语言也是人的世界的消极的界限。因此语言不是人的工具，而是人自己的存在方式。什么叫人，人就是一个双向的过程。一方面我们去占有语言文化，而另一方面我们被语言文化所占有。这就叫人。人为什么要受教育，受教育就是一方面你要去占有，另一方面你又要被占有，这就叫做受教育，因此受教育是一个社会的遗传的过程。语言是历史文化的水库。语言不是一种像是我兜里装着的刀子剪子钳子，我需要用了我就拿出来，不用往工具箱里一放。语言不是这样。你想一想，不但是你的思想，而且包括你的行为，都是受语言支配的。语言不是空的，语言是文化的水库。语言转向的深层的基础是什么呢？那就是马克思所实现的实践的转向。那么这二个转向的共同之处是在于，把人理解为是历史文化的存在。大家看一看这“一纵”，这“一纵”不是空的，这“一纵”正好表现了人类文明史的理论形态。古代哲学它是以农业文明为基础，以自然经济为它的真实的前提，因此它的真正的文化的意义是，确立神圣形象。这就是古代哲学。近代哲学是以近代的由欧洲开始的这个工业化或者现代化开启的这个人类文明的进程，它的真实的基础是工业文明。它奠基在市场经济的基础上，所以它的真实任务是消解神圣形象。古代哲学是确立神圣形象，而近代哲学是消解神圣形象。现代哲学，它还没有超脱包括工业文明以来的最重要的东西，但是它发生了能够影响人类生活的巨大的变化，所以我们把今天的人类文明叫什么文明？后工业文明。后工业文明是一个由市场经济逐步地发展为产品经济的过程。这个过程马克思把它叫做消解非神圣形象的过程。你如果能够把这些联系在一起去思考问题，哲学就不仅仅是深刻了，而且它是亲切了。非常亲切，就是我们的生活。哲学是以理论的方式去表现了我们人类自身的生活的历史。

我非常强调，大学生必须得有几个方面的修养，首先你应该有文学方面的修养，当代的哲学家海德格尔最欣赏赫尔德林的一句诗，叫做人诗意地栖居在大地上。人如果离开了诗意，就没有生活了，所以第一位的是文学修养。我认为第二位的就是哲学修养。一个人只有有了哲学修养，他才能有一个高屋建瓴的理论思维，睿智通达的人生境界。所以冯友兰先生说，学习各门科学是使你成为某种人，而学习哲学是使你作为人能够成为人。科学使你成为某种人，你掌握某种专业，将来你能作某种工作。哲学不是，哲学不是让你成为某种人，而是让你作为人能够成为人。因此哲学是一种修养，或者说是一种教养。而这种教养来源于哲学史。哲学史是一种理论形态的人类文明史。哲学史不是什么抽象的、神秘的、玄奥的，它不过是以理论的方式去表现了我们自己的文明史。这是我给大家讲的第一个问题，关于这“一纵”，也就是哲学史。下边我再分别地给大家讲这“二横”。

首先我们来讲第一个“横”。你要想理解哲学，你就必须诉诸于人类把握世界的各种基本方式。

人类从它的早期开始，就形成了一种最基本的文化的样式，也就是它把握世界的基本方式，这就是神话。神话给我们提供了一个幻想的世界。人类总是不满足于他的那样的一种既定的现实的存在，因此人类把握世界的最基本的方式就是这种神话的方式，这种神话的方式表明了一种人对现实世界的超越，给我们提供了一个幻想的世界。现在我们普遍都在关注一个问题，这就叫做宗教。宗教它给我们提供了一个信仰的世界，它是对我们所生活的这种饮食男女的世俗世界的超越。平时大家最喜欢的人类把握世界的基本方式是什么？艺术。艺术它是人类把握世界的一种基本的方式，它给我们提供了一个具有勃勃生机的生命的世界。所以我常说，你看齐白石画的那个虾，徐悲鸿画的那个马，它既不会游，它也不会跑，但是为什么我们就那么喜欢齐白石画的那个虾，徐悲鸿画的那个马呢？想过没有？为什么？因为它是我们的生命的对象化！看到齐白石画的虾和徐悲鸿画的马，看到我们跃动的燃烧的生机勃勃的生命，所以说什么是艺术，艺术是我们的生命的形式。它是对那种无情的世界的超越。我们生活在这个世界上，我们总需要有一种人际关系来规范我们的思想和行动，那么这是什么？伦理。伦理给我们提供了一个大我的公共的人类的世界，这个世界是对于我的个体的世界的超越。人离开了这种伦理的规范，没有一种道德的约束，那么这个社会是无法维系下去了，所以这个伦理世界也是对于我们每个个体世界的一种超越。它使我们进入到了一种公共的世界。你看我们现在正在办 MPA 班，公共管理嘛。什么叫人？马克思说，人的本质不是它的抽象物，在其现实性上，它是一切社会关系的总和。人是社会性的存在，所以必须有伦理的规范。什么是科学呢？科学给我们提供了一个超越经验的世界，也就是超验的世界。科学必须要诉诸于实验和经验，但是真正的科学又必须超越那个有限的经验，所以科学是对于经验世界的超越。在经验的意义上我们都认为太阳从东边升起来了，又从西边落下去了，因此我们在经验的意义上都会承认什么“说”？地心说嘛。你在经验的意义上你永远是认为太阳围绕着地球旋转嘛。我们能够相信日心说，认为地球是围绕太阳旋转，是因为我们超越了我们的经验。科学的结论都是一种超越经验的理论。最后就是我们今天正在上的这个课，什么？哲学！什么是哲学？它是对于一种有限的世界的一种超越，它给我们提供的是一个无限的世界。哲学是一门追根究底，追本溯源，打破沙锅问（璺）到底的学问，叫做爱智嘛。哲学就是一种终极的关怀，就是向死而思生，面对着死亡而思考如何来生活。人的最大的特点就是你自己知道你自己非死不可，正因为知道你自己非死不可，所以你才怎么样？你才燃烧起熊熊的生命之火嘛！哲学作的这个工作是向死而思生，在这个意义上它才叫做本体论。它是对有限世界的一种超越，它是向死而思生，从而给人自己提供一个安身立命之本，从而像冯先生说的，使人作为人能够成为人。

关于第二个“横”，也就是当代的各种哲学观的比较研究。我在《哲学通论》中概括了八种当代的哲学观，这就是普遍规律性、认识论说、语言分析说、存在意义说、精神境界说、文化批判说、文化样式说和实践论说。关于通行的普遍规律说，首先，要从历史的合理性去理解它。第一，它具有深厚的、久远的哲学史背景。普遍规律说，不是偶然的。从古代哲学寻求那个最高原因的基本原理，一直到黑格尔要提供全部科学的逻辑和一切知识的基础，实质上都是在寻求“普遍规律”。虽然近代哲学实现了认识论转向，但是从它的哲学旨趣上，从它的哲学使命上，从它的哲学性质上，仍然是普遍规律说，或者叫做形而上学。为什么现代哲学叫“拒斥形而上学”呢？就是因为它要拒斥的是这样一种哲学理念。第二，它具有非常深刻的人类思维的根据。我非常欣赏恩格斯讲的，人类的思维，从它的本性、使命、历史的终极目的来说，它是至上的和无限的。人类的思维总是指向着以某种统一性的原理去解释全部的存在物。为什么你最容易接受普遍规律说呢？因为它符合人类思维的本性。第三，这种人类思维的无限的指向性，源于人的实践的存在方式。人类的实践活动是一个目的性的对象性的活动。这种目的性是一个无限的指向性。正是源于这种生活的无限的指向性，才有思维的无限的指向性。正因为有思维的这种无限指向性，才有哲学史上的哲学家们的苦苦的追求。

然而这种普遍规律说的哲学理念，它隐含着两个深层的矛盾：第一，它离开思维和存在的关系，而直接去断言那个存在、普遍规律。因此，它没有达到近代哲学认识论转向所实现的哲学理念的变更。哲学是以思存关系为对象的，可是，在普遍规律说里边，隐含着一个深刻的悖论性矛盾，它离开思维对存在的关系，而直接去断言那个存在、普遍规律，这就提出了一个问题，本体论必须以认识论为基础。所以我们只有有了认识论的哲学理念，才能够更好地去理解那种本体论的哲学理念。第二，哲学作为人类把握世界的一种基本方式，它不仅仅同科学有二元的双向关系，它还具有同宗教、艺术、伦理、常识和科学的多向关系，因此，哲学不仅仅是为人类提供一种关于普遍规律的真理的学说，而且要提供一种与自己时代的真善美相统一的哲学理念。

怎么有哲学理念的“认识论说”了？要理解哲学理念的变化，必须理解它同科学的分化。原来人们用科学的方式来理解哲学，当科学从哲学当中分出去之后，人们要求在和科学相区别的意义上去理解哲学。这种理解的结果是什么呢？凸现了作为哲学基本问题的思维和存在的关系问题。因此恩格斯说，全部哲学，特别是近代哲学的重大的基本问题，是思维和存在的关系问题。在近代哲学，这个基本问题，被十分明确地提了出来，而且获得了它的完全的意义。认识论的哲学理念，就是自觉到了思维和存在的关系问题是哲学的基本问题。

只有具有这种近代的认识论的哲学理念，才能够历史与逻辑相统一地理解现代多种多样的哲学理念。现代的哲学理念，我给大家作一个概括，叫做“语言分析说”的哲学理念，“存在意义说”的哲学理念，“精神境界说”的哲学理念，“文化批判说”的哲学理念，“文化样式说”的哲学理念，特别是马克思的“实践论说”的哲学理念。

全部的现代哲学的哲学理念，是以近代哲学理念作为出发点的，没有近代哲学作为背景，特别是没有黑格尔哲学作为背景，现代哲学无从理解。莫尔顿·怀特在《分析的时代》里边的第一句话说，几乎20世纪的各种重要的哲学运动，都是以讨伐那个思想庞杂而又声名赫赫的德国教授的观点开始的，我心里指的是黑格尔，而这就是对他的特别的颂扬。20世纪的哲学，都是以批判、讨伐黑格尔开始的。不理解黑格尔，怎么理解尼采？怎么理解萨特、海德格尔、胡塞尔、维特根斯坦？尤其是怎么理解马克思？无法理解！

最重要的是希望大家能够以近代哲学的认识论转向为基础，理解马克思的实践论说的哲学理念。这种实践论的哲学观，既是哲学发展史上的空前的革命性变革，又为我们合理地理解和解释现代哲学中的各种各样的哲学观，提供了最主要的理论基础。对于上述的“普遍规律说”、“认识论说”、“语言分析说”、“存在意义说”、“精神境界说”、“文化样式说”和“文化批判说”，我们可以用“实践论说”的哲学观作出如下解释：寻求“普遍规律”，这是基于人类实践本性的思维的渴求，这种渴求本身需要作出实践论的解释，这种渴求的发展也需要实践本身来实现；从断言世界本身到反省人类关于世界的认识，并从而以“认识论”的观点去看待哲学，这是哲学的历史性进步，但是，只有用实践的观点才能回答认识论所要回答的“思维和存在的关系问题”；从反省人类关于世界的认识到探索历史文化的“水库”——语言，无论是对语言的“分析”，还是对语言的“解释”，同样是哲学的历史性进步，但是，只有从实践出发才能真正理解语言的逻辑性与人文性，使“语言转向”获得坚实的实践论基础；人的存在的意义问题，人的精神的境界问题，始终是哲学关注的重要问题，在现代的人类生活中更具有突出的重大的意义，但是，由于实践是人的存在方式，只有从人的实践活动及其历史发展出发，才有可能深化对人的存在意义及其精神境界的理解；哲学在本质上是批判的，这种批判性同样是源于人的实践的存在方式，因而也只有从实践的批判性去解释哲学的批判性，才能全面地理解和发挥哲学的批判性；哲学不是凌驾于科学之上的“科学的科学”，也不是“裁判”人的各种文化样式的“学科的帝国主义”，而是人类把握世界的一种基本方式，因此我们只有从人类的实践存在方式出发去理解人类把握世界的各种方式及其相互关系，才有可能真正理解哲学这种“文化样式”。

你只有通过对具体的哲学家、具体的哲学思想的了解、探索、研究、阐释，你才能够切实地、深入地去把握它的特定的哲学理念。而在对多样性的哲学理念的把握当中，你才能够体会到它的统一性，才能够深入地理解我们今天的时代精神，并且把这种时代精神理解为是一种文明的活的灵魂。

上面我讲了“一纵”与“二横”，也就是哲学与哲学史的关系，哲学与人类把握世界的其他基本方式的关系，以及当代的各种哲学观。它们是进入哲学思考、探讨哲学问题的最基本的背景知识，为我们学习和研究哲学提供了开阔的理论视域。

下篇　哲学的主要问题

XIAPIAN
ZHEXUEDEZHUYAOWENTI

下篇　哲学的主要问题

哲学的最突出的特点，就是它处处去找问题，处处去发现问题，因此，哲学是一个问题的王国。那么，哲学问题具有什么特性？在我看来，哲学是以时代性的内容、民族性的形式和个体性的风格去求索人类性问题。真正的哲学问题都具有人类性。哲学问题是人类性的，但是这种人类性的问题，它表现出三个方面的特点：第一，人类性的哲学问题，总是具有特殊的时代性的内容，所以马克思曾经用两个论断来表达他对哲学的理解。马克思说，任何真正的哲学都是“时代精神的精华”和“文明的活的灵魂”。哲学研究的是人类性的问题，但是它构成的是一种时代精神的精华，因此它具有时代性的内容；第二，求索人类性的哲学，不仅仅诉诸于它的时代性的哲学内容，而且必然表现为具有民族特色的形式，所以冯友兰先生提出，哲学越是“民族底”，就越是“世界底”，哲学是以民族性的形式实现对人类性问题的理解；第三，哲学是经由哲学家思维着的头脑而构建出来的理论，因此，任何一种哲学理论，无不深刻地打上了哲学家个人的烙印，它是以个体性的风格去求索人类性问题。所以，什么是哲学问题？哲学问题是以时代性内容、民族性形式和个体性风格，去求索人类性问题。

人类性的哲学问题，只有在哲学的反思活动中才能被真实地提出。所以，我们讨论的第一个哲学问题，就是哲学的思维方式问题，也就是思想的反思问题。

一　思想与反思：哲学的思维方式

反思性是哲学的根本特性。我们在哲学的意义上所探讨的全部的哲学问题，都是在哲学的“反思”的意义上成立的。或者反过来说，如果我们是在非反思的意义上，就不能构成哲学问题了。因为在非反思的经验常识的意义上，人是一种感性的存在，人之外的世界又是一种感性的存在，人与世界的关系还有什么问题可言呢？所以我们在学哲学的时候，面对着的一个最大的问题是什么呢？就是，我们往往把哲学的世界观理论变成了一种经验常识的或者是一种科学层面的“观世界”的理论。只有当我们在反思的意义上，把人同世界的关系当做了问题，我们才能形成哲学的世界观理论。

我们为什么能够把人和世界的关系当做一个问题去进行研究呢？那是因为，在我们思考人同世界的关系的时候，我们发现了一个重大的问题，那就是，在经验的层面上，人和世界是互相独立的存在；但是，在哲学的反思活动中，“人和世界的关系”就成了“问题”，这就是以人作为主体所构成的主客体关系。大家想一想这个道理。就是说，哲学之所以能够把人和世界的关系、主体和客体的关系、感性和理性的关系当做问题，它的基本前提是什么？是因为，在人和世界关系当中，人作为认识和改造世界的主体，它具有关于“我”的自我意识。在“我”的自我意识当中，“我”把人和世界看做了一种关系。而这种关系在它的现实性上，是一种主体和客体的关系。我们一旦意识到了主体自身的矛盾，我们从主体的感性和理性的矛盾去把握经验对象的时候，经验对象就被我们把握成了现象与本质、个别与一般、必然与偶然、相对与绝对、有限与无限、确定与不确定等一系列的矛盾的存在，也就形成了一系列的人类性问题。就是说，我们关于经验世界的全部矛盾的把握，是以我们在哲学的反思的层面上来看问题为前提的。我之所以能够意识到“我”，从而构成“我同世界”的关系，这里边隐含着哲学的思维方式，反思的思维方式。所以，我们首先讲哲学思维的问题，也就是“思想与反思”的关系问题。

（一）构成思想与反思思想

哲学思维是什么？可以用两个字来概括，就是反思。怎样理解哲学的反思？怎样理解反思这种思维方式？它是我们学习哲学的最重要的问题。如果我们给反思下一个定义或者作一种解释的话，那很容易。什么叫反思？反思就是思想以自身为对象反过来而思之。对不对？如果按照字面这就很清楚了。但是，我们虽然可以做出这样一种简单的解释，但是，这种反思的思维方式蕴含着的深刻的理论内容，却是很不容易把握的。下面我分解开来，分作四个方面，和大家一起思考一下、体验一下，究竟什么是哲学的反思。

首先我们探讨第一点，反思的维度。为什么要从反思的维度入手呢？那是因为，在非反思的其他的思维活动当中，思维只有一个维度，而不会自觉到思维还有另一个维度。什么意思呢？我们每个人平时思考“思维和存在”的“关系”问题的时候，我们认为思维和存在的关系，只有一个思想的维度，什么维度呢？就是思维同存在达到统一的维度。大家想一想，平时我们说思维和存在的关系问题，不就是思维与存在如何统一的问题吗？所以，我们一说哲学，不就是认为哲学可以帮助我们更好地实现思维与存在的统一吗？就是说，我们把思维和存在的统一，不是当做思维的“一个”维度，而是把它当做思维的“唯一”的维度。

那么，什么是哲学的“反思”？所谓的哲学反思，它表明了思想的另一个维度，一种特殊的维度。在人们的思想活动当中，有两个基本的思想的维度，一个是“构成思想”的思想维度，另一个则是“反思思想”的思想维度。所谓构成思想的思想维度，也就是我们要在自己的思想活动当中，实现思维和存在的观念形态的统一。这就是人类思想的构成思想的维度。这是非常容易理解的。我们的全部思想活动在这个意义上都是在构成思想。我们构成关于物理自然世界的思想，构成关于我们自身的精神意识世界的思想，构成关于我们的文化世界的思想，总而言之，我们是在构成思想。我们把人的全部思想都当做构成思想。然而，问题就出在这了。在非反思的意义上，我们不是把“构成思想”当成思想的“一个”维度，而是把构成思想当做了思想的“唯一”的维度。问题就出在这了。你得把自己逼到这个份上，回过头再想，什么是哲学。

什么是哲学？哲学就是思想的另一个维度。大家注意呀，这个地方是最关键的。你看，我们说哲学思维是一种“反思”，怎么理解这种反思呢？我们必须从思维和存在的关系问题入手。那么在思维和存在的关系问题里边，它显示出了人类思维的两个最基本的维度。一个是我们充分地自觉到的“构成思想”的维度。人类的任何思想，它都是在不同的意义，不同的层面，不同的层次来实现思维和存在的统一，从而构成了人的思想当中的那个经验的世界。这好理解吧？

我们是以人类把握世界的各种各样的基本方式去把握世界。人是通过把握世界的各种方式，把自在的世界构成了自己的观念性的世界图景。这种观念性的世界图景，就是人的思想。对吧？这个地方好理解了吧？我们通常能够理解的思存关系，只是一个“构成思想”的维度，而很少地自觉到思维的另一个维度，这就是“反思思想”的维度了。

什么是反思？它是人类思想的另一个基本的维度。怎么样来区分开这两个基本的维度呢？为了能够说清什么是“反思”，我把思存关系分解为二个基本的维度：一个就是说，我们通过自己的现实的认识活动，在我们的思想的过程当中，来实现思维和存在的统一，从而形成关于世界的各种各样的思想。人类关于世界的任何的科学思想，都是构成思想。大家想一想，数理化天地生，自然科学、人文科学、社会科学、思维科学、军事科学、管理科学，不管你叫什么科学，只要你称之为科学的东西，它都是人类以自己的思维去把握某种特定的对象，从而构成关于某种对象的思想。在这个意义上，全部的科学，都表现的是人类思想的构成思想的维度！而哲学作为人类把握世界的一种基本的独特的方式，它区别于其他的方式，它区别于科学的方式，就在于，不管是哪门科学，都是构成关于经验世界的思想。各门科学都有自己的特定的对象、特殊的性质，但是，不管它有多大的区别，在构成思想的意义上，不管你是哪个学科的，都在构成关于世界的思想。对不对？哲学则是人类思想的另外一种特殊的维度，反思的维度。反思思想的维度是思想以自身为对象，反过来而思之，它不是构成思想，反过来，它却把关于世界的全部的思想作为自己反思的对象。

大家知道，通常我们并不是这样看待哲学与科学的关系的。我们通常是说，科学是以世界的各个不同的领域为对象，然后哲学以整个世界为对象，它是以这种方式来区分科学和哲学的。我们原来不都是这样来理解的么？这是一个整个世界，科学和哲学都要研究它，那怎么区别开哲学和科学呢？好了，科学研究世界的各个领域和各个侧面、各个层次、各种问题，都拆开来科学去研究了。但是有一个东西科学不研究，整个世界它不研究，给哲学留下了。能是这样么？恩格斯有三部哲学名著，《反杜林论》、《自然辩证法》、《路德维希·费尔巴哈和德国古典哲学的终结》。恩格斯在这三部哲学名著当中，得出一个共同的哲学结论，这就是：随着自然科学的发展，哲学已经被“驱逐”出了自然领域，而随着历史唯物主义的建立，哲学又被“驱逐”出了社会历史领域，那么哲学只剩下一个纯粹的思维的领域了。可是我们知道到了20世纪，思维科学兴旺发达，哲学合乎逻辑地被“撵出”了思维领域。我们按照恩格斯讲的逻辑一看，非常清楚，哲学被“驱逐”出了整个的世界。在这个意义上，哲学变成了“无家可归”，对不对？可是我说了，只有当哲学“无家可归”的时候，哲学才怎么样？才“四海为家”，才把关于“世界”的全部“思想”作为自己的“反思”对象！“反思”才使哲学“四海为家”！

科学以整个世界为对象，从而形成关于世界的思想，也就是实现思维与存在的统一，这就是“构成思想”的维度。与此相反，哲学是把科学所构成的关于世界的全部思想为对象，对思想本身进行批判性追究，这就是思想以自身为对象的反思的维度，也就是我所说的“反思思想”的维度。

所以，在理解哲学的反思的时候，非常重要的是，我们要理解它的反思的维度。怎么提出反思的维度呢？就是思维和存在的关系。当我们在哲学的层面上去思考思维和存在的关系的时候，我们会自觉到，实际上它有两个最基本的维度。第一个，人类以把握世界的各种各样的方式去构成关于世界的各种各样的思想，在人的观念当中达到思维和存在的统一。我们把这个维度叫做“构成思想”的维度。我们在学习和研究哲学的过程当中，碰到的最大的问题是，我们往往是把“构成思想”的维度当做了思维的“唯一”的维度，“全部”的维度！这样就没有哲学了。只有当我们自觉到人类的思维，除了有“构成思想”的维度之外，还有另一个维度，那就是思想以自身为对象反过来而思之的反思的维度，我们才会知道真正的哲学。大家琢磨琢磨这个道理，问题就在这了。

为了能够理解这个问题，我特别地给大家以哲学和科学的关系来说明这个问题，那就是，究竟谁以世界为对象？经过“反思”我们会理解了，人类关于世界的全部的思想，在科学的意义上，它全是科学把握世界的结果。或者反过来说，在这个意义上，科学是以整个世界为对象，从而构成关于世界的全部的思想，而不仅仅是关于世界的某一个领域，某一个方面，某一个侧面，某一种问题的思想。但是，由于人类文明的发展史，在某种意义上是哲学与科学分化的历史，在科学不发达的情况下，哲学总是代替科学去研究“世界”，所以人们总是习惯于为哲学“找地盘”。只有当哲学被驱逐出了自然领域，被驱逐出了社会领域，又被驱逐出了思维领域的时候，哲学才不以世界的任何一个领域为对象，也不以世界本身为对象，相反，它以科学所构成的关于世界的全部思想为对象反过来而思之。这就是反思。

黑格尔说得真好，人们经常挂在嘴边的名词往往是人们最无知的东西。我们天天都说反思、反思，怎么反思呀？反思是以思想自身为对象，反过来而思之。我们只有理解了哲学反思的维度，我们才有可能进入真实的哲学思考。这是一个入口处。但是，仅仅理解了这一点，还不能够保证你在哲学反思的层面上进行哲学思考。你还必须在理解哲学的反思的维度的基础上，自觉地去掌握哲学的思维方式，也就是反思的思维。

（二）思想的反思与反思的思维

现在我再跟大家谈第二个问题，关于反思的思维。

哲学反思不仅仅是人类思想的一种特殊的维度，而且这种特殊的维度只能是诉诸于一种特殊的思维。这就值得我们深入思考。就是说，我们一般笼统地说我们进行哲学反思，你还不足以能够真实地进行这种哲学层面的反思。只有当你能够掌握并且自如地运用哲学的反思的思维的时候，你才有可能真正地实现哲学的反思。

哲学反思并不是一般意义的“反复思考”，而是以一种特殊的思维——思辨思维——进行的“对思想的思想”。如何理解和评价“思辨”，是理解哲学思维方式的不可或缺和不容回避的关键问题。

“思辨”，在其直接的意义上，就是“思想辨析”或“辨析思想”。对于这种辨析思想的哲学“思辨”，人们常常发出这样的责难：其一，把哲学反思的对象限定为“思想”，只对“思想”进行“辨析”，岂不是放弃哲学对世界、对现实的关注，而仅仅把哲学限定在“思想”之中吗？其二，离开哲学对世界、对现实的研究，所谓的“哲学思辨”，岂不是一种主观任意的“概念游戏”吗？正因如此，人们通常是在否定的意义上或讽刺、嘲笑的意义上使用“思辨”这个概念，并特别地以“思辨”特性诟病黑格尔哲学，以“非思辨”性去解说马克思对德国古典哲学的变革。对于这些责难“思辨”的“思想”，是必须予以“辨析”的。

首先，对“思想”进行“辨析”的“思辨”，是否放弃了对世界、对现实的关注？进一步说，哲学究竟是以怎样的方式面对世界、面对现实？

当我们把“反思”界说为“思想以自身为对象反过来而思之”的时候，我们实际上已经把“反思”即哲学的对象确认为“思想”。就此而言，以“辨析思想”的“思辨”来表征哲学的思维方式，只不过是一个合乎逻辑的结论而已。然而，当我们明确地把哲学的“反思”对象确认为“思想”的时候，就非常需要对作为“反思”、“思辨”对象的“思想”作出应有的解释。

“思想”，总是关于某种思想对象的思想；没有思想的对象，就不会有“思想”。这正如马克思所说，“意识在任何时候都只能是被意识到了的存在”①，“观念的东西不外是移入人的头脑并在人的头脑中改造过的物质的东西而已”②。这表明，虽然哲学“反思”的是“思想”，但“思想”本身却只能是关于“世界”的“思想”。在我们所说的“构成思想”的思想维度中，“思维和存在的关系”中的“存在”，如果借用科学哲学家波普尔的“三个世界”的说法，就应当包括三个方面的“存在”：其一，所谓“物理自然世界”即客观物质世界的存在；

① 《马克思恩格斯选集》第1卷，人民出版社1995年版，第72页。

② 《马克思恩格斯选集》第2卷，人民出版社1995年版，第112页。

其二，所谓“人的意识世界”即精神世界的存在；其三，所谓“客观知识世界”即语言文化世界的存在。由此我们可以看到，作为“思想”对象的“存在”，就是构成思想对象的全部的“存在”。把“反思”、“思辨”同“思想”和“思想对象”联系起来，我们就会发现：当哲学把自己当做关于“世界”的“思想”，直接地面对“世界”，企图把“自然”、“社会”和“思维”作为自己的对象的时候，它越来越陷入“无能为力”和“无家可归”的窘境；反之，当哲学被“驱逐”出它的全部“世袭领地”（自然、社会和思维），由科学去“构成”关于“世界”（自然、社会和思维）的“思想”的时候，“无家可归”的哲学却真正地实现了“四海为家”——关于“世界”的全部“思想”都是哲学“反思”、“思辨”的对象。毛泽东说，哲学是对自然知识和社会知识的“概括”和“总结”，这不正是表明哲学是“对思想的思想”、“对认识的认识”，也就是以关于世界的全部知识为对象吗？

其次，以“思想”为对象的哲学“反思”、“思辨”，是否是一种主观任意的“概念游戏”？进一步说，对“概念”的“思辨”在哲学研究中究竟占有怎样的地位？

关于哲学的“思辨的思维”，黑格尔曾作过这样的解释：它“以思想的本身为内容，力求思想自觉其为思想”。[①] 这就是说，哲学的“思辨”，并不是脱离思想“内容”的“概念游戏”，而恰恰是为了使思想“自觉”到它的“内容”。为了澄清“思辨思维”作为哲学思维的这个本质，黑格尔集中地考察和对比了“表象思维”、“形式思维”和“思辨思维”，并在对前两种非哲学思维的批判中进一步阐述了哲学的“思辨思维”。认真想一想黑格尔的相关论述，是十分重要和必要的。

黑格尔提出，所谓的“表象思维”，“可以称为一种物质的思维，一种偶然的意识，它完全沉浸在材料里，因而很难从物质里将它自身

① 黑格尔：《小逻辑》，商务印书馆 1980 年版，第 39 页。

摆脱出来的同时还能独立存在”；与此相反，所谓的“形式推理”，“乃以脱离内容为自由，并以超出内容而骄傲”。[1] 与上述的“表象思维”和“形式推理”不同，“思辨思维”既不是以经验材料为对象而形成关于经验世界的各种知识的“表象思维”，也不是以思维的形式推理为对象而形成的关于思维的结构和规则的知识的“形式思维”，而是努力地把思想“沉入于内容，让内容按照它自己的本性，即按照它自己的自身而自行运动，并从而考察这种运动”。[2]

黑格尔对哲学思维方式的探讨，表明了他“以最宏伟的形式概括了以往哲学全部发展”的高度的哲学自觉。黑格尔曾经颇有感触地指出，“一般人所说的哲学的难懂性”，一部分是由于他们“不惯于作抽象的思维”，另一部分是由于他们“亟欲将意识中的思想和概念用表象的方式表达出来”。[3] 这就是说，人们之所以责难或拒斥“思辨思维”，主要是因为人们习惯于以关于世界的“表象”或某些流行的“观念”来理解世界，而难以自发地形成对哲学“反思”的体悟。对此，海德格尔同样深有感触地说，“就其本质而言，哲学决不会使事情变得浅易，而只会使之愈加艰深”，正因如此，“不熟悉哲学的表述方式”的“日常理性”就会认为哲学的反思“近乎痴呓”。[4]

区别于“表象思维”和“形式推理”的“思辨思维”，是以思想的“内容”即“概念”为对象的。对此，列宁曾摘录黑格尔这样一段论述：“没有思维规定和概念对象，就是一个表象或者甚至只是一个名称；只有在思维规定和概念的规定中，对象才是它所是的东西”。[5] 列宁还以黑格尔对古希腊哲学家芝诺的分析为例，深刻地阐发了哲学思维的特征。人们通常认为，芝诺提出的“飞矢不动”是典型的“形而

①② 黑格尔：《精神现象学》上卷，商务印书馆 1997 年版，第 40 页。

③ 参见黑格尔：《小逻辑》，商务印书馆 1980 年版，第 40—41 页。

④ 海德格尔：《形而上学导论》，商务印书馆 1996 年版，第 13 页。

⑤ 《列宁全集》第 55 卷，人民出版社 1990 年版，第 194 页。

上学”命题，即“否认事物运动”的命题。而黑格尔则认为，芝诺从来没有想到要否认作为“感觉确实性”的运动，问题仅仅在于“运动的真实性”，也就是如何以“概念”的方式来说明“运动”的问题。正因如此，列宁提出：“问题不在于有没有运动，而在于如何用概念的逻辑来表达它”。[①] 这正是“哲学思维”与“表象思维”和“形式思维”的原则区别。

怎样理解和对待哲学思辨，首先是同人们怎样理解作为思辨对象的概念、范畴密切相关的。概念、范畴，是人类认识的积淀和结晶，是历史文化的“水库”，是人类用以掌握世界的“阶梯”和“支撑点”；对概念、范畴的“思辨”，既是对“思维的历史和成就”的“反思”，又是对“思维和存在的关系”的内在矛盾的“辨析”。正因如此，列宁曾经尖锐地提出：“如果一切都发展着，那么这是否也同思维的最一般的概念和范畴有关？如果无关，那就是说，思维同存在不相联系。如果有关，那就是说，存在着具有客观意义的概念辩证法和认识辩证法”。[②] 而在“辩证法是什么？”的标题下，列宁又提出，辩证法就是“概念的相互依赖”，“一切概念的毫无例外的相互依赖”，“一个概念向另一个概念的过渡”，“一切概念的毫无例外的过渡”，“概念之间对立的相对性”，“概念之间对立面的同一”。[③] 这表明，只有升华为“概念性的认识”，才能达到哲学思维；只有达到对概念的反思，才能构成哲学意义上的思想。

人们经常引用黑格尔关于哲学是“思想中所把握到的时代”的论述、马克思关于任何真正的哲学都是“自己时代精神的精华”的论述，那么，哲学究竟如何构成“思想中的时代”，怎样成为“时代精神的精

① 《列宁全集》第55卷，人民出版社1990年版，第216页。
② 同上，第215页。
③ 同上，第167页。

华”？这集中地表现在不同的时代所形成的不同的哲学理念。例如，马克思在评论黑格尔的“绝对理念”即“无人身的理性”时，就极为深刻地揭示了黑格尔的“思辨”哲学与“现实”的关系，即：黑格尔是以最抽象的形式表达了最现实的人类状况：“个人现在受抽象统治，而他们以前是互相依赖的。但是，抽象或观念，无非是那些统治个人的物质关系的理论表现”。[①] 这就是说，黑格尔的“抽象”，既不是他个人的“偏爱”，也不是他个人的“编造”，而是根源于理论所表达的现实——现实被“抽象”所统治。在这个意义上，黑格尔哲学就不是远离了现实，恰恰相反，它是以“抽象”的理论形式而真实地表达了受“抽象”统治的现实。

哲学作为“思想中的时代”，它是以“理论”的方式所把握到的“时代”，而不是关于时代的种种“表象”。对“思想”的“思辨”，似乎是使哲学与现实拉开了“间距”，然而，正是由于这种“间距”，哲学才能够超越感觉的杂多性、表象的流变性、情感的狭隘性和意愿的主观性，从而全面地反映现实、深层地透视现实、理性地解释现实、理智地反观现实、理想地引导现实。哲学所实现的时代精神主题化和基本理念的概念化，是以哲学所实现的现实存在的间距化为前提的，又是以哲学所实现的流行观念的陌生化为内容的。

哲学作为人类思想的反思活动，从其产生开始，就具有反思的特性；但是，哲学的反思性，却是在哲学的发展进程中不断成熟和深化的。以“实践转向”和“语言转向”为标志的现代哲学，并没有“拒斥”哲学反思，而是扩展和深化了哲学反思。

在现代西方哲学中，“拒斥形而上学”、“本体论承诺”、“观察渗透理论”、“合法的偏见”以及“存在的遗忘”等命题，可以说是整个20世纪的“世纪性命题”，它们以时代性的哲学理念表征了刚刚过去

---

① 《马克思恩格斯全集》第30卷，人民出版社1995年版，第114页。

的那个世纪。有意思的是，当我们思考这些“世纪性命题”时就会发现，它们的哲学内涵正是成立于对某些重要“概念”的“哲学思辨”和“前提批判”。

先谈“拒斥形而上学”。在被怀特称之为“分析的时代”的20世纪，是以对“形而上学”的“分析”为前提的。作为逻辑实证主义重要代表人物之一的卡尔纳普，通过对“语言职能”的分析，尖锐地向“形而上学”发问：如果作为“形而上学”的哲学既不是充当语言的“表述”职能而像“科学”那样“表述”世界，又不是充当语言的“表达”职能而像“艺术”那样“表达”情感，这样的“形而上学”不是应当“拒斥”吗？

我们并不赞同卡尔纳普的结论，是因为在他的理论“前提”中就蕴含着深刻的矛盾：是否存在一种纯客观的“表述”经验事实的“科学”？现代科学哲学在它的发展过程中，以“观察渗透理论”这个“命题”否定了实证主义的幻想。“观察”总是作为历史文化存在的人的观察，人总是以自己的历史文化为背景而进行观察，因此，“没有中性的观察”，“观察总是负载理论”，“观察总是被理论‘污染’”。对“观察”的“思辨”，变革了我们对“观察”及其所蕴含的主客关系、思存关系的理解。

对于人们争论不休的“本体论”问题，逻辑实用主义创始人蒯因从对概念的分析即“思辨”入手，简洁明快地提出，所谓“本体论”问题就是“何物存在”的问题，而人们在讨论这个问题的时候，则必须区别两种不同的问题：一是何物实际存在的问题，一是我们“说”何物存在的问题；前者是“本体论的事实”问题，后者则是“本体论的承诺”问题。蒯因在这里表达的对本体论问题的现代理解，触及了传统哲学本体论的症结所在，这就是把“本体论的承诺”当做了“本体论的事实”。我们同样并不完全赞同蒯因的观点，但是，我们不能不称赞蒯因对“本体论”问题的“思辨”。

在现代的哲学反思中，存在主义大师海德格尔对“存在”的“思辨”，也许是更为激动人心的。在《形而上学导论》中，他劈头就问：“究竟为什么在者在而无反倒不在？”在非反思的日常思维中，这问题似乎并不存在：在者在，而无就是不在。对此，海德格尔以早就料到的口吻说，“绝大部分人根本就不会遇上这个问题”，因为要“对此问题提问”，首先就要“迫使自己进入这一发问状态中”。而“不提这个问题，星球照样按照它的轨道运行”，“万物照样生机勃勃成长”。既然如此，为何非提这个问题不可呢？海德格尔说，因为这个问题是“首要问题”：其一，它是“最广泛”的问题，“不仅涵括最广义的，现在的现成存在者，而且涵括以往的曾在者和未来的将在者”；其二，它是“最深刻”的问题，是问“在者由何根据而来？在者处于何根据之上？在者照何根据行事？”其三，它是“最原始”的问题，“唯有一种在者，即提出这一问题的人，总是不断在这一追问中引人注目”。通过海德格尔对他称之为“首要问题”的“思辨”，我们是否可以感受到“哲学活动就是对超乎寻常的东西作超乎寻常的发问”？

在传统哲学的两极对立、非此即彼的思维方式中，“思想”只有“正确”与“错误”之分；但在伽达默尔的解释学“反思”中，却构成了一个振聋发聩的命题：“合法的偏见”。把“偏见”视为“合法”，这确实是对“偏见”的现代理解。在哲学解释学看来，人所创造的“语言”并不是一种工具，而是人自己的存在方式，由“语言”构成的历史与现实之间、“历史视野”与“个人视野”之间，时时存在一种“张力”；人既在历史中接受、也在历史中更新“理解”的方式；历史文化对个人的占有与个人主体意识活动的统一，既构成理解方式的更新即历史的发展，也构成历史发展中的“合法的偏见”。正因为人类的实践活动总是以某种“合法的偏见”为前提，因此，伽达默尔提出，“一切实践的最终含义，就是超越实践本身”，而“理论就是实践的反义词”，“对理论的赞美构成了对实践的反驳”。[①] 在这里，正是由“合法的偏见”而引申出对“理论”和“实践”及其相互关系的理解。这种理解对于我们反思“理论”和“实践”是富有启发性的。

这表明，“反思”和“思辨”，并不是黑格尔的“专利”，而是哲学的“天命”。反思思想的哲学必须诉诸于辨析思想和追究前提的“思辨”，而“拒斥思辨”则只能是使哲学陷入作为“表象思维”的“常识”。深入地思考和体会这个问题，我们才能理解哲学的思维方式。

（三）反思思想与思想的前提批判

与“构成思想”的思想维度不同，哲学反思的直接对象是“思想”，而不是思想的对象。如果反思的对象仍然是作为思想对象的“存在”，那么，这仍然是“构成思想”的思想维度，它所形成的也仍然是关于世界的思想。正因为“反思”的对象是“思想”，而不是思想的对象，因此，“反思”才把“思维和存在的关系”作为“问题”来思考。就是说，在人类思想的反思维度中，不是具体地实现思维与存在之间的统一，从而构成关于“存在”的某种“思想”；恰恰相反，人类思想的反思维度，是揭露思维与存在之间的矛盾，对各种关于“存在”的“思想”进行反省和批判。正因为“思想”的“对象”是构成思想的全部“存在”，“思想”本身是无限丰富、复杂的，所以，反思的对象是无限开阔的，古往今来的各种哲学从未停息对“思想”的“反思”，当代哲学则愈来愈强烈地感受到“反思”的任重道远。

哲学的批判性反思，总是对反思对象的批判；没有作为反思对象的“思想”，也就没有作为反思活动的批判。然而，值得我们深长思之的是：反思的对象不只是作为思想内容的思想，而且包括构成思想的根据。这种构成思想的根据，是思想得以形成的前提。它是哲学反思的真实对象，因而哲学的反思具有“前提批判的性质”。我们现在就来

---

① 伽达默尔：《赞美理论》，三联书店 1998 年版，第 21、46 页。

讨论反思思想与思想的前提批判。

在哲学的意义上，思想的前提是构成思想的根据，推演思想的支点，评价思想的尺度和检验思想的标准。对思想的前提批判，也就是对构成思想的根据、支点、尺度和标准的批判。这种“前提批判”的出发点和归宿，是实现思想的逻辑层次的跃迁。这表明，哲学的反思是反思的特定层次——前提批判的反思活动。

思想的自我反思有两个基本层次：一是思想对自己的思想内容的反思，二是思想对构成自己的根据和原则的反思。前者是普遍地存在于各种思想活动之中的思想自我反思，后者则是属于哲学层面的哲学反思。

人们在各种各样的思想活动中，不仅仅要“构成思想”，实现思维与存在的具体的统一，而且总要反省、追究已经构成的思想是否实现了思维与存在的统一。所谓“反复思考”，“三思而后行”等等，都是指这种对思想内容的反思。由此可见，这种思想内容的自我反思，是普遍地存在于人类的全部思想活动之中的。这种层次的反思，还不是专属于哲学的反思。这里，我们以人们对科学的反思为例，来说明两个不同层次的反思，并从而理解哲学层次的反思。

在科学的发展史上，人们总是通过对科学思想的反思与批判，来推进科学思想的进一步发展。在一定的意义上，科学的发展史，就是科学思想的自我批判史。但是，这种科学思想的自我批判，并不直接就构成哲学层面的反思。

科学思想自我反思和自我批判的第一个层次，是在遵循既定的逻辑前提的基础上，扩展和深化已有的科学思想；科学思想自我反思和自我批判的第二个层次，则是对科学思想的逻辑前提的批判与变革。这种对科学思想的逻辑前提的批判与变革，从根本上说，就是对人们普遍认同的、占有统治地位的“公理”的挑战。在科学的发展史上，“日心说”之于“地心说”，“进化论”之于“创生论”，“非欧几何”

之于“欧氏几何”，“相对论”和“量子力学”之于“经典物理学”，“剩余价值学说”之于“古典政治经济学”，“科学社会主义”之于“空想社会主义”，都可以说是对“公理”的挑战，并且以新的“公理”去取代了旧的“公理”，其中包括把旧的“公理”作为新“公理”的特例而容涵于新“公理”之中。

显而易见，科学思想的自我反思和自我批判所实现的对科学理论的逻辑前提的变革，以及由此而实现的世所公认的权威性的“公理”的转换，是科学的划时代的重大发现。它深刻地改变了人们的世界图景、思维方式和价值观念，以至变革了人们整个的生活方式。这种指向思想的逻辑前提、并从而改变了思想的逻辑前提的科学思想的自我反思，已经不再仅仅是思想内容的自我反思，而是一种关于思想的逻辑前提、思想的逻辑基础的反思，因而它属于对构成思想的根据和原则的反思，即哲学层面的思想自我反思。当科学家进行这种“前提批判”的时候，他就进入了哲学的反思活动。正因如此，伟大的科学家总是具有哲学头脑的哲学家，哲学的反思也不仅仅是哲学家的“专利”。

以思想构成自己的根据和原则为对象的哲学反思，当然不止于科学研究中的哲学层面的反思，而且包括一切思想活动中对构成思想的根据和原则的反思。任何思想，不管是常识思想还是宗教思想，不管是艺术思想还是科学思想，都隐含着构成其具体内容、从而也是超越其具体内容的根据和原则。这些根据和原则，是思想构成其自身的一只“看不见的手”。它以文化传统、思维模式、价值尺度、审美标准、行为准则、终极关怀等形式而构成思想的立足点和出发点。这种思想的立足点和出发点，作为思想构成自己的逻辑前提而隐含在思想构成自己的过程和结果中，并对思想构成其自身的进程与结果发挥逻辑的强制性力量——由既定的思想逻辑支点出发而形成特定的思想。因此，要变革思想，就必须变革构成思想的逻辑支点。这就要求人们必须从思想自我反思的第一个层次——思想内容的反思，跃迁到思想自我反思的第二个层次——对思想构成自己的根据和原则的反思，也就是对思想前提的反思。这就是哲学的前提批判。

思想的前提，就是思想构成自己的根据和原则，也就是思想构成自己的逻辑支点。人的任何思想，都蕴含着构成自己的前提；对思想的前提批判，就是思想的逻辑层次的跃迁。

应当看到，对思想的前提批判，既是哲学反思的实质性内容，又是哲学的艰巨使命。哲学反思的艰巨性，就在于思想前提所具有的"隐匿性"、"强制性"；而哲学反思的现实性，则在于思想前提所具有的"可选择性"和"可批判性"。作为思想前提批判的必要性与可能性的统一，则在于思想前提的"普遍性"。下面，我们就分别讨论思想前提的这几个基本特性。

首先讨论思想前提的"隐匿性"和"强制性"。思想前提，它作为构成思想的根据和原则，是思想中的一只"看不见的手"，也是思想构成自己的"幕后的操纵者"。比如，在一般的思维过程中，我们总是按照形式逻辑的三段论的方式去思考问题，并不自觉地遵守着形式推理的各种规则。这些形式推理的规则，在我们构成思想的进程和结果中，只是"默默地奉献"，深深地隐匿在思想活动之中。还应看到的是，在我们的思想活动中，并不仅仅是不自觉地遵循着思维运动的规律与规则，而且"隐匿"着更多的"幕后操纵者"。比如文化传统，这就像《我的中国心》里唱的，"洋装虽然穿在身，我心依然是中国心"。文化传统无条件地烙印在人们的思想之中，并以不自觉的方式规范着人们的所思所想和所作所为。同样，人们的思维模式、价值观念、审美意识、终极关怀等等，都以不自觉的和无条件的方式而规范着人们的思想内容和行为内容。这就是思想前提的"隐匿性"。

思想构成自己的根据和原则虽然深深地"隐匿"在思想的过程与结果之中，但它作为思想中的"看不见的手"和"幕后的操纵者"，却直接地规范着人们想什么和不想什么、怎么想和不怎么想、做什么和不做什么、怎么做和不怎么做。这就是思想前提对构成思想的“强制性”。比如，在“常识”范围内，我们必须遵循“经验”的方式去构成思想，任何“超验”的思考，都是对“常识”的“挑战”。同样，在各种特定的理论框架中，我们必须以这些理论框架提供的基本原则为思想的前提，并依据这些思想前提去形成思想。这就是思想前提对构成思想的逻辑强制性。

思想前提的“隐匿性”和“强制性”，构成了哲学反思的必要性。这就是，只有通过哲学反思，才能超越对思想内容的反思，而达到对构成思想的前提的反思；也只有通过对构成思想的前提的哲学反思，才能揭示出“隐匿”在思想的过程和结果中的“前提”，并以哲学批判的方式去解除这些思想前提的“逻辑强制性”，从而使人们解放思想，创立新的思想。

哲学对思想前提的反思，不仅是由于人类思想的发展需要不断地揭示隐匿于思想之中的前提，并不断地“解除”这些思想前提的“逻辑强制性”，而且是因为，思想前提自身所具有的“可选择性”和“可批判性”，为哲学的前提批判提供了现实的可能性。

哲学对思想的前提批判，首先是因为任何思想的前提或思想的任何前提都具有“可选择性”。这就是说，思想的前提具有二重性：一方面，它在构成思想的特定过程和特定结果中，这是确定的，不可变易的，因而它的逻辑强制性是合理的；另一方面，它在思想的历史发展过程中，它在纷繁复杂和多种多样的思想领域中，它又是不确定的，可以变易的，因而它的逻辑强制性又是应当和可以解除的。

哲学对思想的前提批判，还因为任何思想的前提或思想的任何前提都具有“可批判性”。这就是说，我们在对任何思想的反思中，都不仅可以反思思想的内容，而且能够反思思想的前提。思想的前提在思想的过程和结果中是“隐匿”的，但人们却可以通过哲学的反思去揭示这些隐匿的前提，对这些前提进行“分析”或“解释”，使它们以文化传统、思维模式、价值尺度、审美标准和终极关怀等方式而成为哲学批判的对象。

哲学对思想的前提批判，其必要性与可能性的统一，在于思想前提的“普遍性”。这就是说，在人的思想的过程和结果中，思想前提是“无处不在”和“无时不有”的。以“思想”为对象的哲学之所以能够“四海为家”，从根本上说，就在于思想的“前提”具有普遍性。下面，我们着重地探讨思想前提的普遍性。

思想前提的普遍性，首先表现在任何思想都有构成其自身的根据。具体地说，任何思想的自我构成，都是以某种“世界观”、“认识论”和“方法论”为前提的。这就是说，人们在构成具体的思想之前，总有某种关于世界的整体图景，总有某些构成思想的方法，总有某些对思想进行解释和评价的解释原则和评价标准。

思想前提的普遍性，又表现在思想的过程总要遵循思维的规则和运用思维的方法。这些思维的规则和方法正是思想构成自己的重要前提。学习形式逻辑，是要求人们自觉地掌握和运用思维的规则去构成思想和交流思想。思想的前提批判则是要求对构成思想的思维规则和思想方法进行哲学反思。在论述辩证法时，列宁指出：“辩证法是活生生的、多方面的（方面的数目永远增加着的）认识，其中包含着无数的各式各样观察现实、接近现实的成分……”① 以社会实践为基础的人类认识具有生理的、心理的、语言的、逻辑的、经验的、情感的、意志的、文化的多质性及其错综复杂的矛盾关系。人类在其前进的发展过程中，又不断地生成多方面的、方面的数目永远增加着的各式各样的认识成分，从而构成思维与存在之间的日益丰富的矛盾关系，并实现思维与存在的辩证的、历史的、具体的统一。揭示和批判地考察这

① 《列宁全集》第55卷，人民出版社1990年版，第308页。

些认识成分、认识环节和认识方法等等，是哲学的前提批判的重要内容。

思想前提的普遍性，还表现在思想的构成总要以人类把握世界的基本方式为前提。这就是说，任何思想的构成，都是通过常识的、神话的、宗教的、伦理的、艺术的、科学的或哲学的方式构成的；没有把握世界的某种特定方式，也就没有某种特定的关于世界的思想。问题在于，人类把握世界的各种基本方式，都不是凝固的和僵死的，而是在人类的前进的发展中历史地变化的。哲学的前提批判，就是揭示思想在自我构成中，究竟是以怎样的方式为前提。通过这样的哲学前提批判，就会变革和更新人类把握世界的基本方式，从而实现思想的逻辑层次的跃迁。

思想前提的普遍性，最深层地表现为“理论思维的前提”。恩格斯曾经强调地指出，在人的全部思想中，隐含着一个最普遍的、“本能的”和“无条件的”前提，这就是思维与存在的统一性。恩格斯说：“我们的主观的思维和客观的世界遵循同一些规律，因而两者在其结果中最终不能互相矛盾，而必须彼此一致，这个事实绝对地支配着我们的整个理论思维。这个事实是我们的理论思维的本能的和无条件的前提。”①人类思想的哲学维度，就在于它不像各门具体科学和人类把握世界的其他方式那样，把理论思维的“前提”当做毋庸置疑的出发点，去实现思维和存在的某种形式的统一，而是把理论思维的这个“本能的和无条件的前提”作为考察的对象，去反思“思维和存在的关系问题”。因此，只有理解哲学对理论思维的前提批判，才能理解哲学基本问题的真实意义，才能把握哲学的反思的思维方式。

哲学反思的根本特点，决定人类思想的哲学维度在本质上是批判的。对此，哲学大师们有明确的论断。例如，德国古典哲学的奠基人

① 《马克思恩格斯选集》第4卷，人民出版社1995年版，第364页。

康德，把哲学视为一种“清理地基”的工作，认为“哲学家的事业”就是对“自明性的东西”进行分析。现象学大师胡塞尔提出，在所谓的“自然的思维态度”中，认识是深不可测的，而认识的可能性却是“自明”的；但在反思的哲学思维中，认识的可能性却成为理性批判的对象。[①] 他们都把哲学批判的锋芒指向了人类认识何以可能的“前提”，并迫使这个前提由“幕后”走上“前台”，由“看不见的手”变成“看得见的手”，从而遭到哲学反思的无情的批判。就此而言，康德的先验方法和胡塞尔的现象学还原方法，都可以称之为哲学的前提批判。

以“语言转向”为标志的现代哲学，充分利用“语言”自身所具有的客观性、公共性、多样性、历史性、可分析性和可解释性，以一种前所未有的广阔视野展开了对各种各样的文化形式的思想前提批判。构成人的神话世界、常识世界、宗教世界、艺术世界、伦理世界和科学世界的神话语言、常识语言、宗教语言、艺术语言、伦理语言和科学语言，在这种追问“思想前提”的哲学反思中，不得不一一走上思想自我反思和自我批判的“前台”，暴露自己得以存在的“前提”，申诉自身继续存在的“根据”，变革自身发展的方式。

哲学对思想的前提批判，是以人类生活的历史发展为坚实基础的。哲学前提批判的自觉与强化，其现实基础正如马克思所说：“真理的彼岸世界消逝以后，历史的任务就是确立此岸世界的真理。人的自我异化的神圣形象被揭穿以后，揭露具有非神圣形象的自我异化，就成了为历史服务的哲学的迫切任务。于是对天国的批判变成对尘世的批判，对宗教的批判就变成对法的批判，对神学的批判就变成对政治的批判。”[②] 近代哲学的前提批判，主要是对“上帝本体论”的批判，即对

① 参见胡塞尔：《现象学的观念》，上海译文出版社 1986 年版，第 19—23 页。

② 《马克思恩格斯选集》第 1 卷，人民出版社 1995 年版，第 2 页。

“神圣形象”的批判；现代哲学的前提批判，则主要是对“非神圣形象”的批判，也就是对“尘世”中的各种文化样式的批判。

马克思正是以哲学的前提批判，深刻地揭示了“隐匿”在德国古典哲学、英国古典政治经济学和英法空想社会主义中的诸种“前提”，空前深刻地揭露和批判了人在各种“非神圣形象中的自我异化”，才创立了马克思主义学说，实现了人类思想史上的伟大变革。而现代西方哲学所进行的“形而上学”批判、“意识形态”批判、“科学技术”批判、“意义世界”批判、“话语方式”批判等等，从根本上说，都是对现代社会中的各种“非神圣形象”的思想前提的批判。

在这里，重新思考我国学者王国维所说的读书三境界，对于理解思想的前提批判是非常有帮助的。“昨夜西风凋碧树，独上高楼，望尽天涯路”的第一境界，虽然是登高望远，博览群书，但却只能是“获得思想”；“衣带渐宽终不悔，为伊消得人憔悴”的第二境界，虽然是呕心沥血，废寝忘食，但却不一定找到“思想的前提”；只有“众里寻他千百度，蓦然回首，那人却在灯火阑珊处”的第三境界，在那人所未见的地方，才有可能找到“隐匿”的“思想前提”。在这个意义上，所谓“读书三境界”，既生动地体现了“前提批判”的艰难，也深刻地显示了“前提批判”的意义。

二　人与世界：反思哲学的“世界观”

哲学反思什么？最为直接的就是人与世界的关系问题，也就是“世界观”问题。

哲学探讨的全部问题，我们可以把它归结为一个问题，就是人同世界的关系问题。正因如此，我们才把哲学叫做关于世界观的学问，或者说叫做理论化、系统化的世界观。然而，值得大家认真思考的是，我们在学习哲学的过程当中，碰到的一个最大的问题，就是如何去理解“世界观”。所以关于人同世界的关系问题，首先就要讲“世界观”与“观世界”。

（一）世界观与观世界

“世界观”究竟是什么？或者说什么是“世界观”？我提出的第一个问题，就是“世界观”同“观世界”的区别。哲学意义上的“世界观”，不是常识意义上的“观世界”。然而，我们现在对于“世界观”的理解的最大的“误区”就在于，我们把“世界观”变成了“观世界”。大家琢磨琢磨这个问题，这是追问哲学的一个最基本的、最重要的、最根本的切入点。

什么是“世界观”？世界观是不是人站在世界之外，把整个的世界作为对象，从而构成关于整个世界的一种根本的看法？在人同世界的关系里边，这是最值得大家问的问题。我们通常在理解“世界观”的时候，是把它解释为“关于整个世界的根本的观点”。而一旦我们对世界观作出这样的解释的时候，它意味着什么呢？它意味着我们把人和世界相互割裂开来，认为人站在世界之外去看整个的世界，从而获得了“关于整个世界的根本观点”。

为什么会形成对“世界观”的这种理解呢？这就涉及哲学与科学的关系了。人类文明的发展过程，有一个很重要的特点，就是哲学与科学的分化的过程。所以我们一般把古代的哲学叫做“知识的总汇”，把近代的哲学叫做“科学的科学”，而把现代的哲学视为反思科学的哲学，或者叫做“超越知识论立场”的哲学。到了20世纪，哲学有一个最大的特点，就是哲学被“驱逐”出了自然、社会和思维的三大领域，哲学已经开始“无家可归”了。正因为哲学无家可归了，所以哲学怎么样了？哲学“四海为家”！这是一个特别令人震惊的现象：哲学越有对象，哲学越没有对象；哲学越没有对象，哲学越有对象。当哲学“无家可归”的时候，它才真正“四海为家”了，它以人类关于世界的全部的思想为对象了。

在人类的文明史上，哲学和科学是一个分化的过程。哲学起源于对于大自然的惊讶，它要去探索整个宇宙的奥秘，它是以整个宇宙为对象的。但是科学的发展，越来越代替哲学去研究整个的世界了。哲学被驱逐出了它的世袭的三大领域，全被驱逐出去了，这样才迫使哲学真正理解到了什么是哲学。

什么是哲学？哲学不是以“整个世界”为对象，而是对于人与世界之间关系的反思，从而为人类提供一种理解和协调人与世界之间相互关系的“世—界—观”！这是最重要的一个问题。这个问题不理解，你永远区分不开哲学与科学。区分不开哲学与科学，你当然就不知道哲学为何物了。你总是按照科学去理解哲学，而不能够把哲学当做人类把握世界的一种独立的、基本的方式。

怎么理解哲学，在于怎么理解世界观；而怎么理解世界观，在于我们去区分开世界观同观世界；而作为“观世界”的“普遍规律说”，它是有着深厚的基础的。作为一种通行的哲学观，也就是大家所熟知的哲学观，“普遍规律说”认为：各门科学只是研究世界的各种“特殊领域”，并提供关于这些领域的“特殊规律”；而哲学则以“整个世界”为对象，并提供关于整个世界的运动与发展的“普遍规律”。大家通常不就是这样解释“哲学”与“科学”的关系吗？现在大家开始“反思”这种哲学观，对“普遍规律说”提出了许多批评。但是，真正批到要害之处是很困难的，真正确立一种新的哲学观是更为困难的。这是因为，这种通行的“普遍规律说”的哲学观，具有很深厚的历史的和现实的基础。

首先，这种“普遍规律说”的哲学观，具有深远的哲学史背景。在哲学的发展史上，从古希腊哲学“寻取最高原因的基本原理”，到德国古典哲学寻求“全部知识的基础”和提供“一切科学的逻辑”，就其深层实质而言，都是把哲学定位为对“普遍规律”的寻求。大家读一读哲学史，就会清楚了。其次，这种“普遍规律说”的哲学观，具有深刻的人类思维的根基。人类思维面对千姿百态、千变万化的世界，总是力图在最深刻的层次上把握其内在的统一性，并以这种“统一性”去解释世界上的一切现象，以及关于这些现象的全部知识。思维的这种追求以理论的形态表现出来，就构成了古往今来的追寻“普遍规律”的“哲学”。第三，这种“普遍规律说”的哲学观，更具有深切的人类实践的根基。人类的实践活动，是以人类关于世界的规律性的认识为前提，并以人类自己的目的性要求为动力去改造世界，把世界变成对人来说是真善美相统一的世界。没有关于世界的规律性的认识，人类就无法成功地改造世界以造福人类自身。因此，人类在自己的历史性的实践活动中，总是不满足于对世界的不同领域、不同侧面、不同层次的认识，而总是渴求获得关于“整个世界”的“普遍规律”的认识。寻求“普遍规律”的渴望，激发起一代又一代人的哲学思考。

但是，如果我们深入地进行哲学思考，却会发现两个值得认真思考的重要问题：其一，在把哲学解释为关于“普遍规律”的学说时，常常是离开哲学的基本问题——思维和存在的关系问题——去看待哲学对“普遍规律”的寻求，其结果往往把哲学理论混同为其他的实证知识。这就启发我们，在对哲学的现代理解中，需要从哲学的基本问题即“思维和存在的关系问题”出发，重新理解这种“普遍规律说”的哲学观；其二，这种通行的“普遍规律说”，只是从“哲学”与“科学”的二元关系或二者关系中去理解哲学，而没有从“哲学”与人类把握世界的各种方式的多元关系中去理解哲学，也就是没有从哲学与常识、宗教、艺术、伦理和科学的多元关系中去理解哲学，因而无法解释和说明哲学的多重性质和多重功能。这又启发我们，在对哲学的现代理解中，需要从人类把握世界的多种基本方式的相互关系中，重新理解哲学。这表明，“观世界”的“普遍规律说”是值得我们认真“反思”的。

（二）自在世界与世界图景

我们怎样来理解“世界观”呢？怎样把“世界观”同“观世界”区别开来呢？我提出的第二个小问题是“自在世界”与“世界图景”的关系。

这个问题就更重要了。为什么原来大家对于哲学的理解总是陷入传统的那种理解方式当中而跳不出来呢？你怎么来分析“世界观”？你必须诉诸具体化了的范畴，因此我给大家提供另一对范畴，就是“自在世界”与“世界图景”。

几十年来，在哲学的教学、学习、研究当中，特别是对哲学的理解中，我觉得，一个突出的问题是没有提出“自在世界”与“世界图景”这对范畴。我们原来把“世界观”混同于“观世界”，认为“世界观”就是以“整个世界”为对象而“观”之，只有“观”的不同，而被“观”的“世界”只有一个，所以我们没有提出“自在世界”同“世界图景”的区分。现代科学和现代哲学，回答和解决了的一个最根本的问题，就是“观察渗透理论”！观察渗透理论，观察负载理论，观察总是被理论“污染”的，没有中性的观察。没有中性的观察，什么意思呢？就是说，人，他不是一个自然的存在物，人是一个社会的存在物，他是一种历史文化的产物。人作为历史文化的产物，是以他所具有的理论背景来观察这个世界的。他对世界任何一种事物的观察的结果，无不打上了他的理论背景的烙印。你对世界的任何一种理解都是这样。“世界”，是我们所理解的“世界”。

比如，如果我们是学文科的，包括我个人在内，我们有的是文史哲或政经法的理论背景，那么，现在把我带到化学实验室、物理实验室、生命科学实验室，我们怎么样？里边的物理现象、化学现象、生命现象对于我们来说是什么？不就是黑格尔所说的“有之非有”、“存在着的无”吗？什么叫“有之非有”、“存在着的无”？就是说，作为被观察的对象的的确确是“存在着”，是真实的“有”，但是，如果观察者没有相应的背景知识，这个被观察的对象，就无法被观察者把握到，所以是“有之非有”，“存在着的无”。我们没有相应的医学知识，虽然眼睁睁地看心电图，但我们能看出什么呢？这不就是“有之非有”、“存在着的无”吗？想想这个道理呀，这才进入哲学思考了。

现代西方哲学发生了我们称之为“语言转向”的哲学革命。在这场哲学变革中，有一个听起来十分荒谬的说法：“世界在我们的语言当中。”琢磨琢磨，“世界在我们的语言当中”，为什么会这样说呢？世界在我们的意识之外，但世界在我们的语言当中，因为，语言既是我们的世界的消极的界限，也是我们的世界的积极的界限。什么意思呢？世界当然在我们的意识之外了，说这个粉笔、这个茶杯、这个摄像机，不在我意识之外吗？这是一个唯物主义者的一个最基本的立场么，世界在我的意识之外。但是你想一下，世界却在我们的语言当中，离开了我们的语言能够表述的世界，那个世界对于我们的意识来说，是怎样的存在？我们用语言不能够表达出来的那个世界，对我们的意识来说是什么？“有之非有”，“存在着的无”！这才叫哲学思考么。

“世界”，它对于我们来说，它不是那个自在的世界。自在的世界存在着，而且是不以我们的意志为转移的客观地存在着，这是对的，是唯物主义的根本观点。然而我们进一步地追问一下，那个不以我们的意志为转移的“世界”怎么能够构成我们所知道的“世界”呢？爱因斯坦曾经说过，承认客观世界在我们的意识之外存在着，这是任何科学研究的第一个最基本的前提。但我们要反思的是，对于我们每个人来说，我们的世界就是我们用“语言”（概念）把握到的这个世界，就是我们的关于这个世界的“世界图景”。

所谓“世界图景”，是指人在自己的表象和思想中所构成的关于经验世界的整体图景。这表明了“世界图景”的不可或缺的两个方面：其一，世界图景是关于经验世界的图景，而不是某种幻想的或玄想的图景，这是理解“世界图景”的唯物主义前提；其二，关于经验世界的图景，不是自在的世界，而是人在自己的表象和思想中所构成的世界图景，因而人的世界图景离不开构建它的概念框架。在对“世界图景”的理解上，长期以来存在的突出问题，是把人的“世界图景”混同于“自在的世界”，因而也就没有从人的概念框架方面去理解人的世界图景。正因如此，马克思才批评旧唯物主义“只是”从客体的或直观的形式去理解事物，而没有从主体方面去理解事物。由此便“忽视”了形成人的“世界图景”的“概念框架”，并因而也“忽视”了人们用以构成“世界图景”的“概念框架”的不同层次和不同性质。

由此，我在这里提出一个最重要的问题，引入第三个范畴，这就是人类是以自己的把握世界的“基本方式”来构成人自己的世界。这是最重要的，这是最根本的。我们过去在对“世界”的理解中，最重要的问题，就在于离开了人类把握世界的基本方式去思考人同世界的关系。我们经常说，辩证唯物主义的反映论，是一种“能动的”、“革命的”反映论。那么，它怎么“革命”了、“能动”了？我们原来认为，人之外的“对象”，构成我们头脑当中的“映像”，我们的映像是关于对象的映像，所以我们就能够认识这个世界了。但你看这里面缺什么呢？它缺少了一个最根本的东西，它缺少了一个“中介”。离开了人作为主体的存在，你怎么把对象变成映像呢？或者说，人关于对象的映像，它怎么就不是动物关于对象的映像呢？只有引入了主体这个“中介”，引入了人作为主体把握世界的基本方式，你才能理解人同世界的关系。所以，理解人与世界的关系，必须重新思考人是什么样的存在，人是以什么样的方式同世界发生关系。马克思所说的人类把握世界的“基本方式”，就成为我们重新理解人与世界关系的最重要、最根本的问题。

（三）人类把握世界的基本方式

所谓“自在世界”与“世界图景”的区分，在于我们引入了人类把握世界的“基本方式”。我们所把握到的世界，是以我们把握世界的基本方式为中介的，这是一个最值得我们琢磨的道理了。

马克思说，你要想欣赏音乐，你就得长着能够欣赏音乐的耳朵。贝多芬、莫扎特、舒伯特、斯特劳斯，如果你没有欣赏音乐的耳朵，你怎么样？你根本就听不进去！读文学作品也一样，你没有必要的文学修养，莎士比亚、巴尔扎克、托尔斯泰、罗曼·罗兰，你同样看不进去！你能够欣赏什么样的文学作品，是和你的审美情趣、你的文学修养密切相关。人的世界是不一样的，因为你占有的人类把握世界的基本方式不一样。你有什么样的把握世界的基本方式，就用它去把握世界，你就构成一个什么样的世界，所以人需要学习。你只有熟悉人类把握世界的各种基本方式，你才能够构成一个丰富多彩的世界，你才会感到这个世界是有意义有价值的，生活是有意义有价值的！

按照马克思的说法，人类把握世界的基本方式，主要有宗教的、艺术的、伦理的、科学的和哲学的方式。人类是以把握世界的各种各样的基本方式，把自在的世界构成我们每个人的世界图景，因此我们每个人都具有多重的世界。为什么现在大学强调要进行人文方面的修养，要增设人文教养课？为什么要给大家讲“文学修养”、“艺术修养”、“哲学修养”，甚至还要给大家讲“诗词修养”、“曲艺修养”、“书法修养”？我们只有有了把握世界的各种不同的基本方式，我们才会构成一个丰富多彩的世界图景！马克思说，人所具有的我都要具有！什么是素质教育呀？素质教育就是掌握人类把握世界的各种方式！提高学生的综合素质，怎么提高？就是要使大家能够获得人类把握世界的各种方式，用它去把握世界，从而使我的这个世界图景是丰富多彩的，而且是日新月异的、与时俱进的！科学、艺术、伦理，哲学，哪个不是向前发展呀？我们只有与时俱进了，日新月异了，我们才能够是一个有教养的现代人。大家想一想这个道理呀，我觉得引入第三个基本范畴，人类把握世界的基本方式，这是最重要的。

这个世界是客观存在的，对我们大家都一样，你不看月亮，月亮照样存在；但是我看月亮和你看月亮就不一样，如果我有那样一种文学的修养，我一看月亮，就是“明月几时有，把酒问青天”，“海上升明月，天涯共此时”，“星垂平野阔，月涌大江流”。这是我看到的月亮了。若没有这个背景，一看月亮又缺一块儿。它就是不一样呀。所以《篱笆·女人和狗》那部电视剧里边不是唱了么，“一路上的好景色没仔细琢磨”，为啥？“回到家里还是推碾子拉磨”。人的层次需要，更高层次的需要，它由生存的需要跃迁到一种审美的需要，人们感受这个世界是不一样的。

在美学讨论的时候，人们曾经以一棵树作为例子，说一个科学家，具体说一个植物学家，看到一棵树，看看它的年轮呀，分类呀，这是一个科学家看树。如果是一个画家看树，看看它的线条呀，看看它的色彩呀，看看它同周围景物的关系呀。那么如果是一个美学家去看它呢？他要问，美是客观的呢？还是主观的呢？是因为树美使我认为它美呢，还是我感受到它美我认为它美呢？你看，这不一样了。你把握世界的方式不一样，对象就是那个对象，但是构成你的“世界图景”不一样了。现在很多问题是需要我们重新进行思考的。人类是以不同的方式去把握世界的，从而构成了世界的不同的图景。我们是通过人类把握世界的基本方式，才构成了现实的人同世界的关系。人对世界的关系，是同人类把握世界的方式联系在一起的。

人在“观世界”，但“观”的活动包含两种情况：一种是把“世界”作为被“观”的对象，从而构成关于世界的思想；另一种是思考人怎么“观”世界，“人”同被人“观”的“世界”是什么样的关系。前一种是科学活动，是形成关于世界的思想；后一种是哲学活动，是理解和协调人与世界的关系。前一种是“观世界”，后一种是“世界观”。

人同世界的关系，是以人自己的存在方式为前提的。人是历史文化的存在，而“语言”、“概念”、“范畴”则是历史文化的“水库”。列宁说，“思维的范畴不是人的用具，而是自然的和人的规律性的表述”，“范畴是区分过程中的梯级，即认识世界的过程中的梯级，是帮助我们认识和掌握自然现象之网的网上扭结”。[①] 因而“范畴”构成了人类认识的“阶梯”和“支撑点”。这就是说，“概念”、“词汇”、“范畴”，它们不仅仅是人类认识的“积淀”、“结晶”和文明的“水库”，而且正是这个文明的“水库”，为人类自身的发展提供了不断前进的“网上纽结”、“阶梯”和“支撑点”。离开这个文明的“水库”，离开对这个“水库”的反思，人对世界的认识就不会发展，我们也就无法真正理解人与世界之间的真实关系。所以，我们要理解人的“世界图景”，要理解哲学的“世界观”，就必须理解人类把握世界的各种基本方式的作用，特别是常识、科学和哲学这三个“概念框架”在构成人的“世界图景”中的作用。

常识、科学和哲学，是人类把握世界的三种基本方式，也是人类把握世界的三个层次的概念框架，并由此构成了人类的三个不同层次

① 《列宁全集》第55卷，人民出版社1990年版，第78页。

的“世界图景”。所以，在谈论人类把握世界的基本方式所构成的“世界图景”的时候，我最为强调的是认真思考常识、科学和哲学这三个层次的“概念框架”。

人是认识世界和改造世界的主体。在人与世界之间的主体与客体的关系中，“概念”占有特殊重要的地位。概念既是人类思维的形式，又是人类认识的成果。在人与世界的现实关系中，作为主体的人，既要以概念的方式去把握、描述、解释和反思人和世界及其相互关系，又要以概念的方式去理解、解释、规范和反思人自己的思想与行为，还要以概念的方式去建构关于世界的规律性图景以及对世界的理想性、目的性要求。这表明，人类在自己的社会实践活动中，必须和只能以概念的方式去实现对世界的本质性、普遍性、必然性和规律性的把握与解释，也就是以概念的方式实现思想中对世界的占有。

概念是人在思想中构筑经验世界的方式，也是将思想中的世界世世代代传递下去的社会遗传方式。概念是人类历史文化的“水库”，也是人类认识发展的“阶梯”和“支撑点”。人们从历史上承继下来的各种概念体系，直接地和深层地制约着和规范着人们的历史性创造活动，制约着和规范着人们对世界的理解、人们之间的相互理解和每个人的自我理解。在这个意义上，人类的文明史也就是概念的形成、演化、变革、更新和发展的历史。

但是，在对概念的理解中，人们往往忽视了两个极为重要的问题：其一，概念必须并且只能在概念的特定框架中获得意义；其二，在不同层次的概念框架中，概念具有不同的性质。正是由于人们往往忽视这两个极为重要的问题，因而往往造成以常识的方式去理解和解释人类把握世界的其他方式，特别重要的是以常识的方式去理解和解释人类把握世界的哲学方式。因此，澄清人类把握世界的不同层次的概念框架的不同性质，是非常重要的。对于理解常识、科学和哲学所构成的不同性质的“世界图景”，是尤为重要的。

所谓“概念框架”，是指人们用以构筑思想中的经验世界，并用以整理思想中的概念的方式。从人类用以把握世界的概念框架的层次性上看，可以从总体上区分为三个最基本的层次，这就是常识性质的概念框架、科学性质的概念框架和哲学性质的概念框架。

在不同层次的概念框架中，概念具有不同的性质。这就是说：尽管人们可以使用完全相同的“名词”或“语句”，但是，在不同层次的概念框架中，这些完全相同的“名词”或“语句”却具有根本不同的性质。例如，人们经常使用“物质”这个“名词”，但它在常识的、科学的和哲学的三个不同层次的概念框架中，却具有不同的性质。在“常识”的概念框架中，“物质”是指各种各样的“东西”；在“科学”的概念框架中，“物质”是指构成世界的“要素”；而在“哲学”的概念框架中，“物质”则是指不依赖于人的意识而又为人的思想所把握的“客观实在”。大家想一想，为什么把“物质”叫做“标志客观实在性的哲学范畴”？为什么大家总是感到这个“客观实在”不好理解？为什么总想把“客观实在”变成“东西”？就是你总想把“哲学”变成“常识”！

同样，人们经常挂在嘴边的“真善美”与“假恶丑”等等，无不在不同层次的概念框架中具有不同的性质：常识之“真”即是“真的”也就是“不是假的”，科学之“真”是经过“验证的”的“普遍必然性”，而哲学之“真”则是指“思想的客观性”；常识之“善”即是“好的”也就是“不是坏的”，科学之“善”是指行为对人和社会的正面效应，哲学之“善”则是指人的思想与行为的“应然性”；常识之“美”就是“美的”，也就是“不是丑的”，科学之“美”是思想的合乎逻辑，哲学之“美”则是“是”与“应当”的统一。

在常识中，“真”与“假”直接指向的是经验对象，即：某个经验对象是否存在，如果它存在着，那么它就是“真”的，否则就是“假”的。在科学中，“真”与“假”则不仅仅是指向经验的对象，而且更重要的是指向关于经验对象的思想，即：关于经验对象的某种解释是否成立，如果该种解释是成立的，则该种思想是“真”的，否则该种思想就是“假”的。在哲学中，“真”与“假”不仅仅是指某个经验对象的是否存在，也不仅仅是指关于经验对象的某种思想是否成立，而且更为重要的是指“思维和存在”是否具有“同一性”，即思想是否具有“客观性”。不仅如此，哲学中的“真善美”是联系在一起的，哲学关于“真”的理解，总是某种真理观、价值观和历史观的统一。因此，虽然人们都在使用“真”这个概念，但在不同的概念框架中，概念本身却具有不同的性质，由此而构成的人的“世界图景”也具有不同的性质。

概念框架的性质或层次不同，不仅决定着该层次中的所有概念的特定性质，而且决定着人们对人和世界及其相互关系的不同理解。具体地说，常识的、科学的和哲学的三个层次的概念框架，为人们提供了三种不同性质的“世界图景”。

在常识的、科学的和哲学的概念框架中，常识的世界图景与科学的和哲学的世界图景既是有联系的，又是具有不同性质的。在常识的世界图景中，世界永远是经验的世界，超越经验的世界是常识所无法理解的。例如，在经验常识中，只能是形成太阳围绕地球旋转的“地心说”，而根本无法形成地球围绕太阳旋转的“日心说”。这是因为，在人们的经验中，每个人的一生的经验中和所有人的世世代代的经验中，每天都是“看见”太阳从地球的东边升起，又在地球的西边落下，因而只能是“看见”太阳围绕地球旋转。这就是常识所构成的“世界图景”。科学却给予人们一个完全不同的世界图景：不是太阳围绕地球旋转，而是地球围绕太阳旋转，人们应当具有的不是“地心说”的世界图景，而应当是“日心说”的世界图景。由此可见，常识与科学是两种不同的“世界观”。人们要树立“科学的世界观”，没有超越常识的科学的概念框架是不可能的。如果人们使用常识的概念框架去理解科学的世界图景，就会把科学的世界图景扭曲为常识的世界图景。而在常识、科学和哲学的三个层次的概念框架中，人们最容易以常识的方式去理解哲学，从而把哲学的世界图景混同为常识的世界图景。

（四）常识的、科学的和哲学的世界图景

下面，我们就来具体地谈谈常识的、科学的和哲学的三个不同层次的“世界图景”。

常识就是普通、平常但又持久、经常起作用的知识。常识是人类世世代代的经验的产物，是人类在最实际的水平上和最广泛的基础上对人类生存的自然环境、社会环境和一般文化环境的适应。常识是每个健全的正常人普遍认同的，人人都在生活经验中分享常识、体验常识、重复常识和贡献新的常识。正是在常识的概念框架中，人们的经验世界得到最广泛的相互理解，人们的思想感情得到最普遍的相互沟通，人们的行为方式得到最直接的相互协调，人们的内心世界得到最便捷的自我认同。常识是人类把握世界与自我的最具普遍性的基本方式。一个没有“常识”的人，就无法作为“正常人”生活。

但是大家想一想，常识的最本质的特性是什么？常识的最本质的特性，就是它的“经验性”。所以我们总是把“经验”和“常识”连在一起，叫做“经验常识”。常识来源于经验，常识符合于经验，常识适用于经验。对经验的依附性，是常识的概念框架的实质。所以，在常识的概念框架中，概念总是依附于经验表象，并围绕着经验表象旋转。由此而形成的世界图景，就是“经验的世界图景”。

常识的世界图景，是以人们的经验的普遍性为中介的世界图景。就是说，常识的世界图景，是由人们的共同经验构成的。在“共同经验”中，人们形成了共同的“世界图景”。这种“共同经验”的“世界图景”，具有直观性或给予性、凝固性或非批判性等特征。

首先，由“共同经验”构成的常识的世界图景，具有显著的直观性或给予性。人们以常识的概念框架去观察、描述和解释世界，其实质是以经验的普遍性去把握世界，去形成具有经验的共同性的世界图景。正是由于这种常识的世界图景以经验的共同性为实质内容，所以它符合于经验主体的直接经验，并适合于对这种直接经验的解释。由经验直观而形成的世界图景，又直观地呈现给经验的主体。对于经验主体来说，这种直观的世界图景，又是直接地给予经验主体的。由此，就形成了这样的双向关系："世界"，以经验的普遍性和共同性为内容而给予经验主体；经验"主体"，又以经验的普遍性和共同性为中介而直观"世界"的存在。在"世界"、"主体"和"经验"的三者关系中，"经验"，既是构成主体的世界图景的中介，又是"世界"在主体的表象和思想中的"图景"，因此，"经验"的普遍性与共同性，是常识的世界图景的构成中介与实质内容的统一。经验主体就是在常识的概念框架与经验直观的统一中而达到对经验世界的自我理解，以及经验主体之间的相互理解。由此便构成了人们的"常识的世界图景"。

其次，由"共同经验"构成的常识的世界图景，又具有显著的凝固性或非批判性。在常识自身的延续与积累的意义上，由常识概念框架所构成的世界图景，总是不可逃避地依附于经验的共同性，因而无法超越经验而构成具有科学意义的世界图景。这种常识的世界图景以其经验的给予性和直接性为前提，而表现为经验的延续性和非批判性。

常识的世界图景以共同经验的历史性遗传为中介，而实现其世世代代的延续，因此它在本质上是一个僵化的、凝固的世界图景，即永远是共同经验的世界图景。作为经验个体来说，以分享常识为基础而构成的经验世界图景，由于概念对经验表象的依附性，概念总是围绕不断流变的表象旋转，概念自身只不过是表述经验的"名称"，因此，常识的世界图景总是一个"浑沌的整体"。更为重要的是，由于常识概念依附于经验表象，超越经验即是对常识的挑战，所以常识自身是非批判的和非反思的，由常识概念框架所构成的经验的世界图景也是非批判的和非反思的。

在非批判的常识概念框架中，正像文化哲学家卡西尔所说的：“人总是倾向于把他生活的小圈子看成是世界的中心，并且把他的特殊的个人生活作为宇宙的标准。但是，人必须放弃这种虚幻的托词，放弃这种小心眼的、乡下佬式的思考方式和判断方式。”① 为了超越这种“小心眼的”思考方式和判断方式，就需要诉诸于科学的思考方式和判断方式。

那么，什么是科学概念呢？它与人的经验是什么关系呢？科学概念不是依附于经验表象，也不是围绕经验表象旋转，而是超越于经验表象，并解释经验表象的本质，并且创造非经验的表象。大家想一想，由科学概念所构成的科学的世界图景，不是以经验的普遍性为中介的世界图景，而是以概念的规定性为中介的世界图景。在科学概念框架中，世界图景既不是经验表象所给予的，也不是通过经验直观形成的，而是由概念的相互规定构成的。科学的世界图景是概念化的、逻辑化的、精确化的和系统化的世界图景。它具有内容的规律性、解释的普遍性、描述的可证实性和经验的可预见性等特征。与此同时，科学还具有自我批判、自我发展的创造的特征，因而能够实现科学概念框架的自我更新，从而形成历史性发展的科学世界图景。在科学的发展过程中，世界图景具有显著的历史性和时代性。科学的发展过程，首先就是以历史性转换的科学世界图景去变革和取代人们的常识世界图景，使人们形成自己时代的科学的世界观。在现代化的进程中，人的存在方式的变革和人的素质的提高，世界图景的科学化和世界观的变革是其坚实的基础。这就需要以科学的世界图景变革和取代人们的常识世界图景，以科学的世界观变革和取代人们的常识世界观。

科学是人类的一种活动，是人类运用理论思维能力和理论思维方法去探索自然、社会和精神的奥秘，获得关于世界的规律性认识，并

① 恩斯特·卡西尔：《人论》，上海译文出版社1985年版，第20页。

用以改造世界、造福人类的活动。科学活动的本质，是实现人类对世界的规律性把握，也就是实现“思维和存在”在规律层次上的统一。科学集中地代表着人类理性的进步，在思维与存在的规律层面的统一中为人类提供科学的世界图景。科学不仅以各种首尾一贯、秩序井然的符号系统和概念框架去理解和解释经验世界，而且它自身表现为科学思维方式和科学概念系统的形成和确定、扩展和深化、更新和革命的过程。科学发展过程中所编织的科学概念和科学范畴之网，构成了愈来愈深刻的世界图景，也构成了人类认识世界的愈来愈坚实的“阶梯”和“支撑点”。这种愈来愈深刻的世界图景，愈来愈坚实的“阶梯”和“支撑点”，表明科学概念和科学范畴实现了“思维和存在”在规律层面上的高度统一。

现代科学的迅猛发展深刻地变革了人们的世界图景和思维方式，也深刻地变革了人们的价值规范和生活方式。所以，科学在现代人类的社会生活中占有极其重要的地位，并发挥着其他任何文化形式难以匹敌的巨大作用。但是，值得大家深思的是，“科学”并不能取代“哲学”。与科学活动不同，人类的哲学活动，是反思“思维和存在的关系问题”，也就是把“思维和存在的关系”作为“问题”进行“反思”。在哲学的“反思”中，人类的科学活动及其理论成果成为被反思的对象。这就是哲学对科学的“反思”关系。哲学在对科学的“反思”中，形成哲学的“世界观”。

哲学对科学研究成果的反思，具有特别重大意义的，是对划时代的科学发现的反思。科学史表明，科学的发展，总是表现为科学发展的不平衡性。某种科学理论的划时代发现，总是突出了人类用以理解和把握世界的某种“认识成分”。它的璀璨夺目的光芒，使得其他的“认识成分”在特定的时期内相形见绌、黯然失色。由此而引发的连锁反应是，首先是吸引各门科学都试图运用这种“认识成分”来研究自己的对象；其次是哲学家们也试图以这种被科学家普遍运用的“认识成分”去重构关于理论思维前提的哲学理论；最后则是由于哲学的世界观层次的理论总结而变革人们的思维方式和价值观念，使整个人类对人与世界相互关系的理解发生重大改变。对此，美国当代哲学家莫尔顿·怀特作过这样的描述：“在十八世纪牛顿物理学胜利的时代，机械学成为学问之王；十九世纪黑格尔的历史和达尔文的生物学占有同样的重要地位；到那一世纪的末期，心理学大有主宰哲学研究的希望，……”[①]那么，20世纪呢？大家想一想，所谓“老三论”、“新三论”，系统论、控制论、信息论，突变论、协同学、自组织理论等等，不是都引起了与怀特所描述的同样的轰动效应和连锁反应吗？

对哲学来说，包括科学在内的人类把握世界各种方式及其历史成果，从来都不是现成接受的对象。它反对人们在思想观念中和现实行为中采取非批判的传统性态度。哲学对科学理解的理解，是把科学关于世界的理解作为批判反思的对象，通过考察人类把握世界诸种方式相互制约和相互渗透的总体效应，探索这些方式彼此融合和彼此过渡的总体机制，反省这些方式把握世界的总体结果和时代内容来实现的。在这种批判性的考察、探索和反省的过程中，哲学就可以概括出科学成果中所蕴含的对人与世界相互关系的新的研究方法、解释原则和价值观念，展现自己时代所达到的对真善美的理解，从而为人类提供时代水平的“世界观理论”。

① M. 怀特：《分析的时代》，商务印书馆1981年版，第243页。

三　主体与客体：反思人与世界的现实关系

人同世界的关系，是以人的存在为前提，在这个意义上，人是认识和改造世界的“主体”，而包括人自身在内的整个世界则是人改造和认识的对象，也就是“客体”。所以，关于人同世界的关系，只有把握为“主体和客体”的关系，才能够更全面地更深刻地去揭示人同世界之间的现实关系。现在我讲下一个大问题，“主体和客体”的关系问题。

关于主体与客体的关系，我想分几个问题来和大家谈。第一个，我首先来谈一下，“我”与主客体关系。这是一个基本前提。“我”与主客体的关系，它是以多种多样的“中介”构成的，所以第二个问题谈“中介”与主客体的关系。主体和客体的关系，是以主体的社会性为前提的，所以我谈第三个小问题，就是“主体际”或者说“主体间”与主客体关系。主体自身不仅是一个极为丰富的存在，而且是一个意识到自身存在的存在，是一个意识到我与世界的关系的存在，也就是具有“自我意识”的存在，所以我最后谈第四个小问题，“主体”的“自我意识”。这就是关于“主体与客体”的四个问题。

（一）“我”与主客体关系

首先我讲第一个小问题，“我”与主客体关系。这是一个最基本的前提。

“主体”与“客体”是一对密不可分的“关系”性的存在：离开“主体”即无所谓“客体”，离开“客体”亦无所谓“主体”。这个道理是易于理解的。但是，为什么只有人与世界之间才发生主—客体关系？这才是一个需要认真思考的哲学问题。

主体与客体的关系，是一种为“我”而存在的关系。马克思和恩格斯曾经极为深刻地指出：“凡是有某种关系存在的地方，这种关系都是为我而存在的；动物不对什么东西发生‘关系’，而且根本没有‘关系’；对于动物来说，它对他物的关系不是作为关系存在的。”① “关系”的存在是客观的、普遍的，因为整个的世界就处于普遍的联系和永恒的发展之中。但是，要使“关系”作为“关系”而存在，就必须以“我”的存在为前提，就必须构成主体与客体的关系。所以，无“我”的事物之间的“关系”，包括动物之间、动物与他物之间的“关系”，既不存在作为“我”的“主体”，也不存在作为“对象”的“客体”，因而“不是作为关系存在的”。

在以“我”的存在为前提的主体与客体的关系中，“主体”，并不是生物学意义上的“人”的存在。这种生物学意义上的“人”与动物并无差别，因而他对他物的关系也不是作为关系而存在的。在现实的主客体关系中，作为“主体”的“人”，是社会的、历史的、文化的存在，即马克思所说的作为历史的“结果”的存在。同样，在以“我”的存在为前提的主体与客体的关系中，“客体”也不是与“主体”无关的自在的事物的存在。这种与主体无关的自在的事物并没有成为主体的对象，因而也不是对“主体”而言的“客体”。所谓“客体”，它是在“主客体关系”中存在的，是作为被主体认识和改造的对象存在的。

主—客体关系以“我”的存在为前提，这意味着，“主体”对“客体”具有“逻辑先在性”。这是一个最为关键的问题。注意，是“逻辑”的“先在性”。所谓“逻辑先在”，是说主体在“逻辑”上先

① 《马克思恩格斯选集》第1卷，人民出版社1995年版，第81页。

于客体而存在，而不是主体在“时间”上先于客体而存在，即：只有在“逻辑”上肯定“我”作为“主体”而存在，才能够合乎逻辑地把“我”与“世界”的关系视为“主体”与“客体”的关系；如果不能从“逻辑”上肯定“我”作为“主体”而存在，怎么能把“人”与“世界”的关系视为“主体”与“客体”的关系呢？深长思之呀！

自觉到“主体”对“客体”的“逻辑先在性”，对于我们重新理解“人”与“世界”的关系是至关重要的。这就是：主体在“逻辑”上先于客体，我们就需要从“主体”的实践本性出发去理解人与世界的关系，深刻理解作为“客体”的世界的“二重化”；主体在“逻辑”上先于客体，我们就需要从“主体”把握世界的各种基本方式——神话、宗教、艺术、伦理、科学和哲学——出发去理解“属人世界”的多样性和丰富性；主体在“逻辑”上先于客体，我们就需要从“主体”的历史发展出发去理解人与世界的关系，深刻地理解作为“客体”的“属人世界”的历史性。

这里我们需要特别深思的是，“我”与“关系”，以及由此形成的主体对客体的“逻辑先在”。动物不对什么东西发生关系，它对他物的关系，不是作为“关系”而存在的。你能不能说，狗同它吃的那个肉是主客体关系？你能不能说那个狼，它和它要吃的那个小羊是主客体关系？马克思说了，动物对他物的关系它不是作为“关系”而存在的。为什么呢？因为，凡是有某种关系存在的地方，这种关系怎么样？都是为“我”而存在的“关系”，是以“我”为前提的。

人同世界的关系，当然是先有地球后有人，没有地球就没有人，没有人当然就没有人的意识，这完全正确。物质第一性，意识第二性。但是，把人同世界的关系，转换为主体和客体的关系的时候，发生了一个重大的变化。人同世界的关系，具有二重性，一方面，是人同世界的“时间”的关系，另一方面，是人同世界的“逻辑”关系。在时间的意义上，人是自然演化的产物和结果，所以那个自然的世界对于人，具有一种“时间的先在性”。另一方面，当人同世界发生关系的时候，人同世界的关系，又是以人的存在为前提，这就是人对世界的逻辑关系，人对世界具有“逻辑的先在性”。

人同世界具有“时间”的和“逻辑”的双重关系。主客关系，是以主体的先在性为前提的逻辑关系。主体和客体，是对人和世界的关系的一种反思层面的理论的自觉。它是在反思的意义上成立的。主体和客体的关系，是以主体作为“我”的逻辑先在性为前提的。我有关于我的自我意识，我才把我同世界之间把握为一种“关系”。而这种关系构成了一种主体——客体关系即主客关系。“关系”是以我的存在为前提的，没有我的存在怎么能有“关系”呢？所以，主体和客体的关系，是以主体的“逻辑的先在”为前提的。

这个问题非常重要，但又非常难于理解。很多人就是这个问题不理解。他总是在“时间的先在性”上想问题，他没有一种逻辑的把握，哲学难懂就在这了。哲学不是一种表象思维，它是一种概念思维，但是它的概念的思维是有内容的思维，正是在这个意义上黑格尔说，哲学是最具体的，哲学是最敌视抽象的。一般人都说哲学抽象，黑格尔说哲学是最具体的，最反对抽象的。问题在于，你理解的那个具体是表象的具体，而我们说的是思想的具体、概念的具体，这是不一样的。你只有达到概念的具体、思想的具体，你才能够真正地把握到作为对象的事物。马克思说，任何事物都是“许多规定的综合”和“多样性的统一”。这都是在反思当中成立的。这就需要我们在反思的意义上去理解逻辑关系。这是最难的。

主体和客体的关系就是这样一种“逻辑的先在”的关系。我作为主体，对于我的客体，具有一种逻辑的先在性，这才构成了一种主客关系。这个主客关系具有极为丰富的内容。如果我们把主客关系诉诸于人同世界的关系，它能展开多少关系？首先是形成人同自然之间的主客关系。我作为主体，自然作为客体，构成我同自然的主客关系。

同样，整个的社会存在都是我的客体，构成一个我与社会之间的主客关系。社会是一个历史的过程，是一个文化的过程，主客关系又构成一个什么关系了？我与历史的关系。现在大家天天说要自我实现，实现自我，那什么是自我？这又构成了一个我与自我的关系。

如果换个角度，看看人对自然、人对社会、人对历史、人对自我的关系中，都包括哪些内容，那么，我们又可以概括为四个基本关系：第一种是我们经常讲的，实践的关系。人同世界的一个最基本的关系是实践关系。不管人对自然、人对社会、人对历史、人对自我，都有一种实践的关系。那么在实践的关系里边，它还蕴含着三种基本关系，认知的关系、价值的关系和审美的关系。因此作为第一个问题，“我”与主客体关系，它可以构成这样一个很复杂的关系和内容。

从“我”出发，它才真实地构成了人与世界之间的关系。没有“我”的“逻辑先在”，就构不成作为主客体关系的人同世界的关系。只有在我的逻辑的先在的意义上，人同世界的关系，才构成主体与客体的关系。正是在这个意义上，主体才是人，才是认识和改造世界的主体。“客体”没有“自在”的意义，这又和那个“世界”不一样了。我们讲世界，讲“自在世界”与世界图景，但是没有“自在客体”。客体是在主客的逻辑关系当中构成的，离开主体与客体之间的关系，就没有了主客关系中的客体。这是值得深思的呀！这才是真正的哲学层面的思考呀！

原来在讨论主客关系的时候，有的说是“自为的客体”，有的说是“自在的客体”。客体没有自在的，不能有自在的客体。客体是在主客关系当中构成的，没有以“我”的逻辑先在为前提的主客关系，就没有作为对象的客体。事物客观地、自在地存在着，但是，它没有构成主体的对象，它就不是作为客体而存在。客体是作为主体的对象而存在的。这个道理必须想清楚呀！

主客关系所具有的这种真实的逻辑关系，构成了人同世界之间的非常丰富的关系。我们把它描述为人同自然、人同他人、人同社会、人同历史以及人同自我的关系。哲学所要研究的问题其实就囊括在这里边了。哲学不就是理解和协调人与世界的关系吗?

主客体关系首先是实践关系。作为主客关系的实践关系，它蕴含的是什么问题?首先，它蕴含着人自身的两种尺度。动物只有一个尺度，就是它所属的那个物种的尺度。动物只有它所属的那个物种的尺度，因此它怎样存在?就是一种本能的适应自然界来维持自身生命活动的生存的存在。人的实践活动是什么呢?人的实践活动是人按照任何物种的尺度和人的内在的固有的尺度的生命的活动，这才叫实践。实践它蕴含着两个尺度，一个是任何物种的尺度，所有物种，我按照那个动物的尺度，我按照那个植物的尺度，我按照那个无机物的尺度，来改造世界，这就是任何物种的尺度。另一方面，它又关注的是人的内在固有的尺度，这就是人的需要、欲望、目的、世界图景，这就是人的内在的固有的尺度。我们现在特别强调，我们最终要达到的是什么?是每个人的自由的全面的发展，那不就是实现人的内在的固有的尺度么!把这两个尺度统一在人的实践活动当中，就构成了一种合目的性与合规律性的统一。合目的性是按照人固有的尺度，按照任何物种的尺度这就是合规律性。“合规律性”与“合目的性”的统一，不就是“合乎规律”地把世界变成“合乎目的”的世界吗?不就是把现实变成人所理想的现实吗?

我们理解人同世界的关系，最基本的关系就是这种实践关系。我们要从实践关系出发，去理解人对世界的全部的关系。这一点，是整个的马克思的哲学革命的最根本的地方。在《关于费尔巴哈的提纲》的第一句话，马克思一下子就点到这个题上了。他说，从前的唯物主义，包括费尔巴哈的唯物主义，只是从客体的、或者直观的形式去理解现实、事物、感性，而没有从人的主观的方面，从人的感性的活动的方面，从实践的方面去理解。[①] 就是说，你不要只是从“客体的”或者“直观的”形式去理解这个“世界”，而要从人的“主观的方面”，“感性活动的方面”，“人的实践的方面”去理解人同世界的关系。所以理解哲学，特别是理解马克思的哲学，这就是入手处。这就是把人同世界的关系理解为是一种实践的关系。我们在实践关系的基础上再来理解主客关系，我们才能够真正理解，主体对客体的认识关系，主体对客体的价值关系和主体对客体的审美关系，这也就是哲学所寻求的真善美！

（二）“中介”与主客体关系

上面我们讲了“我”与主客体关系。这个问题是最重要的。就是说，你能不能理解主客体关系以“我”为前提的逻辑先在性，是你能否在哲学的层面上去思考主体与客体，人与世界之间关系的前提。如果能够理解这一点，我们才能够从“我”作为主体的丰富性出发，去理解主体与客体之间的极为丰富的、极其复杂的相互关系。

主客关系，当然它首先是一种实践关系，但是这种实践关系的内涵是极为丰富的。它蕴含着物的尺度和人的尺度的统一，合规律性与合目的性的统一，它内在地包含着认知关系、价值关系和审美关系。实践关系首先它就包含着认知关系，包含着它要认识的那个客体。实践关系它就包含着价值关系，因为实践活动是从人的内在的固有的尺度出发，实现人的目的的活动，那么这正好体现了一种主体对客体的价值关系。同样，正像马克思所说的那样，人也按照美的规律进行生产，实践关系也蕴含着主体对客体的审美关系。所以在这种以“我”为逻辑先在的主客关系当中，它蕴含着真善美！认知、价值和审美的丰富的关系，是以各种各样的“中介”来构成的。这就是我讲的第二个小问题，“中介”与主客体关系。

---

① 参见《马克思恩格斯选集》第1卷，人民出版社1995年版，第54页。

原来通行的哲学教科书，它在理解人同世界、主体同客体的关系的时候，有两个根本性的弊病：一个是离开“思维对存在”的关系而直接去断言世界的存在；另一个问题是离开“中介”去理解人与世界、主体与客体的关系。

我与自然、我与社会、我与他人、我与历史、我与自我的关系都是有“中介”的。这点大家想过没有？作为“自我”的那个“我”是怎么回事？是以文化作为中介的。以文化为中介，你才能够构成对于你自己的理解。没有文化的中介，你自己也理解不了你自己。琢磨琢磨这个道理。主客关系，非常重要的是这种“中介”关系。主体同客体的关系，人同世界的关系，不是无中介的，而是有中介的。我们在某种意义上是对于中介的反思，才构成主客关系；没有对于中介的反思，你构不成真正的主客关系。

主体，它是一个社会性的存在，历史性的存在，文化性的存在，因此是以实践活动为基础，以精神活动、文化活动为中介而构成的主体对客体的关系。主体对客体的关系，不仅仅是以“我”的存在为逻辑的前提，而且它是以“我”的“文化”、“历史”为中介的存在而构成现实的主客体关系。这点非常重要！要构成现实的主客体关系，它是以中介为基础的。没有中介，没有现实的主客体关系。

怎么理解主客关系的“中介”？我们还要从主体出发。因为主体，它是一种社会性的、历史性的、文化性的存在。首先主体是具有社会性的。主体之所以能够作为主体存在，首先是因为主体具有社会性。也是在《关于费尔巴哈的提纲》里边，马克思有一句名言，“人的本质不是单个人所固有的抽象物。在其现实性上，它是一切社会关系的总和”。[①] 什么叫人？人在其现实性上，就是一切社会关系的总和。人是社会的存在。人之为人，在于它有超越了自然性的社会性。如果他没

① 《马克思恩格斯选集》第1卷，人民出版社1995年版，第56页。

有超越了自然性的社会性，人就不是人了。人能作为主体，首先在于人是“一切社会关系的总和”。人的社会性是构成主客体关系的首要中介。

人的社会性不是一个凝固的、僵死的，不变的东西，而是一个历史的展开的过程。在这个意义上，你说什么叫人？人就是超越其所是的存在。你这样想一想，为什么可以说有原始人、古代人、近代人、现代人、当代人？我曾经写一本书，《现代教养》，你得有人的现代教养，你才是现代人。反过来说，你没有现代人的教养，你就不是现代人。人是一种文化、历史的存在，人是一种教育的产物。人不是一种毛坯状态的存在。我们现在为什么讲公民意识、公民道德？你只有承担了公民的权利、责任、义务，你才是现代人，你才能成为现代意义的主体！

人是社会性的存在，它不是一个纯粹自然性的存在。而社会性的存在，在于它是一种历史性的存在。而社会性和历史性，它具有文化的内涵，所以人是文化的存在。我们这样来理解作为主体的人的存在，我们再来讲主体和客体的关系，就会发现“中介”环节了。

中介环节是什么呢？中介环节就是人自身的生活的生命活动。生活的生命活动就是实践活动。这种人的实践活动，它沟通主体和客体，我们可以把它分解为两大方面来看它的中介性。首先，我们是以语言文化的世界为中介而沟通了主体与客体的关系。世界在人的意识之外，但是，世界在人的语言之中。语言、意识是人的世界的消极的界限，也是人的世界的积极的界限。世界是在人的意识之外，你看不看月亮，你看不看太阳，它都存在着的。对，这完全正确。但是，大家想一想，那个月亮、太阳之所以能够作为你的认识的客体或者对象而存在，是因为你有什么？你有月亮和太阳的观念！你如果没有月亮和太阳的观念，那么存在着的月亮和太阳对于你来说是什么呢？我举一个例子，伊拉克和伊朗的战争，伊拉克和科威特的战争，争夺什么呢？石油！

但是你想一想，如果我们在不知道石油为何物的时候，我们看那石油怎么样？看到石油吓得赶忙就跑了。主体与客体的关系，是以我们的语言构成的世界图景、文化的世界图景为中介的。这就非常值得我们思考了。

学习哲学都讲一切从实际出发，实事求是，理论联系实际，有的放矢。但是，我们在相当长的时期内，把这样一些个正确的命题，都把它简单化了、庸俗化了。好像从实际出发就是看看到底怎么回事？问题就在于，你没有相应的背景，那个到底是怎么回事你看不出来！大家都知道，你没有相应的自然科学知识，你不能够认识那个物理客体，这个大家都懂。你真想认识这个社会，真想认识人，它同样是要有中介的。怎么认识社会？这需要以社会科学为中介。怎么认识人？这需要以人文学科为中介。你没有相应的社会科学和人文学科的知识为背景，你怎么认识这个人类社会和人本身呢？大家想想这个道理。你没有社会科学理论，你能认识中国为什么要从计划经济转向市场经济吗？你能够理解市场经济的二重性么？你能够知道市场经济是“以物的依赖性为基础的人的独立性”么？大家琢磨琢磨呀。怎么从实际出发呀？从实际出发，当然要面对现实，但是还要有相应的理论背景去面对这个现实。你没有相应的理论背景你怎么去面对现实？理论背景就是一种构成现实的主客体关系的“中介”。所以我们才叫做观察渗透理论，观察负载理论，没有中性的观察，观察总是被理论所“污染”。有了“中介”才构成现实的主客体关系。

以“中介”的观点看待主—客体关系，首先是启发我们重新理解“理论”与“现实”的关系。在相当长的时期内，人们总是把认识的主体与“理论”和“现实”割裂开来，以下述的方式去看待和解释“主体”与“理论”和“现实”的关系，即：“理论”是与认识“主体”无关的“客观真理”，“现实”也是与认识“主体”无关的“客观存在”，而认识的“主体”则成了“一无所有”的“感性存在”；只有当“主体”进行认识活动的时候，才一方面以空白的头脑去观察与主体无关的“客观存在”的“现实”，而另一方面又去寻找同样与主体无关的作为“客观真理”的“理论”；如果主体既能不受任何“偏见”的污染而以“白板”一样的头脑去反映“客观存在”的“现实”，又能找到某种绝对正确的作为“客观真理”的“理论”去解释“现实”，那么，主体就实现了理论与现实的统一，就获得了科学的认识成果。

这样的理解，首先是把“主体”当做了超历史的、抽象的存在，而没有理解任何时代的认识“主体”都是历史文化的存在；其次是把“理论”同“主体”割裂开来，似乎认识的主体能够没有任何“理论”而进行认识活动，似乎“理论”能够不通过主体的解释而去解释现实；再次是把“现实”同“主体”割裂开来，似乎“现实”对于任何认识者来说都是现成的、既定的认识对象，似乎认识者在无须任何“理论”的前提下都可以把任何“现实”作为认识的对象。

以“中介”的观点去看待主—客体关系，还会启发我们重新思考认识活动中的“理论”与“观察”的关系。在人的认识活动中，认识的对象作为“客体”，它是以“主体”的相应的“知识”或“理论”为前提的。我们知道，虽然X光片或心电图“客观”地存在着，但对于没有相应的医学知识的人，却是“存在着的无”，而无法构成“观察的对象”。同样，对于没有相应的物理的或化学的或生物的或天文知识的人来说，虽然某种物理的或化学的或生物的或天文的事物存在着，却同样无法构成这些没有相应知识的人的“观察的对象”。黑格尔曾尖锐地提出，如果一个人没有相应的概念，经验的对象就是“有之非有”、“存在着的无”——它存在着，但对没有相应知识的人来说却是“无”。我们在生活中随时都会感到：对于音盲来说，贝多芬并不存在；对于画盲来说，毕加索并不存在；对于科盲来说，爱因斯坦并不存在；对于只读明星轶闻、桃色事件、暴力凶杀的“文盲”来说，孔子与鲁迅，苏格拉底和黑格尔，莎士比亚和托尔斯泰都不存在。这正如马克思所说："只有音乐才能激起人的音乐感；对于不辨音律的耳朵说来，最美的音乐也毫无意义，音乐对它说来不是对象。"①

现代哲学以现代科学为基础，深刻地提出了一系列发人深省的哲学命题："观察渗透理论"，"观察负载理论"，"没有中性的观察"，"观察总是被理论'污染'"。这种"中介"观点的主—客体关系理论告诉人们：在现实的主—客体关系中，客体能否成为观察的对象，它在何种程度或何种水平上成为观察的对象，它被怎样理解和解释，它被怎样改造与利用，是与主体所占有的理论以及主体对理论本身的理解密不可分的。这种"中介"观点的哲学理论，对于我们深刻地认识人与世界之间的主客体关系，对于我们形成更为合理的世界观理论，具有重大的理论意义和实践意义。同样，这种"中介"观点的哲学理论，对于激发大家的学习渴望，对于大家掌握人类所创造的全部文化遗产，也是非常重要性的。

（三）"主体际"与主客体关系

人是作为社会性存在而与世界发生主客体关系，因此，在人与世界的主客体关系中，同时存在人与人之间的"主—主关系"即"主体间关系"或"主体际关系"。

物质生产活动是人的最基本的实践活动，它总是表现为双重关系：一方面是人与自然之间进行物质交换的"主—客关系"，另一方面则是人与人之间相互交往的"主体间关系"。作为物质生产活动的双重化过程，人与自然之间的"主—客关系"和人与人之间的"主体间关系"是互相作用、互相规定、互为中介的。作为"主体"的人并不是单独的个体，而是个体间相互交往构成的"人类"。人是以"类"的方式与自然构成"主—客体关系"。

人类社会的历史，不仅仅是物质生活资料的再生产的历史，也不

① 马克思：《1844 年经济学哲学手稿》，人民出版社 1979 年版，第 79 页。

仅仅是人自身的再生产的历史，它同时还是一个社会关系的再生产的历史。这非常重要，再生产是一个生产关系乃至全部社会关系的再生产的过程。所谓社会关系的再生产的过程，就是一个“主体际”的再生产的过程。

主体和客体的关系，原来把它简单化了，也就是离开“主体间”关系去看待主客体关系。其实，“我”之所以构成主体，是因为“我”自身就是一种分裂，我既是我，我又是我们！我既是单数的存在，我又是复数的存在。我只有是“我们”，我才能够构成主体，我不作为“我们”，我构不成主体，这就叫“主体际”，或者说叫“主体间”。主体实际上是一个大我，这个大我构成了极为错综复杂的我与我的关系——主体际关系！主体际关系构成了主客关系的逻辑关系的前提。换句话说，没有主体际的关系，不会有主客关系。这里，我首先从大家“熟知而非真知”的“概念”谈起。

在人与世界的主体与客体的关系中，“概念”占有特殊重要的地位。概念既是人类思维的形式，又是人类认识的成果。概念以内涵与外延相统一的方式构成主体对客体的规定性的把握。因此，在人与世界的现实关系中，作为主体的人既要以概念的方式去把握、描述、解释和反思人与世界及其相互关系，又要以概念的方式去理解、解释、规范和反思人与世界及其相互关系，还要以概念的方式去建构关于世界的规律性图景以及对世界的理想性、目的性要求。这表明，人类在自己的社会实践活动中，必须和只能以概念的方式去实现对世界的本质性、普遍性、必然性和规律性的把握与解释，也就是以概念的方式实现思想中对世界的占有。概念是人在思想中构筑经验世界的方式，也是将思想中的世界世世代代传递下去的社会遗传方式。概念是人类历史文化的“水库”，也是人类认识发展的“阶梯”和“支撑点”。人们从历史上承继下来的各种概念体系，直接地和深层地制约着和规范着人们的历史性创造活动，制约着和规范着人们对世界的理解、人们之间的相互理解和每个人的自我理解。在这个意义上，人类的文明史也就是概念的形成、演化、变革、更新和发展的历史。这表明，人通过“概念世界”即“历史文化水库”而实现了主体之间的沟通，并实现了人对世界的观念把握。“主体间关系”与“主—客体关系”，在人对世界的观念把握中是统一的。

现在很多哲学界的朋友们讨论交往实践，凸现了交往实践的问题。而任何问题的提出，就像马克思所说的，当你仔细地思考的时候，就会发现，问题，只有在解决问题的条件具备的时候它才会被提了出来。现在为什么凸显了主体际关系？大家想一想，我们把今天的时代称作什么？“信息时代”、“网络时代”、“知识经济时代”！这意味着什么？这意味着当代世界的经济“全球化”的过程中，人与人之间的联系、交往、合作更为突出和重要了。同样，我们也具有了回答这个问题的条件了。现在我们再来思考这个主客关系的时候，就会非常注意地思考“主体际”关系。

（四）主体的自我意识

主客关系，是以人意识到自己是“主体”为前提的。人的自我意识，首先是一种主体的自我意识，即自觉到“我是主体”的意识，确认和肯定“我”的主体地位的意识。

主体的自我意识，主要包括自立意识、自重意识、自信意识、自爱意识和自尊意识等等。然而，如果深究这些主体的自我意识，我们就会发现，蕴含在这些主体自我意识中的实质性内容，就是对人自身存在“意义”的自我意识。人们如何理解和对待自身存在的“意义”，就会如何理解和对待自己作为主体的存在。

人是现实的存在，但人又总是不满意和不满足于自己的现实，总是渴望把现实变为人的理想的现实。就此而言，主体的自我意识，总是表现为意识活动的理想性维度。这种意识活动的理想性维度，激发起人的求知、求善、求美的渴望，并以“目的性”而推动人的“对象性”活动，即以“实践”的方式去创造理想的现实。

从“意义”的视角去看主体的自我意识，我们就会看到，主体的自我意识是人自觉到“我”的存在与价值的意识，是确认和肯定“我”的自主性、自为性和自律性的意识，是以“意义”的尺度去反思和评价“我”的存在价值的意识。“我”自觉到“我”是自己的思想与行为的主体，“我”以自己的思想与行为塑造自己的人生，因此“我”要为自己的思想与行为承担责任，并要以自我意识到的“意义”来要求和规范自己的所思所想和所作所为。

主体的自我意识，以自我感觉、自我观察、自我体验、自我分析、自我评价、自我塑造、自我超越和自我反思等形式，来形成关于生活“意义”的自我理解。

主体的自我感觉就是感觉到自我的存在。德国诗人海涅曾经饱含激情地写道：“一个人的命运难道不像一代人的命运一样珍贵吗？要知道，每一个人都是一个与他同生同死的完整世界，每一座墓碑下都有一部这个世界的历史。”① 每个人都是首先感觉到自我的存在，才会进而去探寻和追求自我存在的意义与价值。近代哲学所说的“人的发现”，首先便是人的自我感觉的发现，即在人的自我感觉中形成“我是主体”的主体自我意识。

主体的自我感觉，是在自我观察和自我体验中不断强化的。观察和体验自己的言语、思想和行为，观察和体验自己的喜悦、愤怒和悲哀，观察和体验自己的好恶、选择和追求，会使人更强烈地感觉到自我作为主体的存在。主体在对是非、荣辱、福祸、进退、成败、生死等等的自我体验中，会升华对生活“意义”的反省，也会形成较为系统的关于人生的反思的思想。

主体对生活“意义”的反省，更为深切地表现在自我分析与自我

① 参见科恩：《自我论》，三联书店1987年版，第146页。

评价之中。帕斯卡尔在《思想录》中提出“思想形成人的伟大”，并作出这样的论证：“人只不过是一根苇草，是自然界最脆弱的东西；但他是一根能思想的苇草。用不着整个宇宙都拿起武器来才能毁灭他；一口气、一滴水就足以致他死命了。然而，纵使宇宙毁灭了他，人却仍然要比致他于死命的东西更高贵得多；因为他知道自己要死亡，以及宇宙对他所具有的优势，而宇宙对此却是一无所知。”“因而，我们全部的尊严就在于思想。正是由于它而不是由于我们所无法填充的空间和时间，我们才必须提高自己。因此，我们要努力好好地思想；这就是道德的原则。”[①] 毫无疑问，帕斯卡尔把人的伟大仅仅归结为思想，这显然是片面的；但是，这种关于人的自我分析，却有力地撞击人们的理论思维，促使人们深切地反思人类存在的意义与价值。

人与动物的区别，不仅在于有生的追求，而且在于有死的自觉。面对自觉到的而又无可逃避的死亡，人会强烈地体验到自我存在的感觉。自觉到死亡这个无可逃避的归宿，便是对人生之旅有限的自觉，因而也就成为对生的意义与价值的追问与追求，强化了自我存在的感觉与体验。培根说：“复仇之心胜过死亡，爱恋之心蔑视死亡，荣誉之心希冀死亡，忧伤之心奔赴死亡，恐怖之心凝神于死亡。”体验自我对是非、荣辱、祸福、进退、成败、生死的感受，会强化自我存在的感觉。

自我分析，自我评价和自我反省，会使人发现真实的自我，并进而去塑造理想的自我。自我塑造和自我超越是自我感觉的升华和自我意识的实现。有的西方学者曾这样谈论现代化的问题：从传统社会到现代社会的转变过程，就是人的行为模式由指定性行为转变为选择性行为的过程，也就是人的行为模式由世代相袭的行为规范为指导转变为以理性的思考为基础的过程。不管究竟应当怎样评价这种观点，但

① 帕斯卡尔：《思想录》，商务印书馆 1997 年版，第 157—158 页。

由于现代化进程中的科学技术的迅猛发展，生活方式的急剧转变，思想观念的不断更新，总是要求人们必须以强烈的主体意识去塑造自己和超越自己。在建立社会主义市场经济的过程中，大家会越来越强烈地感受到，必须树立个人的能力本位观念、自主自立观念、平等竞争观念、开拓进取观念，以代替权本位观念、依附观念、特权观念、等级观念和保守观念。塑造自我，就是塑造适应现代社会的才智能力、价值观念、道德人格、思维方式和精神状态；超越自我、则是自我塑造的不断升华，使自我获得更加强烈的主体自我意识，并把自己塑造成为更加理想化的存在。

主体对“意义”的自我反思，并不是孤立的对“自我”的反思，而是对自我与自然、自我与社会、自我与历史、自我与他人的诸种“关系”的反思。正是在种种“关系”的自我反思中，主体形成了关于自然、社会、历史和人生的自我意识。

四　主观与客观：反思人类活动的内在矛盾

在人的自我意识中，主观与客观的矛盾，是一对最主要的哲学范畴。它深化了人与世界、主体与客体这两对范畴的思想内涵。所以，我们从主观与客观的矛盾来深入地反思人与世界、主体与客体、思维与存在的关系问题。

（一）人的思想和行为的内在矛盾

人的全部活动，可以分为“知”与“行”，即认识活动和实践活动。人的认识活动的直接目的是在观念上实现主观与客观的统一，从而使认识内容具有客观意义；认识的根本目的则是以关于事物的规律性认识指导实践活动，使主观的东西见之于客观，实现主观与客观在现实中的统一。主观与客观的矛盾贯穿于人的全部实践活动和认识活动之中。

认识活动中的主观与客观的关系，首先是“映像”与“对象”的关系，“形式”与“内容”的关系。作为“对象”的客观世界是不依赖于人和人类的意识而独立存在的。爱因斯坦说：“在我们之外有一个巨大的世界，它离开我们人类而独立存在。”① 客观世界是可以被人认识的。但是，当它作为自在之物，在未转化为人和人类的意识界的存在之前，只能是一个未知的世界；客观世界作为认识内容，它已经在观念上被人脑所改造，成为人所理解和把握的世界。这表明，作为认

① 《爱因斯坦文集》第1卷，商务印书馆1994年版，第2页。

识内容的映像与作为认识客体的对象是既相互联系又相互区别的。

"映像"并不是与它所反映的对象并列存在的东西，而是移入人的头脑并在人的头脑中改造过了的对象。这表明，映像的存在必须具有缺一不可的两个条件：其一，映像是对象的映像，没有对象就没有映像；其二，映像是主体认识活动的产物，没有主体的认识活动也就没有映像。映像作为对象的反映，它具有客观性；映像作为主体活动的产物，它又具有主观性。作为认识内容的映像是客观性与主观性的对立统一。认识内容的二重性，构成了人类认识内在的主观与客观的矛盾。

认识的主观与客观的矛盾，是同主体在观念中反映和创造客体的认识形式密切相关的。人们通常认为"认识的形式是主观的"，但这只能是指如下的两层含义：其一，认识形式是属于主体方面进行认识活动的形式；其二，主体在运用认识形式的过程中具有自主性。以实践的观点分析人的认识形式，它本身具有客观基础和客观意义。理解这个问题，对于理解主客关系是十分重要的。这里主要是讲三点。

一是认识形式的物质基础问题。认识形式作为人类认识机能的表现形式，是一种遗传性的获得。人脑是认识机能及其表现形式的物质承担者。大脑的结构和功能是物质自身长期进化过程的产物，它的运动规律受到物质运动一般规律的支配。正是由于我们的主观的思维与客观的世界在本质上服从于同一规律，我们的认识活动才能具有客观意义。这就是认识形式的自然根基。它构成了人类进行认识活动的不自觉的和无条件的前提。唯物主义的认识论，就是以这个不自觉的和无条件的前提为基础的。

二是认识形式的实践基础问题。人类本身，包括人的各种感觉器官和思维器官，都不仅是自然界长期发展的产物，而且是在其自然根基的基础上，历史地发展着的社会实践的产物。人的五官感觉就是在以往的全部世界历史中形成和发展起来的。同样，思维的逻辑也是实践的逻辑的内化结果。瑞士心理学家和哲学家皮亚杰的发生认识论的重要成果，就是以大量的观察材料和实验材料为基础，揭示了认识形式的实践基础。从总体上看，正是感性实践的逻辑不断地内化为思维运演的逻辑，思维本身才具有愈来愈扩展和深化的把握现实的力量。

三是认识形式的科学基础问题。人类对于世界的认识，是在其前进的发展中所创造的全部科学共同实现的。科学理论不仅以自己所提供的关于世界的规律性的认识指导人类扩展和深化对世界的改造，而且历史地扩展和深化了人类用以反映世界的认识系统。认识形式的现实力量根植于科学。就现代而言，我们不仅具有多层次的归纳和演绎、分析和综合、抽象和概括、假说和证明等逻辑方法，而且具有诸如系统方法、信息方法、功能模拟法、数学模型法、概率统计法、思想实验法等极其丰富多彩的认识形式。这表明，人类用以反映世界的认识形式，决不是抽象的和空洞的，而是一个各种各样的认识成分相互制约、相互渗透、相互贯通、相互转化，具有一定层次结构而又变化不息的开放系统。科学对于认识系统的另一重大意义，还在于它为人类提供了把握世界的历史地发展着的概念之网。整个的科学发展史，是一个科学概念的形成和确定、扩展和深化、更新和革命的历史。科学理论所编织的概念之网，构成了人类“认识和掌握自然现象之网的网上纽结”①。人类运用这些科学概念去反映世界，人的认识才具有客观意义。

现代科学所展现的世界图景，是一个具有多序列、多结构、多层次的纵横交错的整体网络。世界所呈现给我们的图景，与我们反映这个图景的认识系统是一致的；客观图景与知识系统的一致，是通过科学进步的中介而实现的。科学的发展历史地改变了人类用以反映和把握世界的认识系统，呈现给人类的世界图景也历史地扩展和深化了。

---

① 《列宁全集》第55卷，人民出版社1990年版，第78页。

认识形式的客观性，即认识形式的物质基础、实践基础和科学基础，使得它所把握的认识内容具有客观意义；认识形式的主观性，即主体运用认识形式的自主性以及概念的隔离性和凝固性，又使得它所把握的认识内容具有主观意义。随着实践的发展和科学的进步以及与此相适应的辩证思维方式的深化，人类就在主观与客观的矛盾的展开中，不断地实现了思维向客体的接近。因此，我们需要从认识形式的客观基础和客观意义去理解认识内容的客观性。

在主观与客观的关系中，观察与理论的关系在现代科学中具有特殊意义。观察渗透理论，观察才具有科学意义。人们的科学观察，是为了解决某个（或某种）问题而进行的观察。在这个意义上，也可以说是“科学始于问题”，就是认识主体以理论为背景对经验客体的新的求索。离开相应的理论，不仅观察的过程无法进行，观察的结果无法得出，甚至连观察的对象都不存在。事物本身是“客观存在的”，但是，它能够成为“观察的对象”，却是同认识主体密不可分的。人的认识活动是以相应的理论背景而形成相应的认识内容。

主观与客观的矛盾，在人的认识活动中又表现为“合目的性”与“合规律性”、“人的尺度”与“物的尺度”的矛盾。这就是实践活动的主观与客观的关系问题。它决定了以实践为基础的认识活动中的主观与客观的矛盾。

实践是人的有目的的自觉活动，是人把自己的目的和要求变成现实的活动。作为实践主体的人，自己给自己构成人所要求的世界图景，并以自己的实践活动使世界变成自己理想的世界。同时，实践作为人的客观物质性活动，又必须面对客观世界，以客观世界为转换。一方面，实践主体要按照自己的欲望、目的、要求去改变世界；另一方面，实践主体的目的性要求又必须积淀着关于世界的规律性认识，这种目的性要求才能得以实现。这就是实践活动中的“合目的性”与“合规律性”的矛盾。实践活动的“合目的性”，本质上是以“人的尺度”

去要求客观世界；实践活动的“合规律性”，则是以“物的尺度”去规范人的目的与活动。人的实践活动既是以“人的尺度”去改变世界，又是按照“物的尺度”去规范自己的思想与行为，正是在这两个“尺度”的对立统一中，实践活动实现为“合目的性”与“合规律性”的统一，即主观与客观的现实的统一。

（二）思维与存在的关系问题与主观与客观的关系问题

大家都知道哲学的基本问题是思维和存在的关系问题，但是这是一个最难理解的问题，也可以说是“熟知而非真知”的问题。思维和存在到底是一种怎样的关系？为什么它构成了哲学的基本问题？这是最“较劲”的地方。

人和世界的关系问题，在一个素朴实在论的意义上，是一个经验事实的问题。如果你在一个素朴实在论的经验事实上，去追问人同世界的关系，就构成了一种直观的反映论：没有世界能有人吗？没有人能有人的意识吗？你这样来想问题，从一个经验事实的角度去考虑问题，人同世界的关系的确是一清二楚的。世界是“客观”的“存在”，人的“观念”则是“主观”的“存在”，所以“思维与存在”的关系就是“主观与客观”的关系。而当我们把哲学的基本问题抽象为、概括为、升华为“思维与存在的关系问题”的时候，我们就把一个经验事实的问题提升为了一个哲学层面的逻辑的问题了。思维和存在的关系，在逻辑的意义上，穷尽了人同世界的全部关系。我们往往把人同世界的关系看成它的感性的丰富性，而很难把握到思存关系的逻辑的丰富性。人们很难学哲学就在这了。通常都是以经验常识去理解哲学的，所以比较容易接受的是人与世界的关系，但是很难升华为思维对存在的关系。思存关系，是对人同世界的关系的一种理论的自觉、哲学的自觉。

我们首先考虑一下“思维与存在”的关系同“精神与物质”的关系。精神和物质的关系问题，它对于我们合理地回答思维和存在的关系问题，提供了一个科学的前提和基础。精神和物质的关系问题具有重大的哲学意义，但是不能把它等同为思维和存在的关系问题。或者反过来说，我们不能把思维和存在的关系问题归结为精神和物质的关系问题。

思维和存在的关系，并不等于精神和物质的关系。与“思维”相对待的“存在”，它起码包含着当代科学哲学家卡尔·波普所说的“三个世界”。波普把世界分解为1、2、3。世界1，物理自然世界；世界2，人的精神世界；世界3，语言文化世界。思维所面对的存在，或者说和思维相对待的存在，是全部的存在，是包括思维自身在内的存在。大家想一想，思维以思维作为对象，要不怎么有思维科学呢？你想一想，思维不以思维为对象哪能有思维科学？思维所面对的存在，不仅仅是作为世界1的物理自然世界的存在，它同样面对着作为人的精神世界的存在，它还面对着作为人的文明的结果的文化世界的存在。人的世界是一个文化的世界，是一个意义的世界，这就是是语言文化的世界。

与思存关系不同，精神和物质的关系问题，它首先是一个时间的先在性问题，或者说，是一个经验事实的何者为先的问题。就时间说，究竟是先有精神还是先有物质？在自然界的演化过程当中出现了人，有了人才有人的意识，有了人的精神，那么你怎么能说，先有了人的精神和意识而后有了人的世界呢？没有地球就没有人，哪里来的人的意识呢？所以通行的教科书从多方面来论证，从地球演进的历史，人类形成的历史等方方面面来说明。教科书接着讲意识，一方面是意识的内容从哪来的？没有客观事物的存在哪里有意识内容呀？另一方面是讲意识的载体，没有大脑这个物质器官，怎么能形成意识活动呀？这是从两个方面说明，物质是第一性的，意识是第二性的。这个结论是天经地义的，没有任何疑问的。正因为是这样，我们必须坚持唯物论，反对唯心论。

精神和物质，或者说意识和物质的关系问题，对于哲学来说，意义是非常重大的。它为我们理解人类的精神与人类所生存的世界的关系奠定了一个最基本的、最重要的前提和基础。所以我们要理解精神和物质的这样一种基本关系。但是，我们只有把一个经验的问题升华为一个逻辑层面的形上的问题，它才是一个哲学的问题。我说的是什么意思呢？精神和物质的关系问题是极为重大的，但是作为一种哲学探讨说，还必须把它升华为思维和存在的关系问题。只有“思维和存在的关系问题”才蕴含了全部丰富的哲学问题。

在理解作为哲学基本问题的思维和存在的关系问题的时候，还必须讨论“思维与存在”和“主体与客体”的关系问题。思维和存在的关系问题，并不等同于精神和物质的关系问题；同样，它也不等同于主体和客体的关系问题。但是，思维和存在的关系问题，又与精神和物质、主体和客体的关系问题有千丝万缕的密不可分的关系。思存关系作为哲学的基本问题，主客关系是它的一种表现形式，或者说，主客关系表现的是思存关系。你只有把主客关系升华为思存关系，你才能够在哲学的层面上去理解主客关系。

还要指出的是，“思维与存在的关系问题”和“思维与存在的问题”，这是两个不同性质的问题。这个问题对于理解哲学基本问题是同样重要的，甚至是更难理解，也是更容易造成误解的。什么叫“思维和存在的问题”呢？思维和存在的问题就是把“思维和存在”当做认识的对象。如果把思维和存在作为对象，就把世界1、世界2、世界3合在一起，成为“整个世界”了。所以，“思维和存在的问题”，就是整个世界的问题，而整个世界的问题是科学的问题。与此不同，思维和存在的“关系”问题，是思维把“思维和存在的关系”当做“问题”反过来而思之。反思！这是哲学问题。而只有在“反思”活动中，思维和存在的关系才会成为“问题”。

思维和存在的问题，是把思维和存在当做了认识的对象来获得科学的解释；而思维和存在的关系问题是思维把思维和存在的“关系”当做了问题。想一想，这个很难想通呀。人们在自己的日常生活当中并不“哲学地”提出问题。有谁在生活当中，拿着粉笔说，我的思维同这个粉笔是什么关系呢？我的思维能不能正确地反映这个存在呢？这个存在的规律和我思维的规律是不是服从于同一个规律呢？下课到餐厅吃饭，买个馒头说，这个馒头同我的思维是什么关系呢？我的思维所把握的这个馒头真就是一个馒头的存在吗？那旁边的同学看你会怎么样了？认为你这个人肯定有毛病。所以我最后还要讲，异常思、平常心！千万别学了哲学，学来学去叫做异常心，平常思！糟了，人要这样就成半疯状态了。确实有一些人学习哲学，进去了，就出不来了。他“异常心”了，但是他还没有“异常思”，这就糟了。平常心、异常思这两者的统一，这才叫做哲学智慧么！用我们中国哲学的话说就是极高明而道中庸！用科学哲学家库恩的话说，保持必要的张力，我追加一句，达到微妙的平衡！这才叫哲学智慧。这就要求我们真正地辨析：思维和存在，是我们全部认识的对象；对思维和存在的认识，使我们获得科学的解释。而思维和存在的关系，只有在哲学反思的时候，才会成为问题。在这个意义上，哲学不是面对着自然、社会和思维，不是面对着整个的世界，而是把思维和存在的关系当做对象，是思想以自身为对象，反过来而思之，也就是“反思”。这就是我和大家说的这个第三点，思维与存在的关系问题，它不是思维和存在的问题。

如果我们能理解上面三点的话，我们就会懂得，思维和存在的关系，它包括两个方面，一个是思维和存在的统一问题，另一个是思维把思维和存在的关系作为问题而进行的反思。大家想一想，我们每个人，一生就做二件事，一个是想，一个是做。什么叫想？想就是在观念当中把握思维和存在的统一、主观和客观的统一；什么叫做？就是在行为当中达到思维和存在的统一、主观和客观的统一。对吧？想就是让我的思想和存在达到统一，做就是让我把思想诉诸于现实，在实际行动当中达到思维和存在的统一。这不就是思维和存在的统一问题么？科学就是解决思维和存在的统一！什么叫科学？科学就是以思维的规律把握存在的规律。为什么不说科学的基本问题是思维和存在的关系问题呢？想过没有？为什么特殊地说思维和存在的关系问题是哲学的基本问题呢？想过没有？那就是因为，除了哲学以外，人类把握世界的所有的其他的方式，都是实现思维和存在的统一，主观与客观的统一，而不是把思维和存在的关系当做“问题”！与此相反，只有哲学，它把思维和存在的“关系”当做了“问题”，反过来而思之。恩格斯说：“我们的主观的思维和客观的世界遵循同一些规律，因而两者在其结果中最终不能互相矛盾，而必须彼此一致。这个事实绝对地支配着我们的整个理论思维。这个事实是我们的理论思维的不自觉的和无条件的前提。”① 哲学是把科学“无条件”地承诺的“前提”当做自己的“反思”的对象，这才构成作为哲学基本问题的“思维和存在的关系问题”。

反思，是思想以自身为对象反过来而思之。反思，是把构成思想的前提作为再思想的对象。所以哲学追问的是思想的前提。它是把思维和存在、主观和客观相统一的那个结果或者思想本身，作为批判的、反思的对象。所以哲学智慧是一种什么智慧？哲学智慧是一种批判的智慧，是一种反思的智慧，是一种创新的智慧。在哲学的基本问题上，在思维和存在的关系问题上，就充分地体现了作为爱智的哲学在本质上是批判的、反思的、创新的。

（三）思想的客观性问题

哲学探索“思维和存在的关系问题”，非常重要的是解决“思想的客观性”问题。这个问题在近代哲学的“认识论转向”中凸显出来。恩格斯指出，思维和存在的关系问题，“只是在欧洲人从基督教中世纪

① 《马克思恩格斯选集》第4卷，人民出版社1995年版，第364页。

的长期冬眠中觉醒以后，才被十分清楚地提了出来，才获得了它的完全的意义”。①

近代哲学的“认识论转向”，从根本上说，就是自觉到了“思维与存在”之间的矛盾，把“思维与存在的关系”当做最重要、最基本的哲学“问题”来进行研究，从而使研究思维与存在、主观与客观、主体与客体矛盾关系的“认识论”问题成为哲学的根本问题。在这种“认识论转向”中，近代哲学以探寻思想的客观性为聚焦点，不仅研究了外在的世界与人的观念之间的关系，而且特别深入地考察了人的观念内部的诸种关系问题。恩格斯说：“十八世纪的唯物主义，由于其本质上的形而上学的性质，只是从内容方面研究这个前提。它只限于证明一切思维和知识的内容都应当来源于感性的经验，并且重新提出下面这个命题：感觉中未曾有过的东西，理智中也不存在。只有现代的唯心主义的，同时也是辩证的哲学，特别是黑格尔，才又从形式方面研究了这个前提。”② 在这里，恩格斯在提出理论思维的“前提”问题的基础上，指出18世纪的旧唯物主义和辩证的唯心主义分别地研究了这个“前提”的“内容”与“形式”。恩格斯的这个论断对于我们理解哲学的基本问题及其“完全的意义”是十分重要的。

首先，近代哲学明确地区分了“意识外的存在”与“意识界的存在”，也就是明确地区分了“客观世界”与“意识内容”，从而清楚地提出了“对象与表象”或“对象与映像”的关系问题，也就是清楚地提出了“思维和存在”的关系问题。这就是恩格斯所说的从“内容”上考察思维和存在的关系问题。与此同时，近代哲学还特别地从“形式”上研究思维和存在的关系问题。这突出地表现在，近代哲学比较自觉地考察了“意识内容”与“意识形式”的关系问题、“对象意识”

① 《马克思恩格斯选集》第4卷，人民出版社1995年版，第224页。
② 《马克思恩格斯选集》第3卷，人民出版社1995年版，第364页。

与“自我意识”的关系问题、“理论理性”与“实践理性”的关系问题等一系列“思维和存在”的“关系问题”。通过探索这些“关系问题”，近代哲学揭示出对象与经验、经验与知觉、知觉与表象、表象与观念、观念与思维、思维与想象、想象与情感、情感与意志、意志与自我、小我与大我、理论与实践等极为错综复杂的矛盾关系，从而使“思维和存在的关系问题”获得了“完全的意义”。

思想的客观性问题，不是“表象”的客观性问题，而是思想中的“普遍必然性”的客观性问题，真理的客观性问题。近代哲学的反思聚焦于思想的客观性，其实质是反思真理的客观性，其目的是以具有客观性的真理去规范人的思想与行为。康德的“认识何以可能”的问题，就是反思普遍必然性何以可能的问题。所以，在近代哲学的意义上，主观与客观的问题，思维与存在的问题，是思想的客观性问题，是思维与存在在规律层次上的统一问题。

整个近代哲学始终在思维与存在、主观与客观、主体与客体的二元对立中去寻求思想的客观性，因而始终是在“认识论”的意义上去回答作为哲学基本问题的思维和存在的关系问题。这表明，近代哲学对哲学基本问题的理解存在着一个根本性的缺陷，这就是离开人的实践活动及其历史发展去回答“思维和存在的关系问题”。正是针对这种状况，马克思尖锐地指出：“哲学家们只是用不同的方式解释世界，而问题在于改变世界。”①

在揭露近代哲学的主—客二元对立模式的内在矛盾的过程中，始于19世纪中叶的现代哲学，出现新的革命性的“哲学转向”。这就是马克思主义哲学的“实践转向”以及现代西方哲学的“语言转向”。马克思主义哲学认为，人的思维的最本质最切近的基础是人类自己的实践活动，“思维和存在的关系问题”所蕴含的全部矛盾关系都植根于

① 《马克思恩格斯选集》第1卷，人民出版社1995年版，第57页。

人类的实践活动之中，“思维和存在的关系问题”的历史演化和历史发展都展开在人类实践的历史过程之中。因此，只有从现实的人及其历史发展出发，达到对哲学基本问题的实践论理解，才能正确地理解和解释“思维和存在的关系问题”。这就是马克思主义哲学所实现的“实践转向”。

在这种“实践转向”中，马克思主义哲学所理解“思维和存在的关系问题”，既不是黑格尔的“无人身的理性”与其“逻辑规定”的关系，也不是费尔巴哈的“抽象的个人”与其“感性的直观”的关系，而是“现实的人”以“感性的活动”为基础的与“现实的世界”的关系。

马克思主义实践论所理解的“现实的人”就是从事实践活动的人，“感性的活动”就是人的社会实践，“现实的世界”就是人类实践活动的对象。这样，作为哲学基本问题的“思维和存在的关系问题”，在马克思主义哲学中，就是以实践为基础的人与世界之间的、现实的和历史地发展着的关系。以“实践转向”的观点去看待“思维和存在的关系问题”，我们就会形成动态的而不是静止的、发展的而不是凝固的关于哲学基本问题的认识。

现代西方哲学的“语言转向”，它所批判的是，离开对人类“语言”的考察而直接断言“思维和存在的关系”；它所要求的是，哲学家在建立关于人类意识和世界及其相互关系的理论之前，必须先有关于“语言”的理论；这种要求的实质是，哲学家必须把作为“文化的水库”的“语言”作为研究“思维和存在的关系问题”的出发点。在寻求主观与客观、思维与存在、人与世界的“中介环节”的意义上，在实现主观与客观、思维与存在、人与世界的文化层面上的统一的意义上，“语言转向”具有不容忽视的积极意义。我们应当以马克思主义哲学的实践论的观点，批判地汲取现代西方哲学“语言转向”的积极成果，在当代的水平上深化对思维与存在关系问题的理解，并丰富哲学基本问题的理论内容。

五　感性与理性：反思人类把握世界的内在矛盾

人作为主体，主体的最基本的矛盾是什么？感性与理性的关系。我们对于任何事物的把握，以及我们在把握事物当中所构成的各种矛盾，都根源于人是感性和理性的矛盾的存在。

感性与理性的矛盾，深切地展现了主体与客体、主观与客观之间的矛盾。关于感性与理性的关系问题，我想分成五个小问题。首先，人既是一种感性的存在，又是一种理性的存在。那么这种感性的存在和理性的存在，它构成了一种什么样的矛盾？这是第一个问题。第二个问题，这种感性的存在和理性的存在，表现在人的认识当中，是表象的存在和概念的存在的矛盾，所以第二个小问题讲表象的存在与概念的存在的矛盾关系。如果我们理解了感性和理性的矛盾，你不仅仅真正地理解了人的认识，而且你把人的认识的内在矛盾深化了，拓展开来了，这就是表象与思想的矛盾运动。这是我要给大家讲的第三个小问题。第四个小问题，在这个基础之上，我专门就思维自身的矛盾说，就理性自身的矛盾说，讲一下思维的至上性与非至上性的矛盾。第五个小问题，讲一下理性与非理性的矛盾，也就是人的知、情、意的关系问题。

（一）感性的存在与理性的存在

人是一种怎样的存在呢？直接地看，人不就是一种感性的存在么？不就是你这个肉体的存在么？但是，当我们不管在哪种意义上去定义人的时候，人都是一种所谓的高级动物。那么，在属加种差的意义上，你来定义人，人和动物的区别在什么地方？我们有的用思想、有的用语言、有的用劳动等等来构成关于人的定义。那么，其中非常重要的，就是人会思想。它马上揭示了人的一个根本的存在，那就是，人既是一个感性的存在，同时人又是一个思想的存在、理性的存在。

我有肉体，我是感性的；我又有思想，我是理性的。我作为灵魂和肉体的统一，我是感性存在与理性存在的统一。古今中外的所有的哲学家，几乎都是自觉或者不自觉地在人的感性和理性的矛盾当中，发现了世界自身的矛盾，发现了人同世界的矛盾。

最初引发哲学家们思考的、困惑不解的是什么问题呢？黑格尔说，真正的哲学的开端是巴门尼德。为什么呢？他说，因为巴门尼德提出了一个问题，存在与非存在。为什么人能够把对象的世界把握为一个"存在与非存在"的矛盾的存在呢？这就是人的感性与理性的矛盾。这个矛盾是非常有意思的，大家来跟我一起琢磨琢磨。

在人的感性和理性的矛盾当中，那个经验的世界被我们分裂了。大家想一想呀，你一旦进入到了哲学思考的时候，一个哲学的最具有根本性的问题就出来了。我们面对着的这个世界，它究竟是一种怎样的存在呢？看着我手中的粉笔，什么是它的存在？什么是它的非存在？什么是有？什么是无？我用我的感性把握到的粉笔，那是粉笔的现象；我用我的理性把握到的粉笔，那是粉笔的本质。我用我的感性把握到的粉笔，那是粉笔的个别的存在；我用我的理性把握到的粉笔，那是粉笔的一般的共性的普遍的存在。这就提出问题来了：我的感性把握的存在是对象的那种可观察的实体性的存在，而我的理性看不见这样的存在；反过来我的理性所把握的存在，是关于对象的内在规定性的存在，但是我的感性把握不到对象的本质。那么，究竟是我的感性把握到的现象是真实的存在，还是我的理性把握到的本质是真实的存在？反过来说，是我的感性把握到的现象是非真实的存在，还是我的理性把握到的本质是非真实的存在？究竟什么是存在、什么是非存在？这不就是由人的感性和理性所引起的存在与非存在的矛盾吗？

在思考人的感性和理性的矛盾的时候，我想首先提示一个特别重要的问题，这就是，感性和理性是人的一对内在的矛盾，它不是一先一后的过程。主体既是感性的存在，又是理性的存在，所以他把经验的对象把握为存在与非存在的矛盾了。对于你的感性来说的存在，对于你的理性来说是非存在；对于你的理性来说的存在，对于你的感性来说是非存在。那么当我们去把握这个经验世界的时候，究竟什么是存在？什么是非存在呢？正是这样，它才在古代形成了一对范畴，所谓“本体”与“变体”的范畴。整个哲学始于对“本体”的寻求，它就要寻求本体，寻求那个最真实的存在。什么是真的存在？什么是变幻不居的存在？哲学就是开始寻求这个东西，而这个东西是源于人的感性和理性的矛盾。人的感性和理性把对象的存在把握为存在与非存在的矛盾。就是为了求解这个存在与非存在的矛盾，因此形成了一对哲学范畴，本体与变体。

学习西方哲学史，就会接触到一个命题，叫做“人是万物的尺度”。但是，由于人自身是感性和理性的矛盾的存在，那么，当我们说“人是万物的尺度”，到底是人的感性是万物的尺度呢，还是人的理性是万物的尺度呢？传说，有的哲学家，爱智爱到什么程度了？把自己的眼睛给抠掉了。为什么呢？因为他认为，一旦我们睁开眼睛看这个变化不居的世界的时候，它就诱惑了我们，我就把握不到那个作为真正的本体的存在了。因为真实的存在只能是我的理性所能把握到的那个本体的存在。而我的感性，我所看到的，都是变动不居的那个大千的世界，它只不过都是变体的存在。听起来是很残酷，但是当你一旦往极端上追问的话，这种行为的出现不是不可思议的。因为你就是想知道，究竟我到底是怎样的存在？我怎么才能够真实地把握到这个世界？究竟什么是真实的存在？真实的存在应当是它的普遍必然性的存在。普遍必然性的存在我们的感性能把握到吗？把握不到！能够把握到普遍必然性的存在只能是我的理性的存在。而我的感性只能是遮蔽我的理性的，我为何还要我的感性呢？我们理解了感性与理性同存在与非存在之间的矛盾，我们就能理解为什么要从人的存在出发去理解人与世界的关系了。

我们现在常说，实践活动是人的存在方式，但是人类自身的独特存在方式——实践活动——就是感性与理性的矛盾性的集中体现：一方面，实践是人的有目的、有意识的自觉活动；另一方面，实践又是人以自己的感性存在（肉体组织）去改变世界的感性存在的客观物质性活动。在实践活动中，人的感性与理性是不可分割地融为一体的。

以实践活动为基础的人类认识活动，同样明显地是感性与理性的对立统一：一方面，人要以自己的各种感官去感知外部世界以及人自身的存在，形成关于人和世界及其相互关系的感觉经验；另一方面，人又要以自己的理性思维去把握事物的“本质”和“规律”，形成关于人和世界及其相互关系的规律性认识。

然而，值得我们深思的是，无论是在人的实践活动中，还是在人的认识活动中，人的感性与理性总是处于矛盾状态之中。自觉到这种矛盾，并试图从理论上解释这种矛盾，便构成了哲学中的感性与理性的关系问题。它深化了主观与客观的矛盾关系问题。

人类的感觉经验，它所把握到的只能是认识对象的种种“现象”；人类的理性思维，它所把握到的则只能是认识对象的内在“本质”；因此便构成了人的感觉经验与理性思维的矛盾：对人的感觉经验来说的“存在”，对人的理性思维来说却只能是“非存在”；反之，对人的理性思维来说的“存在”，对人的感觉经验来说也只能是“非存在”。感性“看不见”本质，理性“看不见”现象，而人却既要“看见”现象，又要“把握”本质，因此，人的感性与理性的矛盾是“无处不在”、“无时不有”的。

人的感性与理性的矛盾，使人能够把自己的全部对象都视为矛盾性的存在；或者反过来说，人的全部对象之所以能够被视为矛盾性的存在，就根源于人的感性与理性的矛盾。理解这个问题，对于理解人与世界、思维与存在之间的关系是十分重要的。不理解这个问题，则无法真正理解人与世界、思维与存在之间的关系。

世界是一个自然而然的过程，世界上的一切事物都如其所是的存在着。因此，对于世界的一切事物自身来说，它并不存在“现象”与“本质”、“个别”与“一般”、“内容”与“形式”、“偶然”与“必然”等等的“矛盾”。或者反过来说，事物自身所具有的无限多样的“矛盾”，对于事物自身来说，都不是作为“矛盾”而存在的。能够意识到事物的矛盾性存在，是以人的感性与理性的矛盾为前提的。

在人的感性与理性的矛盾中，人的感性所“看到”的是对象的“个别”的、“偶然”的、“现象”的存在，人的理性所“思想”的则是对象的“共性”的、“必然”的、“本质”的存在。因此，在人的感性与理性的矛盾中，人的全部对象被“把握”为个别与一般、偶然与必然、现象与本质的矛盾性存在。

古希腊哲学家在寻求“万物的统一性”即“本体”的过程中，就由人的感性与理性的矛盾而形成了两种不同的基本思路：一种是关注经验世界本身的多样统一性，把“本体”视为“万物所由来、万物所复归”的某种感性存在物，因而以感性经验中的多样统一性去解释万物与本原、变体与本体的对立统一关系。这可以说是古代哲学中所蕴含的“经验论”萌芽。另一种思路则是探寻对象世界的现象与本质的逻辑关系，把“本体”视为某种超越经验、却又能被思维所把握的理性存在物，因而以超越经验的逻辑关系去解释“可见世界”与“可知世界”的关系。这可以说是古代哲学中所蕴含的“唯理论”萌芽。

人的感性与理性的矛盾，不仅表现为对世界的“个别”与“一般”、“偶然”与“必然”、“现象”与“本质”的矛盾性理解之中，而且更为深刻地表现为对人自身的矛盾性理解之中。我们刚刚说过，在对人与世界相互关系的反省中，古希腊哲学家曾经提出一个著名的命题："人是万物的尺度"。然而，以人的感性与理性的矛盾为出发点，"人是万物的尺度"这个命题本身便陷入难以解脱的矛盾之中：（1）以人为万物的尺度，那么，这个尺度是人的感觉经验还是人的理性思维？感觉经验中的存在是真实的存在，还是理性思维中的存在是真实的存在？（2）以人为万物的尺度，那么，这个尺度是人的情欲还是人的理智？人作为人自己的思想和行为的尺度，是以情欲为理智的尺度，还是以理智为情欲的尺度？人是"跟着感觉走"，还是"跟着理性走"？（3）人是自然界长期发展的结果，又是人以自身的劳动创造了自己，因而人既是自然的存在又是超自然的存在，既是感性的存在又是理性的存在，那么，人作为万物的尺度和人自身的尺度，究竟是以人的自然性作为人的超自然性的尺度，还是以人的超自然性作为人的自然性的尺度？这就是在"人是万物的尺度"这个命题中所蕴含的感性与理性的矛盾。这个矛盾蕴含着人自身的全部矛盾，也蕴含着人与世界之间的全部矛盾，需要大家深思呀！

人的感性与理性的矛盾，又不仅仅是表现在对世界和人自身的矛盾性理解之中，而且还表现在解决感性与理性的矛盾的哲学方法论之中。西方近代以前的哲学，尚未具体地探讨人的认识如何从经验的个别性上升到超验的普遍性的问题，而主要是以亚里士多德的演绎逻辑来看待人的思维推理过程。传统的演绎逻辑，从根本上说，是一种外延逻辑。对于传统的演绎逻辑，人们可以从两个方面提出十分严重的问题：其一：从概念的外延关系上看，传统的演绎逻辑只是从"普遍"推出"个别"，但却无法解决如何从"个别"上升为"普遍"。而人们的认识的直接目的，却正是要从"个别"上升到"普遍"，获得关于普遍必然性的知识；其二，从人的思想内容上看，传统的演绎逻辑是一种撇开思想内容即概念内涵的纯粹的形式推理，它无法回答人类思想发展的逻辑。而人的认识的发展过程，却正是思想内容即概念内涵的发展。因此，随着人类认识的发展，必然要求两种新的“逻辑”，即：从“个别”上升为“普遍”的归纳逻辑和关于概念发展的内涵逻辑。而这两种新的逻辑，都深刻地显露了人的感性与理性之间的矛盾。

从“归纳逻辑”看，人的认识由个别上升到一般，实现这一过程的基础是什么？能否把这一过程归结为理性现成地对感觉经验的归纳、概括、抽象的过程？如何理解“理性”在这一过程中的能动性和创造性？如何看待这一过程中的联想、想象和直觉？现代哲学对“归纳法”的批判性反思，正是揭露了归纳活动中的感性与理性的矛盾。

从“内涵逻辑”看，概念的内涵由单纯上升到复杂、由抽象上升到具体的过程是怎样的？实现这一过程的基础又是什么？能否把这一过程归结为概念内涵的自我逻辑运动？如何看待“感性”（感性存在和感性活动）在概念内涵发展中的作用？这是近代以来的西方哲学所逐步自觉到的内涵逻辑问题，是黑格尔试图构建的本体论、认识论和逻辑学相统一的人类思想运动的逻辑。

由此我们可以看到，在“逻辑”的层面上，更为集中和更为深刻地显现了人的感性与理性的矛盾，因而也更为尖锐地构成了哲学中的经验论与唯理论的矛盾和斗争。

（二）表象的存在与概念的存在

对于人的感性来说的存在，只能是一种什么存在？表象的存在。而对于人的理性来说的存在，则只能是一种概念性的存在。这就是由感性与理性的矛盾所构成的表象与概念的矛盾。表象与概念的矛盾，在认识论上具体化了人与世界的矛盾关系。

对于人的表象来说的存在，是现象的存在。而对于人的概念把握来说，它的对象的存在是一种本质的存在。表象构成的对象的现象的存在，被我们把握为个别的存在。而对于人的概念来说的本质的存在，被我们把握为一般的存在。而任何个别的存在都被我们把握为偶然的存在，而对于概念所把握的本质的一般的存在，我们把它把握为必然的存在。我们只有在这个意义上，也就是在人的感性与理性的矛盾的意义上，才能够真实地理解现象与本质、个别与一般、偶然与必然这些比较熟悉的成对的范畴。

什么是现象和本质？你看对于这个粉笔来说，什么是它的现象什么是它的本质？我看到的是现象，我把它掰断了，我作了它的物理、化学实验了，但是你看到的不还是现象么?！你想知道树的本质，你把树从地里刨出来了，你看到的不还是树根的现象吗？琢磨琢磨，想过这个道理吗？我们不是常说，规律是看不见摸不着的吗？本质、共性、一般、普遍，你看到什么了？你看见这只粉笔，你看见“粉笔”了吗？你看见这个同学、那个同学，你看见“人”了吗？你仔细想是不是这个道理？你能看见那个——“人”么?！你能看见那个——“粉笔”么?！你能看见那个——“水果”么?！你看不见！你看见的都是个别的存在嘛！所以，这就是从人的感性和理性的矛盾去把握那个经验的对象，从而把人的感性和理性的矛盾对象化给事物，从而我们把事物把握为现象与本质、个别与一般、偶然与必然的存在。

由此我们可以理解，所谓事物的现象与本质、个别与一般、偶然与必然，是同人的感性与理性的矛盾密不可分的，是对人来说才有意义。那狼看见小羊就是小羊，还问问小羊的现象是我看到的小羊，小羊的本质是供我吃的？对狼来说没这个问题呀。它就是本能地看见小羊我就吃呗，不就完了么，还什么现象、本质呀？那是我们人在看现象、本质呀！一看那毒品说，吸了它，人的感性还是挺愉快的，将来可是后患无穷呀！按照感性，我应该去吸它；按照理性，说什么我也应该远离毒品、珍爱生命！你一这样想，不就懂得人的感性与理性的矛盾了吗？不就懂得现象与本质的矛盾了吗？所以这样一想的话，就使我们真正进入到了一种反思性的哲学思考。

主体具有感性和理性，所以当主体去把握或者说去认识它的经验对象，或者说客体的时候，它就把客体把握为一种存在与非存在的矛盾的存在了。为什么呢？因为，对于我的感性来说的对象的存在，对于我的理性来说，非存在。反过来，对于我的理性来说的存在，对于我的感性来说，非存在。因为我的感性只能把握到经验对象的形象的存在，从而构成我的关于对象的形象的“表象”；而我的理性呢，只能把握到对象的本质的存在，从而构成我的关于对象的本质的“概念”。这不就是“表象”与“概念”的矛盾了吗？正因为是这样，所以对感性、“表象”来说的存在，对理性是非存在；对理性、“概念”来说的存在，对感性来说是非存在。所以就在人的感性和理性、表象与概念的矛盾当中，我们把全部的经验对象都把握为一个存在与非存在的对立统一。

感性的存在，对于人的认识来说，必然表现为表象的存在。全部的感性的存在，它都构成“表象”的存在。而理性的存在，都构成什么的存在？“概念”的存在！人的感性和理性的矛盾，它在人的认识过程当中，在人的全部的活动的过程当中，它不是抽象的，它表现为人的表象的存在和概念的存在之间的关系。感性的存在都表现为表象的存在，理性的存在都表现为概念的存在。

在表象的存在当中，事物是什么样的存在？在表象当中，所有的事物的存在都是一种现象的、个别的、偶然的存在。与此相反，在人的概念的存在当中，全部的存在都变成了本质的、一般的、必然的存在了。这种表象的存在和概念的存在的矛盾，使得我们把对象把握为现象同本质对立的存在、个别同一般的对立的存在、偶然同必然的对立的存在。琢磨呀，撞击理论思维！

理解“表象”与“概念”的矛盾关系，还需要首先理解“对象”与“表象”的关系。我们“看”到的、“听”到的、“嗅”到的、“尝”到的、“摸”到的一切一切，都是我们“看”、“听”、“嗅”、“尝”、“摸”的“对象”，即外在于我们的“意识”的存在。我们的“意识”的最基本的功能，就在于它把“看”、“听”、“嗅”、“尝”、

“摸”的“对象”变成人的“脑海”中的存在——感觉和知觉形象的存在。而当我们说某种事物在“脑海中浮现”或在“脑海中萦绕”的时候，那种“浮现”或“萦绕”的事物已经不是“当下”看、听、嗅、尝、摸所构成的感知觉形象，而是这种感知觉形象的再现——表象。

表象，按照通行的普通心理学的定义，就是“感知过的事物在头脑中的再现”。这种“再现”，首先是具有直观性的特点。例如，在唤起视觉记忆表象时，就仿佛在脑中看到这种事物一样；在唤起听觉记忆表象时，就仿佛在头脑中听到了那种声音一样。这种“再现”，还具有概括性的特点。例如，我们能够在头脑再现“马”的形象，“牛”的形象，“男人”的形象，“女人”的形象，而不必是某匹马或某头牛、某个男人或某个女人的形象。表象的直观性和概括性，给人提供了超越时空的世界——脱离特定的时间、地点和条件而“浮现”或“萦绕”在人的“脑海”中的各种各样的形象的世界。

“表象”与“对象”的关系，是以“映像”为中介的。如果说“映像”是把“对象”“移入人的头脑”，“表象”则是在人的脑海中不断地“唤醒”已经“移入人的头脑”的种种关于“对象”的“映像”。这样，我们就可以清楚地理解“对象”与“映像”的关系：其一，“映像”不是“对象”，“对象”是“意识外的存在”，而“映像”则是“意识界的存在”；其二，“映像”是关于“对象”的“映像”，是把“意识外的存在”变成“意识界的存在”。由此我们就会提出两个问题：其一，人的意识如何把“意识外的存在”变成“意识界的存在”？其二，人的意识活动所构成的“意识界的存在”与“意识外的存在”是何关系？

关于第一个问题，即“对象”变成“映像”的问题，需要高级神经生理学、脑科学和心理学以及信息论等实证科学来回答；关于第二个问题，即“映像”与“对像”的关系问题，则是我们所关注的问题，它会帮助我们思考“表象”及其与“概念”的关系问题。

“映像”是把“意识外的存在”变成“意识界的存在”，因此，“映像”总是关于“对象”的“映像”。对此，马克思有两句人们广为引证的名言：其一，“意识在任何时候都只能是被意识到了的存在”①；其二，“观念的东西不外是移入人的头脑并在人的头脑中改造过的物质的东西而已”②。马克思的这两句名言，是值得我们深长思之的。

客观世界是不依赖于人的意识而存在的。在它未成为人的意识的“对象”之前，它是纯粹的“自在之物”；当它一旦成为人的意识的“对象”，它就构成了人的“意识界的存在”——“映像”。“映像”不是“对象”，而是“被意识到了”的“对象”、“在人的头脑中改造过”的“对象”，这意味着，作为“意识界的存在”，“映像”并不是纯粹“客观”的存在。所谓“意识的内容是客观的”，只能是指“映像”来源于客观的“对象”，而不能把“映像”本身说成是“客观的”。

人类意识以“映像”和“表象”的方式而使“对象”得以“映现”和“再现”为意识的内容，把外在的“对象”变成了内在的“映像”和“表象”。“表象”，它既是再现“映像”的形式，又是“映像”在人的头脑中再现的内容，因而是再现“映像”的内容与形式的统一。人的再现“映像”的“表象”，不仅是一般地超越特定的时间与空间而再现“映像”，而且特别地表现在下述三个方面：一是以语词“呼唤”、“调遣”各种表象；二是以语词“重组”、“构建”各种表象；三是以语词“创造”、“创建”各种表象。表象同语词是密不可分的。把这二者联系起来，才能真正理解人的表象。

语词，不仅对使用它的每个个体而言是超时空的，而且它还以“历史文化的水库”的形式而实现其社会性的历史遗传。如果我们把人

---

① 《马克思恩格斯选集》第1卷，人民出版社1995年版，第72页。

② 《马克思恩格斯选集》第2卷，人民出版社1995年版，第112页。

视为历史文化的存在，而不是“超历史”、“非文化”的存在，那么我们就会更为深切地懂得以语言为存在方式的人的表象的超越性。在人的意识活动中，任何“映像”的“再现”，都是同“语言”密不可分的。语言学家索绪尔告诉我们，“语言符号连结的不是事物和名称，而是概念和音响形象。后者不是物质的声音，纯粹物理的东西，而是这声音的心理印迹，我们的感觉给我们证明的声音表象。”由此索绪尔“把概念和音响形象的结合叫做符号”，并“用能指和所指分别代替概念和音响形象”。[①] 在人的意识活动中，再现“映像”的“表象”，是由人的语词“召之即来”、“挥之则去”的。这更为深刻地表现了“表象”之于“对象”和“映像”的超越性。

人的意识以语词“重组表象”，也以语词“创造”表象。人的意识之所以能够“仰观宇宙之大，俯察品类之盛”，正是由于人的意识以语词而构建了人的表象的“小宇宙”。语词使表象得以千变万化、千姿百态地“组合”与“重组”，也使表象获得“意义”与“意境”。“语词”与“表象”的关系，已经表明了“概念”与“表象”的矛盾关系。作为认识主体的人具有感性和理性，在人的认识活动中，人的感性机能使对象的感性存在变成头脑中的“表象”，人的理性机能则使对象的内在规定变成头脑中的“思想”。因此，在人的现实的认识活动中，感性与理性的矛盾就呈现为“表象”与“思想”的矛盾运动；或者也可以反过来说，“表象”与“思想”的矛盾运动，是感性与理性的矛盾在人的现实的认识活动中的体现。

“表象”既是再现对象的感性形象的方式，又是对象的感性形象在人的头脑中再现的内容，因而它是感性形式与感性内容的统一；同样，“思想”既是以概念、判断、推理等形式去表述对象的内在本质的方式，又是对象的内在本质在人的头脑中再现的内容，因而它是思想形

① 索绪尔：《普通语言学教程》，商务印书馆1980年版，第101、102页。

式与思想内容的统一。认识过程中的“表象”和“思想”的矛盾运动，就不仅仅是认识形式之间的矛盾，而且更主要的是认识内容的矛盾。以“表象”和“思想”为核心范畴去描述认识的矛盾运动，就能够更为合理地阐释人的认识在内容与形式的对立统一中所实现的基本过程。

现实的认识主体是历史文化的存在，因而总是以其已经具有的“表象”和“思想”进入具体的认识活动之中，而不是仅仅以纯粹的“感性”和“理性”的“认识形式”去反映对象。认识过程中的矛盾运动，在一定的意义上，是已有的“表象”和“思想”同新形成的“表象”和“思想”的矛盾运动。离开人的“表象”与“思想”的矛盾运动，或者把人的“感性”和“理性”当做纯粹的“认识形式”，就会非历史地或超历史地看待人的认识活动，无法把握和解释人的现实的认识过程。如果这个道理大家能够把它琢磨清楚，我们就可以进入到第三个问题了，表象与思想的矛盾运动。

（三）表象与思想的矛盾运动

人的全部的认识，就是人的感性和理性的矛盾的运动。人的感性和理性的矛盾运动，在其现实性上，它表现为思想与表象的矛盾运动。

人的感性与理性，它不仅仅是两种认识机能，它还是文化的产物。人的感性也好，人的理性也好，都是一种有文化内涵的东西。不仅仅理性是文化的产物，被理性所规范的感性也是如此。马克思说，人的五官就是整个世界历史的产物。我们的五官就不是一个纯粹自然的产物。你作为一个人，一个婴儿来到这个世界的时候，你已经是人类多少万年的结果了。你照镜子看看自己的眼睛，品味一下自己的目光，你就会发现，人的眼睛是整个世界历史的产物，因为它在创造意义。因此，感性和理性不像我们原来理解的，一方面人有纯粹自然的感觉、知觉、表象，另一方面人还有作为文化产物的概念、判断、推理。这个感觉、知觉、表象本身就是世界历史的产物。我们原来讲哲学的时候，一个最大的毛病，就是超历史地去理解人、去理解人同世界的关系，而马克思告诉我们的是，历史地去看待人，历史地去看待人同世界的关系。这就是关键。

一旦提出人是怎样的存在，就会发现人是一种历史的存在。马克思讲得真漂亮，他说，人既是历史的经常的前提，又是历史的经常的结果，人只有作为历史的经常的结果，他才能够成为历史的经常的前提。太漂亮了！我们只有这样来理解人以及人同世界的关系，它才是现实的。主体，它的感性和理性，都是历史文化的结果，因此人的认识过程，它的感性和理性的矛盾，表现为思想同表象的矛盾运动。思想与表象的矛盾运动，是贯穿于认识过程始终的，而不是一先一后的。人的感性和理性，在人的认识活动中，决不是一先一后的！一旦你把人理解为现实的人，理解为文化的人，理解为历史的存在的时候，任何人的认识活动，它都是感性和理性、思想同表象的矛盾的运动，而不是一先一后的存在。有了这个第一点的基本的判断，我们才能够去描述、解释人的认识运动。

从这个角度来说，人的认识运动是什么样的呢？马克思曾经说，人的认识大体上可以分为三个基本过程：第一个过程，形成关于事物的"混沌的整体的表象"；第二个过程，"形成片面的思维的规定性"；第三个过程，达到"许多规定的综合"和"多样性的统一"。[①] 大家注意了！按照马克思的区分，人的认识过程是经历了这样三个阶段：第一个阶段，感性的具体，混沌的整体的表象；第二个阶段，理性的抽象，或者说思维的片面的规定性；第三个，理性的具体，也就是许多规定的综合和多样性的统一。感性的具体，理性的抽象，理性的具体，大家注意这三个词组！

在人的现实的认识活动中，"表象"与"思想"的矛盾运动，主

① 参见《马克思恩格斯选集》第 2 卷，人民出版社 1995 年版，第 18 页。

要地表现为三个基本阶段：一是思想“把握”表象的矛盾运动，这是认识过程中的“感性具体”的阶段；二是思想“蒸发”表象的矛盾运动，这是认识过程中的“理性抽象”的阶段；三是思想“重组”表象的矛盾运动，这是认识过程中的“理性具体”的阶段。下面，我们分别讨论这三个阶段。

在“思想把握表象”的矛盾运动中，虽然认识主体是以“概念”去把握表象，但是，这里的“概念”还只能是把握表象的“名称”，而没有展现概念自身的丰富的思想内涵，因而“概念”是围绕“表象”旋转的，由此而形成的认识只是一种“浑沌的关于整体的表象”。这就是认识过程中的“感性具体”的阶段。

关于“感性具体”中的表象与思想的矛盾，列宁曾经作过这样的论述：“虽然，在一定意义上表象的确是比较低级的。实质在于：思维应当把握住运动着的全部‘表象’，为此，思维就必须是辩证的。表象比思维更接近于实在吗？又是又不是。表象不能把握整个运动，例如它不能把握秒速为30万公里的运动，而思维则把握而且应当把握。”[①]列宁的这段论述表明：其一，认识运动的“实质”是思维与表象的矛盾运动；其二，思维能够把握到表象无法把握的整个运动；其三，表象与思维相比，它是以“感性具体”表现实在，因此它既比思维更接近实在，又没有思维更接近实在。因此，认识主体要超越“感性具体”而达到对实在的思维把握，就必须使认识运动进展到“理性抽象”的阶段，并进而达到“理性具体”的阶段。

关于从“感性具体”到“理性抽象”和“理性具体”的矛盾运动，马克思作过这样的描述：“具体之所以具体，因为它是许多规定的综合，因而是多样性的统一。因此它在思维中表现为综合的过程，表现为结果，而不是表现为起点，虽然它是现实中的起点，因而也是直

① 《列宁全集》第55卷，人民出版社1990年版，第196—197页。

观和表象的起点。在第一条道路上，完整的表象蒸发为抽象的规定；在第二条道路上，抽象的规定在思维行程中导致具体的再现。”①

马克思这里所说的“第一条道路”，是由“感性具体”上升为“理性抽象”的过程；这里所说的“第二条道路”，则是由“理性抽象”上升到“理性具体”的过程。经过这两条“道路”所实现的，是由“感性具体”而达到“理性具体”，因而马克思说“理性具体”是“具体的再现”。这种再现的具体即“理性具体”，是“许多规定的综合”和“多样性的统一”。

由“感性具体”上升为“理性抽象”的过程，就其实质内容而言，是把“完整的表象蒸发为抽象的规定”。“感性具体”作为“完整的表象”，它既是最“具体”的，又是最“抽象”的。这是因为：一方面，在思维把握表象的“感性具体”阶段，思维围绕着表象旋转，表象为认识主体呈现生动具体的感觉形象，因而是“最具体”的；另一方面，正因为“感性具体”阶段是思维围绕表象旋转，思维用以把握表象的概念还只不过是空洞的“名称”，还没有形成关于被表象的对象的任何规定性的认识，因而又是最“抽象”的。

由“完整的表象”而“蒸发”出的“抽象的规定”，是关于对象的各种规定性。比如，我们“蒸发”掉“桌子”的表象，就在思想中形成了关于桌子的颜色、硬度、形态、结构、功能等等的“规定性”。但是，这些规定性“只能作为一个具体的、生动的既定整体的抽象的单方面的关系而存在。”② 它们以逻辑范畴的形式表现着对象的各种规定性，并以思维范畴逻辑运动的形式而表现着事物的运动。所以，列宁提出，“当思维从具体的东西上升到抽象的东西时”，它不是离开真理，而是“接近真理”。列宁还具体地指出，“物质的抽象，自然规律

① 《马克思恩格斯选集》第2卷，人民出版社1995年版，第18页。

② 同上，第19页。

的抽象，价值的抽象等等，一句话，那一切科学的（正确的、郑重的、不是荒唐的）抽象，都更深刻、更正确、更完全地反映着自然”。由此列宁所得的结论是：“从生动的直观到抽象的思维，并从抽象的思维到实践，这就是认识真理、认识客观实在的辩证途径。”①

关于“理性的抽象”或“抽象的规定”及其表现形式——“逻辑范畴”和“范畴的逻辑运动”，马克思作过这样的论述：“在最后的抽象中（因为是抽象，而不是分析），一切事物都成为逻辑范畴，这用得着奇怪吗？如果我们逐步抽掉构成某座房屋个性的一切，抽掉构成这座房屋的材料和这座房屋特有的形式，结果只剩下一个的物体；如果把这一物体的界限也抽去，结果就只有空间了；如果再把这个空间的向度抽去，最后我们就只有纯粹的量这个逻辑范畴了，这用得着奇怪吗？用这种方法抽去每一个主体的一切有生命的或无生命的所谓的偶性，人或物，我们就有理由说，在最后的抽象中，作为实体的将是一些逻辑范畴。”② 马克思还指出：“正如我们通过抽象把一切事物变成逻辑范畴一样，我们只要抽去各种各样的运动的一切特征，就可得到抽象形态的运动，纯粹形式上的运动，运动的纯粹逻辑公式。”③ 马克思的这个论述是非常深刻的，他深刻地说明了怎样理解“抽象”，怎样理解由“抽象”而构成的“逻辑范畴”和“范畴的逻辑运动”。

在表象与思维的矛盾中，思维把“完整的表象蒸发为抽象的规定”，从而形成了关于对象的各种规定性的“理性抽象”。但是，由于这种“理性抽象”还“只能作为一个既与的、具体的、生动的整体的抽象片面的关系而存在”，因此，还必须使“抽象的规定在思维行程中导致具体的再现”。这个“再现”的具体就是“理性具体”。

① 《列宁全集》第55卷，人民出版社1990年版，第142页。
② 《马克思恩格斯选集》第1卷，人民出版社1995年版，第138—139页。
③ 同上，第139页。

马克思说："具体之所以具体，因为它是许多规定的综合，因而是多样性的统一。"[①] 对于这种多样性统一的"理性具体"，马克思从表象与思维的矛盾关系中，作出了深刻的阐述。马克思指出："具体总体作为思想总体、作为思想具体，事实上是思维的、理解的产物；但是，决不是处于直观和表象之外或驾于其上而思维着的、自我产生着的概念的产物，而是把直观和表象加工成概念这一过程的产物。"[②]

从表象和思想的矛盾运动来表达认识发展过程是非常重要的，它凸现了认识运动中的内容与形式的不可分割、认识过程中的感性与理性的相互渗透、认识活动中的历史性与现实性的对立统一，以及认识展开中的由"感性具体"（肯定）到"理性抽象"（否定）再到"理性具体"（肯定）的否定之否定的辩证运动。人的认识的这个辩证运动正是深刻地展现了人类意识以"表象"与"思想"的矛盾运动而实现的"超越"，即由"感性具体"而超越性地发展为"理性抽象"，又由"理性抽象"而超越性地发展为"理性具体"。正是在"理性具体"中，人的意识达到了对世界的"许多规定的综合"和"多样性的统一"的把握。

我从人的感性与理性、表象与思想的矛盾运动出发，给大家讲了思维把握表象、思维蒸发表象和思维创造表象这样三个阶段。下面，我们再从"名称"与"概念"的关系，重新思考一下认识的矛盾运动。

第一个阶段我把它叫做思维把握表象。什么叫做思维把握表象？就是说，那个时候，概念还是作为名称存在的，概念是围绕着表象旋转的，大家琢磨琢磨这个意思呀，不是没有概念、判断、推理，但是你的概念、判断、推理是围绕着你的那个表象旋转的，这就是第一个

① 《马克思恩格斯选集》第2卷，人民出版社1995年版，第18页。
② 同上，第19页。

阶段。

在思维把握表象的基础之上，我们进入到第二个阶段。但是第二个阶段的进入，已经不仅仅是一个逻辑的过程了，已经不仅仅是一个理性的过程，它还需要有非理性的东西，我们把它叫做直觉的东西。什么呢？首先就是这样一种联想和想象的能力。伟大的科学家爱因斯坦说，想象比知识更重要！中学时写作文，你有各种各样的感性的素材，你形成了关于对象的各种各样的表象了，但是到你的笔下的时候，它怎么就不能“妙笔生花”了呢？写出来一篇又一篇的流水账了呢？这里面就有一个“联想”、“想象”的问题。第二个阶段是“思维蒸发表象”。我用了马克思的那个词，我们中文把它译为“蒸发”！我觉得真形象！把那个表象“蒸发”掉，最后剩下什么了？剩下那个思维的规定了嘛！蒸发，蒸发了表象！表象都被蒸发掉了，变成马克思说的“理性的抽象”了！变成了一个思维的各个片面的规定性了！仔细想一想呀，一般说来，人达到的认识主要是这种水平，思维的片面的规定性。

哲学为什么要达到一种辩证的智慧呢？它要达到一种理性的具体，它要达到一种“许多规定的综合”和“多样性的统一”。你看很多同学都说，大学生，一年级理想主义，二年级现实主义。这说明什么问题？就是他在这个理想和现实之间采取了一种思维的片面的规定性。要么他觉得这个世界真是美好得理想呀，但是现实地去看，哎哟，怎么这样呢？怎么有这么多问题呢？悲观了！跑到另一个极端去了！所以我特别愿意跟大学生说一个字：“实”！实实在在的实。什么实呢？态度要现实，工作要踏实，但是我认为最重要的是，精神要充实。我们最不容易做到的是最后一点。一到毕业了走上工作岗位了，态度也现实了，工作不得已也踏实了，但是就是精神不充实了。劳动变成谋生的纯粹的手段了。然而，人应当是荷尔德林说的，诗意地栖居在大地上！那是海德格尔最欣赏的一句话嘛。北京风入松书店，一进门，那个大幅匾额，你看看，就用的这句话。人只有诗意地栖居在大地上，你才是作为人而存在的。我在这里发挥了一下，是说人最容易陷入的就是一种思维的片面的抽象的规定性，很难超越出去。你只有超越了它，才有可能升华为“理性的具体”，正确理解和对待理想与现实关系。这是最难最难的了。

从这个角度说，人的实践也不是一个水平。人的实践基本上都是重复式的实验，我思维把握住这个表象了，我按照这个表象来规范我的思维，我的思维的操作制约着我的实践的活动。这样一种围绕着表象旋转的思维的操作，就构成了一种重复性的实践活动。只有当我的思维蒸发了表象，我构成了关于表象的思维的规定性，我才有可能进入到一种改良式的实践活动。只有进一步升华，达到一种思维创造表象，我思维的操作是创造性的，我才能进入到一种创造性的实践活动。正是在这个意义上，维特根斯坦认为，人的话语方式，就是人的思维方式，而人的话语方式和他的思维方式，就是他的行为方式。

我常讲中国理论界要从什么东西当中解放出来？一是从两极对立的思维方式当中解放出来，二是从教条主义的研究方式当中解放出来，三是从僵死枯燥的话语方式当中解放出来。天天都说的那几个词，还有新思想?！还有新行为?！如果你连哲学的基本概念都没有，你怎么搞哲学呢？只有达到思维创造表象，才会出现新的观念客体。列宁在《哲学笔记》里边说，人给自己构成世界的客观图画。你看这说得多漂亮！人给自己构成世界的客观图画。人的认识就是消灭对象的真实性，而把那个世界的真实性变成自己思想的真实性，也就是把人的理想变成世界的现实，这才是人的存在呀！所以大家想一想，人的认识过程是极为复杂的。

人的感性和理性在认识的过程当中是一对矛盾，这对矛盾表现为思想同表象的矛盾运动。而思想和表象的矛盾运动，展现为思想把握表象的阶段，思想蒸发表象的阶段和思想创造表象的阶段。这三个相应的阶段，正是马克思所说的，混沌的整体的表象阶段、片面的抽象的思维规定的阶段、许多规定的综合和多样性的统一的理性具体的阶段。这也决定了人类实践的三种水平，重复式的实践活动、改良式的实践活动和创造性的实践活动。

我在这里边只是提出这些问题，只是想引发大家回去进行认真的思考。有了这样一些基本认识，我们才能够从人作为历史的文化的存在，重新思考主体对客体的认识关系，主体对客体的实践关系，从而更深切地理解现实的主客体关系。

（四）思维的“至上性”与“非至上性”

前面我具体地展现了人的感性和理性的矛盾，以及它在人的认识过程当中所表现的思想和表象的矛盾运动。在这个思想和表象的矛盾运动当中，人类的思维自身也体现出了一种深刻的内在的矛盾。这种矛盾就使人的认识更加复杂化了。恩格斯说，人类的思维，它自身有这样一种矛盾，那就是思维的“每次的现实”和“个别的实现”，都是“有限的”、“非至上的”，而按照思维的终极的使命、可能和目的来说，则是“无限的”和“至上的”。恩格斯这个话是什么意思？我给大家简单作一下解释。

恩格斯说，人类的思维自身，在人的认识过程当中，它就有一种自身的矛盾。这个矛盾表现为什么呢？它表现为，思维的每次的现实，个别的实现，都是怎么样的呢？都是有限的。你琢磨琢磨，我们现实的认识活动，都是有限的。对不对？在这个意义上思维是非至上的，没有那种至上性，这是一面。另一面，按照思维的本性，思维的可能，思维的终极的目的来说，怎么样呢？思维又是无限的和至上的。我把恩格斯的这个意思概括为思维的至上性与非至上性的矛盾。

人类的思维，在人的认识过程当中，不仅仅表现为思维同表象的矛盾运动，还表现为思维自身的矛盾运动。人类的思维自身就是一个矛盾的运动过程。正是思维自身的这种内在的矛盾，它构成了我们人类认识过程当中的更为深刻的矛盾。那么都是些什么矛盾呢？我把这种矛盾概括为：确定性与非确定性、相对与绝对、有限与无限等等的矛盾。学了哲学史大家就知道了。哲学史是理论化的人类认识史，它是以一种理论的形式表现了人类认识的过程。这些个矛盾是更深刻的。确定与不确定，有限与无限，相对与绝对，是更加深刻的哲学范畴。为什么它更加深刻呢？它从思想同表象的矛盾跃迁为思维自身的矛盾了。

当我们把握经验对象的时候，你想一想更加深刻的矛盾是什么？首先就是对象的确定性与非确定性。本体、变体呀，现象、本质呀，你往深了一想是什么问题了？是存在的确定性和非确定性的矛盾了。存在的确定性和非确定性的矛盾，才构成了人类思维的两种逻辑，一种是人类思维的形式逻辑，另一种是人类思维的辩证逻辑。

我们在经验的水平上，总是把对象把握为确定性的存在，而我们在反思的层面上，又把对象把握为一个非确定性的存在了。什么叫发展？为什么它叫辩证的否定？它把对象不是理解为一个确定性的存在，而是把它理解为一个确定性与非确定性的对立统一的存在了。当你这样认识事物的时候，就发生重大的变化了，所以那个伟大的文学家歌德才说，人们只是在知识很少的时候才有准确的知识，怀疑会随着知识一道增长。你为什么都确定？你知道的太少了！你一旦知道得多了，你就知道，它不确定了！琢磨琢磨，就是这样一个道理。随着你对它的理解的增多，你就会把思维所把握到的经验的对象视为确定性与非确定性的矛盾的存在了。这就是你认识的一个真正的跃迁。“横看成岭侧成峰，远近高低各不同，不识庐山真面目，只缘身在此山中。”当我们这样思考问题的时候，就把我们的认识深化了。我们用一对更深刻的范畴——确定性与非确定性——来把握经验对象了。

那么进一步，思维的至上性与非至上性的矛盾，又引导我们引入了一对更深刻的矛盾，相对与绝对。这个更重要了。我们关于事物的全部的认识，都具有历史的相对性，所以恩格斯在《反杜林论》里边说，所谓相对的真理，就是相对的谬误；相对的谬误，也称之为相对的真理。琢磨琢磨。它都具有思维的非至上性。在非至上性的意义上，它都具有相对性。正因为这样，所以解释学的最基本的命题我是非常之欣赏的："合法的偏见"！人类的全部的认识都是什么？全是合法的偏见！在认识史的意义上，人类的认识总会不断地深入嘛，在这个意义上它都是"偏见"，不可能达到真正的全体。用黑格尔的话来说，人要达到全体的自由性，但是全体的自由性要诉诸于各个环节的必然性。因此在这个意义上，你永远不可能达到一个全体的自由性。想一想呀，我们觉得思考达到了全面，但是当你在深化了认识的时候，你把这个全面当成什么了？片面。人类任何的认识都是一种偏见，但是另一面，这个偏见具有什么性？任何偏见都具有"合法性"。它是一个历史的产物。你真实地想一想，我们今天批判这个哲学家，明天批判那个哲学家，对，你不批判他你怎么能向前发展？但是当你批判他的时候，你要知道你是怎么样？你是站在巨人的肩膀上！

这就需要我们从相对与绝对的对立统一的观点去理解一切问题，其中包括对"哲学"本身的理解。哲学的目光，不是神的目光，也不是兽的目光，而是人的目光。但它又不是个人的目光，而是人类的目光。这就叫哲学。哲学的目光，我们用哲学的目光来看这个世界的时候，我们就会发现，人类的任何的一种认识，总是历史的存在。但是人类的思维，它的指向性恰好是一个什么东西？绝对性。人类总是想获得一种绝对性的东西。中学给大家培养的都是追问绝对。那么相对呢，不值得一提。相对我还记它干什么？所以人们总是追问"到底"是怎么回事。恩格斯说了，这就叫做非此即彼，"是就是，不是就不是，除此之外，都是鬼话"。这种思维方式，才叫做真正的形而上学的思维方式。其实，思维内在的就具有这样一种矛盾性，这种矛盾它构成了更深刻的相对与绝对的矛盾。所以我在 1988 年写的那个《从两极到中介》的文章最后说，人类关于世界的任何的认识，都是一种历史的合理性，因而它永远是一个相对的绝对。相对的绝对！它既不是相对的相对，也不是绝对的绝对，而永远是一种相对的绝对！什么意思呢？在你自己时代认识的水平上，这种合法的偏见，就是你这个时代的合理的认识，它具有绝对性。而在历史展开的意义上，它只不过是一种合法的偏见，因此它又是一种相对性。我们总得在自己的这个时代中生活吧？对不对？任何一个时代给我们提供的认识，它都具有这个时代的合理性，它都是我们这个时代的相对的绝对。所以我们应该有两种自觉的意识：一，它永远是一种合法的偏见，我们需要发展它；二，它总是有历史的合理性，我们需要受它的规范。对于实际生活来说，有这种意识非常重要。

在青年时期最容易产生无政府主义和虚无主义。它把所有的绝对都消解掉了，认为只是绝对的相对。大学生开始一反思呀，往往出现绝对的相对，一种理论的和实践的虚无主义和相对主义，这是最容易出现的。对于思想活跃的大学生来说，往往容易走向了绝对的相对，它陷入了相对主义、虚无主义和行为上的无政府主义，不承认相对的绝对。而实际上，人类所达到的任何的一种认识，都具有相对的绝对的意义，我希望同学们去思考这样一些问题。

我们今天所以能够达到互相的理解，互相的认同，你琢磨琢磨，以什么为前提？是以我们都承诺了相对的绝对为前提。如果我们没有对于相对的绝对的承诺，我们互不理解，我们互不认同，我们如何互相交流？互相沟通？同学们琢磨琢磨这个问题，我觉得对于我们大家来说，特别是对于大学生来说，是至关重要的。有了这种认识我们才有合作的精神，才有团队的意识，我们才能够使大家都生活得好。痛，并且快乐着！反过来你永远不会快乐，因为什么都是绝对的相对。没有相对的绝对，就只是痛，没有快乐。

思维的至上性和非至上性，它构成了有限和无限的矛盾。无限是理性思维把握的一种矛盾的产物。在人的思维与经验的矛盾当中，思维必然超越经验的有限性，而达到思维把握的无限性。所以那个黑格尔聪明呀！黑格尔说，不是有限的叠加构成了无限，而是有限的本身是真正的无限！有限的叠加构成的是“恶无限”，不是真实的无限。而只有你理解了任何的有限都是一个无限的过程的时候，这才是真正的无限。无限是过程性的存在！琢磨琢磨，这才叫辩证法大师呀！是我们的理性的内在的矛盾，构成了有限和无限的矛盾性的冲突。人应当达到的是瞬间的永恒！

你看苏轼写《前赤壁赋》，最后达到的就是这种境界呀。泛舟长江，夜游赤壁，“诵明月之诗，歌窈窕之章”，“纵一苇之所如，凌万顷之茫然”，实乃人生一大快事。然而，游赤壁则不能不怀古，怀古则不能不想到横槊赋诗的曹孟德和火烧赤壁的周公瑾，想到曹孟德和周公瑾则不能不感慨于“一世之雄”“而今安在”，想到浪花淘尽千古英雄便不能不感叹于“寄蜉蝣于天地，渺沧海之一粟”，“哀吾生之须臾，羡长江之无穷”。于是，有限对无限的无奈，瞬间对永恒的向往，便跃然纸上，使人沉浸在无以名状的悲凉之中。而苏轼的人生妙论，则不仅令人耳目一新，而且让人思之不尽。苏轼写道，如果只是“自其变者而观之”，万事万物皆处于瞬息万变之中，无物长在，无物长住，“天地曾不能以一瞬”，又何况人生呢？然而，“自其不变者而观之”，世代繁衍，物质不灭，“物与我皆无尽也”。退而论之，虽然人生有限，但是人生的瞬间却能够浴清风，赏明月，“耳得之而为声，目遇之而成色”，取之不尽，用之不竭，又何必“哀吾生之须臾，羡长江之无穷”呢？这种洒脱通达的人生态度，不正是一种对有限与无限的辩证理解吗？不正是一种我们最为需要的辩证智慧吗？这真正是塑造了一种瞬间的永恒之美，一种有限的崇高之美。

那么人生，什么是真正的无限呢？真正的无限不是长生不老，而是你瞬间的永恒！这个东西值得我们很好地去琢磨它呀。正由于我们思维的内在的矛盾性，才构成了真正的有限和无限的矛盾。我们不可能在经验的意义上达到无限。正因如此，才出现了经验自身的分裂。经验自身的分裂，这才出现了真正的哲学问题，才使我们进入了真正的哲学思考！

康德就说，休谟把他的那种独断论的迷梦惊醒了，为什么？就因为休谟意识到了经验自身的内在的矛盾了。什么矛盾呢？就是对人所显现的全部的存在，都是人的经验的存在；而人要断定经验外的存在，必然诉诸于经验的存在；而经验在回答经验外的存在的时候，经验本身沉默了！这就是康德意识到的休谟问题！这就是哲学的真正的问题！

感性和理性的矛盾，造成的最深刻的矛盾是经验自身的分裂。因为人类的任何经验，都成立于感性和理性的矛盾当中。列宁说，从经验这个概念出发，既能是唯心主义的，也能是唯物主义的；既能是经验主义的，也能是唯理主义的。哲学史上的经验主义同唯理主义的冲突，它是经验的自我分裂的产物。什么叫经验论？什么叫唯理论？是经验的自我分裂。在经验的自我分裂当中，它构成了哲学史上的经验论和唯理论的不同水平的斗争。康德之前，是经验同超验的关系。康德给我们引申出来的是经验同先验的问题。而现代哲学对于传统哲学的反叛，给我们引进的是经验与实验的问题，经验与体验的问题。我们在反思的意义上，揭示了经验自身的矛盾性，意识到经验与超验的矛盾，经验与先验的矛盾，经验与实验的矛盾，经验与体验的矛盾，这就构成了我们真正的哲学的思考。所以我觉得同学们应当很深刻地去理解，人和世界关系当中的主客关系，主客关系当中的感性和理性的关系，构成了表象同思想的矛盾运动，表现了思维的至上性与非至上性的冲突，从而凸现了有限与无限、相对与绝对的矛盾关系。

（五）理性与非理性

最后谈一下理性与非理性的关系。

人的认识机制是十分复杂的。人作为认识的主体是一个有意志的、有情感的并有认知能力的统一整体，人的任何心理意识的要素都会参与到认识活动中，对认识的形成与发展起作用，其中包括人的非理性因素对认识过程的影响。

所谓“非理性”因素，一般可作狭义和广义两种解释。狭义地说，在知、情、意这三大类人的意识要素中，“知”包括主体的感性直观、理性思维等能力，属于人的理性因素；而“情”和“意”即情感、意志及其表现方式的动机、欲望、信念、信仰、习惯、本能等等，被称为“非理性”因素。广义地看，人们还常把认识能力中不能被逻辑思维包括的主体认识形式，如联想、想象、猜测、直觉、顿悟、灵感等等，也包括在人的“非理性”因素中。因此，非理性因素可以分为两类，前一类是作为一种精神力量渗透到主体的认识和实践活动中，并对其发生影响；后一类虽属人的认识能力，但它同逻辑的、自觉的理性思维相比，具有不自觉、非逻辑性等特点，因而在广义上也属于“非理性”因素。

作为认知能力的非理性因素对认识的作用，主要是想象与直觉在表象和思想中的作用。表象，按通行的心理学定义，就是“感知过的事物在头脑中的再现”。表象具有直观性和概括性的特点，给人提供了超越时空的世界——脱离特定的时间、地点和条件而“浮现”或“萦绕”在人的脑海中的各种各样的形象的世界，因而构成联想和想象的能动性基础。联想是由于表象间的相似性时空接近或因果性等引起的其他表象的再现。想象则有着不同于表象与联想的再现性的创生性，在思想创造表象的理性具体阶段，想象力有着举足轻重的作用。爱因斯坦曾提出，在科学研究中，“想象比知识更重要”。人们不是掌握了全部事实材料再进行逻辑推理，得出所需的结论，而是凭借有限事实的启发，通过创造性的联想，运用大胆的想象和“幻想”，实现对某些复杂事物的本质、结构或规律的认识。幻想、想象不仅可以把复杂的对象纯粹化、简约化，更重要的还在于借以进行创造性的构思。科学史上的许多发现、发明都不是只对实验现象、实验数据进行逻辑分析而产生的，往往需要在实验和逻辑分析的基础上借助创造性的大胆想象。

逻辑思维是以语言为工具，以概念、判断、推理为形式，以严格的程序性和规范性为特点的结构性的思维操作，它主要包括归纳与演绎、分析与综合、抽象与具体等思维方法。它虽具有稳定的可操作性与交流的公共性、循序渐进性等特点，但却对构成思想具有逻辑的强制性，这就需要具有更大灵活性、能动性和非常规性的直觉、灵感来加以补充。直觉、灵感不是循规蹈矩的逻辑运演过程，而是对事情本身的直接洞见。彭加勒说，“直觉是思维的瞭望台”，能够不断地开拓思想的疆域。科学史上的重大突破，往往有着直觉、灵感的重大作用。

在一般的思维过程中，思维往往表现出按部就班、循序渐进、由浅入深、有理有据、推出结论的特点。与此相反，灵感却具有爆发性、洞见性、暂时性和模糊性的特点。灵感是在人们未曾预料的情况下突然发生的，这就是它的“爆发性”；灵感的爆发使人的思想瞬间达到意想不到的境界，这就是它的“洞见性”；灵感的爆发是突然闪现并稍纵即逝的，这就是它的“暂时性”；灵感爆发所获得的思想是未经论证和朦胧含混的，这就是它的“模糊性”。我国学者王国维说，做学问的第三境界是“众里寻他千百度，蓦然回首，那人却在灯火阑珊处”。这就是灵感爆发所获得的创造性的认识成果。

从科学史上的科学发现看，灵感和直觉总是属于那些以顽强毅力投入科学实践，并运用自己的全部知识、经验和思维进行艰苦探索的科学家。王国维说，做学问的第一境界是“昨夜西风凋碧树，独上高楼，望尽天涯路”，即登高望远，博览群书；做学问的第二境界则是“衣带渐宽终不悔，为伊消得人憔悴”，即刻苦钻研，阐幽发微；只有在前两个境界的基础上，才能达到“蓦然回首”的茅塞顿开、豁然开朗的第三境界。人的认识运动表明，认识的发展既不是单纯的逻辑化的循序渐进的过程，也不是单纯的非逻辑的思想飞跃的过程，而是逻辑的循序渐进过程与非逻辑的跳跃上升过程的有机统一。

作为“非理性”因素的人的意志、情感在认识中的作用，表现为认识与价值、认识与审美的关系。真、善、美是认识的理性因素和非理性因素综合作用的结果，但相对说来，理性的直接目的是形成认识的真理性，而情感、意志等非理性因素所追求的则是认识的善和美等价值方面。意志就是一种追求价值、使认识具有善的属性的主体能力。它通过产生需求意识、提出价值目标，对认识过程进行控制，使认识结果具有一定的价值性即能够满足主体的某种需要。在认识的辩证运动过程中，人们不仅按照美感选择、整理和建构客体信息，形成关于客体的完整认识，而且还按照美的需要构造理想客体，形成实践理念。由于情感、意志等非理性因素的作用，认识辩证运动过程不仅向着真的目标前进，而且还按照善的尺度展开，按照美的规律建造。人的实践理念是真、善、美的内在统一。

六　小我与大我：反思人类存在的社会性

哲学是一种理论化的世界观。世界观是把人和世界的关系作为一种反思的对象，它是理解和协调人与世界关系的理论。因此，全部的哲学问题，我们可以把它归结为一个问题，人与世界之间的关系问题。那么，现实的人同世界的关系是什么关系呢？就是主体与客体的关系。在这里，人同世界的关系不是一种自在的关系，它是以人作为主体而构成的现实的主体与客体的关系。主体与客体的关系，是人与世界关系的现实存在形式。

感性和理性的关系问题，它是把作为个体之我的内在矛盾揭示出来，再去反思主体同客体的关系。但是主体和客体的关系是以主体的逻辑的先在性为前提的，所以我们只有深刻地去分析把握了主体的内在矛盾，我们才能够深入地全面地去理解主体和客体的关系。

我们怎么理解主体和客体的关系呢？首先，我们把主体当做一个个体之我来看的时候，那么这个作为个体的主体，马上向我们展现出来一对基本的矛盾，感性和理性的矛盾。人类的每个个体，都既是感性的存在，又是理性的存在，人作为一个感性的和理性的矛盾相统一的存在，在同他的对象构成主体与客体关系的时候，客体的或者说世界的整个的矛盾的丰富性就呈现出来了。如果你不能够理解主体自身是一个感性和理性的矛盾，你就会把主客关系简单化了、抽象化了。一旦我们意识到了主体是感性和理性的矛盾的时候，感性与理性的矛盾所把握到的客体的现象与本质、个别与一般、偶然与必然、有限与无限的无限丰富的矛盾就展现出来了。

在主体和客体的矛盾当中，我们去把握那个客体，客体就被我们把握为什么东西？客体首先就被我们把握为存在与非存在的对立统一了。因为对于人的感性来说的存在，对于理性是非存在。对于人的理性来说的存在，对于人的感性来说是非存在。所以，当主体以自己的感性和理性去把握经验客体，另一对矛盾就出现了。什么矛盾？我们感性把握到的经验客体永远是一个现象形态的存在，而我们理性所把握到的经验的客体永远是一个本质的存在。因此在主体的感性和理性的矛盾的存在当中，客体也被把握为一个现象与本质对立统一的存在。人的感性把握的客体，永远是一个个别的、特殊的存在，而人的理性所把握的客体，永远是一个一般的、共性的存在，所以在人的感性和理性的矛盾当中，经验的客体被把握为个别与一般、特殊与普遍对立统一的存在。我们的感性所能把握到的经验对象的存在，永远是一个有限的存在，而我们的理性所把握到的经验客体，可以在思维的至上性当中把它把握为一个无限的存在，所以在主体的感性和理性的矛盾当中，客体被我们把握为一个有限与无限的矛盾统一的存在。确定性与非确定性、终极性与有限性、相对性与绝对性，我们所有把握到的关于这个经验的客体，或者说关于世界的矛盾的存在，都在主体的感性和理性的矛盾当中得到了合理的解释。

我们现在要讲的"小我与大我"，是把主体之我作为一个"大我"来揭示主体自身的矛盾的。大家都知道，马克思有一句名言，"人的本质在其现实性上是一切社会关系的总和。"人不是作为一个孤立的个体存在的，它是作为全部的社会关系存在的。人作为社会性的存在，表现了在主客关系当中的主体自身的矛盾，就是我作为"小我"和我作为"大我"的矛盾。

人与世界的关系，在其现实性上，是主体与客体的关系。主体本身，我们既可以把它作为一个"小我"来把握，我们又可以把它作为一个"大我"来把握。当我们把主客关系的主体作为一个"小我"来把握的时候，我们展现了每一个生命的个体都是这样一种矛盾的存在，感性与理性的矛盾的存在。当我们知道人之所以为人，在于他不仅仅是一个个体性的存在，他是全部社会关系的总和，所以这个主体，它本身是一个“大我”和“小我”相矛盾的存在。

“我”自身在我的自我意识当中，既是作为小我的存在，又是作为大我的存在，那么我作为小我和大我相统一的我，是一个社会性的存在，所以它构成了一个“我与社会”的关系。我作为全部社会关系的总和，是一个不断地发展着的关系，是一个历史的关系，所以对于“我”的理解，不仅需要从我与社会的同时态的关系去理解，而且需要从“我与历史”的历时态的关系去理解，因此，我今天讲的“小我”与“大我”的关系，主要给大家讲五个问题：第一个问题就是对于“我”的内在矛盾的分析；第二个，对“我与社会”关系的分析或者说对“我”的同时态分析；第三个，对“我与历史”关系的分析或者说对“我”的历时态分析；第四个，在上述分析的基础上，探索“我”的独立性与依附性的矛盾关系；最后，第五个，在价值论的意义上，谈谈“我到底要什么”与“我们到底要什么”的矛盾关系。

（一）“我”的自我意识

我首先来讲第一个小问题，就是对“我”的内在的矛盾的分析，或者说，我现在专门来分析这个“我”。

大家想一想，当我称呼我自己为“我”的时候，你说你是什么？你不也同样用“我”来称谓你自己么？所以在我的自我意识里边，同时就构成了一对矛盾：我关于我，当然我指的是作为个体的“小我”，这毫无疑问的了；但是我同时就是指的作为人类的“大我”，所以在我的自我意识当中，我的主体自我意识已经包含着一个最深刻的矛盾了，我不仅仅是指作为个体的我自己，我是指作为我们的人类。琢磨琢磨，这里蕴含着无限丰富的矛盾呀。

关于“我”，辩证法大师黑格尔有一段颇为精彩的论述。他说：

“因为每一个其他的人也仍然是一个我，当我自己称自己为‘我’时，虽然我无疑地是指这个个别的我自己，但同时我也说出了一个完全普遍的东西。”①

黑格尔的论述提示我们：“我”是个别与普遍的对立统一。从个别性看，“我”是作为独立的个体而存在，“我”就是我自己；从普遍性看，“我”又是作为人类的类分子而存在，“我”又是我们。作为个体性存在的“我”是“小我”，作为我们存在的“我”则是“大我”。“小我”与“大我”是“我”的两种存在方式。由于“大我”具有明显的层次性，诸如家庭、集体、阶层、阶级、民族、国家和人类，因此又构成多层次的“小我”与“大我”的复杂关系。正是这种多层次的复杂关系，构成了人的无限丰富的社会性内涵。

“我”当然首先是作为个体的“小我”而存在的。这正如马克思所说：“全部人类历史的第一个前提无疑是有生命的个人的存在。”②没有作为个体生命的人的存在，当然不会有人类和人类的历史。但是，人的生命个体之所以能够作为“人”而存在，却又是因为每个人都是作为人的“类”分子而存在。由此便形成以“小我”与“大我”的关系为内容的个体性与普遍性、独立性与依附性、个人利益与整体利益、价值取向与价值导向、价值认同与价值规范等等的矛盾关系。这些矛盾关系又构成了对人类的生存与发展具有重大意义的伦理道德问题、价值规范问题、政治理想问题、社会制度问题、社会进步问题和人类未来问题。

人在把握对象世界的时候，它本身就是作为小我与大我的对立统一来构成主客体关系的。在这个小我和大我的矛盾当中，就出现了一系列更深刻的矛盾。人对世界的认识，它不是一个简单的感性和理性

① 黑格尔：《小逻辑》，商务印书馆 1980 年版，第 81 页。

② 《马克思恩格斯选集》第 1 卷，人民出版社 1995 年版，第 67 页。

的矛盾，它蕴含着认知、价值、审美或者说知、情、意或者说真、善、美全部的矛盾。我就说一支粉笔，那得有多少包括认知的、审美的、价值的判断在里边，无限丰富的矛盾关系在里边。那么为什么会有这么多丰富的矛盾关系呢？那就是因为，虽然我是作为个体的小我去认识对象，但是我是作为全部社会关系的总和，我是作为人类文明的结果，我是作为“大我”在认识。如果“我”不是作为“大我”去认识，如果“我”不是人类文明的结果，“我”对世界的关系，不就和动物对世界的关系一样了么？“我”还能从认知判断、价值判断和审美判断的统一中去把握这支小小的“粉笔”么？“我”还能用“概念”、“范畴”这些人类认识的“阶梯”和“支撑点”去认识世界么？想一想！只要我作为“人”去认识世界，其实“我”就既是作为“小我”，又是作为“大我”，去认识世界的。人的实践活动更是如此。只要人同世界发生关系，每个人就既是作为“小我”，又是作为“大我”，同世界发生关系的。

在人同世界的现实的主客体关系当中，我们从总体上可以给它分解为两个方面的矛盾，一方面，我们从主体作为个体的存在，来思考感性和理性的矛盾；那么另一方面，我们从人作为一个大我，作为一个类的存在，我们来思考小我与大我、个体与类、我与我们之间的矛盾，这就更加有意义了。按照冯先生的说法，哲学是对人生的有系统的反思，那么这个就切实地进入到人究竟是一种怎样的存在呢？人类存在的最直接的矛盾就在于，人既是一个小我的个体的存在，又是一个类的大我的存在，所以“我”就构成了整个社会的全部矛盾的丰富性。

这样一种小我和大我的矛盾，是以我的主体自我意识为前提的。人得首先有主体的自我意识，我的自我意识，你才能够自觉到这些个矛盾关系。在鲁迅的小说中，那个尽人皆知的阿 Q，挨了一顿打还不知道为什么，问他姓啥，不知道姓啥，最后剩下来的就是在临死前担心那圈画得圆不圆。鲁迅非常深刻，实际上表现的就是人的主体自我意识的失落。人要有我的自我意识，他首先就必须确认到大我与小我之间的关系，他才能够理解我自身的存在。

两千多年来的人类的哲学思想，不管是西方的还是中国的，它面对的第一个问题就是，人自身的个体性与普遍性的关系。在人类存在的历史当中，有两种最基本的人类存在的状态：一种是“没有选择的标准的生命中不堪忍受之重的本质主义的肆虐”，另一种是“没有标准的选择的生命中不能承受之轻的存在主义的焦虑”。那么为什么会构成这样两种存在状态呢？为什么有的时候它是“不堪忍受之重”呢？为什么有的时候它是“不能承受之轻”呢？就在于个体性与普遍性的矛盾。当我们用普遍性去压抑、扭曲、阉割、取消个体性的时候，人们是一种怎样的存在？是一种生命之中不堪忍受之重的存在！在这种状况下，你感觉到的是什么？是一种本质主义的肆虐！那么反过来看，当我们用个体性去消解了、取代了、拒斥了普遍性的时候，你感到什么了？生命中不能承受之轻！所以我们用一个哲学的语言把它叫做什么？存在主义的焦虑！西方的存在主义哲学说，存在主义哲学之前的全部哲学都是本质主义的哲学，只有存在主义才是存在主义哲学，而存在主义哲学却又陷入了“没有标准的选择”的焦虑。琢磨琢磨这个道理，这个东西跟历史有关，跟人类的“文化”有关。

在小我和大我的矛盾当中，最基本的最普遍的矛盾就是个体性与普遍性的矛盾。这种矛盾不是抽象的，它深刻地体现在人类的“文化”之中。

文化自身有一种倾向。什么倾向呢？就是概念表达的单一性。人要用概念去表达存在的时候，就有一种危险性。人们用普遍性去消解了个体性，一旦我们用普遍性消解了个体性，把个体性全部归结为一个普遍性的时候，个体性没了。所以马克思说，每个人的全面的自由发展，是与一切人的全面的自由的发展是分不开的。你不能离开每个人的个人的自由的全面的发展去说一切人的全面自由的发展。人类文化的巨大的危险性就在于，两千多年来，它是以普遍性去阉割了、取消了、淹没了个体性。不仅仅是传统社会是这样的，现代社会同样存在着这种巨大的危险性。西方马克思主义的代表人物马尔库塞，写了非常有名的那本书——《单向度的人》，就是专门批判美国这个发达工业社会。美国的发达的工业社会，它最大的问题仍然是以普遍性淹没个体性。所以你看所谓后现代主义的哲学家们福柯、德里达、罗蒂、利奥塔，他们所要求的就是消解普遍性对个体性的压抑。你看现在越是说进入到信息社会，各种传媒越是发达了，越是感受到什么了？越是我们张扬个性的时候，越是怎么样？穿衣服跟着模特走，买东西跟着广告走，侃大山跟着传媒走，这不是自我的失落吗？这不是你的个性被淹没在普遍性当中吗？这是一个最深刻的矛盾。作为个体的小我和作为类的大我，它构成了个体性和普遍性的矛盾，这可以说是人类历史中的最重要的矛盾，其他的矛盾可以说是由它延伸或派生出来的。这是它的第一对矛盾，个体性与普遍性的矛盾。

哲学是“思想中的时代”，古代哲学、近代哲学和现当代哲学分别以理论的方式表现了人的个体性与普遍性的矛盾。我们学习哲学，就是在理论的层面上深化对个体性与普遍性的理解。从总体上说，西方近代以前的哲学，是以理论的方式表现了一种“没有选择的标准的生命中不堪忍受之重的本质主义的肆虐”，也就是以理论的方式表现了普遍性对个体性的压抑，但同时又以理论的方式表现了人类对个体性与普遍性辩证融合的向往与追求，表现了人类对崇高的期待与承诺，这特别集中地表现在作为传统哲学集大成的黑格尔哲学之中。

黑格尔对现实的个体理性和历史理性进行了耐人寻味的“消解”：其一，黑格尔提出，思维的主体并不是“能思者”，而是“能思者的思维”。这样，他就把思维的主体由个体的思维转换成人类的思维，用人类思维的普遍性去“消解”个体思维的有限性。其二，黑格尔又提出，思维的历史并不是历史地形成愈来愈丰富的思维规定，而是思维的“全体自由性”与“各个环节的必然性”的统一过程。这样，他就把思维的历史性转换成精神的历程性，用人类精神历程的内在性去“消解”认知过程的外在性。通过对个体理性和历史理性的双重“消解”，哲学以理论形态所表征的人类对崇高的追求，在黑格尔这里就变成了作为普遍理性的“绝对精神”的自我运动和自我认识。

具体地说，用人类思维的普遍性消解个体思维的有限性，用精神历程的内在性消解认知过程的外在性，黑格尔就以思维自我异化的方式形成了”绝对精神”作为崇高的存在、标准和实现的“三位一体”：崇高的存在就是既超然于个体理性和历史理性之外、又内在于个体理性和历史理性之中的“绝对精神”；崇高的标准就是作为普遍理性的“绝对精神”的自身存在和自我认识；崇高的实现既是个体理性认同普遍理性、与普遍理性辩证融合的精神历程，也是普遍理性自我运动、展现为各个环节的历史理性的逻辑进程。个体理性认同普遍理性的精神历程与历史理性展现普遍理性的逻辑进程的统一，就是黑格尔的“绝对精神”作为崇高的存在、标准和实现的统一。科尔纽在《马克思的思想起源》中说：“不幸和努力是结合在一起的，没有这种结合，就没有深刻的生活。基督的形象就是这种结合的象征。这一思想构成了黑格尔体系的基础。”① 这真是一语中的。

值得深思的是，长期以来主要地并不是从“这一思想”去理解和评价黑格尔哲学，而是致力于批判黑格尔哲学的“理性的狂妄”（如现代科学主义思潮）、“理性的冷酷”（如现代人本主义思潮）或“理性的抽象”（如国内通行的哲学原理和西方哲学史教科书）。这些批判是必要的和重要的，但是，由于现代哲学的众多流派仅仅着眼于对黑格尔的极端理性主义或极端逻辑主义的批判，并因而仅仅把黑格尔哲学

① 科尔纽：《马克思的思想起源》，中国人民大学出版社 1987 年版，第 17 页。

归结为“泛逻辑主义”或“理性的放荡”，却造成了20世纪的哲学理性的精神困倦（尽管这只是其中原因之一）。

应当而且必须看到，黑格尔关于个体理性认同普遍理性、历史理性展现普遍理性的“这一思想”，既是极其荒谬的——它导致了哲学的彻底的唯心主义和崇高的彻底的异化形态，又是极为深刻的——它提供了哲学的辩证的思维方式并提示了追求和实现崇高的新的道路。这条新的道路就是以“类主体”（而不是黑格尔的“普遍理性”即“绝对精神”）的方式去实现“每个人”的全面发展（而不是黑格尔的“个体理性”与“普遍理性”辩证融合的精神历程）。这条新的道路，是马克思开辟的。我们应当从马克思开辟的哲学道路去思考个体性与普遍性的统一问题。

（二）“我”与社会

“大我”和“小我”的矛盾，应当从两个不同方面描述，一个是我与社会的“同时态”描述，另一个是我与历史的“历时态”描述。这两种考察，同样是对于“我”的矛盾的分析，是把“小我”与“大我”的矛盾展现为横向的“我与社会”的关系，以及纵向的“我与历史”的关系。

研究任何问题，方法是至关重要的。我们在分析我的内在矛盾，特别是把我的内在矛盾诉诸于“我与社会”和“我与历史”的关系的时候，从我个人来说，是非常自觉地借鉴了索绪尔《普通语言学教程》里边所提出的一对范畴，以及与此相适应的分析的方法。在《普遍语言学教程》里边，索绪尔提出来了一对范畴，就是“同时态”与“历时态”。我觉得这对于我们分析任何问题，特别是直接地分析社会历史问题至关重要。“小我和大我”的矛盾，它现实地展开为一种“同时态”的结构关系和一种“历时态”的发展关系。

小我和大我的矛盾在“同时态”上，它表现为“我同社会”的之间的关系，而我同社会之间的关系，它直接地是表现为我与他人的关系。我与他人的关系，立即就出现了一个深刻的矛盾，那就是，在我与他人的关系当中，有两种最基本的关系，一种我们把它称之为互主体关系，或者说叫做主体际关系，主体间关系；另一方面，我作为小我和大我的矛盾，它又是一个互主客体关系，互为主客体关系。

我同其他的存在物之间的关系是主客关系，而我同他人的关系既是互主体关系，又是互主客体关系。所以这个问题就比较复杂了。人作为主体同世界构成主客体关系，那么人自身作为主体，分裂为小我与大我的对立统一。在这种小我与大我的对立统一当中，它直接地表现为我同他人之间的关系。我们前边说了，黑格尔讲的，当我称呼我自己是我的时候，虽然我直接指的作为个体的我自己，但是我同时也就说出了一个完全普遍的东西，你也就是我！我们都是我，在这个意义上我们是什么？我们是互主体。我们都是主体。但是另一个方面，我又把你作为我的客体来对待，所以在这个我同他人的关系当中，同时具有两种关系，这就是互主体关系和互主客关系。如果我们把我同他人的关系仅仅理解为、把握为一种互主客关系的话，我们会是一种什么样的存在？我们有一种互主体的理解的时候，我们又是一种怎样的存在？我们理解了我与他人的这种矛盾，我们才有可能去展现我与社会之间的丰富的矛盾关系。

“我与社会”之间的丰富的矛盾关系，它直接地呈现为第一个层次，那就是在现实生活中的三种最基本的关系：血缘关系、地缘关系和职缘关系。职业的职，职缘关系。大家想一想：人作为一个有生命的存在，他首先必然构成一种直接的血缘关系；而我们作为一种生命的活动的存在，必然要有自己存在的时空，所以相应地构成了一种地缘关系；那么人作为一种在特定的生产方式当中的存在，必然又构成一种职缘的关系。无论是在哲学的意义上，还是在社会学的意义上，这种血缘关系、地缘关系和职缘关系都是值得我们深入思考的。

关于这方面的基本情况，南开大学哲学系王南湜教授在他的《从领域合一到领域分离》一书中，作出很好的概括，我在这里借用他的概括，来分析“我与社会”之间这三种关系。

人类的各种共同体的共同作用，是将各个个人结合起来，保持在一种直接的依赖关系之中，从而保证社会秩序的存在。在不同的条件下，将各个个人结合起来的方式必然也会不同，这种不同就造成了各种共同体之间的差别。这种差别主要取决于各种将个人结合起来的方式中各自所能加以利用的组织资源。就此而言，这类共同体可能有三种存在形式：血缘共同体、地缘共同体和职缘共同体。

我们先来看血缘关系。血缘共同体是一种最为古老的社会组织形式。由于血缘关系是一种完全天赋的自然关系，同一血缘的人之间存在着一种自然的亲密感情，血缘群体中又存在着一种自然的差等关系，因而，人们极其自然地利用这些现成的天然资源去建立自己的社会关系。源于同一血缘的自然亲密性提供了保持一个共同体所必需的先天同一性，而存在于其中的自然差等关系又为建立共同体所必需的内部差序关系提供了现成的基础。这些条件使得借助于血缘关系而建立共同体成为最为简便易行、最为成本低廉的社会组织方式。正因如此，血缘共同体就具有了最为顽强的生命力。

我们再来看地缘关系。地缘关系是另一类可资利用的组织资源。借助血缘关系构成共同体固然有诸多便利之处，但在血缘组织遭到破坏或不易保持的情况下，人们便必须寻找其他可以利用的资源去构成共同体，以保证社会秩序的存在。在农业社会中，以土地为基本生产资料的农业生产，决定了在同一块土地上耕作和比邻而居的人们之间自然地存在着一种互助性的亲密关系。这种地缘关系虽不及血缘关系来得深切牢固，但在血缘关系不能保持的情况下，地缘关系就成为唯一可利用来建构共同体的现成资源。

血缘关系和地缘关系作为组织资源，主要是存在于以农业生产为根基的农村地区，而在较大城市中则往往难以存在。城市作为工商业集中地，具有农村地区不具有的由于从事共同的职业而产生的密切关系即职缘关系。职缘共同体主要有同行社团和单位两种基本样式。前者存在于自然经济社会的城市中，后者则存在于计划经济社会的城市中。同行社团在各个自然经济社会中都普遍地存在。计划经济条件下的单位，是另一种职缘共同体样式。在计划经济条件下，城市中生活的人们一般很少血缘关系，地缘关系由于职业的分别也很少起作用，而职缘关系则由于种种条件而获得极大的发展。单位对于个人生活而言，在很大程度上有如家庭所起的作用，一方面，为个人提供保护，对个人的生、老、病、死，吃、穿、住、行全面负责；另一方面，又限制个人之间的可能导致两极分化的自然竞争。单位在很大程度上的政企合一性质，使其能更有效地对个人实施支配。

我们这里只是概括性地分析一下人与他人之间的血缘关系、地缘关系和职缘关系。尽管这种分析是简单的，但我们也能初步体会到“小我”与“大我”在“同时态”结构中的错综复杂的矛盾。

作为同时态分析的第二层，就是在人的全部关系的社会生活当中，可以把它作一个高度的概括，这就叫做经济关系、政治关系和文化关系。这三种关系是互动的。

在非市场经济的状态下，无论是传统的自然经济，还是我们搞了几十年的计划经济，只要它是非市场经济，它的一个突出的特点就是，人的经济关系、政治关系和文化关系的领域合一，而市场经济的一个突出的特征则是政治、经济、文化三个领域的相应的分离。这是历史的一个巨大的进步。我举一个切身的例子。我记得在80年代研究生有一场讨论，关于红、黄、黑的讨论。什么意思呢？那是叫做当官的路红彤彤，经商的路黄灿灿，搞学问的路黑洞洞。这正是表现了政治、经济、文化三大领域在现实中的矛盾关系。当时就叫做红黄黑的讨论。作为现代社会，以市场经济为基础的现代社会，它的突出特点是政治、经济、文化三个领域的分离，所以现代社会才有三种精英，政治精英、企业精英、学术精英。我曾经作过一个不恰当的比喻，我说这三种精英构成了一个社会的三角，企业精英是做蛋糕的，政治精英是分蛋糕的，而学术精英是反思他们做得好不好、分得对不对。搞学术就是看那个企业精英做的蛋糕好不好，看那个政治精英分那个蛋糕合理不合理，所以它是相对独立的。而这个相对独立是以政治、经济、文化的三个领域的分离为前提的。所以人类社会是从原来的经济、政治、文化的合一走向市场经济条件下的相对的分离。这深刻地体现了人与社会关系的变革。

第三个层次，传统的哲学教科书在历史唯物主义部分，一般分析了阶级、国家，但是，它没有从家庭、单位、阶层、阶级、民族、国家、人类众多的层次进行分析。实际上作为“我与社会”的关系，它的层次是极为复杂的。我在这里边只是做一个罗列，使大家能够感受到这个问题的复杂性，至于这里边的每个问题，都能构成一个非常重要的研究对象。比如说中国的“单位”现象。就是原来我们搞计划经济，它所形成的重要后果是个人作为单位的成员而存在。如果一个人没有单位了，就不好办了。那么现在一个更加突出的概念，“阶层”。所以现在社会学研究的一个非常重要的理论，就是这种分层理论。改革开放以来出现的一个人们感到越来越突出的问题是什么？那就是阶层问题。

原来我们是把共同富裕设想为同步富裕，所以不会出现这样一种很鲜明的阶层现象。那么当邓小平明确提出来，改革开放，要解决什么问题？贫穷不是社会主义，发展才是硬道理。而如何发展，从而实现社会主义的共同富裕呢？邓小平提出一个最基本的论断，这就是允许一部分人和一部分地区先富起来。这就突现了阶层问题。这样就构成了当代研究“我与社会”之间的关系的一个突出的现象。在当前关于社会主义市场经济中的分配问题的研究中，逐步地形成了一种共识，这就是把按劳分配与按生产要素分配统一起来，也就是把资金、技术、管理等等作为生产要素而参与分配。这样就进一步解决了哪些人先富起来，依靠什么先富起来的问题，并为实现共同富裕奠定了坚实基础。从这个角度看，我们就会从“小我”与“大我”的矛盾中去理解包括“阶层”等等在内的社会现象。我只是向大家作一下提示，就是对于小我和大我的矛盾，我们首先应当从同时态的角度去分析一下我与社会之间的矛盾，也就是对“我”的内在矛盾作一种结构性的分析。与此同时，我们还需要把这种结构性的分析，诉诸于一种历史性的考察。

（三）“我”与历史

对于“我”的内在矛盾的历时态的考察，就是“我与历史”的关系。这点我认为是最重要的。我们原来都说，人是社会性的存在。人是社会性的存在，意味着人是历史性的存在。没有人的历史性，构不成真正的人的社会性。这个非常重要。

马克思说什么叫历史？他说，历史不过是追求自己的目的的人的活动过程而已。历史就是人追求自己的目的的活动的那个过程。那么在人追求自己的目的的活动的过程当中，它首先形成了历史自身的这样一个内在的矛盾，什么呢？那就是马克思的一句名言，人作为历史的经常的前提，它首先是历史的经常的结果。人只有作为历史的经常的结果，它才能成为历史的经常的前提。这是我们理解马克思的历史唯物主义的一个最根本的入口处。

什么是历史唯物主义呀？马克思的历史唯物主义就在于它确认作为历史的那个真正的起点的人，是一个矛盾的存在。作为人类的历史，构成历史的主体的我，既是历史的经常的结果，又是历史的经常的前提。而我们之所以能够作为历史的经常的前提，是因为我们永远是历史的经常的结果。这就是历史唯物论。我们作为历史的经常的结果，是因为历史不仅仅给我们提供了生产力，而且给我们提供了生产关系和广义的社会关系。因为历史不仅仅是生产力的再生产，生产关系的再生产，而且是全部丰富的社会关系的再生产过程。大家想一想呀，你这才能理解“我”为什么能够成为主体呀！你能够成为历史的主体，因为你首先是历史的经常的结果。这个非常有意思呀，非常值得我们琢磨呀。马克思有一篇非常有名的文章，叫《路易·波拿巴的雾月十八日》。开篇的第一句话，人们自己创造自己的历史，但是这种创造活动，并不是随心所欲的，不是在他们自己选定的条件下进行的。马克思一下子就说出了历史的辩证法！历史就是人们自己的创造活动，但不是在你自己选定的条件下进行的，因而你不是随心所欲的。多漂亮！深邃！精辟！睿智！这就是马克思！

所以对于我与历史的关系，首先要理解我在历史当中是一个辩证的存在，我既是历史的前提，我又是历史的结果，所以才构成了我与社会之间的丰富的矛盾关系，“我”才成为马克思所说的一切社会关系的总和。这些问题真正理解了，不仅仅是学问见长，而且你更会做人了。怎么在社会当中生活呀？首先就要理解你同历史的关系，你是一个历史的存在，这样你才能够一方面发挥自己的能动性、创造性，你又知道自己不是随心所欲的。

人作为历史的前提和结果，在这样的矛盾的运动当中，我更加欣赏马克思所揭示的人自身存在的三种历史形态的理论。非常漂亮！这样就把我的“小我和大我”的矛盾诉诸于人的历史性的存在方式了。人作为历史的前提和结果，在他的历史运动当中，它构成了马克思所说的三种存在方式，最基本的三种。马克思说，第一种，是以自然经济为基础的人的依附性的存在。几千年来的人的存在方式就是这样一种以自然经济为基础的人的依附性的存在。那么只有市场经济，它才改变了这种人的依附性存在。究竟什么是市场经济？市场经济是一种人的存在方式。那么市场经济是一种什么样的人的存在方式呢？马克思讲得极为精辟。马克思说，市场经济是一种“以物的依赖性为基础的人的独立性”的存在。超越市场经济，人的第三种存在形态，就是马克思所说的人的全面发展的自由人的联合体。

几千年来的自然经济，它是一个三位一体的东西。什么三位一体呢？就是经济生活的禁欲主义、精神生活的蒙昧主义和政治生活的专制主义。正是它的经济生活、精神生活和政治生活的这种三位一体，决定了每个人的存在方式，谁也逃避不出去，人对人的依附性的存在！所以自然经济条件下的那种文化，本质上就是确立“神圣形象”。马克思说得同样精辟！自然经济造成了“人在神圣形象中的自我异化”，就是，整个自然经济造成了一种人的“依附性”的存在，也就是每个人在这种神圣形象当中的自我异化。

市场经济相对于自然经济，是一个巨大的历史的进步。为什么？那就是因为，它在经济生活当中，反对禁欲主义，要求现实幸福；它在精神生活当中，反对蒙昧主义，要求理性自由；它在政治生活当中，反对专制主义，要求天赋人权。所以市场经济构成了三个基本取向的统一，这就是它的经济生活的功利主义的价值取向，它的精神生活的工具理性的思维取向，它的政治生活的民主法制的政治取向，这三种基本取向的统一。这种功利主义的价值取向、工具理性的思维取向和民主法制的政治取向，它确认了一种人的存在方式。市场经济条件下，人是一种怎样的存在？是一种“以物的依赖性为基础的人的独立性”的存在。

这种存在，它既是一种巨大的历史的进步性，又是一种巨大的历史的局限性。因为在市场经济当中，人的“独立性”必须是“以物的依赖性为基础”。这表明，市场经济是具有正、负两面效应的。所以我们才在当代中国的市场经济前面加上了四个字：“社会主义”，那就是说，我们既要充分地发挥市场经济的积极的正面的效应，挺立人的独立性，发挥人的主动性、积极性、创造性；另一方面，我们又要自觉地克服市场经济的负面效应。所以邓小平南巡讲话时就说，两手抓，两手都要硬，物质文明和精神文明一起建设。现在我们更加明确地提出，要展开物质文明、政治文明和精神文明的建设。这个市场经济在文化的意义上，它又发生了一个重大的变化，那就是，它又构成了马克思所说的人在“非神圣形象”中的自我异化。

什么是这里所说的“非神圣形象”？什么叫做人在“非神圣形象”中的“自我异化”？在“以物的依赖性为基础的人的独立性”的历史形态中，个人摆脱了人身依附关系而获得了“独立性”，但这种“独立性”却是“以物的依赖性为基础”的。人依赖于物，人受物的统治，人与人的关系受制于物与物的关系，人在对“物的依赖性”中“再度丧失了自己”。于是，对“神”的崇拜变成对“物”的崇拜。马克思之所以说黑格尔哲学是以“最抽象的形式”表达了“最现实的人类状况”，就是因为黑格尔哲学集中地表征了人在对“物的依赖性”中“再度丧失了自己”。

人自身的存在，在历史的发展过程当中，首先是一种以自然经济为基础的人的依附性的存在，近代以来又发展为一种以市场经济为基础的，以物的依赖性为基础的人的独立性的存在。按照马克思的理解，人类社会是要不断向前发展的。马克思认为，人的第三种存在形态，是以产品经济为基础的，人的全面发展的社会。我认为这不是空想。前一段我写一篇文章，题目叫做《解放的旨趣、历程和尺度》。马克思的学说就是关于人类解放的学说，也就是关于人的全面发展的学说。在这个关于人的全面发展的学说当中，我认为蕴含着三个东西：一，解放的旨趣，也就是人类的理想之维的承诺；二，解放的历程，也就是人的解放过程的展现；三，解放的尺度，也就是观照人类历史的标准。人类的解放，人的全面发展，就是我们所追求的人的理想的存在形态。

这三种历史形态，它具体地展现在人的生活世界当中，所以人的生活世界，正好是表现了人的存在方式，人的存在形态。我们从原来的非市场经济进入到现在的市场经济，在人的生活世界的意义上，它发生了如下的重大的变化，我把它叫做非日常生活的日常化：一个是日常经验的科学化，一个是日常消遣的文化化，一个是日常交往的社交化，一个是日常行为的法治化，最根本的是农村生活的城市化。

大家想一想呀，当代中国在它从非市场经济转向市场经济，在它从前现代化转向现代化的过程当中，我们大家的存在方式究竟发生了什么变化？你不是按照日常的经验来进行日常生活，你是按照那种科学的规定来进行日常生活了，这不就是日常经验科学化吗？同时，你的日常消遣文化化了。过去你不外乎是侃大山、摆龙门阵呀，下盘棋呀，甩个扑克呀，现在你怎么样了？最起码卡拉OK了。不然的话就是保龄球了，那更高级的还有“高尔夫”了。日常消遣文化化了。同样，你的日常交往社交化了。原来你跟谁交往呀？亲戚、朋友、邻居、同事，现在你跟谁交往？你和公安、税务、工商、银行、保险、消防各方面打交道，这不成了全部社会关系的总和了么？日常交往怎么样了？社交化了。你一旦日常交往社交化了，你怎么样了？日常行为法治化了。如果说你的行为，原来主要是受道德和纪律的约束，现在怎么样？主要是受法律约束！所有这些“化”，最根本的在什么地方？农村生活城市化了，所以整个社会就现代化了。正是在这个现代化当中，它深刻地展现了作为“我”的大我和小我的之间的深刻的矛盾。或者反过来说，它把“我”的内在矛盾，在现代化的层面上，得到了具有历史意义的展开。所以我们今天再来在哲学的层面上反思“我”的时候，就获得了一种现实的、历史的规定性。

(四)“我”的独立性与依附性

由个体性和普遍性的矛盾，构成了直接的一对矛盾，就是人的独立性与人的依附性的矛盾。我作为主体，每个生命的个体，都必须具有它的独立性。然而人作为社会关系的总和，它必然具有一种依存性。这种独立性和依存性是什么关系呢？

前面我们刚刚谈到自然经济与市场经济。马克思说，什么叫自然经济？自然经济就是人对人的依附性。什么叫市场经济？市场经济就是人的独立性，当然马克思是给它前边限定了，以物的依赖性为基础的人的独立性。这就构成了一个深刻的矛盾，它蕴含的是个体性与普遍性的矛盾。汤因比在《历史研究》中就说，不管是何种制度，它都面对一个最根本的问题，个人利益与社会正义的矛盾。这就把它现实化了。实际上人们的价值判断都蕴含着这样的一个最基本的关系，个人利益与社会正义之间的矛盾。任何一个社会不都是处理这个关系么？罗尔斯也好，诺齐克也好，为什么现在西方政治哲学方兴未艾，如火如荼？因为它凸显了个人利益与社会正义在当代社会中的矛盾。在我国，怎么解决社会的稳定问题？为什么要强化社会保障问题？就是要调解个人利益与社会正义之间的关系。所以这样一种小我与大我的矛盾，它直接地表现为个人利益与社会正义之间的矛盾。这里边的矛盾就多了。个人利益与集体利益的关系，暂时利益与长远利益的关系，许许多多的利益关系，都以小我与大我的个体性与普遍性的矛盾得到展开了。

这些矛盾构成了社会的价值规范与个人的价值认同、社会的价值导向与个人的价值取向、社会的价值理想与个人的价值追求等等的一系列的矛盾。我记得60年代，有一本前苏联的小说叫做《你到底要什么？》，它就把这个问题凸现出来了。你到底要什么？“你到底要什么”蕴含二个问题，一是“我”到底要什么？另一方面“我们”到底要什么？我们到底要什么？就是国家的、整个社会的价值规范、价值理想、价值导向；我到底要什么？我个人的价值认同，我个人的价值取向，我个人的价值追求。这就是无论中外，无论古今，面对的最大的问题了。大家想一想，哲学绝不是远离世界之外的玄思和遐想，不是的！在哲学的概念的“游戏”当中，蕴含着整个时代的精神，蕴含着人类的文明。大家如果这样去想，你就会理解哲学是最敌视抽象的，哲学是最具体的，哲学是最现实的。你只有在哲学的高度上，你才能够深层地去把握人类现实的矛盾。

现在面对的所有的矛盾，说到底就是小我与大我的矛盾。在小我与大我的关系里边，它首先突出的是一个伦理道德问题。所谓伦理道德问题是什么呢？就是小我与大我之间的关系。没有伦理，小我和大我的关系得不到规范；没有道德，小我和大我得不到一种自我的认同。伦理问题和道德问题不是一个问题，伦理是一个规范的问题，道德是一个自我认同的问题。接着就出现第二个问题了，法律规范问题。同样是协调小我和大我之间的关系的。第三个，提出制度问题了。因为任何一种伦理，任何一种法律，都必然是体现为一种政治制度来作为直接的规范，所以又提出政治制度问题。我们对于伦理道德问题、法律规范问题、政治制度问题，都必须承诺一种价值判断和价值理想。我们怎么去设定、悬设、承诺一个理想的社会，这个问题就关系到了人类的未来问题。所以我们面对的社会历史问题，都在小我和大我的关系当中；或者反过来说，我们所面对的社会历史问题，都不过是我作为小我和大我的矛盾的历史性展开。从我作为个体的小我和我作为类的大我之间的矛盾，我们能够引发出全部的社会历史问题。

"我"是个别与普遍的对立统一。从个别性看，"我"是作为独立的个体而存在，"我"就是我自己；从普遍性看，"我"又是作为人类的类分子而存在，"我"又是我们。作为个体性存在的"我"是"小我"，作为我们存在的"我"则是"大我"，"我"的存在既是独立性的，又是依附性的。

由于"大我"具有明显的层次性，诸如家庭、集体、阶层、阶级、民族、国家和人类，因此又构成多层次的"小我"与"大我"的复杂关系。正是这种多层次的复杂关系，构成了人的无限丰富的社会性内涵。正因如此，"人的本质不是个人所固有的抽象物，在其现实性上，它是一切社会关系的总和"。①

① 《马克思恩格斯选集》第1卷，人民出版社1995年版，第56页。

由于“我”既是“小我”又是“大我”，由此带来了“小我”与“大我”的个体性与普遍性、独立性与依存性的矛盾。而在现代社会中，由于个人的自主性与社会的模式化的同步增加，愈来愈尖锐地凸现了人的独立性与依存性的矛盾。

在两极对立的思维方式中，或者以“大我”去淹没“小我”，把“小我”变成依附性的存在，从而扼杀了“小我”的独立性；或者以“小我”凌驾于“大我”，把“大我”变成虚设性的存在，从而取消了“小我”的依存性。然而，没有以独立性为前提的依存性，只能是扼杀生机与创造的依附；没有以依存性为基础的独立性，只能是陷入混乱与无序的存在。因此，我们必须改变两极对立的思维方式，以辩证法的思维方式去看待现代社会生活中的人的独立性与依存性的矛盾，真实地挺立主体的自我意识。

在论述人类历史的时候，马克思说：“全部人类历史的第一个前提无疑是有生命的个人的存在。”① 没有作为个体生命的人的存在，当然不会有人类的历史。但是，个体生命的存在，并不是人的独立性。“自然界起初是作为一种完全异己的、有无限威力的和不可制服的力量与人们对立的；人们同自然界的关系完全像动物同自然界的关系一样，人们就像牲畜一样慑服于自然界，……”② 在这种历史过程中，主体不是任何单个的个人，而只能是由一定数量的个体所构成的“群体”。个体之间只具有相互的“依存性”，而不具有个人的“独立性”。这是一种个体单纯地依赖于群体的“人的依附性”。

个体对群体的依赖，实质上是人对自然的依赖。在以自然经济为基础的封建社会中，由于生产力水平的低下，人们对自然（首先是土地）的依赖，决定了个人对以血缘关系和地缘关系为纽带的群体的依

---

① 《马克思恩格斯选集》第1卷，人民出版社1995年版，第67页。

② 同上，第35页。

赖和依附。个人的独立性和个人的主体意识，不具有现实的基础。

以工业生产、科技进步、商品交换、自由贸易为主要内容的市场经济摧毁了以等级从属关系为主要形式的人身依附关系，形成了马克思所说的“以物的依赖性为基础的人的独立性”，并不断地培植起个人的主体自我意识。“自我选择”、“自我表达”、“自我塑造”、“自我实现”等等，不仅是现代社会的时髦口号，也不仅是现代个体的普遍认同，而且也成为现代文明的基本标志。

中国传统哲学从“仁”来定义“人”，“二人”方为仁，人必在诸如君臣、父子、夫妻、兄弟、姐妹、朋友、邻里乃至尊卑、上下、左右、前后的“对应关系”中才成其为人。个人的自我意识，就是“关系”的自我意识，“角色”的自我意识，“地位”的自我意识，“责任”的自我意识，而独独排斥“自我”的自我意识。梁漱溟先生说中国人是“依存者”。这其实是由于自然经济造成的。对于这种“依附性的存在”，我国学者曾从自主性、自为性和自律性三个方面进行分析。我觉得这个分析很精彩，把这个分析叙述如下。

这种依存性首先是表现为缺乏自主性。俗话所谓“在家靠父母，在外靠朋友”，这个“靠”字活脱脱地表达了自主性的匮乏与缺失。个人的升学、就业、婚恋似乎都不是由个人自主决定的事情，而必须“靠”别人的“参谋”、“指点”、“帮助”和“决定”。行为的主体变成了行为的客体，主体的自我意识变成了对群体的依存意识。这不能不弱化主体的自我判断、自我选择和自我决策的能力，因而也不能不阻碍主体的主动性、积极性和创造性。

这种依存性又表现在缺乏自为性。个人行为的选择与成败，首先考虑的并不是个人的需要与情感，个人的现在与未来，而是群体的要求与期待，群体的现在与未来。个人失败了，便是辱没父母，愧对师长；个人成功了，则是光宗耀祖，衣锦还乡。于是乎，“一荣俱荣，一损俱损”，甚至“一人得道，鸡犬升天”。这就是人的“依附性”所造成的自为性的缺失。

这种依存性又表现为缺乏自律性。个人的成就与荣誉，个人的失败与耻辱，均依赖于他人的评价。人们的行为成为他律的产物，而不是自律的结果。在人们的自我意识中，按照他人的意志办事既是最安全的，也是最有希望的，反之则是既危险又无希望的。这不仅造成了因循守旧，人云亦云，按长官意志办事，"唯上唯书"的普遍心理，以至于出现所谓"说你行你就行，不行也行；说不行就不行，行也不行"的民谣。

这种缺乏自主性、自为性和自律性的"从众主义"，并不是真正的"集体主义"，而恰恰是一种消极形态的"个人主义"。从众主义和个人主义，都是把"集体"看做某种外部的、异己的力量。二者的区别是在于，个人主义是以某种公开的、显著的甚至是极端的形式去损害集体利益而获得个人利益，而从众主义者则是以某些隐蔽的、曲折的甚至是屈从的形式去获得个人的利益。

这种从众主义、媚俗主义，或者说消极、冷漠的个人主义，决不是强化了集体意识、集体精神和集体力量，也决不是强化了人与人之间的相互依存和相互合作，而恰恰是消极地破坏了集体意识、集体精神和集体力量，消极地瓦解了人与人之间的相互依存和相互合作。有句俗话叫做"一个和尚担水吃，两个和尚抬水吃，三个和尚没水吃"。在我们的高等院校和研究机构中，最为重要的应当是相互合作、集体攻关的团队精神，但我们感到最为馈乏的恰恰是最为重要的团队精神。这就在于个人缺乏自主、自为、自律的主体自我意识，就在于从众主义所具有的消极的、冷漠的个人主义的本质。就此而言，强化主体的自我意识，是强化主体的依存意识的前提。没有真正独立的主体，就没有真正的主体的依存。

在当代中国，强化主体的自我意识，实现主体的独立性与依存性的相互协调和同步发展，最根本的途径就是建立和健全社会主义市场经济。市场经济所实现的是“以物的依赖性为基础的人的独立性”。在市场经济中，人以物为基础而获得独立性，人的独立性又奠基于对物的依赖性。由此便造成了人的独立性与人的物化的双重效应。这就是市场经济的正、负两面效应。强调建立和健全社会主义市场经济，从根本上说，就是既充分发挥市场经济的正面效应，又有力地克服市场经济的负面效应。

首先，社会主义市场经济为确立个人的主体地位和强化个人的主体意识提供了经济前提。它把个人从对行政命令、长官意志、条块分割、人才垄断的“依附性”中解放出来，成为具有独立的主体地位的个人。

其次，社会主义市场经济否定了个人之间的等级特权关系，给每个人提供一个自由平等的竞争环境，从而使个人形成平等竞争的观念。同时，由于社会主义市场经济的平等竞争原则和效率效益原则，不断地强化了个人的能力本位意识，使每个人的能力得到越来越充分的发挥。

再次，社会主义市场经济不仅需要形成个人的独立性和个人的主体自我意识，而且需要形成以个人独立性为基础的真实的、全面的人与人之间的相互依存。人的社会交往的扩大，人的选择机会的增多，人的合作领域的拓宽，人的权利义务的增强，要求人们以开放的思维方式、健全的人际关系、良好的道德品质和积极的精神状态去适应各种社会环境，对待各种社会关系，参与各种社会活动，取得各种社会认同。“小我”必须在多个层面的、多种性质的“大我”中，才能获得和实现自己的独立性。主体的独立性与依存性，在一个健康的社会主义市场经济中，能够不断地增强其相互协调与相互促进。

（五）“我到底要什么”与“我们到底要什么”

个人与社会之间的矛盾关系，表现在社会的价值体系中，就构成社会的价值理想、价值导向和价值规范与个人的价值目标、价值取向和价值认同之间的矛盾，即社会的价值理想与个人的价值目标、社会的价值导向与个人的价值取向、社会的价值规范与个人的价值认同之间的矛盾。这是任何一个社会的价值体系中都存在着的相互矛盾的两个基本方面。

社会的价值导向与个人的价值取向之间的矛盾，在其最本质的意义上，就是我在这里所说的“我们到底要什么”与“我到底要什么”的矛盾。作为复数的“我们”，是代表社会所提出的价值要求，即我们这个社会所要求的到底是什么；作为单数的“我”，则是表明个体所提出的价值要求，即我这个个体所要求的到底是什么。因此，所谓的“价值导向”，就是以社会的名义所提出的价值要求，又以社会的名义引导每个个体认同这种价值要求；所谓的“价值取向”，则是基于个体的价值要求，对社会的价值要求的认同或拒斥的基本态度。

在社会的价值导向与个人的价值取向的矛盾中，我们首先必须注意的是，不能把“社会”当做抽象的东西而与个体对立起来。个体是社会的存在物。人的个体生活与整体的社会生活，是相互融合的，个体生活总是以某种方式表现了整体的社会生活，整体的社会生活也总是以某种方式蕴含于各不相同的个体生活。这表明，社会的价值导向，总是形成于具有普遍性的个体的价值取向，因而才有可能反过来去“引导”个体的价值认同；同样，个体的价值取向，也总是蕴含着某种社会的价值要求，因而也才有可能去“认同”社会的价值导向。

在社会的价值导向与个人的价值取向的矛盾中，我们还必须注意的是，这种“导向”与“取向”的矛盾关系是在动态的实践过程中构成的，而不是某种既定的、僵化的关系。在人类的历史进程中，每一代人都是历史的“前提”，又是历史的“结果”。作为历史的“前提”，每一代人都首先必须是上一代人的“结果”；而每一代人作为上一代人的“结果”，又同时构成下一代人的“前提”。这种历史进程中的“前提”与“结果”的矛盾，在价值观的意义上，就构成了社会的价值导向与个人的价值取向的动态的矛盾关系。现代的哲学解释学认为，每个个人都存在一种“历史视野”与“个人视野”之间的“张力”，即：一方面，每个个人总是要在历史中接受从过去承继下来的“文化”，另一方面，每个个人又要在自己的生活境遇中更新理解的方式，从而在个人的理解中构成既源于历史、又超越历史的新的理解。具体地说，个人的价值认同，并不是现成地接受，而是创造性地接受，因而使价值导向的方向、内容与形式都呈现为历史过程中的存在。这就要求我们从社会的价值导向与个人的价值取向的矛盾运动中去探讨价值观的内在矛盾。

在社会的价值导向与个人的价值取向的矛盾关系中，社会的价值导向是矛盾的主要方面，它从总体上规范个人的价值取向。这个基本特点，首先是表现在个人价值取向的社会性内涵。理解这一点，对于坚持社会的价值导向是十分重要的。

从社会现象上看，社会中的每个个人的价值目标及其价值取向总是千差万别的，千变万化的，似乎每个人的价值取向只是取决于个人的利益、欲望、兴趣、情绪甚至是嗜好等纯粹与个人相关的因素。因此，人们往往把个人价值取向的基本特性视为主观性、任意性和随机性。所谓主观性，就是认为个人的价值取向取决于个人的主观意愿，个人愿意选择哪种价值目标，就选择哪种价值目标。比如，我喜欢唱歌所以我学声乐，我喜欢绘画所以我学美术，我热爱自然所以我学生物，我喜欢无拘无束所以我游手好闲，如此等等。所谓任意性，就是认为个人的价值取向可以随意改变，今天选择这个价值目标，明天就可以选择那个价值目标。比如，我今天“跟着理性走”，认真钻研理论，明天我就“跟着感觉走”，听天由命，如此等等。所谓随机性，就是认为个人的价值取向的选择与改变，完全可以脱离社会的各种条件的制约，只是个人的随机的选择与变更。比如，我今天认同“理性”而明天认同“感性”，这只是个人的任意的选择，如此等等。

然而，如果我们透过每个个人的千差万别、千变万化的价值选择，我们就会发现：个人的价值目标总是“取决”于社会的某种价值理想；个人的价值取向总是“取向”社会的某种价值导向；个人的价值认同总是“认同”社会的价值规范；个人的价值选择总是“依据”某种社会的价值标准。这表明，在社会的价值体系中，个人的价值目标、价值取向、价值认同和价值选择，总是具有社会性内涵。

个人价值取向的社会性内涵，主要表现在个人的价值取向中的社会内容、社会性质和社会形式这样三个方面：（1）从个人的价值取向的内容上看，总是具有社会性质的社会正义、政治制度、法律规范、道德伦理、人生意义等问题，而决不是没有社会内容的所谓纯粹的个人问题；（2）从个人的价值取向的性质上看，总是具有社会性质的真与假、善与恶、美与丑、集体利益与个人利益、整体利益与局部利益、长远利益与暂时利益等问题，而决不是与社会无关的所谓纯粹的个人问题；（3）从个人价值取向的形式上看，总是要表现为作为社会意识形式的宗教、艺术、伦理、科学和哲学，而决不是与社会意识形式无关的所谓纯粹的个人表现。

改革开放以来的中国，正处于从“计划经济”到“市场经济”的社会转型的过程中，人的存在方式及其自我意识正在这种社会转型过程中发生深刻的变化，不可避免地形成相互冲突的社会心理和社会思潮，从而也形成了各不相同的个人价值取向。然而，透过这些五花八门的个人价值取向，我们却可以发现蕴含在这些价值取向中的社会性内涵。比如，在建设社会主义市场经济的过程中，一种所谓“耻言理想、蔑视道德、拒斥传统、躲避崇高、不要规则、怎么都行”的社会思潮正在引起人们的困惑与忧虑。对于这种社会思潮，我们可以发现在个人的价值取向中所包含的社会内容、社会性质和社会形式：首先，理想、道德、传统、崇高、规则，它们都具有显著的时代性的社会内容，人们对它们采取何种态度，或者说“取向”什么，正是对时代性的社会内容采取何种态度；其次，在理想、道德、传统、崇高、规则当中所蕴含的正是具有社会性质的真善美与假恶丑、理想主义与功利主义等问题，人们对理想、道德、传统、崇高和规则的态度，正是表现了人们对真善美与假恶丑的态度；最后，人们对理想等等的态度，总是表现在人们的各种社会意识形式之中，即总是表现为人们的宗教信仰、艺术情趣、科学精神和哲学意识之中。正是由于个人的价值取向具有不可逃避的社会性内涵，因此，社会的价值导向才能够对个人的价值取向具有“导向”的作用。

社会的价值导向，是以其时代性的社会内容、普遍性的社会性质和可操作性的社会形式去表达社会的价值理想和价值规范，引导个体“认同”和“取向”社会的价值理想和价值规范。社会生活表明，个人的价值取向的总体趋向，总是取决于社会的基本的价值导向；而个人的价值取向的困惑，则总是根源于社会的价值坐标的震荡；因此，解决个人价值取向问题，最根本的是解决社会的价值导向问题。通俗地说，要解决“我到底要什么”的问题，关键是解决“我们到底要什么”的问题。如果“我们到底要什么”扑朔迷离，“我到底要什么”必然是模糊不清。

“我们到底要什么?”这是当代中国面对的根本性问题，也是理论界应当予以理论回答的重大问题。这就是确认当代中国的价值理念，并从而确定相应的社会价值导向的问题。在改革开放的实践过程中，我们愈来愈自觉到，“贫穷不是社会主义”，“发展才是硬道理”。“发展”，正在成为当代中国的基本的价值理念，并从而正在成为当代中国的基本的价值导向——引导全体人民把自己的价值追求定位在“发展”上。这应当是我们在当代中国对“小我”与“大我”关系的现实性理解。

七　理想与现实：反思人类存在的超越性

关于“主体与客体”之间的丰富的矛盾关系，我们主要讲了两个方面：第一个方面，主体作为一个“个体”来说，它既是一种感性的存在，它又是一种理性的存在，因此在人的“感性与理性”的矛盾当中，就构成了主体对客体的无限丰富的关系；第二方面，作为主体的人，自身就具有双重性：一方面，主体是作为个体的我而存在的，同时又是作为“类”而存在的，也就是说主体是作为“小我”与“大我”的对立统一而存在的。但是，除了“感性与理性”、“小我与大我”的关系之外，现实的、真实的主体与客体的关系，更重要的是“理想与现实”的矛盾。

（一）超越性的存在

人既是一个现实性的存在，又是一个理想性的存在。但是，我们往往把理想与现实这对范畴想得很简单，似乎“现实”就是现在看到的这个样子，“理想”就是我们想让它成为一个什么样子。其实，“理想”是人的存在方式，“理想”是人的活动方式。我们需要从人的存在方式去思考理想与现实的关系。

大家看我的那本《超越意识》，劈头第一句话我就写道：“人是世界上最奇异的存在——超越性的存在。”人是一种超越性的存在，超越其所是的存在。超越其所是，就是一个创造性的存在。这种超越性的、创造性的存在，意味着人是一个理想性的存在。

世界就是自然。它存在得自然而然。但是从自然中生成的人类怎么样？它需要认识自然，改造自然，把自然变成对人来说是真善美相统一的存在。这就是人对世界的超越嘛！那么同样的，人生也是一个自然。它自然地生，它自然地死，生和死都自然而然。但是，人却要认识人生的意义和价值，把人生变成“有意义”、“有价值”的人生，这不就是人对于人生这个自然的超越么！正是在这种双重的意义上，人要给自己创造一个人所理想的世界，人要给自己创造一个人所理想的人生，因此人是一种理想性的存在。

人是一种超越性的、创造性的、理想性的存在。人是理想性的存在，这不是空泛的、抽象的一个命题或者判断，它具有丰富的内涵，直接地表现为人类实践活动的超越性。实践活动的超越性，它内涵着的是人类精神活动的超越性。实践活动、精神活动的超越性，它具体地表现出来的是文化活动的超越性，它构成的是人自身的生活境界的超越性。在人们的生活境界的超越性的过程中，它体现的是价值追求的超越性。所以，人的理想性，或者说理想与现实的关系，这就是实践活动的超越性、精神活动的超越性、文化活动的超越性、生活境界的超越性和人的价值追求的超越性所构成的人与世界之间的关系。

首先我们分析作为人的存在方式的实践活动的超越性。实践活动，它表现了人同世界的一种特殊的关系，这就是人与世界之间的否定性的统一关系。在这种否定性的统一关系中，它造成了世界本身的二重化，也造成了人自身的二重性，以及作为人的发展进程的历史的二象性。

动物是一种“生存”的生命活动，而人则是一种“生活”的生命活动。如果从“人与世界”的关系去看，“生存”与“生活”的区别，就在于动物的“生存”活动是一种纯本能、纯自然的活动，所以它表现的是动物与世界的直接的肯定的关系，也就是动物在它的自然而然的活动中实现自身与世界的统一。与此相反，人的“生活”的生命活动，恰恰是一种超越自然的活动，改变自然的活动，把自然而然的世界变成人所要求的世界，把理想变成现实的活动。这种把现实变成人所要求的理想的现实的活动，不就是对世界现状的否定吗？人与世界的统一，不正是在人对世界的否定性活动中实现的吗？能不能理解人对世界的否定性统一，这是理解人与世界关系的根本问题之所在！

你理解了人对世界的否定性统一关系，你就会懂得，人在自己的活动中把世界“二重化”了：一方面，世界永远是自然的世界、自在的世界；另一方面，世界又变成了马克思所说的“人化了的自然”、“属人的世界”。“世界”在人的活动中被“二重化”了。同样，人在自己的活动中，人自己也被二重化了：一方面，人永远是自然的、自在的存在；另一方面，人又是超自然的、自为的存在。“人”在自己的活动中具有了“自然”与“超自然”、“自在”与“自为”的二重性。“人”在自己的活动中，既是按照自己的目的进行活动，是人创造自己的历史，同时人的创造历史的活动又构成历史的发展规律，这又是历史的“二象性”。

我们经常使用“实践”这个概念，说实践是人们有意识的、有目的的、改造客观世界和探索客观世界的客观物质活动，它具有社会历史性，如此等等。但是，究竟怎样理解这个“实践”？实践，它是人的存在方式。人就是一个实践活动的过程。因此，我们对于人、对于人同世界之间关系的理解，说到底，是对于实践活动的理解。什么是实践活动呢？实践活动就是否定现存世界的活动。动物以本能的方式，来实现它同自然的统一，那是一个肯定性的活动。而人的实践活动是一个人同世界的否定性的统一的活动的过程。这才能理解人是一个超越其所是的存在。为什么人是这样的？因为人是以实践的方式存在的。实践就是否定现存世界状态的活动，也就是实现人同世界的否定性统一的活动。这是最重要的。

理解了人对世界的否定性统一关系，我们就能深刻理解辩证法了，就能深刻理解主体对客体、理想对现实、人对世界的辩证关系了。

大家想一想，究竟什么是辩证法？辩证法就是源于人对世界的否定关系。没有否定关系，怎么能有辩证法呢？所以马克思说什么叫辩证法？辩证法就是在对事物的肯定理解当中，同时包含着对它的否定的理解。这才叫辩证法。为什么我们在对事物的肯定的理解当中，能够而且必须包含着否定的理解呢？因为人是以实践的方式存在的。人同世界的关系是一个否定性的统一关系。

大家再想一想，我们生活的这个世界都是什么？都是我们否定现存世界的结果和产物。琢磨琢磨，你吃的，你穿的，你用的，你戴的，所有的一切，都是我们否定了现存世界的产物和结果。没有实践活动对于现存世界的否定，哪里有人的世界？所以实践活动，说到底是一种理想性的活动，就是把人的目的性要求、人给世界构成的客观图画取得现实性的过程。你说什么叫实践活动？实践活动就是把人的目的性要求现实化，把人的头脑当中的世界的客观图画现实化的过程。这个过程，你想一想是什么？它消灭了世界本身的现实性，而把人的目的性要求变成了现实性，从而实现了在否定性的关系中的人同世界的统一。这不就是理想与现实的辩证关系吗？这是最重要的，这是人同动物的根本性区别。你说人是一个什么样的存在？人是一个否定性的存在，或者说人是一个理想性的存在。人就是一个理想性的存在。你的全部的实践活动，不过是把你的目的性要求取得现实性。而你的目的性要求能够取得现实性，是否定了世界的现实性。琢磨琢磨这个道理呀！这就是我们的人的全部的行为。只有理解了这一点，才能够真实地理解人同世界的关系。人不是站在世界之外，说我看看世界是什么样。你认识事物是因为你对于事物具有一种目的性要求，否则你不会去认识那个事物。想一想，在人的认识活动中，已经具有了实践自身的否定性。所以人的认识是作为实践活动的内在环节而存在的。

这个道理想清楚了，就会理解，人在自己的实践活动当中，把我们所生存的世界本身“二重化”了！我们生活的世界当然是一个自然的世界，它永远是一个自然而然的世界。但是人的实践活动，使这个自然而然的世界变成了马克思所说的，“人化了的自然”。或者像马克思使用的另一个概念，“属人的世界”。人同世界的关系，是由人的实践活动构成的。实践活动是一个否定现实世界的过程。它否定了这个现实存在，人的世界图景对象化给这个自然而然的世界，世界怎么样？世界本身被二重化了。人同世界的关系，是一种否定性的统一关系。在这种否定性的统一关系中，首先是世界本身被二重化了。如果你只是把世界理解成自然而然的世界，你就无法理解真实的、现实的人同世界的关系。

实践活动把我们所生存的世界二重化的同时，它使我们人本身具有了二重性。人的二重性是多方面的。我们可以说人既是一个自然性的存在，又是一个社会性的存在。人既是一个物质性的存在，又是一个精神性的存在。但是我认为最深刻的是在于，人既是一个现实性的存在，又是一个理想性的存在。人是一个现实性与理想性的对立统一的存在，所以人是一个怎样的存在？人就是一个超越其所是的存在，人就不是他原来的存在。如果你体会一下自身的存在的时候，你就会知道了，你是怎样的存在？你是真正的辩证的存在。没有一个人不是辩证的存在。因为你永远不是你。你永远在否定性中存在。你既是你你又不是你，你既是一个肯定性又是一个否定性，这才是真正的对立统一。你否定之否定，你从昨天的你变成今天的你，而且你必然变成明天的你。这不就否定之否定了么？这就是人自身的二重性。人既是现实的存在，但人又是理想性的、超越性的、创造性的存在，这是人的最深层的二重性。只有理解了人的二重性，特别是理解了人的理想性与现实性的二重性，才能够理解人同世界的关系。

人的二重性的过程，构成了一种历史的二象性。人永远是现实的存在，它作为现实的存在，永远是历史的结果。历史给我们提供的条件，构成了我们每个人的现实的存在，所以我们永远是历史的结果和产物。同时，我们永远是在改变历史当中来接受历史的，所以我们又永远是历史的前提。我们作为历史的前提，给历史提供了一个又一个的结果，所以历史构成了这样一种规律性的存在方式。琢磨琢磨，人的存在是实践的存在，这种实践的存在构成了一种历史性的存在。什么是历史性的存在？历史性的存在就是说，你既是现实的，又是理想的，所以人既是历史的结果，也是历史的前提。人既服从历史的规律，人又创造了自己的历史。很多人问，马克思说的那个共产主义到底还有没有？其实他问的是这样一个问题：历史有没有规律？历史有没有必然性？他问的归根到底是这么一个问题。如果我们从历史的二象性，从人在自己的实践活动当中所构成的人与世界的否定性的统一关系来看的话，那么毫无疑问，人类的历史是一个发展的过程。在历史的发展的过程当中，构成了一个双重性的过程，那就是社会的进步的过程和人的全面的发展过程的统一，也就是马克思所说的实现共产主义的过程。

实践活动的超越性不是抽象的。最直接的，它体现为人类精神活动的超越性。首先你就会想到，你的“表象”对于你那个经验“对象”的超越。你怎么构成你那个表象的？表象是对于经验对象的超越。你进一步再想人的表象，不光是反映了那个对象，而且你还创造了没有的对象，那就是“想象”，想象又超越了经验对象的形象的存在。你又不仅仅是能够想象那个对象，你还会构成关于对象的“思想”，这就是思想对表象的超越。不仅如此，你的“智力”又超越了给定了你的那个“知识”，人类作为一种智慧性的存在，你的“智慧”又超越了形式逻辑所规范的那样一种“逻辑”。所以在人自身的精神活动当中，构成了一系列的超越。

人类的精神活动是极其丰富多彩的，我不可能用语言穷尽它的超越性，我只能是给它作一个罗列。超越对象的表象，超越形象的想象，超越表象的思想，超越知识的智力和超越逻辑的智慧。大家想一想，这是你最容易体验的了。你自己一琢磨就能够琢磨到，人类精神活动的理想性、超越性和创造性。所以我在《超越意识》里面说：无论是看过绚丽的朝霞还是闪烁的星空，我们常常会说，那美丽的景色在我们的“脑海中浮现”；无论是听过火爆热烈的打击乐还是如泣如诉的管弦乐，我们又常常会说，那动人的乐曲还在我们的“脑海中萦绕”；我们能够在“脑海中”背诵夏商周秦汉晋隋唐宋元明清历代王朝，让那远逝的尘封的历史“历历在目”；我们可以“在脑海中”运用加减乘除平方开方微分积分，让大千世界的万事万物成为计算的数字；我们甚至能够“在脑海中”构成玉皇大帝王母娘娘各路神仙妖魔鬼怪魑魅魍魉，“不用想象某种真实的东西而能够真实地想象某种东西”。如此这般神奇的“脑海”是什么？就是人的“意识”。人的“意识”为何能够“制造”如此这般神奇的“脑中世界”？就因为人的“意识”具有“超越性”。

我非常喜欢海德格尔对梵高的一幅画的论述。这幅画有没有同学看到？画面就是一双农鞋。就画面看，仅仅就是一个农夫穿的一双鞋，然而，人驰骋了自己的想象：在落日余晖当中，一个疲惫不堪的农民，走回到他的家里，把这双农鞋放在炉边去烘烤它，然后他去想农民这样一种愉悦的心态等等。你什么不可以想象呀？所以我说，我非常欣赏联想集团的广告词，“人类失去联想，世界将会怎样？”人类要是没有想象和联想，人的世界就不复存在了。

人类的精神活动的超越性，一方面表现为它的“想象”，而另一方面表现在它的“思想”上了。人看到的都是一些直观的形象，从而构成我们关于对象的表象。然而人的理性思维能力，它把对象性的存在，变成了“概念”的存在。想一想，当我说“桌子”的时候，我就把桌子移进我的头脑了吗？当着我说“火”的时候，我是把燃烧着的火放进我的头脑了吗？当着我说“红色”的时候，我是把大脑染成红色了吗？都没有。因为我是以“概念”的方式去把握这个经验世界的。想一想，如果人没有概念，人将是一种怎样的存在？人不仅能够把握关于对象的表象，而且能够创造原来没有的关于对象的表象，能够驰骋自己的想象。大家想一想，人不仅能够想象世界上没有的形象，而且人能够构成关于对象的普遍性、本质性、必然性、一般性的概念性，从而能够给自己构成一个概念系统的世界，这才会有科学。什么是科学？科学就是各种逻辑化的概念体系么。这样，人才能够以科学的方式去把握这个经验的世界。这就构成了人的科学的世界图景。卡西尔在《人论》中说："科学是人的智力发展中的最后一步，并且可以被看成是人类文化最高最独特的成就。""在我们现代世界中，再没有第二种力量可以与科学思想的力量相匹敌。它被看成是我们全部人类活动的顶点和极致，被看成是人类历史的最后篇章和人的哲学的最重要主题。""对于科学，我们可以用阿基米德的话来说，给我一个支点，我就能推动宇宙。在变动不居的宇宙中，科学思想确立了支撑点，确立了不可动摇的支柱。"

在任何一种比较成熟的科学概念框架中，我们都会发现，它总是从最为精炼的初始概念和初始条件出发，以严密的逻辑手段推演出一系列的定理、定律、公式、方程，形成具有普遍性和预测性的结论，为思维理解、描述、刻画和解释世界提供强有力的逻辑。

让我们想一想最为熟悉的欧几里得几何学吧。它的初始概念只有"点"、"直线"、"平面"、"在……之上"、"在……之间"、"叠合"就够了，而它的整个理论从10条公设和10条公理出发，却用严谨的演绎方法推演出一个缜密的几何学体系。无怪乎后世的科学家们常常沉迷于欧几里得《几何原本》的逻辑美之中，并把它作为科学逻辑体系的样板而予以效仿。

让我们再来听听科学家们是如何盛赞爱因斯坦的广义相对论的。我记得国内的一位学者，曾经引证法国物理学家德布罗意的一句话，来评论相对论。这句话是，广义相对论对万有引力现象"这种解释的雅致和美丽是不可争辩的。它该作为20世纪数学物理学的一个最优美的纪念碑而永垂不朽”。他还引证德国物理学家玻恩的一句话：“广义相对论在我面前像一个被人远远观赏的伟大艺术品。”这些赞誉告诉人们，“支配科学家的动机，从一开始就体现为审美的冲动”，“科学达不到艺术的程度就是科学不完备的程度”。

科学是对真的探索，也是对美的追求。因此，科学理论的逻辑之美，并不仅仅体现在自然科学理论之中，它也同样表现在社会科学理论之中。在谈到人们对《资本论》的评论时，马克思说，不管这部著作存在这样或那样的毛病，但它作为一个“完整的艺术品”，却是可以引为自豪的。确实，凡是读过《资本论》的人，有谁能不深深地折服于这部巨著“由抽象上升到具体”的逻辑呢？有谁能不被这个逻辑引发思维的撞击并产生强烈的逻辑美感呢？列宁说，马克思为人类留下了一部“大写的逻辑”，这就是《资本论》。

人自身的这种超越性，在其精神活动的层面上，不仅仅在于它有知识，而且在于它有驾驭知识、重组知识的智力。所以我说，什么叫做能力？能力就是激活背景知识的能力。一个人的能力大小，就是看你能不能激活你的背景知识。如果你的背景知识都是死的，人的能力就小了。你能够把你的背景知识活化了，你的能力就大了。所以激活背景知识的能力是最重要的。我们为什么说人是有智慧的存在呢？智慧就是对于逻辑的超越。人都是按照历史文化所给予我们的知识所蕴含的逻辑进行思想和行为的。但另一方面，人是一种有智慧的存在，人总是不断地超越自己设定的、承诺的那种逻辑，从而达到了一种逻辑自身的跃迁和升华。

学习哲学，就是要体会逻辑层次的跃迁。如果看哲学史，大家就会知道了。古希腊的三位最伟大的哲学家苏格拉底、柏拉图、亚里士多德，他们在人类理论思维能力形成的过程中，分别地探索了人类用以把握世界的概念、判断和推理，并在亚里士多德那里形成了系统化的演绎推理的逻辑，从而给我们构造了一个人类思维运动的逻辑的基本范式。德国古典哲学给予我们的是什么？从康德开始，费希特、谢林，到黑格尔，是在对传统的形式逻辑，特别是对它的A就是A的同一律的反思当中，给人类构成了一个人类思想运动的逻辑，这就是概念内涵运动的逻辑。黑格尔的《逻辑学》就是所谓的本体论、认识论和逻辑学相统一的人类思想运动的辩证逻辑。这就是一个逻辑层面的跃迁。想一想我们今天，刚刚进入的21世纪，我们最为热门的话题是什么？创新思维嘛！它表明了人类智慧的超越性。所以大家在理解人类的理想性的时候，在理解它是一种人的实践方式的、实践活动的自我超越的同时，还要理解它同时又内蕴着人的精神活动的自我超越。

人类精神活动的自我超越达到了一种什么程度呢？它达到了我在《超越意识》中所说的，“人无法忍受”的程度！人无法忍受什么？人无法忍受单一的颜色，哪怕是最白的东西，最绿的东西，最红的东西。我们说人的眼睛最愿意接受绿的，我就给你全是绿的，你无法接受。人的眼睛能够接受的，永远是五颜六色的东西。为什么？因为人的心灵只能接受五颜六色的东西。所以我特别欣赏马克思说的那句话，每一滴露水珠在太阳的辉映下都闪烁着五颜六色的光芒，人的精神怎么能只有一种颜色——灰色呢？所以人这种创造性的、超越性的、理想性的存在，必然要创造一个丰富多彩的世界。正因为人要创造一个丰富多彩的世界，所以人无法忍受单一的颜色，因而也无法忍受凝固的时空。

马克思说，时间才是人类的空间。他说得太深刻了。什么是人类存在的空间？人类存在的空间就是时间。人类的活动的过程，才是真正的人类存在的空间，所以人无法忍受凝固的时空。人永远是在一个创造的过程当中，给人创造了属于人自己的那个世界的时空世界。所以对人来说，太阳每天都是新的。

因为人无法忍受单一的颜色和凝固的时空，所以人无法忍受存在的空虚。人是一种寻求意义的存在，人无法忍受无意义的生活。我们的存在，必须是一个有意义有价值的存在。我们不能忍受一种无意义的生活，所以人无法忍受存在的空虚。

人无法忍受存在的空虚，所以人无法忍受自我的失落。每个人的生活过程，都是一个实现自我的过程。这种实现自我的过程，不仅仅是实现个体的小我，而且也是实现人类的大我。正因为人无法忍受“单一的颜色”、“凝固的时空”、“存在的空虚”和“自我的失落”，所以人无法忍受“彻底的空白”。因此人永远是想用他的有限的生命去创造无限的生命的意义和价值。正因为人是“向死的存在”，所以才能够面对着他自觉到的死亡而燃烧起生命的熊熊之火，把人的存在变成了一个超越性的、创造性的、理想性的存在。

（二）需要的层次

人的超越性，是把理想变为现实的活动，也是不断地满足自身需要的过程。需要层次的跃迁，具体地体现了人的理想性追求。

人的理想，是对人的幸福生活的追求。那么，什么是幸福？

幸福，在最宽泛的意义上，总是离不开人的生理的和心理的需要的满足。人的需要是多层次的，人的幸福感也是多层次的。古希腊的伟大哲人柏拉图，曾把人的快乐感分为三个等级：爱财富，这是低级的快乐；爱荣誉，这是中级的快乐；爱智慧，这是高级的快乐。柏拉图之所以这样划分快乐感的层次，是因为他把人类的全部行为归结为三个主要源泉：欲望、情感和知识。在柏拉图看来，欲望、嗜好、冲动、本能是一类，情感、精神、抱负、勇气是一类，知识、思想、才能、理智是一类。而人的欲望、情感和知识这三类东西的存在，分别是产生于人的三种不同的器官：欲望产生于生殖器官，因为这里是聚积能量的地方；情感来源于心脏，来源于血液的流动和力量，它是经验与欲望的有机共鸣；知识则来自于人脑，它是欲望的眼睛，也是灵魂的舵手。正因为爱财富只不过是本能的欲望，所以由此产生的快乐感是低级的；正因为爱荣誉也不过是情感的冲动，所以由此产生的快乐感是中级的；正因为爱智慧才是对知识——欲望的眼睛和灵魂的舵手——的追求，所以由此产生的快乐感才是高级的。

关于人的不同层次的快乐感，有的学者曾作过这样的描述：有些人是“欲望”的化身，他们贪得无厌、野心勃勃，无时不在为自己的物质利益到处奔波，你争我夺。他们的胸中总是燃烧着享荣华富贵的欲火。日益增长的贪欲，使得他们的欲望永无满足之日，快乐被消蚀在无法满足的欲望之中。有些人是“情感”的化身，他们仅仅崇拜感情和勇气，他们所关心的与其说是奋斗目标，不如说胜利本身。他们争强好胜，引为自豪的不是金钱，而是权威与荣誉。只有少数人以追求“知识”为己任。他们渴望得到的不是财物，不是胜利，而是智慧。他们的意志是一束光，而不是一团火。他们的避难所不是权势，而是真理。

正是由于把人的行为的源泉分为“欲望”、“情感”和“知识”三个层次，相应地把人的快乐感分为“爱财富”、“爱荣誉”和“爱知识”三个等级，并从而把人分别视为“欲望”、“情感”和“知识”的化身，柏拉图才提出了“哲学王”的思想。他认为：“要么哲学家当上国王，要么世上的国王和王子具备了哲学的精神和力量，并集智慧与领导才能于一身，只在这种情况下，城邦才会免于瘟疫的侵袭。人类亦复如此。”

柏拉图的这种需要层次观和幸福等级观，在今天看来确实是不合时宜；但他把人的需要分为层次、把人的幸福分为等级，对于人们实现多层次的需要，体验多方面的快乐或幸福，不能不说是有启发性的。

在当代，人本主义心理学家马斯洛的层次需要论，产生了非常广泛的影响。它启发我们把人的需要、人的价值和人的幸福统一起来，去看待人的生活质量和人对幸福的追求。马斯洛提出，人的需要，可以分为如下七个基本层次：1. 生理需要或生存需要，这是最起码的也是最低的需要；2. 安全需要，即生活有保障而无危险；3. 归属的需要或爱的需要，即与他人亲近，受到接纳，有所依归；4. 尊重需要，即胜任工作，得到赞许和认可；5. 认知需要，即求知、理解和探索；6. 审美需要，即以审美的态度去观照生活和享受生活；7. 自我实现的需要，即实现个人的潜在能力，这是最高层次的需要。

马斯洛的层次需要论，可以引发我们的多方面的思考。

首先，这种层次需要论，向人们显示了人类自身的丰富性。人有高于其他动物的多种潜能，因而人能为自己创造其他动物所不具有的多彩的生活世界；人有高于其他动物的多种需要，因而人能为自己创造其他动物所不具有的多重的意义世界；人有高于其他动物的多种价值，因而人能为自己创造其他动物所不具有的多样的文化世界。

其次，这种层次需要论，在现代意义上表明了层次需要、层次规定、层次价值和层次规范的关系。每个层次的需要，都有它的特定的确定的内涵即规定，人的需要在这种层次规定性中得到具体的展现。每个层次的需要，都有它的相应的不可或缺的价值，人的需要在这种层次价值性中得到充分的肯定。每个层次的需要，都有它的基本的不可缺少的规范，人的需要在这种层次规范中得到相应的实现。

再次，这种层次需要论，又在现代意义上表明了需要的层次关系。各个层次的需要，对人的生活特别是人的生活质量来说，具有按照层次不断上升的价值。比如，生理需要或生存需要，其价值是最低的；自我实现，则具有最高的价值。同时，只有低层次的需要得到满足，或至少得到部分满足以后，高层次的需要才有可能成为行为的重要决定因素。

人的需要的丰富性、层次性以及需要层次的复杂相关性，构成了人类生活的丰富性、生活价值的层次性以及实现生活价值的复杂性。

在当代中国，肯定人的生存需要并张扬这种需要的基础价值性，不能不说是一个巨大的历史进步。“贫穷不是社会主义”，首先是否定了无视人的生存需要的极“左”思潮，并充分地肯定了生存需要的根本性的生活价值。针对人们批评市场经济中的“人文精神的失落”，作家王蒙提出这样的看法：“与其说是市场经济使私欲膨胀，不如说是市场经济条件下人们的私欲更加公开化，更加看得见摸得着了。我们的目标不是建立一个人人大公无私的‘君子国’，而是建立一个人人靠正直的劳动与奋斗获得发展的机会的更加公平也更加有章可循的社会。这个目标只能在市场经济条件下达到，达到了这样的目标也才更容易寻找人文精神。”他又说，“富裕不能自发地等同于文明，贫穷也还可以做到‘人穷志不穷’，‘穷而好礼’。但富裕不仅不是文明的羁绊，而且还是文明的果实，至少是果实之一种。进一步说，富裕正在或将要使对于人的关注成为现实而不是仅仅停留在口头。”

需要的层次性，既要求人们必须正视和肯定低层次的需要，又要求人们必须超越和升华低层次的需要。我很喜欢阅读原来的《读者文摘》和现在的《读者》，它们曾先后选载过两篇关于“钱”的短文，读来颇为有趣，可以引发我们关于层次需要的思考。我在《现代教养》那本书中还引证了这两篇文章。

《读者文摘》1991 年第 6 期刊载的一篇文章，题目是《因为我没有很多的钱》。文章说，“因为我没有很多的钱，我买不起高级时装。这样也有好处，我可以随便地坐在软软的草地上接受太阳热情的爱抚而不必担心会弄脏弄皱了我的衣服，也不必为烫衣服而费去太多的时间。”“因为我没有很多的钱，我没去买现成的，而是自己动手利用废旧玻璃做了个小型的玻璃柜，里面放点小摆设，居然也美观，居然也能引起别人的兴趣。”“因为我没有很多的钱，不会常去‘卡拉 OK’练嗓子，这样我就有更多的机会可以向书本这个好朋友请教。”“因为我没有很多的钱，所以吃得清淡，不必为身材会失其苗条而发愁。”“因为我没有很多的钱，极少光顾美发厅，所以下雨没带伞也无所谓，不会因为雨淋坏了时髦的发型而懊恼，冲进雨里，一阵清凉，倒可以清醒清醒脑子。”“因为我没有很多钱，所以不买增白蜜、营养霜，也就不必担心皮肤会不适应而过敏。随便要了点甘油抹在脸上，效果也很好。”“因为我没有很多的钱，所以想出这些譬解来安慰自己。”“假使我有了很多的钱，又会怎样想呢?”

也许有人会说，这是吃不着葡萄便说葡萄酸的自我解嘲，是阿Q式的儿子打老子的精神胜利法。然而，只要认真地品味文章，作者的真实感受和真实用心还是不难理解的。记得在一部电视专题片中，表现的是一位热心助人的“有了很多钱”的人。他说，人生就像是从河的这岸游到河的那岸，钱越多，身上的负担越重，因而也越容易沉到河里。究竟如何评论这“没有很多的钱”的人所写的文字，以及这“有了很多的钱”的人所发的这番议论，都可以存而不论。但有一点却是容易取得“共识”的，这就是“没有钱是万万不行的，有了钱也不是万能的”。而对“钱”的体验，则不仅是因人而异的，而且更重要的是同人的需要的层次密切相关的。

《读者》1994年第5期刊载的一篇文章，题目是《想钱的时候》。文章说，“我不知道别人想钱时是一种什么心态，但对我自己想钱的时候的心情却是清清楚楚。”“有了物欲，人真是不同了，打算也不同了。比如我坐在窗前，我望着远处那山，便望不见以前那变幻莫测的风景了，我的眼睛在欲的驱使下，摸索着山峰和山谷，我想要是能把这一座山用一种方法卖掉它就好了。……但我自我训练了多年，到如今除去排列方块汉字，还有什么能力呢？想到排列方块汉字，我突然心里一动，我何不以此为突破口呢？咱们也学学，写点儿通俗的著作去卖卖。于是开始苦思冥想，将以前的写作计划全都放弃了，……”“人一想钱真是痛苦。比如说我过去读书，多半要选那些称得上世界名著的，但想钱的时候不，专去拣人家地摊上的买，心里暗想，拿这回去参考参考吧，好在我的女儿现在还不会看书，不然我把这么些‘精神食粮’抱回家来，还真不放心呢。”“现在人们都在下海，我虽未下到海里去，只理论地下了下，个中滋味便是此生不能忘记。”

人的需要是多层次的，多层次的需要又是相互渗透的，因而也是相互矛盾的。

如果我们像动物一样仅仅是一种生存的生命活动的话，就不会有多层次需要了。正因为人不仅仅是一种本能的、生存的生命活动，而是一种超越了生存的这样一种生活的生命活动，因此人提出了一系列高层次的需要。在生存需要的基础上，人就提出了所谓安全的需要，接着就形成了一种归属的需要。人最怕的是什么？人最怕的是孤独。所以一方面我们害怕人际关系的紧张，但是我们又最怕形影相吊。对不对？你最怕的就是没人理你，所以是这样一种归属的需要。在归属的需要里边你又需要获得的是什么东西？你需要获得的是一种尊重的需要。那么进一步，一种审美的需要。人应当是诗意地栖居在大地上。大家想一想，这绝不是玄虚的东西呀，对于一个人来说，最重要的是在这里面获得一种审美的生活。哲学家叶秀山先生说，世界上的一切对于人来说，都是“让”存在。让它存在！让鲜花存在，让绿树存在，让蓝天存在，让草原存在！所以它构成了一种审美的对象。

所以你看，我们常常说，否定之否定，怎么回事呢？你通过对生活的理解就知道了。原来山就是山，水就是水。看见山叫山，看见水叫水。这是自在的存在。当你升华一个境界的时候，怎么样？山不是山了，水也不是水了。它成为你的对象了。但是你最后要达到的是什么？山还是山，水还是水，但它不只是一个认知的对象，它还是一个审美的对象！人生不就是这样么。仔细想一想，你要获得的不就是这样么？山还是山，水还是水，生活还是生活，但是对你来说，它是一个审美的存在了。你和那个山，和那个水，融在一个美的境界当中去了。在这种审美当中，你才真正有可能达到一种真实的自我实现。所以我们说人类全部的实践活动，它的超越性不外乎是达到一种自我实现，这就是我给大家讲的“层次需要”和需要的“层次跃迁”。

（三）马克思的社会理想

当代美国学者宾克莱有一本关于西方社会中变化着的价值观念的学术著作，它的标题是《理想的冲突》。在这部著作中，宾克莱首先提出这样一种认识："一个人在对他能够委身的价值进行探索时，要遇到许多竞相争取他信从的理想，他若要使这种探索得到满足，就必须对各种理想有所了解。"正是基于这种认识，宾克莱的这本书具体地评述了马克思和恩格斯、弗洛伊德与弗罗姆、克尔凯戈尔和尼采、萨特以及宗教存在主义和元伦理学所提供的迥然有别甚至是截然不同的种种"理想"。在这些相互冲突的社会理想中，最值得我们思考的是马克思的社会理想。如何理解人类社会的过去、现在和未来，马克思的社会理想为我们点燃了理论之光。

在《理想的冲突》这本书中，宾克莱对马克思作出这样的评论："凡能阅读马克思著作的人几乎无人不为他对19世纪不幸的工人命运所表示的深切同情所感动。他看到当时存在于资产阶级社会的一切非正义现象感到义愤填膺，以致他不仅为一个有自由与正义的较好的日子而呐喊，并且提出了一项实现他为人类所抱的理想的纲领。"① 宾克莱认为，"马克思反对资本主义的原因主要在于它不能让人的创造才能得到充分发展，反而要使一切人（工人与资本家一样）都成为一种以对财物的崇拜为动力的制度的奴隶。资本主义制度评价一个人的价值是看他有什么而不是看他是什么样的人。结果金钱变成资本主义的伟大的上帝，而一切其他价值，不论是道德的还是精神的，都沦落为替它服务的东西。"② 因此马克思所期待的是无阶级社会的出现，"在那个社会里，创造性的工作将代替异化了的劳动"。③

① 宾克莱：《理想的冲突》，商务印书馆1986年版，第95—96页。

② 同上，第101—102页。

③ 同上，第103页。

关于马克思的社会理想，宾克莱作出的基本评论是：“马克思对于我们今天的吸引力仍是一个道德的预言，人们如果根据人类价值考察现在社会上的种种事实，然后根据自己的发现而行动，以使我们的世界成为一个一切人都能变成更有创造性和更为自由的地方，这样我们就是忠于马克思了。”他同时又说，“作为我们选择世界观时的一位有影响的预言家的马克思永世长存，而作为经济学家和历史必然道路的预言家的马克思则已经降到只能引起历史兴趣的被人遗忘的地步。”①

对于宾克莱的这种评论，我们既可以感受到他所表达的对马克思的尊重，又能够发现他对马克思的社会理想的远非正确的解读。按照我个人的理解，尽管人们可以根据学科分类的角度把马克思的学说分述为哲学、政治经济学和科学社会主义理论，但是，从它的实质内容和社会功能来说，马克思的学说就是关于人类解放的学说，也就是关于实现人的全面发展的学说。这个学说既是表达了人类解放的旨趣，对人的全面发展的价值理想的承诺；又是表达了人类解放的历程，对人的全面发展的实现过程的揭示；也是表达了人类解放的尺度，以人的全面发展的价值标准观照人类全部的历史活动和整个的历史进程。我们需要从解放的旨趣、历程和尺度的统一中去理解马克思的社会理想。

把人类奋斗的最高理想定位为人类自身的解放，即以“每个人的自由发展”为条件的“一切人的自由发展”，这首先是意味着马克思对真正的“以人为本”的价值理想的承诺，也就是把人从一切“非人”的或“异化”的境遇中“解放”出来的价值理想的承诺。在发表于1844年的《〈黑格尔法哲学批判〉导言》中，马克思就明确地把自己对人类解放的价值理想的承诺作出这样的表述：“对宗教的批判最后归结为人是人的最高本质这样一个学说，从而也归结为这样的绝对命令：

① 宾克莱：《理想的冲突》，商务印书馆1986年版，第106页。

必须推翻那些使人成为被侮辱、被奴役、被遗弃和被蔑视的东西的一切关系。"[①]"推翻"使人"被侮辱"、"被奴役"、"被遗弃"、"被蔑视"的"一切关系"，这是马克思创建自己的全部学说的真正的出发点，也就是马克思的全部学说所承诺的最高的价值理想。正是从自己所承诺的人类解放的价值理想出发，马克思超越了费尔巴哈对宗教的批判，而把"对宗教的批判"视为对"其他一切批判的前提"，从而把"对天国的批判"变成"对尘世的批判"，把"对宗教的批判"变成"对法的批判"，把"对神学的批判"变成"对政治的批判"。[②]

马克思的人类解放的价值理想，直接针对的是人被"异化"、被"物化"的现实。正是针对人类的这种"非人"的或"异化"的存在状态，马克思不仅把自己的价值理想定位为人类解放，而且把人类解放的价值理想确定为每个人的全面发展，即以"每个人的自由发展"为条件的"一切人的自由发展"。[③]

对于马克思所承诺和追求的人的全面发展的价值理想，人们的评价历来是迥然不同的。承认马克思的人的全面发展的价值理想的"道德的号召力"，而否认马克思所揭示的实现这一价值理想的"历史必然道路"，这不仅仅是一种由来已久的学术思潮，而且形成一种影响广泛的社会思潮。因此，在对马克思的人的全面发展学说的思考中，有必要更多地思考马克思对人类解放的现实道路的探索。

在马克思所创立的唯物史观中，马克思在社会有机体众多因素的交互作用中，在社会形态曲折发展的历史进程中，在社会意识相对独立的历史更替中，发现了生产力在人类"历史"中的最终的决定作用，从而为人类实现自身全面发展的价值理想揭示出一条"历史必然道

① 《马克思恩格斯选集》第1卷，人民出版社1995年版，第9页。
② 参见《马克思恩格斯选集》第1卷，人民出版社1995年版，第2页。
③ 同上，第294页。

路”。马克思提出，在人类追求自己的目的的“历史”活动中，人类自身的存在表现为三大历史形态，即与自然经济形态相适应的“人的依赖关系”、与市场经济形态相适应的“以物的依赖性为基础的人的独立性”和“建立在个人全面发展和他们共同的社会生产能力成为他们的社会财富这一基础上的自由个性”。①

马克思关于人类存在的历史形态的论述，对于我们理解人的全面发展的现实道路，具有多方面的启发意义：首先，人的全面发展的价值理想以人类社会的历史发展为基础，因而是一个现实的而非虚幻的历史过程；其次，市场经济所形成的“以物的依赖性为基础的人的独立性”，既尖锐地暴露了人的“异化”状态，又为人类走出这种“异化”状态提供了前提条件；最后，也是最为重要的是，马克思的关于人的全面发展学说所蕴含的“解放的旨趣”一再地提示人们，人类的当代使命，决不仅仅是使人的“独立性”奠基于“对物的依赖性”，而且必须使人从“对物的依赖性”中解放出来，把“物”的独立性真正地变成“人”的独立性，也就是把“资本”的独立性变成“人”的独立性，从而实现人自身的全面发展。

在探讨理想与现实的相互关系时，深入地思考马克思的社会理想，不仅会使我们更深切地理解人是把现实变成理想的现实的存在，而且会使我们更加切实地理解马克思的实现人类解放的社会理想。

① 参见《马克思恩格斯全集》第30卷，人民出版社1995年版，第107—108页。

八　历史与文化：反思人类存在的历史性

人是超越性的、创造性的、理想性的存在，人是在自己的创造性的活动过程中，把现实的世界变成人的理想的现实。这就是人对世界的否定性的统一关系，也就是理想对现实的否定性统一关系。人就是在这种人对世界、理想对现实的否定性统一的活动过程中，构成了人自身的具体的、真实的、现实的存在——历史的、文化的存在。历史和文化，是人的真实的存在方式，是人的真实的生活世界。下面，我们就专门讲一讲人的历史与文化。

（一）文化的历史与历史性的文化

我们说过，人与动物的区别在哪里？在于人与动物的生命活动是两种不同的生命活动。动物的生命活动是什么？是“生存”的生命活动。人的生命活动是什么？是“生活”的生命活动。但是，在理解这两种生命活动的时候，我们往往只是把“生存”和“生活”当成是动物与人的两种“维持”生命的活动，而没有把“生存”和“生活”当成是动物与人的两种“延续”生命的活动。我们只有从“延续”生命的角度去看动物的“生存”与人的“生活”，我们才能理解人类存在的“历史”与“文化”。而只有理解了人类存在的“历史”与“文化”，我们才能真实地、深刻地理解人与世界、主体与客体、小我与大我、理想与现实的关系。

动物在它的生存活动中，怎样延续其种类？马克思说过，动物只有一个“尺度”即它所属的那个“物种的尺度”，因此，动物只能是按照它所属的那个“物种的尺度”本能地适应自然，并进行它所属的那个物种的纯粹自然的物种繁衍，造成世代相传的本能的生命存在。这就是动物的“复制”式的延续其种类的生命活动。人在自己的生命活动中，是按照“任何物种的尺度”与人的“内在固有的尺度”的统一来进行生产，也就是以“合规律性”与“合目的性”的统一来进行生产，因而人的生命活动不仅仅是改造环境的过程，也是改造人本身的过程。在这个双重性的改造过程中，人类的生命延续超越了非历史的生命个体的“复制”，从而实现了人所特有的“历史”。

人类的“历史”，是以人类的双重性的遗传实现的。大家都知道，人类的遗传具有双重性，是“获得性的遗传”与“遗传性的获得”的统一，即“自然的遗传”与“文化的遗传”的统一。人是历史性的存在，就是“文化”的存在。人的生命活动，不仅是改变生活环境的活动，使自然“人化”的活动，把“人属的世界”变成“属人的世界”的活动，而且是改变人类自身的活动，使自身“文化”的活动，把“属人的世界”变成“文化世界”的活动。

文化是人类的遗传方式。在《遗传学与物种起源》这部著作中，杜布赞斯基对人类的遗传方式作出这样的概括，他说：“在动物和植物中，现实形成对环境的适应性，是通过其基因型的变异。只有人类对环境刺激的反应，才主要是通过发明、创造和文化所赋予的各种行为。现今文化上的进化过程，比生物学上的进化更为迅速和更为有效”，“获得和传递文化特征的能力，就成为在人种内选择上最为重要的了”。[①] 人类是在文化的遗传与进化中实现自身的历史发展的。

在人类的“文化遗传”中，“语言”占有极为重要的地位。生物学家认为，遗传密码和语言结构之间有着惊人的相似之处。比如，两种符号都必须在特定的系统中才获得某些意义，孤立的单位本身没有任何价值。遗传密码也跟语言符号一样，表现为层次结构，一个层次

① 杜布赞斯基：《遗传学与物种起源》，科学出版社1964年版，第288、289页。

中的单位，只有经过组合上升到更高层次的单位中以后，方能确定其同一性。染色体基因的DNA碱基，也同语言中的音位一样，形成各种区别特征。有些结构主义语言学家认为，这样惊人的相似绝非偶然，而是因为人类的祖先传递到后代有两大类基本的信息系统，即由细胞染色体传递的生物遗传密码，和由神经—生理及社会—心理机制传递的语言能力①。人类的“文化遗传”表明，人的“生命的生产”表现为“双重关系”：一方面是“自然关系”，另一方面是“社会关系”。

“历史”作为人的存在方式，它的特殊性是在于，人是自身存在的“前提”和“结果”。马克思说：“人的存在是有机生命所经历的前一个过程的结果。只是在这个过程的一定阶段上，人才成为人。但是，一旦人已经存在，人，作为人类历史的经常前提，也是人类历史的经常的产物和结果，而人只有作为自己本身的产物和结果才成为前提。”②在这里，马克思精辟地阐发了人作为自身存在的“前提”和“结果”所构成的“历史”的内涵。简要地分析马克思的论述，会有助于我们深化对人的“历史”和“发展”的理解。

首先，马克思的论述启发我们深刻地理解“人”是怎样的存在。

人类作为物质世界链条上的特定环节，是“自在”的或者说“自然”的存在，人类的产生是自然演化的结果，物质世界是人类存在的前提和根据。正因如此，马克思认为，“人的存在是有机生命所经历的前一个过程的结果，只是在这个过程的一定阶段上，人才成为人”。

然而，人类作为认识世界和改造世界的“主体”，又是“自为”的或者说“自觉”的存在，人类是在认识和改造世界的过程中而实现自身的存在和发展。正因如此，马克思又提出，“一旦人已经存在，人，作为人类历史的经常前提，也是人类历史的经常的产物和结果，

① 参见陈明远：《语言学和现代科学》，四川人民出版社1984年版，第113页。

② 《马克思恩格斯全集》第26卷，人民出版社1972年版，第545页。

而人只有作为自己本身的产物和结果才成为前提”。“历史”是人类存在与发展的真正“前提”。

上述的“正题”和“反题”表明，需要从“合题”去理解人的存在：作为“自在”的或“自然”的存在，人类统一于物质世界，物质世界是人类生存和发展的根据和前提，人类永远是“自然”的存在；作为“自为”的或“自觉”的存在，人的存在又只能是自己创造自己的过程，人类的历史是人类生存和发展的根据和前提，人类永远是“超自然”的存在；作为既“自在”又“自为”、既“自然”又“自觉”的存在，人类以自己的历史活动而实现“自然性”与“超自然性”、“物的尺度”与“人的尺度”、“合规律性”与“合目的性”的统一，并从而实现自身的“发展”。

其次，马克思的论述启发我们深刻地理解“历史”是怎样的过程。

人作为“历史的经常前提”，总是“历史的经常的产物和结果”，他们的历史活动总是决定于在他们以前已经存在、不是由他们创立而是由前代人创立的历史条件。就此而言，“历史条件”又成为人们创造历史的“前提”，而每代人又都是作为历史的“产物”和“结果”而存在。这样，人们的历史活动就不是“随心所欲”的，人们的历史活动的结果总是表现为不以人们的意志为转移的历史发展规律。历史的“发展”成为人的“发展”的前提。

作为“前提”的“历史条件”，包括“物质”的和“精神”的两大方面。马克思和恩格斯说：“历史的每一阶段都遇到一定的物质结果、一定的生产力总和，人对自然以及个人之间历史地形成的关系，都遇到前一代传给后一代的大量生产力、资金和环境，尽管一方面这些生产力、资金和环境为新的一代所改变，但另一方面，它们也预先规定新的一代本身的生活条件，使它得到一定的发展和具有特殊的性质。"[1] 同时，作为"前提"的"历史条件"还包括种种的"文化条件"。人类的语言是历史文化的"水库"，历史的文化积淀占有个人。人们使用语言，就是被历史文化所占有。语言的历史变化，规定着人们对世界的理解，因而也就体现着人的历史性变化和规范着人的历史性发展。

同时，人作为"历史的经常的产物和结果"，人又获得了创造历史的现实条件和现实力量，并凭借这种现实条件和现实力量去改变自己和自己的生活世界，实现历史的进步，并为自己的下一代创造新的"历史条件"。因此，人们又是自己创造自己的历史，人们自己是自己的历史的"前提"，历史就是追求自己的目的的人的活动过程，历史就是实现人的自身发展的特殊方式。

"历史"，它实现了生命演化的自我超越，它实现了人类生活的自我发展。

（二）语言在历史和文化中的作用

人类的"历史"和"文化"，与人类的"语言"是密不可分的。马克思说，"语言和意识具有同样长久的历史"；"语言是一种实践的、既为别人存在因而也为我自身存在的、现实的意识"。[2] 语言作为"现实的意识"，它不仅仅是把个人的当下的意识变成可以沟通和交流的言语行为，而且能够把人的世世代代的意识活动的产物"贮存"于历史文化的"水库"之中。

在谈论语言的时候，文化哲学家卡西尔提出，语言的"具有决定意义的特征并不是它的物理特性而是它的逻辑特性。从物理上讲，语词可以被说成是软弱无力的；但是从逻辑上讲，它被提到了更高的甚至最高的地位：逻各斯成为宇宙的原则，并且也成了人类知识的首要

① 《马克思恩格斯选集》第1卷，人民出版社1995年版，第92页。

② 同上，第81页。

原则”；“在这个人类世界中，言语的能力占据了中心的地位。因此，要理解宇宙的‘意义’，我们就必须理解言语的意义”。①

语言的力量，在于它是沟通人与世界的“中介”，是把世界变成人的世界的“中介”。虽然“世界”在人的“意识”之外，即“世界”不依赖于人的“意识”而存在，然而“世界”却在人的“语言”之中，即人只能在“语言”中表述“世界”；“语言”既是人类存在的消极界限，即“语言”之外的“世界”对人来说只能是一种“有之非有”或“存在着的无”，又是人类存在的积极界限，即“世界”在“语言”中从“有之非有”转化成对人来说的真正的存在；正是在人的“语言”中凝聚着人类认识的全部成果、人类文化的全部结晶，因而“语言”成为人的历史文化的“水库”。离开“语言”，就是离开人的“历史文化”，因而也就把人与世界的现实的、真实的“关系”变成了虚幻的、抽象的“关系”。

“语言”保存着历史的文化积淀，历史的文化积淀由语言去占有个人。使用语言，就是理解历史文化、理解历史和理解人自身过程的发生。语言的历史变化，规定着人的“前理解”，因而也就体现着人的历史性变化和规范着人的历史性发展。人从属于历史，也就是从属于语言；人只有从属于语言，才能实现自我理解和相互理解。由此，哲学解释学提出了一种新颖的看法，即：人创造了语言，但人却从属于语言；人创造的不是一种工具，而是人自己的存在方式。② 从这种角度看，就不是人在使用语言，而是语言构成人的存在。

“语言”作为历史文化的“水库”而占有世世代代的个人，这意味着，人既是在“语言”中去接受和理解“历史文化”，又是通过“语言”去解释和更新“历史文化”。这深层地意味着，“语言”使

① 恩斯特·卡西尔：《人论》，上海译文出版社1985年版，第143页。

② 参见殷鼎：《理解的命运》，三联书店1988年版，第268页。

“历史”与“现实”之间、“历史视野”与“个人视野”之间存在一种“张力”——历史文化对个人的“占有”与个人“解释”历史文化的对立统一。正是这种“张力”中的“历史”与“个人”的统一，构成了每个人的独特的“意义世界”。

人的观念是内在的，而人的语言则是可表达的，因而观念必须以语言的形式而确定为思想，也就是说“语言是思想的寓所”。不仅如此，观念还必须以语言的方式而实现对世界的把握、理解和描述，因而又可以说“语言是世界的寓所”。进而言之，观念只能是“意识”这一极的存在，语言则消解观念与存在的二元对立，成为“思想与世界相统一的寓所”。更为重要的是，观念必须以语言（文字）的方式而实现其历史性的社会遗传，并积淀为人类的“文化”，因此又可以说“语言是历史文化的水库”。作为历史文化的“水库”，语言形式是丰富多彩的，它表现为日常语言、艺术语言、科学语言等等，从而实现以语言形式的多样性去展现人的世界的丰富性。这样，人类意识就以语言为中介而照亮了人的世界。

作为历史文化的“水库”，人类的词语并不是孤立的存在。现代语言学大师索绪尔告诉我们，关于语言，在我们所能设想的一切比拟中，最能说明问题的莫过于把语言的运行比之于下棋。首先，下棋的状态与语言的状态相当。棋子的各自价值是由它们在棋盘上的位置决定的，同样，在语言里，每项要素都由于它同其他各项要素对立才能有它的价值。其次，系统永远只是暂时的，会从一种状态变为另一种状态。再次，从一个平衡过渡到另一个平衡，从一个共时态过渡到另一个共时态，局部性的变化可能产生全局性的影响。[①] 这说明，“语言”是系统性的存在、历史性的存在。它系统性地显现人类意识的丰富多彩，它历史性地显示人类意识的发展变化。

---

① 参见索绪尔：《普通语言学教程》，商务印书馆 1980 年版，第 128 页。

在《普通语言学教程》这部名著中，索绪尔为我们深入地辨析了“语言”与“言语”的关系。这应该引起我们的特别关注。他提出，“语言活动有个人的一面，又有社会的一面；没有这一面就无从设想另一面。在任何时候，言语活动既包含一个已定的系统，又包含一种演变；在任何时候，它都是现行的制度和过去的产物。”“把语言和言语分开，我们一下子就把（1）什么是社会的，什么是个人的；（2）什么是主要的，什么是从属的和多少是偶然的分开来了。”①

通过辨析语言与言语，我们可以得到这样一些基本认识：“语言”表述的是外在于个人的社会性存在，它作为制约人的存在的“制度”而存在，作为人的存在的“规则”而存在。在这个意义上，是“语言”占有个人，个人是历史的“结果”。“言语”表述的是历史性存在的个人的语言实践，它作为个人的物理的、生理的和心理的统一性活动而存在，作为个人活动而存在。在这个意义上，是个人占有“语言”，言语是语言的现实。正是在这种语言占有个人与个人占有语言的双重化过程中，人类意识超越了它的内在性、一极性、单一性和非历史性，获得了多样性的表现形态，取得了历史文化的现实性。

语言的重要特点，还在于它具有逻辑的与人文的双重属性。在现代哲学的“语言转向”中，所谓的“分析哲学”突出语言的逻辑特性，所谓的“人文哲学”则突出语言的人文特性。通过对语言的逻辑特性的研究，分析哲学凸现了“语义的单义性”、“概念的确定性”和“意义的可证实性”。与此相反，人文哲学通过对语言的人文性的研究，则凸现了“语义的隐喻性”、“概念的非确定性”和“意义的可增生性”。分析哲学与人文哲学的研究结果，既是从两个极端凸现了语言的特性，又是在它们的相互融合中显现了语言的多侧面、多层次的“张力”。也许，正是语言的这种“张力”，才能够表现多姿多彩、变幻万

① 参见索绪尔：《普通语言学教程》，商务印书馆 1980 年版，第 35 页。

千的人类意识，才能构成源远流长、内涵丰厚的历史文化。

为了从哲学层面上深化对语言的历史文化意义的理解，我们可以进一步讨论现代西方哲学“语言转向”的根据与意义。对此，国内学者曾作出如下四个方面的分析：

第一，现代西方哲学之所以高度重视从哲学上研究语言，首先是因为，它们形成了这样的一种基本认识：虽然世界在人的意识之外（世界不依赖于人的意识而存在），但世界却在人的语言之中（人只能在语言中表述世界）；语言既是人类存在的消极界限（语言之外的世界对人来说只能是存在着的无），又是人类存在的积极界限（世界在语言中使自己成为对人来说的真正的存在）；正是在语言中才凝聚着自然与精神、客观与主观、存在与思维、真与善等等的深刻矛盾，才积淀着人类思维和全部文化的历史成果（语言是历史文化的“水库”）。因此，它要求从语言出发去反省人与世界的关系。

这种“语言转向”的出发点表明，它是以“倒退”的形式推进了哲学的自我认识。“古代”哲学离开对人类意识的反省，直接地从认识对象出发去寻求“万物的统一性”，因此它所能达到的只能是素朴的实在论或“野蛮”的理念论，也就是把“万物的统一性”归结为德谟克利特的“原子”或柏拉图的“理念”。“近代”哲学从古代哲学直接断言“万物的统一性”而“倒退”回对人类意识的认识论反省，从思维与存在的二元对立中去寻求二者的统一性即追究“思想的客观性”，因此，近代哲学以“倒退”的形式而自觉地提出了哲学的基本问题——思维和存在的关系问题，从而实现了哲学发展史上的“认识论转向”。“现代”哲学又把近代哲学的认识论反省“倒退”到对人类语言的“分析”或“解释”，从人类文化的多样统一性去寻求人的自我理解，因此，现代哲学是以“倒退”的形式把思维和存在相统一的诸种中介环节凸现出来，在语言的批判中深化对人的存在及其与世界的相互关系的理解。

第二，现代西方哲学之所以高度重视从哲学上研究语言，这还是因为，他们试图通过对语言的反省而“治疗”传统哲学。在20世纪初，许多著名的现代西方哲学家如罗素、维特根斯坦、石里克、卡尔纳普等就明确地提出，哲学问题从根本上说是语言问题。他们的见解可以大致归纳如下：其一，在“本原”的意义上，哲学并不提供知识或理论，而只是“分析”和“澄清”人们表达的含义。他们认为，苏格拉底的“诘问法”为后世一切真正的哲学树立了榜样，即追究语言的含义的榜样；其二，古往今来的思辨哲学家们制造了种种无法解决的哲学问题，原因就在于他们“错误地使用语言”；其三，由于现代逻辑的发展，人们已经能够正确地把握语言的本质和结构，从而能够厘清由于“误用语言”而产生的“形而上学困惑”。[①] 在这种概括中，比较明确地表达了现代哲学语言转向所要回答和解决的三个主要问题：哲学是什么；传统哲学的误区何在；现代哲学转向的根据。

第三，现代西方哲学之所以高度重视从哲学上研究语言，这还是因为，他们不仅从批判传统哲学和实现“哲学科学化”的视角去看待哲学中的“语言转向”，而且愈来愈深切地从“文化批判”和“人文研究”的视角去看待哲学中的“语言转向”。现代的哲学解释学认为，人类运用语言来理解世界和表达人类对世界的理解，反过来看，语言又是对人的理解方式和理解程度的表达。因此，对于语言的分析，就不仅仅是分析人所理解的世界，而且首先是分析人对世界的理解。这后一种分析，就是对理解的理解。正是从这种认识出发，哲学解释学给自己提出的任务是，在谈论人如何理解世界和人如何理解自己之前，必须首先考察理解本身和理解的可能性条件。

第四，现代西方哲学之所以高度重视从哲学上研究语言，这还是因为，“语言”与“观念”相比，具有更为广阔和深切的哲学反思价

---

① 参见徐友渔：《评“哲学中的语言转向”》，《哲学研究》1991年第7期。

值。近代哲学的“认识论转向”，是从“观念”出发去反省“思维”与“存在”的关系问题，因此，“观念”是近代哲学研究的重心和出发点。在这个意义上，近代哲学的“认识论转向”，也可以称作“观念论转向”。与近代哲学不同，现代哲学的“语言转向”，是从“语言”出发去透视“思维”与“存在”的关系，“语言”是现代哲学研究的重心和出发点。

对比“观念”和“语言”，我们可以发现，对“语言”的分析或解释，具有更为广阔和深切的哲学反思价值：观念必须以语言的形式而确定为思想，因此可以说“语言是思想的寓所”；观念以语言的方式而实现对世界的把握、理解和描述，因此又可以说“语言是世界的寓所”；在观念与存在的关系中，观念和存在各是对立的一极，语言则是消解观念与存在的二元对立，实现观念与存在的统一的中介，因此也可以说“语言是思想与世界相统一的寓所”，观念必须以语言（文字）的方式实现其社会遗传，并从而积淀为“文化”，因此又可以说“语言是历史文化的水库”；观念必须以语言的方式而实现主体间的思想交流，因此可以说语言是交往实践的中介；语言形式是丰富多彩的，它表现为日常语言、艺术语言、科学语言等等，从而实现观念以语言形式的多样性而达到对世界的丰富性的把握；语言作为观念的客观载体，它构成思想批判的对象，从而使观念以语言为中介而实现其自我批判；观念作为心理过程，它的超自然性（社会性）是以自然性过程表现出来的。语言则不仅以符号化的方式实现其超自然性，而且以其“客观知识”的存在方式而构成逻辑分析的基础；观念自身无法实现其社会遗传，因而也无法实现其自主发展。语言作为历史文化的“水库”，它的演化与发展具有某种“不以人的主观意志为转移”的自主性，并因而构成人与社会发展的重要前提。

由近代哲学的“观念论”转向现代哲学的“语言学”，这并非仅仅是某种“逻辑”的结果，从根本上说，这种“转向”是理论地表征了人的存在方式的变革。这一点应当引起大家的深思。从哲学形态上看，“观念”与“语言”何者成为人的存在方式的理论表征，是表现了人的存在方式的划时代性的变革。我们来作具体的分析：其一，“观念”体现的是个体理性把握世界的英雄主义时代，“语言”则体现的是社会理性把握世界的英雄主义时代的隐退。这是因为，以公共性的“语言”表征人的存在方式，意味着社会理性的普遍化，它代替了“观念”所表征的某些“英雄人物”对理性的垄断与统治；其二，“观念”体现的是个人私德维系社会的精英社会，“语言”则体现的是社会公德维系社会的公民社会。这是因为，历史性和公共性的“语言”表征的人的存在方式，意味着社会公德的普及化，它代替了以“观念”所表征的某些“精英人物”的私德的表率作用；其三，“观念”体现的是个体的审美愉悦的精英文化，“语言”则体现的是社会的审美共享的大众文化。这是因为，“语言”所表征的人的存在方式，是主体间性的普遍化和多样性，它代替了以“观念”所表征的某些“精英文化”的文化垄断；其四，“观念”体现的是交往的私人性的封闭社会，“语言”体现的则是交往的世界性的开放社会。这是因为，“语言”所表征的人的存在方式，是主体间的开放性的广泛交流与沟通，它代替了以“观念”所表征的狭隘的交流空间；其五，“观念”体现的是主体占有文化的教育的有限性，“语言”体现的则是文化占有主体的教育的普及性。这是因为，“语言”所表征的人的存在方式，是人被历史文化的“水库”所占有，而这种“占有”的前提则是教育的普及，它代替了以“观念”所表征的有限的教育及其对主体的占有；其六，“观念”体现的是客体给予意义的对“思想的客观性”的寻求，“语言”则体现的是主体创造意义的对“人的世界的丰富性”的寻求。这深刻地表现了近代哲学与现代哲学的重大区别。在“观念论”中，“意义”是客体给予主体的，因此近代的观念论的根本问题是寻求“思想的客观性”。在“语言转向”中，“意义”离不开主体的创造活动，因此现代哲学诉诸于人的存在方式及其所创造的人与世界之间的丰富关系；其七，“观念”体现的是“人类征服自然”的“实践意志的扩张”，“语言”则体现的是“人与自然的和谐”的“实践意志的反省”。近代哲学的“观念论”，它的突出特征是张扬人的理性的能动性，表现了人类征服自然的欲望与能力。“语言”所表征的人的存在方式，则是以对语言的批判性反思而反省人与世界的关系、反省人类实践的结果，从而促进人类的新的世界观的形成。

在现代哲学的“语言转向”中，人类存在的矛盾性以“语言”为载体而获得深刻的揭示。这对于我们理解作为人类自我意识理论的哲学，是非常有意义的。

首先，语言的社会性与言语的个体性的矛盾，使社会与个人、传统与现实、共性与个性的矛盾获得了具体内容。“语言”表述的是外在于个人的社会性存在，它作为制约人的存在的“制度”而存在，作为人的存在的“规则”而存在。在这个意义上，是“语言”占有个人，个人是历史的“结果”。“言语”表述的是历史性存在的个人的语言实践，它作为个人的物理的、生理的和心理的统一性活动而存在，作为个人活动而存在。在这个意义上，是个人占有“语言”，言语是语言的现实。在语言与言语的关系中，语言的共时性与言语的历时性、语言的结构性与言语的事件性、语言的形式性与言语的实质性、语言的系统性与言语的过程性、语言的规则性与言语的事实性、语言的齐一性与言语的多样性、语言的内在性与言语的外在性、语言的自主性与言语的受制性、语言的潜在性与言语的现实性、语言的静态性与言语的动态性等关系，为深切反思人的存在方式提供了丰富的理论内容。

其次，语言的存在与功能的关系，是现代哲学理解人类存在和人的世界的多样统一性的重要出发点。人们通常把语言视为交流的“工具”，而不是把语言视为人的存在方式，因而总是离开人的存在方式去看待语言。在现代哲学的“语言转向”中，特别是在欧陆哲学的“语言转向”中，则突出地探讨了语言与历史文化的关系、语言与人的思想方式和行为方式的关系，语言与人类文化的多样性和统一性的关系。

再次，语言的逻辑性与人文性的关系，是现代哲学中的科学主义与人本主义“双峰对峙”的重要根源，也是它们相互融合的重要基础。现代哲学中的科学主义思潮与人本主义思潮的冲突，直接地聚焦于对“语言”的理解。科学主义思潮强调语言的逻辑特性，因而要求语义的单义性、概念的确定性和意义的可证实性；与此相反，人本主义思潮则强调语言的人文性，因而突出语义的隐喻性、概念的非确定性和意义的可增生性。对语言的逻辑性与人文性的辩证理解，在一定的意义上，是实现科学主义思潮与人本主义思潮合流的前提，也是实现对人的“理性”与“非理性”、“逻辑”与“直觉”、“意识”与“无意识”等等辩证理解的前提。

以人的历史活动为中介而探索人与世界的关系问题，这是整个现代哲学的共同特征。但是，人的历史活动是以多种多样的中介环节而构成人与世界的对立统一关系的。从语言、科学、艺术、宗教、伦理等中介环节出发，都可以构成某种统一性原理去说明人与世界的统一。然而，正是由于现代西方哲学的各流派分别抓住某一环节并加以片面地夸大，才使之成为现代的唯心主义哲学。马克思的实践辩证法理论，则不仅在于它把人与世界对立统一的诸种关系扬弃为人类实践活动的内在环节，而且在于它揭示了人类最基本的实践活动——物质生产活动——在人与世界关系中的基础地位。它以物质生产活动为基础去说明科学、文化、艺术、宗教和语言的历史，说明由它们的交互作用而构成的人类历史存在的进步性、局限性和正在展开的可能性，从而为人类找到了真正的安身立命之本。

（三）人的文化世界与人的历史发展

人的世界，是人的文化的世界；人的文化的世界，是通过人类把握世界的各种基本方式而形成的世界；所以，我们只有从人类把握世界的多种方式出发，才能理解人的世界的文化性，才能了解人的文化世界的历史性和丰富性。

我们在前边讲过，人类把握世界的基本方式，主要是以人的实践活动为基础的神话的、宗教的、艺术的、伦理的、科学的和哲学的方式，所以，我们这里就来谈谈人给自己创造的神话的、宗教的、艺术的、伦理的、科学的和哲学的世界，也就是人的文化的世界。

什么是神话的世界？我把神话的世界叫做“自然世界的超越”。

人类来源于自然界。“自然界起初是作为一种完全异己的、有无限威力的和不可制服的力量与人们对立的，人们同自然界的关系完全像动物同自然界的关系一样，人们就像牲畜一样慑服于自然界，因而，这是对自然界的一种纯粹动物式的意识（自然宗教）。”① 人的这种“纯粹畜群的意识”，如果有不同于“纯粹动物”的地方，就在于“他的意识代替了本能，或者说他的本能是被意识到了的本能”。②

人的代替“本能”的“意识”，“它不用想象某种真实的东西而能够真实地想象某种东西”。③这就是人类意识的超越性：它超越了“意识对象”的限制，而把意识所想象的对象当做真实的“意识对象”。人类意识的这种超越性，最初就表现为人的意识所创造的“神话”对自然世界的超越。

神话的方式是一种“幻化”的方式，也就是把人和世界双重幻化的方式。在神话的幻化方式中，它既以宇宙事件来看待人的行为，又以人的情感和意愿来看待宇宙事件，从而构成了一幅神话意义的世界。比如，风调雨顺或旱涝成灾，风和日丽或电闪雷鸣，在神话的意义世界中，或是神灵的恩赐，或是神灵的惩罚，宇宙事件被拟人化为情感或意愿的表达。在这种神话思维中，自然事件被拟人化了，自然事件

---

① 《马克思恩格斯选集》第1卷，人民出版社1995年版，第35页。

②③ 《马克思恩格斯选集》第1卷，人民出版社1995年版，第36页。

被解释为人的事件的形式。通过类比人类的动机、反应、目的、愿望和恐惧，自然事件就被设想为具有某种情感或意志的事件。

在神话的世界图景中，生命的统一性与连续性，是它的鲜明的底色和基调。德国文化哲学家卡西尔提出："整个神话可以被解释为就是对死亡现象的坚定而顽强的否定。"① 在人的神话意识中，生命的无所归依的消失，既是无法接受的，也是无法忍受的。于是，在人的意识所创造的神话世界中，自然中的万物都具有生命活动的意义，生命活动也具有宇宙事件的意义，而某个生命的消逝也具有了生命的转移或再生的意义。或许正是由于这种神话式的"思维方式"超越了天与人、人与物的隔断，因而诗人的心灵在本质上总是神话的心灵。

什么是宗教的世界？我把宗教的世界叫做"世俗世界的超越"。

人类意识的超越性，在于"它不用想象某种真实的东西而能够真实地想象某种东西"。人类以宗教的方式所构建的"彼岸世界"，就是人类的超越意识的作品。人类在自己的超越意识中创造了宗教，创造了与"此岸"的"世俗世界"相对待的"彼岸"的"神灵世界"，也就是宗教的世界。

人在宗教中创造了超人的"神圣形象"。宗教的本质特征，在于对神的信仰。当人们感到对自然界异己的力量不能掌握并因而无法依赖时，便会转向对超自然的宗教世界的信仰和依赖。这正如马克思所说："宗教是还没有获得自身或已经再度丧失自身的人的自我意识和自我感觉。"② 然而，在对宗教的理解中，我们还必须看到，就宗教的文化价值说，它是人类所创造的"意义世界"，表现了人对生命意义的寻求。

人无法忍受自己只是浩渺宇宙中的匆匆过客式的存在，更无法忍受自己只能是无声无息、一了百了地死去。生命的无所归依的毁灭，

① 恩斯特·卡西尔：《人论》，上海译文出版社 1985 年版，第 107 页。
② 《马克思恩格斯选集》第 1 卷，人民出版社 1995 年版，第 1 页。

是无法接受的，也是无法忍受的。于是，在神话的意义世界中，生命活动具有了宇宙事件的意义，生命消逝具有了灵魂转移的再生的意义。宗教，它以“神”的形象使人的存在获得“神圣”的意义。宗教中的神圣形象，把各种各样的力量统一为至高无上的力量，把各种各样的智能统一为洞察一切的智能，把各种各样的情感统一为至大无外的情感，把各种各样的价值统一为至善至美的价值。这样，宗教中的神圣形象，就成为一切力量的源泉，一切智能的根据，一切情感的标准，一切价值的尺度，人从这种异在的神圣形象中获得存在的根本意义。

人创造了宗教，是为了从宗教中获得存在的神圣意义。然而，对人来说，宗教的神圣意义，却恰恰表明了人的悖论性存在：生活的意义来源于宗教的神圣意义，这意味着人把自己的本质力量异化给了宗教的神圣形象，是人还没有获得自己或再度丧失了自己的自我感觉和自我意识；消解掉宗教的神圣意义，这意味着生活本身不再具有神圣的意义，生活失落了规范和裁判自己的最高的根据、标准和尺度。如果存在宗教的神圣意义，人的生活就具有宗教赋予的神圣意义；如果不存在宗教的神圣意义，人就是宇宙中的匆匆过客，死亡就是不可再生的永逝。意识到神圣形象的存在，会感受到人的全部思想和行为都被一种洞察一切的力量监视，因此生活变得“不堪忍受之重”；意识到神圣形象的消逝，会感受到人的一切思想与行为都只不过是自己在思想和行为，因此生活变得“不能承受之轻”。这就是人在宗教世界中所感受的和承受的不可解脱的“矛盾”。

什么是艺术的世界？我把艺术的世界叫做“无情世界的超越”。

人创造了宗教，是为了从宗教中获得存在的神圣意义；然而，由于人在宗教中把自己的本质异化给了“上帝”（神）的存在，结果人又在宗教中造成了自身存在意义的失落。这就是人的意识所创造的宗教的意义世界的悖论。超越这个陷入悖论的宗教的意义世界，在于人类意识还创造了多样的“文化世界”。艺术，就是人类意识所创造的表现人的情感深度的世界。

不管人们对艺术有多少不同的理解，艺术总是为人类展现了一个审美的世界，一个表现人的感觉深度的世界，一个深化了人的感觉与体验的世界。在艺术世界中，情感体验本身获得了自足的意义。艺术使个人的感受条理化，使个人的体验和谐化，它调整和升华了人的感受与体验。艺术又使人的情感对象化、明朗化，在想象的真实中获得真实的想象。在艺术的世界中，人的生活获得了美的意义与价值。

艺术世界是美的世界，艺术创造是美的创造。艺术直接地、鲜明地、集中地体现着人是按照美的规律来塑造，艺术确证着人类心灵的复杂性、丰富性和创造性，确证着人与世界之间的丰富多彩的矛盾关系。文学家雨果有一名言：科学——这是我们，艺术——是我。

作为“我”的艺术，是以艺术形象的方式而成为人类把握世界的一种特殊方式。理论要通过逻辑论证来“以理服人”，艺术则要通过艺术形象来“以情感人”。艺术形象以其所具有的审美意义来激发人们的美感，因而艺术形象必须具有艺术美的典型性、理想性和普遍性，也就是“艺术性”。实际上，艺术并不是离开“我们”的单纯的“我”，而是以艺术的方式所实现的“我”与“我们”的对立统一。在艺术活动中，“我”是“画内音”，而“我们”则是“画外音”，即：艺术以“我”的声音发言，而艺术所表达的“我们”共同的情感与意愿则蕴含于“我”的艺术表现之中。伟大的科学家爱因斯坦曾经指出，“这个世界可以由乐谱组成，也可以由数学公式组成。”因此，对于艺术中的“我”与“我们”的关系，应予以辩证的理解。

艺术把人带入美的境界，是因为艺术展现了生命的活力与创造，是因为艺术表现了充满活力与创造的生命。艺术是人类超越意识的体现，艺术是生命的形式。艺术美不仅是人的创造性的结晶，而且它本身就是生命活动的体现。艺术美的根基，在于艺术本身是“生命的形式”。齐白石的“虾”不能在江海中嬉戏，徐悲鸿的“马”不能在草原上奔驰；然而，人们却在这“虾”或“马”中感受到了生命的活动与创造，体验到了强烈的艺术创造的生命之美。艺术，只有显示生命的欢乐与悲哀，生命的渴望与追求，生命的活力与创造，才有艺术之美；欣赏艺术作品，只有体验到生命的广大与深邃，生命的空灵与充实，才能进入艺术的世界，才能以艺术滋润生命，涵盖生命，激发生命的创造，创造美的生活。

人是创造性的存在，人是自己所创造的文化的存在。文化的历史积淀造成人的愈来愈丰富的心灵的世界、情感的世界、精神的世界。人需要以某种方式把内心世界对象化，使生命的活力与创造获得某种特殊的和稳定的文化形式。这种文化形式就是创造美的境界的艺术。艺术形象，都是把情感对象化和明朗化，又把对象性的存在主观化和情感化，从而使人在艺术形象中观照自己的情感，理解自己的情感，品味自己的情感，使人的精神世界、特别是情感世界获得稳定的文化形式。因此，艺术形象比现实的存在更强烈地显示生命的创造力，更强烈地激发生命的创造力。对于人的生命体验、特别是情感体验来说，艺术世界是比现实存在更为真实的文化存在。

什么是伦理的世界？我把伦理的世界叫做“个体世界的超越”。

“社会”是人类生活的前提，“伦理”则是维系人的社会性存在的基础。在汉语中，“伦，犹类也；理，犹分也”。“伦”字有类、条理、顺序、秩序等基本含义，继后有引申义“关系”，因而古代思想家强调对人们“教以人伦”，认为父子、君臣、夫妇、长幼、朋友之间的亲、义、别、序、信是人们之间的最重要的“人伦”关系；“理”字本义为“治玉”，引申为分、条理、道理、规则等词义，而“分”则是指本分、职责。“伦理”二字的含义，就是指人们在各种社会关系中应遵守的规则和应尽到的职责。人类意识的超越性，在人类自己的社会生活中，最为重要的就是体现在超越“小我”的道德意识和伦理观念。

黑格尔在他所著的《精神现象学》中，区分了自我意识发展的三个主要阶段，这就是“单个自我意识”、“承认自我意识”和“全体自我意识”这三个阶段。“单个自我意识”，它只意识到自身存在、自己的同一性和同其他客体的区别。“承认自我意识”，其前提是人际关系的产生，人意识到自己是为他人存在。“全体自我意识”，相互作用的“自我性”掌握“爱情、友谊、勇敢、诚实、荣誉”的共同原则，从而不仅意识到自己的差异，而且意识到自己的深刻共同性以至同一性。这种共同性就构成“道德实体”，由此便形成以“小我”与“大我”的关系为内容的个体性与普遍性、独立性与依附性、个人利益与整体利益、价值取向与价值导向、价值认同与价值规范等等的矛盾关系。这些矛盾关系又构成了对人类的生存与发展具有重大意义的伦理道德问题、价值规范问题、政治理想问题、社会制度问题、社会进步问题和人类未来问题。

人是社会的、历史的存在，人的个体生命是同社会发展的历史过程密不可分的；反过来看，历史就是追求自己的目的的人的活动过程，历史发展又是同人的创造意义的生命活动密不可分的。正因如此，马克思说：“首先应当避免重新把‘社会’当做抽象的东西同个体对立起来。个体是社会存在物。因此，他的生命表现，即使不采取共同的、同其他人一起完成的生命表现这种直接形式，也是社会生活的表现和确证。人的个体生活和类生活并不是各不相同的，尽管个体生活的存在方式必然是类生活的较为特殊的或者较为普遍的方式，而类生活必然是较为特殊的或者较为普遍的个体生活。”①

人们以伦理的方式把握世界，就形成了以某种价值观为核心，以相应的伦理原则和伦理规范为基本内容的伦理文化。在任何时代的“时代精神”中，伦理文化都具有显著的重大意义。一个社会的伦理文化和伦理精神的扭曲，都会造成人的生活意义的扭曲、变形和失落。

---

① 《马克思恩格斯全集》第42卷，人民出版社1979年版，第122—123页。

现在我们再讲科学的世界。我把科学的世界叫做“经验世界的超越”。

科学是一种人类活动，是一种人类把握世界的基本方式，是理性和进步的事业。科学作为人类的一种活动，它是人类运用理论思维能力和理论思维方法去探索自然、社会和精神的奥秘，获得关于世界的规律性认识，并用以改造世界的活动。科学作为人类把握世界的一种基本方式，它区别于对世界的宗教的、艺术的、伦理的、常识的和哲学的把握，是人类运用科学的思维方式和科学的概念体系去构筑科学的世界图景的方式。

科学作为理性和进步的事业，它是科学的思维方法和科学的概念系统的形成和确定、扩展和深化、更新和革命的过程。科学发展过程中所编织的科学概念和科学范畴之网，构成了愈来愈深刻的科学世界图景，也构成了人类认识世界的愈来愈坚实的阶梯和支撑点。人类的科学发展史是科学思维方法和科学概念系统的形成和确定、扩展和深化、更新和革命的历史。科学理论所编织的概念、范畴之网，构成人类认识的“阶梯”和“支撑点”，从而推进人类认识的不断发展。

当代科学技术的最显著的特点，是它的发展呈指数增长的趋势。20 世纪 60 年代以来人类所取得的科技成果的数量，比过去的两千余年的总和还要多。有人认为，截至 1980 年，人类社会获得的科学知识的 90% 是第二次世界大战 30 余年间获得的。人类的科技知识，19 世纪是每 50 年增加 1 倍，20 世纪中叶是每 10 年增加 1 倍，当前则是每 3 年至 5 年增加 1 倍。当前，超级计算机最快运用速度已达 320 亿次/秒。人们现又开始研制光学计算机。它的信息处理速度将比电子信息处理速度快 1000 倍，甚至有人预测快 1 万倍。①

---

① 参见宋健主编:《现代科学技术基础知识》，科学出版社和中共中央党校出版社 1994 年版，第 40 页。

我国有关部门在1999年12月进行了一次关于“20世纪影响人类生活的20大科技发明”的民众调查，结果是电脑位居“世纪发明”之首，其余各项依次为人造地球卫星、核能、因特网、电视机、激光、飞机、汽车、基因工程、无线电、光导纤维、航天飞机、雷达、克隆、避孕药、胰岛素、机器人、硅片、塑料和超导体。20世纪的技术发明深刻地改变了人类的生活方式，从而也使科学精神成为本世纪的时代精神。

最后，我们再来简要地谈谈我们正在讨论的哲学世界。我把哲学的世界叫做“有限世界的超越”。

人类意识总是渴求在最深刻的层次上解释世界的一切现象，因而总是指向对确定性、简单性、必然性、规律性和统一性的寻求，也就是对“终极存在”的寻求。大家知道，化学寻求基本元素，物理学寻求基本粒子，生物学寻求遗传基因，这正是对“终极存在”的关怀。自然科学、社会科学、思维科学和数学都要寻求“基本原理”，这正是对“终极解释”的关怀么。当代美国哲学家瓦托夫斯基指出：“不管是古典形式和现代形式的形而上学思想的推动力都是企图把各种事物综合成一个整体，提供出一种统一的图景或框架，在其中我们经验中的各式各样的事物能够在某些普遍原理的基础上得到解释，或可以被解释为某种普遍本质或过程的各种表现 。”① 这正是表明了人类思维对统一性的寻求。

人类思维寻求作为世界统一性的“终极存在”和作为知识统一性的“终极解释”，并不是超然于人类历史活动之外的玄思和遐想，而是企图通过对“终极存在”的确认和对“终极解释”的占有，来奠定人类自身在世界中的安身立命之本，即人类存在的最高支撑点。人类对终极存在和终极解释的关怀，植根于对人类自身终极价值的关怀。人

① 瓦托夫斯基：《科学思想的概念基础》，求实出版社1982年版，第14页。

类意识对“终极存在”、“终极解释”和“终极价值”的寻求，表现为哲学的“本体论”式的“终极关怀”。

寻求“终极存在”、“终极解释”和“终极价值”的哲学，它的“终极关怀”是以思想的自我反思的方式实现的，所以，我们就以哲学对有限世界的超越来结束“历史与文化”这个问题。

九　标准与选择：反思人类历史的文化内涵

人同动物的根本区别，在于动物是按照本能而进行的维持生存的生命活动，而人的生命活动却是一种寻求意义的生活活动。正因为动物是维持和延续种类生存的生命活动，所以动物只是一代又一代地复制自身，在这个意义上，动物是没有“历史”的，也是没有“发展”的。与此相反，正因为人的生活活动是寻求和实现生命意义的活动，所以人类的生活活动构成了人类文明的历史，构成了人类自身的发展。“历史”和“发展”，对人来说才有真实的意义。

由此我们就会提出一个更为深刻的问题：人的生活活动作为有意义的生命活动，人的历史发展作为生命意义的实现过程，那么，究竟什么是有“意义”的？这样，评价“意义”的标准，就成为思考人的生活、历史和发展的核心范畴。如果进一步思考，我们还会认识到，历史作为人的实现自己目的的生活过程，人作为历史的创造者，总是人们自己选择评价意义的标准，并从而根据自己的选择而创造自己的历史。这样，思考人的生活、历史和发展，就必须引进一对更为重要的范畴：标准与选择。

在人类的生活活动中，生活“意义”的创造，与生活“意义”的自觉，是互为前提的。这就是说，没有生活意义的创造，就不会有生活意义的自觉；没有生活意义的自觉，也没有生活意义的创造。这是生活意义的自觉与创造的辩证法，也是标准与选择这对范畴的辩证法。

（一）生活的根据

人是寻求意义的存在，人无法忍受无意义的生活。人的存在是创造意义的生活活动，人的世界是有意义的生活世界。“有意义”是人类生命活动的肯定，“无意义”则是人类生命活动的否定。然而，对人来说，究竟什么是“有意义”的，什么是“无意义”的？怎样做是“有意义”的，怎样做是“无意义”的？区分“有意义”与“无意义”的标准是什么？人对种种各异其是的“标准”如何作出自己的“选择”？“标准”与“选择”的矛盾，把“主体与客体”、“小我与大我”、“理想与现实”的矛盾在人的生命活动中凸现出来。

哲学作为理论形态的人类自我意识，也就是“意义”的社会自我意识，它在人类的社会生活中，始终是作为人的思想与行为的深层根据和评价标准而存在的。纵观哲学史，我们会非常惊讶地发现，凝聚着人类最高智慧的哲学，竟然是自始至终地对最简单的“一”的追求！大家想一想，从古代哲学的寻求“万物的统一性”到“理念的统一性”以至“原理的统一性”，从近代哲学的寻求“意识的统一性”到“逻辑的统一性”以至“人性的统一性”，从现代哲学的寻求“世界的统一性”到“科学的统一性”、“文化的统一性”、“语言的统一性”以至“人类活动的统一性”，哲学始终以其“爱智之忧”的“形上智慧”不倦地进行着对“一”的追求。这究竟是为什么？这究竟是意味着什么？

在哲学演进的漫长过程中，它对自己的“一”的追求曾经作过难以胜数的和莫衷一是的解释与回答。“始基”、“基质”、“存在”、“理念”、“共相”、“形式”、“上帝”、“实体”、“本体”、“物质”、“概念”、“逻辑”、“科学”、“文化”、“语言”、“符号”、“理解”……都曾经充当过哲学所寻求的“一”。然而，透过这些令人眼花缭乱、扑朔迷离的解释与回答，深究哲学的这种不倦寻求，我们就会对哲学苦苦求索的“一”获得新的认识。

人类的全部“生活活动”的指向与价值，在于使世界满足人类自身的需要，把世界变成对人来说是真善美相统一的世界，也就是实现人的自我发展的有“意义”的世界。所以，哲学所寻求的“一”，并不是某种统一性的“存在”，而是判断、解释和评价“有意义”与“无意义”、“真善美”与“假恶丑”的根据、标准和尺度；哲学的生活价值，并不是直接地创造人的“生活世界”，而是以其对“一”的求索、解释和回答，批判性地反思人类的全部“生活活动”及其所创造的“生活世界”，使人类形成作为生活“最高支撑点”的“意义”的社会自我意识。

在人类历史的发展进程中，社会所悬设和承诺的“意义”的“标准”，与个人对这个“标准”的选择与认同，总是处于矛盾之中。特别是在人类生活世界发生时代性变革的过程中，由于常识意识、科学精神、审美意识和伦理文化的全面变化而引起的“意义范式”的转换，总是造成时代性的“意义危机”。这种“意义危机”，既会激发“意义”的个体自我意识的新的感受和领悟、新的期待和追求，也会引发“意义”的个体自我意识的新的困惑与迷惘、新的矛盾与冲突。“我到底要什么”的价值取向和价值认同与“我们到底要什么”的价值导向和价值规范，正是深刻地体现了各个时代的“标准”与“选择”的矛盾。

从人类文明史出发，首先我们来思考自然经济条件下的“标准”与“选择”的关系。人在自然经济的“人对人的依附性”的存在方式中，必然形成马克思所说的“人在神圣形象中的自我异化”。这种人的自我异化的文化内涵，可以概括为“没有选择的标准的生命中不堪忍受之重的本质主义的肆虐”。

所谓“没有选择的标准”，就是规范人的思想和行为的“标准”，被异化为某种绝对确定、不容置疑、不可改变、至高无上的“神圣形象”，如欧洲中世纪的规范一切和裁判一切的“上帝”。对于这个作为

“神圣形象”的“标准”，人们只能是顶礼膜拜，而根本无法“选择”。对于这个“标准”的任何蔑视或置疑，都会被视为离经叛道和大逆不道。生活在这种“没有选择的标准”之中，人们不能不强烈地感受到一种“生命中不堪忍受之重”。人的每时每刻，都被像“宪兵”和“警察”一样的“上帝”窥视着、监督着，人的一言一行、一举一动，都需要向“无所不在”、“无所不知”、“无所不能”的“上帝”“汇报”，这的确是“生命中的不堪忍受之重”。

人在“神圣形象”中的这种“自我异化”，人在“没有选择的标准”中的“不堪忍受之重”，表现在哲学的层面上，集中地体现为以“共相”扼杀“个别”、以“本体”凌驾“变体”、以“统一”排斥“选择”，这就是现代哲学所批判的传统哲学的“本质主义的肆虐”。正是在这个意义上，哲学自身成为了非神圣的神圣形象，也就是异化了的“崇高”。

近代以来的哲学，它的根本性的时代内涵就是“消解”人在超历史的“神圣形象”中的自我异化，把异化给“上帝”的人的本质归还给人自身。这就是所谓“人的发现”，也就是市场经济所要求的反对禁欲主义、蒙昧主义和专制主义。近代哲学以“我思故我在”、“我欲故我在”、“我生而为人”的哲学命题表征了这种时代精神。近代哲学对宗教神学的批判，正是对“没有选择的标准”即“神圣形象”的批判。

我们再来分析市场经济条件下的“标准”与“选择”的关系。市场经济，就其实质而言，是一种“以物的依赖性为基础的人的独立性”。一方面，它在反对禁欲主义、蒙昧主义和专制主义的过程中，倡言现实幸福、理性自由和天赋人权，要求和实现“人的独立性”；另一方面，它所要求和实现的“人的独立性”，又必须和只能是“以物的依赖性为基础”。因此，这种“以物的依赖性为基础的人的独立性”并没有解决人的自我异化，而是如马克思所说，只是把自然经济中的“人在神圣形象中的自我异化”，变成了市场经济中的“人在非神圣形象中的自我异化”。因此，揭露人在“非神圣形象中的自我异化”，就成为现代哲学的共同使命。

人在这种“非神圣形象中的自我异化”，深切地感受到一种二重化的矛盾：一方面，“神圣形象”的消解，或者如尼采所说“上帝被杀死了”，人们既感受到没有了“窥视”自己、“惩罚”自己的“上帝”的解放了的愉悦，又感受到了一种没有“规范”自己、“约束”自己的“标准”的空虚；另一方面，在“非神圣形象”即“法”、“政治”等等“世俗”化的“规范”中，人们既感受到新的“束缚”和“压抑”，又感到“非神圣形象”作为“标准”的“非神圣性”，因而也感受到一种无所皈依的烦躁。这种烦躁就是一种“没有标准的选择的生命中不能承受之轻的存在主义的焦虑”。

在市场经济中，“现代性的酸”使得传统的天经地义的“标准”失去了神圣的灵光。当人们进行“选择”的时候，却总是难以确认选择的“标准”。捷克著名小说家米兰·昆德拉曾把他的一部风靡全球的小说命名为《生命中不能承受之轻》。这种“轻”，就是生命难以承受的“没有标准的选择”之“轻”，也就是生命难以承受的“存在主义的焦虑”之“轻”。

在现代哲学中，西方的“存在主义”曾经把它之外的一切哲学都斥之为“本质主义”哲学。然而，由于“存在主义者把整个理念世界作为无用的精神建筑而加以抛弃，结果他们却碰到这样一个令人痛苦的矛盾：他们必须在一无选择的原则，二无任何他们可以用以衡量他们是否选择得好的标准的情况下进行选择”，由此便造成了“存在主义的焦虑”。[①] 这是值得我们深长思之的。

① 保罗·富尔基埃：《存在主义》，上海译文出版社1988年版，第50页。

（二）从层级到顺序

人类的哲学思想，归根到底是对人类自身存在的关切，也就是为人类自身的存在寻求“安身立命之本”。然而，从哲学的宏观历史上看，哲学对人类存在的关切，却可以划分为两种基本方式。一种是以文化的“层级”性去关切人类存在，也就是以“深层”文化的“基础性”、“根源性”来规范人类的全部思想与行为，从而将“深层”文化作为人类的“安身立命之本”。这种“层级”性的关切，可以说是一种“解释”性的关切，就是以“深层”文化解释“表层”文化。另一种则是以文化的“顺序”性去关切人类存在，也就是把“重要”的文化选择为人的“安身立命之本”，以它来规范人的思想与行为。这种“顺序”性的关切，可以说是一种“操作”性的关切，就是以“重要”的规范“次要”的。“层级”与“顺序”，这是在理解“标准”与“选择”这对范畴时，我们引入的又一对重要范畴。

对比“层级”性的关切与“顺序”性的关切，我们首先就会发现，这是“非历史”的与“历史”的两种不同的关切。所谓“层级”性的关切，就在于，它先验地断定了文化样式的不同“层级”，并先验地承诺了“深层”文化对“表层”文化的基础性和根源性，因而它给自己提出的是“非历史”的任务，这就是寻求“超历史”的、永恒的、终极的“本体”，并以此来规范人的全部思想和行为。与此相反，所谓“顺序”性的关切，则是以否定文化样式的先验的“层级”性为前提，并致力于“消解”文化样式“层级性”的先验原则，因而它给自己提出的是“历史”的任务，这就是在自己时代的水平上对人的“安身立命之本”作出慎重的文化选择。

在对“层级”性的关切与“顺序”性的关切的对比中，我们还会发现，“层级”性的关切总是“两极对立”的。在“层级”性的关切中，哲学的核心范畴总是离开人的历史性存在，表现为本体对变体、共相对个别、本质对现象、必然对偶然等等的“两极对立”，并且具有本体规定变体、共相解释个别、本质决定现象、必然支配偶然的恒定的层级关系。与此相反，在“顺序”性的关切中，则是以人的历史性存在为前提，构成表征人与世界、人与历史、人与社会、人与他人、人与自我之间关系的哲学范畴，诸如自然与超自然、能动与受动、理想与现实、公平与效率、真理与价值、标准与选择等相辅相成的矛盾关系。在这种“顺序”性的哲学关切中，它的诸对范畴具有显著的“平等”的特性，其“主从”关系则是“历史”性的。这表明，哲学从“层级”性的关切转向“顺序”性的关切，不只是从“思维方式”上体现了现代哲学的“从两极到中介”的变革，而且是从“价值导向”上实现了现代哲学的“从两极到中介”的变革。

哲学追求的“层级性”与“顺序性”，从根本上说，就是如何处理“标准”和“选择”的相互关系。人的生命活动是寻求和实现“意义”的“生活”活动，而“生活”活动的“意义”则总是存在于“标准”与“选择”这对范畴的矛盾关系之中，即“选择”什么样的“标准”来确定生命活动的“意义”。哲学作为理论形态的关于人类存在意义的自我意识，它的全部理论活动，都可以归结为处理“标准”与“选择”这对范畴的矛盾关系。

我们之所以说“传统哲学”是一种“层级”性的追求，从根本上说，就在于它以“表层”与“深层”的对立关系，弱化甚至是取代了“标准”与“选择”的矛盾关系。具体地说，传统哲学是以“变体”与“本体”的对立，代替了“标准”与“选择”的矛盾关系，把“本体”作为无须“选择”的“标准”。而我们之所以说“现代哲学”是一种“顺序”性的追求，从根本上说，就在于它以“重要”与“次要”的历史性的矛盾转化关系，实现了“标准”与“选择”的矛盾关系。具体地说，现代哲学是从“重要”与“次要”的“选择”中，历史性地确认“标准”，而不是先验地确认“标准”并排斥历史性的“选择”。就此而言，我们可以说传统哲学追求的是一种“没有选择的标准”，而现代哲学则承诺的是一种“可以选择的标准”。

在“层级”性的传统哲学的追求中，“本体”与“变体”的“层级”关系是永恒不变的，所以，传统哲学的任务，只不过是寻找那个作为永恒真理的“本体”，并用它来“解释”一切“变体”的存在。正因如此，以“层级”性的追求为使命的传统哲学，只能是马克思所说的“用不同的方式解释世界”，并且只能是以“超历史”的“神”或“非历史”的“物”作为“本体”或“标准”，去规范人的全部思想和行为。这就是传统哲学的“本质主义的肆虐”。而在“顺序”性的现代哲学的追求中，“顺序”既是对历史文化的一种承诺，更是对现实生活的一种“选择”和“安排”，因而是一种“改变世界”的活动。从层级与顺序、标准与选择这两对哲学范畴去思考旧哲学与新哲学的关系，可以深化我们对马克思所说的“解释世界”的哲学与“改变世界”的哲学的理解。

大家还要注意，所谓从层级到顺序，这并不意味着从“没有选择的标准”到“没有标准的选择”。“顺序”性的“选择”，应当而且必须是有“标准”的，只不过是以选择为前提而确认的标准。然而，现代西方哲学，特别是现代西方的“后现代主义”哲学，在20世纪的长达百年的“消解哲学”运动中，不只是动摇了传统哲学的“层级”性的追求，而且是把现代哲学的“顺序”性的选择引向了“拒斥形而上学”的“没有标准的选择”。这是需要我们深长思之的。

早在20世纪50年代，美国哲学家莫尔顿·怀特在评论20世纪哲学时就提出，继前几个世纪的“学科帝国主义”之后，20世纪哲学的根本特征是“倾向于更加民主和多元化”，“没有一门学科可以称得起在认识分类表中占有一个唯我独尊的位置”。[①] 到了20世纪70年代末，

① M. 怀特：《分析的时代——二十世纪的哲学家》，商务印书馆1981年版，第243页。

另一位美国哲学家理查·罗蒂则更加明确地提出，当代哲学的首要任务应当是“摈弃西方特有的那种将万物万事归结为第一原理或在人类活动中寻求一种自然等级秩序的诱惑”。[①] 然而，避免“学科帝国主义”和摈弃“自然等级秩序的诱惑”，是否意味着“没有标准的选择”？如果我们承诺了选择的标准，是否意味着哲学又陷入了“层级”性的追求？这是困扰当代哲学的最为重大的理论问题。

在我看来，当代哲学在“层级”性的追求与“顺序”性的选择中所陷入的困惑，根本的问题是对哲学的“人类性”与“时代性”的矛盾关系的理解。传统哲学之所以在“层级”性的追求中去确立“没有选择的标准”，是因为它把哲学的“人类性”追求诉诸于超历史、超时代的“独断论”。现代西方哲学、特别是现代西方的“后现代主义”哲学之所以在“顺序”性的选择中陷入了“没有标准的选择”，是因为它把哲学的“时代性”、“历史性”的选择变成了非人类性的即“断裂”性的选择。

哲学从“层级”性的追求到“顺序”性的选择，它所改变的是以“层级”的先验性而确认的“标准”的永恒性、终极性，而不是取消人的历史性选择的标准。在这里，引入历史的两个尺度的概念，也是十分重要的。哲学作为社会的自我意识或人类的自我意识，它所承担的使命，总是以“历史的大尺度”，也就是人类的、社会的、整体的、世代的尺度去观照和反省人类的思想与行为；与此同时，哲学又必须把“历史的小尺度”，也就是当下的或局部的尺度所忽略的东西提升到“重要”的位置，从而在价值“排序”中“选择”某种“历史的小尺度”作为人的某个历史时期的思想与行为的“标准”。正是由于哲学在“历史的大尺度”与“历史的小尺度”之间保持某种“必要的张力”，所以哲学总是不仅“反映”和“表达”时代精神，而且能够“塑造”

① 理查·罗蒂：《哲学和自然之镜》，三联书店1987年版，第15页。

和“引导”新的时代精神。当代哲学把“发展”的“标准”从“经济增长”提升为“经济与社会协调发展”再提升为“可持续发展”，不正是在“顺序”性的选择中实现了“人类性”与“时代性”的统一么？我们从“历史的大尺度”与“历史的小尺度”的张力中，就会既充分肯定市场经济的挺立“人的独立性”的正面效应，又会自觉地解决市场经济中的人的独立性对“物的信赖性”问题，为实现人的全面发展创造条件。

（三）当代社会思潮中的标准与选择

哲学对人类生活的标准与选择的思考，既直接植根于每个时代的社会思潮，又深层地规范每个时代人们对生活意义的标准的选择，所以，在讨论标准与选择这对范畴时，最有现实意义的，就是思考当代社会思潮中的标准与选择问题。

当代社会思潮的首要特征，可以称之为“两极对立模式的消解”。在以自然经济为基础的传统社会中，人们的经济生活、政治生活、文化生活和精神生活都处于两极对立的状态之中，人们总是以两极对立的思维方式去思考一切问题。传统哲学作为传统社会的“思想中的现实”，它集中地体现了这种两极对立的生存方式及其思维方式，即总是试图在真与假、善与恶、美与丑的绝对对立中去寻求某种绝对的确定性。这就是我所说的“没有选择的标准”。现代的市场经济、科技文明和大众文化则日益深刻地消解掉了这种“绝对确定性”的灵光，使人们的生存方式发生了“从两极到中介”的变革。

为了理解这种“从两极到中介”的变革，让我们简要地分析一下当代世界的政治、经济、文化和思想上的巨大变化：当代世界的政治模式形成了“从对抗到对话”的多元化和多极性，“和平与发展”成为当今时代的主题；当代世界的经济模式发生了“从对立到合作”的变革，出现了“经济全球化”的趋势；当代世界的文化模式发生了“从对峙到融合”的变革，“欧洲中心主义”已被多元文化模式的共存、交流与融合所取代；当今人类的思维模式更是集中地体现了“从两极到中介”的深刻变革，把真善美理解为时代水平的人类自我意识，已逐步成为当代人类的共识。这又是我所说的“弱化了标准的选择”。

“两极对立模式的消解”使人类从两极对立、非此即彼、僵死凝固的生存方式和思维方式中解放出来，它标志现代社会与传统社会的本质区别。然而，由于“两极对立模式的消解”，也“消解”掉了传统社会所悬设和承诺的绝对确定的种种思想的根据、价值的尺度和行为的标准，因此，面对这种“两极对立模式消解”的社会思潮，需要当代哲学重新寻求人的思想与行为的根据、尺度和标准，这就是当代哲学的“本体论”复兴的社会生活根源。

当代社会思潮的另一个特征可以称之为“英雄主义时代的隐退”。在以自然经济为基础的传统社会中，“上帝”是神秘化了的“神圣形象”，“英雄”则是“神圣形象”的世俗化存在。历代的帝王将相、圣人先哲都涂抹着“神圣形象”的灵光，以超世或救世的“英雄”的方式而凌驾于人民之上，并被描绘成创造历史的主人。在这个意义上，传统观念中的“英雄”，实质上是一种“人格化的标准”或“标准的人格化”，就是以“英雄”作为榜样来规范人们的思想和行为。现代的市场经济、科技文明和大众文化则不仅消解了“彼岸世界”的“神圣形象”，而且也消解了“此岸世界”的“神圣形象”。

在现代社会中，每个人都是普通的个人，又都可以是显示个人能力的“英雄”。人们越来越强烈地感受到：现代社会的“政治领袖”已不再是超然于历史之上的救世主式的“英雄”，而是承担重要责任的“公务员”；现代科学共同体中的“科学家”，已不再是凭借个人才智而给予人类以划时代发现或发明的“英雄”，而只能是依据某种“科学范式”进行科学研究的科学家集团中的“优秀分子”；现代文学艺术的丰富多彩和日新月异，以及“接受主体”的“解读”方式的多样化和多元化，使得当代的“文学家”和“艺术家”已不再是“鹤立鸡群”的

"文学大师"和"艺术巨匠"，而是不断地超越自我的"探索者"；同样，现代思想的日新月异和丰富多彩，也使得当代的"思想家"和"理论家"不再是某种不可质疑的"思想伟人"，而只能是不断地向人们展现新的可能世界的"思想者"；随着现代人的"公民意识"的增强和"社会公德"的普及，各种各样的"行为楷模"也失去了往昔的难以企及的神圣性，而愈来愈成为现代社会中的"好男好女"或"优秀公民"。从这个意义上说，"英雄"的现代含义表明，生活意义的标准已经不再是某种"神圣形象"，因此人们才能真正地"选择"生活的意义了。

"英雄主义时代的隐退"，从整个社会的层面上改变了传统社会的"英雄"与"奴隶"、"君子"与"小人"的对立，把人们从"英雄创造历史"的误区中解放出来，使得每个人都成为追求实现自我和在社会中作"优秀分子"的社会成员，使得"公民意识"成为每个人的最基本的也是最重要的自我意识，它标志着人从"传统人"变成了"现代人"。然而，这种市场经济所形成的"英雄主义时代的隐退"，是"以物的依赖性为基础的"，它"抹去了一切向来受人尊崇和令人敬畏的职业的神圣光环"，"撕下了罩在家庭关系上的温情脉脉的面纱"，"一切固定的僵化的关系以及与之相适应的素被尊崇的观念和见解都被消除了，一切新形成的关系等不到固定下来就陈旧了。一切等级的和固定的东西都烟消云散了，一切神圣的东西都被亵渎了"。[①] 因此，只有超越"以物的依赖性为基础的人的独立性"，人才能获得真正的个性，才能真正实现每个人的全面发展。体会一下当代的"生命中不能承受之轻的存在主义的焦虑"，我们就会重新思考"标准"与"选择"的关系问题。

当代社会思潮的又一个特征可以称之为"高层精英文化的失落"。

① 参见《马克思恩格斯选集》第1卷，人民出版社1995年版，第275页。

在禁欲主义、蒙昧主义和专制主义“三位一体”的自然经济的生存方式中，“文化”是在教育不发达的状态下，将“文化”分为“化”者（教人者）与“被化”者（被教者）对立的两极，从而把“文化”视为向“被化”者灌输至高无上、千真万确、不容置疑、天经地义的“真理”。这种“真理”直接地构成人们生活的“标准”。然而，以功利主义的价值取向、工具理性的思维方式和民主法制的社会体制的“三位一体”为标志的市场经济，已从根本上改变了自然经济条件下的“文化”状况。市场经济的发展，科学技术的进步，教育程度的普及，生活水平的提高，闲暇时间的增多等众多因素，使“文化”变成了“大众文化”。“大众文化的兴起”和“精英文化的失落”，在“文化”的意义上弱化了两极对立的思维方式和价值观念。然而，市场经济中的“文化”，同样体现的是一种“以物的依赖性为基础的人的独立性”。市场经济文化的突出特征，在于它是一种以文化商品化为基础的泛审美形象的全面增殖。广告形象、时装模特、明星效应、通俗作品日益成为文化的主体。这种商品化的文化又以工业化的方式而得以最广泛的生产与推售，并通过各式各样的现代媒体得以极为迅速和广泛的传播。“接受主体”已经变成这种商业化的文化的“被动客体”。市场经济文化已经成为“平面化”的大众化、“媚俗”的商业化、“控制”的工业化和“宣泄”的世俗化的统一。现代人的“选择”又陷入现代社会所构成的模式化的“标准”的困惑之中。

在当代社会思潮中，“理性主义权威的弱化”也是一个不容忽视和不容回避的显著特征。现代西方哲学的“消解哲学”，就是这一特征的集中表达。在以“哲学文化”取代“神学文化”的近代“后神学文化”中，哲学和科学取代了神学，从而使“理性”成为人类普遍的自觉意识。这种“理性”的观念发展到作为德国古典哲学顶峰的黑格尔哲学，则成为一种取代“上帝”的“绝对精神”。对此，恩格斯曾经深刻地指出，当这个黑格尔发现，他借理性不能得到另一个凌驾于人之上的真正的上帝时，他是多么为理性而感到自豪，以致他干脆宣布理性为上帝。这样，作为“非神圣形象”的“理性”就变成了“神圣形象”的“上帝”，人挣脱了在“神圣形象中的自我异化”，却又陷入了“非神圣形象中的自我异化”。因此，以“理性”为标志的哲学，首当其冲的是黑格尔哲学，遭到了现代哲学的激烈批判。这种批判，包括马克思主义的以“现实的理性”（实践）对黑格尔的“抽象的理性”的批判，科学主义的以“谦虚的理性”（科学）对黑格尔的“狂妄的理性”的批判，以及人本主义的以“丰富的人性”（文化）对黑格尔的“冷酷的理性”的批判。被近代哲学奉为圭臬的“理性”的权威，在现代社会及其哲学中被不断地“弱化”了。

“理性主义”在现代社会中的“弱化”，首先是意味着现代社会中的人的主体意识和个性的觉醒。当黑格尔把“理性”视为人的全部丰富性（感觉、情感、意志、想象、目的等等）的深层统一性时，他便以一种泛逻辑主义的思维方式把人抽象化了。当他进而把人的“崇高”归结为“个体理性”对“普遍理性”的认同时，他就把“崇高”异化成了非人的、超历史的存在。对近代“理性主义”、特别是黑格尔的“泛逻辑主义”的批判，表现了现代人类及其哲学对于“人在非神圣形象中的自我异化”的批判。然而，这种以“两极对立模式的消解”、“英雄主义时代的隐退”和“高层精英文化的失落”为前提的“理性主义权威的弱化”，却使当代人类陷入了“没有标准的选择的生命中不能承受之轻的存在主义的焦虑”之中。这就是“现代人的困惑”。

“现代人的困惑”，是寻求人类“精神家园”的困惑。市场经济把它的等价交换原则渗透到全部社会生活当中，并成为现代人的生存方式，由此便造成了人与自然的异化（无休止的攫取造成的“全球问题”），人与社会的异化（社会对人的全面发展的扭曲），人与他人的异化（金钱关系所形成的人际关系的冷漠与紧张），人与自我的异化（人异化为金钱的奴隶而造成的自我的失落）。现代人的这种“物化”

或“异化”，使人愈益深切地感受到“精神家园”的失落。世界的符号化和自然的隐退所形成的“无根”的意识，价值尺度的多元化和不确定性所形成的“没有标准的选择”，终极关怀的感性化所形成的“信仰缺失”、“形上迷失”和“意义失落”，成为当代哲学最为关切的理论问题和现实问题。

以市场经济中的人的存在方式为基础的当代社会思潮，表明当代人类的生活世界处于深刻的“意义危机”之中。当代哲学作为当代“意义”的社会自我意识，它需要对这种时代性的“意义危机”作出全面的反应、批判的反思、规范性的矫正和理想性的引导。应当说，20世纪哲学，正是在这种理论自觉中演进的；新世纪的哲学，则是以这种深刻的理论自觉开始的。总结过去，展望未来，在哲学的层面上，我们应当凸显“标准”与“选择”这对范畴在哲学理论中的重要意义，并用这种范畴去重新理解人的生活、历史和发展。

十　存在与本体：人类存在和发展的安身立命之本

哲学的反思是对思想的前提批判。思想的前提作为思想的根据，它具有一种重要的哲学意义，这就是“本体”的意义。

一说“本体”这个概念，不仅仅对它的内涵不好把握，而且对这两个字组合在一起所构成的这个词，也感到不好把握。如果我们不说本体，而是说本人、本土、本部、本身、……，我们可以在“本”字后面加上许许多多的词，我们都觉得非常容易理解：本人，我自己呗，本土，我们生活的那个地方呗，对不对？很好理解。“体”也很好理解，说肉体，身体，天体，……但是把这两个都非常熟悉的字——“本”和“体”放在一起，要想理解它的哲学内涵，就非常之艰难了。正因为是这样，本体论问题可能是我给大家讲的最难的一个部分。

哲学从其产生开始，就试图为人类提供某种关于人自身的存在和发展的最终的根据、尺度和标准，也就是为人类提供某种“安身立命之本”或“最高的支撑点”。这就是哲学的“终极关怀”，也就是哲学的“本体论追求”。然而，哲学作为“思想中的时代”，它又只能是以时代性的哲学理论去充当这种“安身立命之本”或“最高的支撑点”，由此便构成了哲学的追求目标与理论内容的矛盾，并因而深层地决定了哲学自我批判的本性。考察哲学的本体论追求，会使我们更为深切地理解哲学在人类文明中的特殊价值，也会使我们更为深切地理解哲学的批判本性。

(一)"本体"和"本体论"的概念解析

"本体"和"本体论",是哲学理论中使用最广泛而又歧义性最大的范畴。大家在学习或研究哲学的过程中,总是不可避免地被"本体"和"本体论"困扰着。

阅读哲学理论著作和哲学史著作,大家会发现一个引人注目和发人深省的重大问题:在各种不同的哲学理论体系中,"本体"都有其特殊的理论内涵和历史的规定性;或者反过来说,有多少种关于"本体"的观念,也标志着有多少种不同的哲学理论体系。因此,从一定的意义上说,对"哲学究竟是什么"的追问与回答,也就是对"本体究竟是什么"的追问与回答;如何回答"本体究竟是什么",也就是在回答"哲学究竟是什么"。这表明,关于"本体"和"本体论"的概念解析,对于哲学的自我理解是至关重要的。

在探析作为哲学概念的"本体"和"本体论"之前,先来简要地分析一下作为日常用语的"本"这个概念,是会引发某些哲学思考的。

"本"是与"末"相对待的。"物有本末,事有始终"。"本"为事物的根源或根基,因此,人们在思想和行为中总是喜欢"溯本穷源",反对"本末倒置"或"舍本求末"。这表明,不管古今中外的哲学家在多少种不同的含义上使用"本体"这个概念,"本体"概念总是具有寻求最根本的东西的意义,总是具有以"本"释"末"的意义,总是具有为自己的思想和行为寻找最终根据的含义。

通常认为,哲学本体论是关于一般存在或存在本身的哲学学说,关于脱离具体存在的超验存在的学说。在这种解释中,下述几点是值得深入探讨的:第一,本体论作为"关于一般存在或存在本身的哲学学说","本体"与"存在"是何关系?第二,本体论作为"关于脱离具体存在的超验存在的学说","具体存在"与"超验存在"是何关系?第三,马克思主义哲学与本体论是何关系?究竟应当如何对"本体论"作出马克思主义的哲学解释?

首先，我们分析“本体”与“存在”的关系。

“存在”，这是一个外延最广大、无所不包的概念，又是一个内涵最稀薄、毫无内容的概念。黑格尔说，存在，这是“无规定性的直接性，先于一切规定性的无规定性，最原始的无规定性”。[①] 黑格尔还具体地解释说：“如果我们试观察全世界，我们说在这个世界中一切皆有，外此无物，这样我们便抹煞了所有的特定的东西，于是我们所得的，便只是绝对的空无，而不是绝对的富有了。”[②] 这就是说，“存在”是一个“最抽象也最空疏”的概念。

世界上的一切事物，包括物质和精神，都不仅仅是“存在”着，而且是具有某种“规定性”的存在，也就是具有某种特定的内容与形式的存在。黑格尔说，“规定性中已包含有‘其一’与‘其他’”，[③] “一个具体事物总是不同于一个抽象规定本身的。当我们说‘存在’时，我们并没有说到具体事物，因为‘存在’只是一个纯全抽象的东西”。[④]而任一事物作为有规定性的存在，它就是黑格尔所说的“定在”即特定的、特殊的存在。

如果我们把抽象的或纯粹的“存在”称作“在”，那么，我们就可以把具有规定性的所有事物都称作“在者”。显然，世界上只存在具有规定性的“在者”，而不存在没有任何规定性的纯粹的“在”。然而，人类的思维却不仅仅是抽象事物的各种规定性，将事物把握为各种具有规定性的“在者”，而且还舍弃掉事物的各种各样的规定性，寻求一切“在者”的“在”。由此大家可以初步理解，对“在”的反思性的寻求，就是哲学的本体论；而哲学所寻求的“在”，就是所谓的“本体”。

---

①③　黑格尔：《小逻辑》，商务印书馆 1980 年版，第 190 页。

②　同上，第 194 页。

④　同上，第 199 页。

大家必须特别注意，“本体”作为抽象的“在”，并不是某种现实的存在物，而只是一种人类思维的指向性。哲学反思的现实基础是人类自己的社会生活。因此，对哲学所寻求的“本体”，对寻求“本体”的哲学本体论，都需要从人类自己的社会生活出发去予以解释；或者反过来说，只有从人类自己的社会生活出发，才能合理地解释哲学的“本体”观念和哲学的“本体论”。

哲学的“本体”观念和哲学的“本体论”的产生与发展，首先是与人类独特的生存方式联系在一起的。人类作为改造世界的实践—认识主体，其全部活动——无论是实践活动还是认识活动——的指向与价值，都在于使世界满足人类自身的需要，把世界变成对人类来说是真善美相统一的世界。具有历史展开性的实践活动是人类全部思维的最本质最切近的基础，当然也是人类的哲学反思的最本质最切近的基础。

人类的实践活动不仅具有现实性，而且具有理想性，不仅具有有限性，而且具有无限的指向性。基于人类实践本性的理论思维，总是渴求在最深刻的层次上或最彻底的意义上把握世界、解释世界和确认人在世界中的地位与价值。理论思维的这种渴求，是一种指向终极性的渴求，或者说，是一种终极性的关怀。理论思维的这种终极性的渴求或关怀，构成了贯穿古今的哲学本体论。

哲学的“本体”观念，是一种对终极性的存在的渴求或关怀；哲学的“本体论”，是一种追本溯源式的意向性追求，是一种理论思维的无穷无尽的指向性，是一种指向无限性的终极关怀。哲学的“本体”观念和哲学的“本体论”，最为深刻地显示了人类存在的现实性与理想性、有限性与无限性、确定性与超越性、历史的规定性与终极的指向性之间的矛盾。在这个意义上，关于“在”或“本体”的哲学本体论，是表现人类自身存在的矛盾性或悖论性的理论，也就是理论形态的人类自我意识。

其次，我们分析“本体”与“超验存在”的关系。

作为“本体”的“在”，是“超验的存在”，而不是“经验的存在”。任何经验的存在，都是“定在”，即有规定性的存在，也就是“在者”。所有经验的存在即“在者”，都可以成为科学研究的对象。而作为“本体”的“在”，则是纯粹思维抽象的产物，因而是超越经验的存在。理解这个问题，是理解“本体论”的根本问题，因而也是理解“哲学”的根本问题。反过来说，正是由于这个问题的不易理解，因而人们经常曲解“本体论”和“哲学”。

人作为现实的存在，却要寻求超验的存在，这是因为人对世界的认识总是处于感性与理性的矛盾之中，认为我们感官所把握到的事物并不是存在本身，而只有隐藏在经验后面、作为它的基础的那个超感官的对象，才是真正的存在。这就是所说的“本体”。把存在的事实和存在的本体分离开来、对立起来，是本体论思维的基本前提。本体论表现的是人从人的观点理解和把握世界的一种方式，这就是抛开可见的现存世界，去追求一个不可见的本体世界。人是一种追求理想的存在，这就是人的“形而上学”本性。本体论就是以追求“本体”的方式，来表达人的“形而上学”追求。

由此我们可以看到，把研究“在”或“本体”作为哲学的立足点和出发点的本体论哲学，有三个根本性的思想前提：其一，就其思想本质来说，是把存在本身同存在的现象割裂开来、对立起来，认为经验观察到的现象并非存在本身，存在本身是那种隐藏在经验现象背后的超验的存在；其二，就其思想原则来说，是把主观和客观、主体和客体对立起来，把哲学所追求和承诺的“本体”视为某种超出人类或高于人类的本质、与人类的历史状况无关的自我存在的实体，力图剥除全部主观性，归还存在的本来面目；其三，就其追求目标来说，是把绝对与相对分割开来，企图从支配宇宙的最普遍的原则或原理出发，使人类经验中的各种各样的事物得到最彻底的统一性解释，从而为人类提供一种终极的永恒真理。

从这种思想前提可以看到，以本体论为解释原则或理论硬核的哲学模式，是由于把本质与现象分离开来、主观与客观割裂开来、相对与绝对对立起来而产生的。它的实质，是要求哲学为人类揭示出宇宙的绝对之真、至上之善和最高之美。正因如此，传统哲学的本体论才被现代哲学扬弃了。

再次，我们分析马克思主义哲学与“本体论”的关系。

本体论的哲学模式既把哲学追求永恒真理、探寻终极原因、表述世界本体的渴望推向了高峰，同时也就使本体论哲学走向了自我否定。离开存在的现象，人们如何认识存在本身？存在作为人类认识的对象，它能否排斥认识的主观性？人类关于存在本身的认识，能否具有绝对的、至上的、终极的真理性质？当哲学家从对“本体”的追究而转向对人类认识的反省时，哲学研究的理论硬核便发生了变革。“没有认识论的本体论为无效”。这就是近代认识论哲学的立足点和出发点。

由于认识论哲学的发展，以探寻存在本身为理论硬核的本体论哲学模式，就被以反省人类认识为理论硬核的认识论哲学模式所取代；以追求纯粹客观性为目标、并把主观性与客观性绝对对立起来的形而上学的思维方式，就被探索思维与存在、主观与客观如何统一的辩证法理论所扬弃。独立存在的本体论哲学及其所代表的形而上学的思维方式，已经被德国古典哲学及其所代表的辩证法的思维方式所否定。这表明：本体论哲学作为一种世界观和理论思维方式，它本身只是人类思维在一定历史发展阶段上的产物，没有任何理由或根据把它当做永恒的解释原则或理论硬核去建构当代的哲学模式。

马克思主义哲学认为，人类的社会实践活动，以及实践基础上的人类认识活动，是一个不断发展的历史过程。在这个历史过程中，人类所获得的全部认识成果，包括哲学层面的本体论追求，总是具有相对的性质；但同时，人类的实践和认识又永远不会停留在一个水平上，总是向着全体自由性的目标迈进。因此，马克思主义哲学否定传统本体论占有绝对真理的幻想，但并不拒绝基于人类实践本性和人类思维本性的本体论追求。这应当是大家深入思考的重大的理论问题。

在对哲学本体论的当代理解中，我们应当达到这样一种认识：本体论作为一种追本溯源式的意向性追求，作为一种对人和世界及其相互关系的终极关怀，它的可能达到的目标，并不是它所追求的“本”或“源”；它的真实的意义，也不在于它是否能够达到它所指向的终极存在、终极解释和终极价值；本体论追求的合理性是在于，人类总是悬设某种基于现实而又超越现实的理性目标，否定自己的现实存在，把现实变成更加理想的现实；本体论追求的真实意义就在于，它启发人类在理想与现实、终极的指向性与历史的确定性之间，既永远保持一种“必要的张力”，又不断打破这种“微妙的平衡”，从而使人类在自己的全部活动中保持生机勃勃的求真意识、向善意识和审美意识，永远敞开自我批判和自我超越的空间。

（二）本体论的三重内涵及其关系

本体论作为一种追本溯源式的意向性追求，一种理论思维的无穷无尽的指向性，一种指向无限性的终极关怀，它所寻求的“在”或“本体”，既是无规定性的纯粹的存在，又是解释一切有规定性的“在者”的“在”，还是规范人的全部思想与行为的“在”，因此，哲学本体论具有三重基本内涵，即：追寻作为“世界统一性”的终极存在（存在论或狭义的本体论）；反思作为“知识统一性”的终极解释（知识论或认识论）；体认作为“意义统一性”的终极价值（价值论或意义论）。本体论的这三重基本内涵，需要大家认真思考。

首先，我们讨论本体论对终极存在的寻求，也就是对世界统一性的寻求。

把本体论界说为“存在论”即关于“存在”的理论，这是一种有哲学史根据的通行看法。但是，作这种解释时必须注意，存在于哲学史上的本体论，它所指向和寻求的“存在”，并非各种具体事物或经验对象的存在，即不是“在者”，而是总体性的存在或存在的总体性，即“在”本身。这种总体性的“在”或存在的总体性，对于把握“存在”的思维主体来说，是一种统一性的抽象或抽象的统一性。思维主体寻求这种抽象的统一性，是企图以此为根据去说明全部“在者”的生成、演化和复归。因此，这种“存在”对于思维主体所把握的世界来说，具有“终极存在”的意义。

古希腊哲学家亚里士多德提出，哲学的探索始于对大自然的惊异。人类思维面对千差万别、千变万化的世界，试图寻求一种“万物都由它构成，最初从它产生、消灭后又复归于它”的存在物，把它作为“实是之所以为实是”的最终原因，这就是哲学思维在其童年时代所指向的“终极存在”。

这种哲学思维所关注和指向的终极存在，是经验世界的多样统一性，是万物所由来和万物所复归的某种感性存在物。但在哲学思维的这种追求中，已经蕴含着自我否定和自我超越。古希腊哲学家赫拉克利特以“火”为万物的本原，并提出宇宙是燃烧的活火，并不只是把某种确定的存在物（火）作为万物所由来和万物所复归的“始基”和“基质”，而且是把过程的必然性（逻各斯）视为万物流变中的不变的“本体”。在赫拉克利特这里，作为万物本原或世界统一性的“火”，既是某种可感的现实存在物，又是一种象征意义的“逻各斯”。它启发哲学家沿着另一种思路——对“逻各斯”的逻辑把握——去寻求世界的统一性即终极存在。

这种哲学思路就是探寻对象世界的现象与本质的逻辑关系，把“本体”或“终极存在”视为超越经验而为思维所把握的理性存在物即“共相”的存在。古希腊的又一位哲学家柏拉图认为：现实存在的任何事物或现象，总是以其特殊性的存在或存在的特殊性而表现出诸种不完善性；从经验对象所获得的任何观念或知识，总是以其特殊性的内容或内容的特殊性而丧失其解释的统一性；因此，应该而且必须存在一个高于物理事物并且规范物理事物的“理念世界”；这个作为共相的“理念世界”给予并且显现“物理世界”的意义，因而也构成对“物理世界”的统一性理解和解释。这样，在柏拉图关于终极存在的探索中，已经显示出本体论的另一重基本内涵——关于世界的知识性的终极解释。

其次，我们讨论本体论作为终极解释的内涵。

哲学家们对“世界本原”或“终极存在”的追寻和确认，不能把自己所承诺的“本原”或“本体”只作为一种抽象的观念，而必须对其进行逻辑论证，使之具体化，获得知识形态。本体观念的具体化和知识化就是对本体的解释。

本体观念指向的是世界的终极存在，本体观念的展开和论证，具有对世界进行“终极解释”的意义。值得注意的是，作为终极解释的本体论，它是以知识论的形态为中介而指向世界的终极存在，或者说，在其直接的理论形态上，不是表现为关于世界统一性的存在论，而是表现为关于知识统一性的认识论。

亚里士多德在总结古希腊哲学的基础上提出，哲学本体论所寻求的是关于“最高原因的基本原理”。[①] 这种“基本原理”，可以使人类经验中的各种各样的事物得到统一性的解释，或者可以被解释为某种普遍本质的各种具体表现，从而达到思维把握和解释世界的全体自由性。黑格尔完全赞同亚里士多德所规定的寻求“最高原因的基本原理”的哲学目标，并指出整个哲学史所指向的正是这个目标。但他认为：第一，亚里士多德及其后来的哲学家们把各式各样的现象提高到概念里面之后，却又使概念本身分解为一系列彼此外在的特定的概念，而没有给出作为“终极解释”的“统一性原理”；第二，作为终极解释

① 亚里士多德：《形而上学》，商务印书馆 1959 年版，第 56 页。

的统一性原理，只能是形成于对人类所创建的全部知识和整个人类认识史的“反思”，而不是直接地形成于对各种各样经验对象的认识。

正是从这种理解出发，黑格尔提出：一是“要这样来理解那个理念，使得多种多样的现实，能被引导到这个作为共相的理念上面，并且通过它而被规定，在这个统一性里面被认识”[①]；二是要把哲学理解为“对认识的认识，对思想的思想”即“反思”，并通过反思而使哲学的“统一性原理”获得系统化的逻辑规定。

在黑格尔看来，本体论所追求的“统一性原理”之所以具有对世界进行终极解释的意义，并不是因为它对世界作出最深层次的知识性解释，而是因为它能够把全部知识和整个认识史扬弃为思维把握存在的逻辑，即人类思想运动的逻辑。由于这个逻辑具有充实任何真理性内容的功能，因而是人类的全部知识得以生成和得以解释的统一性根据。正因如此，黑格尔才把他的哲学归结为“逻辑学”。

黑格尔的这种理解和追求，是对整个传统哲学本体论的深刻总结。他以本体论、认识论和逻辑学相统一的哲学形式，唯心主义地实现了本体论所指向的终极存在与终极解释的统一。

再次，我们讨论本体论作为终极价值的内涵。

本体论寻求作为世界统一性的终极存在和作为知识统一性的终极解释，并不是超然于人类历史活动之外的玄思和遐想，而是企图通过对终极存在的确认和对终极解释的占有，来奠定人类自身在世界中的安身立命之本，即人类存在的最高支撑点。人类对终极存在和终极解释的关怀，植根于对人类自身终极价值的关怀。

“自然是人的法则”，“人是万物的尺度”，“上帝是最高的裁判者”，“理性是宇宙的立法者”，“科学是推动宇宙的支点”，“人的根本就是人本身”，这些表达特定时代精神的根本性的哲学命题，就是哲学

① 黑格尔：《哲学史讲演录》第2卷，商务印书馆1960年版，第385页。

本体论历史地提供给人类的安身立命之本或最高的支撑点。它们历史地构成人类用以判断、说明、评价和规范自己的全部思想和行为的根据、标准和尺度，即作为意义统一性的终极价值。

在西方哲学史上，从被黑格尔称之为“具有世界史意义的人物”苏格拉底开始，就试图引导人们离开各种特殊的事例而去思索普遍的原则，追究人们用以衡度自身言行的真善美到底是什么。这种苏格拉底式的追究，就是对人的终极价值的寻求，它贯穿于自柏拉图、亚里士多德至康德、黑格尔和费尔巴哈的整个西方传统哲学。

寻求生命意义的根基，也就是寻求对人类具有普遍适用性或普遍约束性的终极价值。这种终极价值是衡度人类全部思想和行为的最高标准，而人类所追求的一切较小的目标都只是达到这种终极价值的途径或手段。对终极价值的关怀，构成本体论的最激动人心的终极关怀。

在探索西方哲学本体论的同时，我们还应当看到，“究天人之际，通古今之变”，“判天地之美，析万物之理”，“为天地立心，为生民立命”的中国传统哲学，它所表达的对终极存在、终极解释和终极价值的渴求与关怀，正是中国古典式的、博大精深的本体论追求。从求寻“终极价值”的意义上去重新理解“本体论”和中外哲学史，既会深化对“本体论”的理解，也会深化对哲学史的认识。

最后，我们讨论本体论的三重内涵的关系。

在对本体论的追求当中，整个哲学史迄今为止一个最大的问题，就是把本体论所寻求的终极存在、终极解释和终极价值这三者割裂开来了。一个是把本体经验化了，一个是把本体科学化了，还有一个是把本体艺术化了，并由此构成了不同形态的本体论，这就是实体论的本体论，知识论的本体论和诗化的本体论。而这样的三种本体论，它造成了一个巨大的弊端，这就是哲学的存在论、真理论和价值论的分裂。这是值得深长思之的。

正因为本体论不好理解，所以不仅仅是当代中国的哲学界，而且整个当代世界哲学在对本体论的理解当中，出现了这样一种基本的状况，那就是，把本体论所寻求的那种终极存在、终极解释和终极价值，割裂开来，并列起来，从而构成了现代所流行的三种本体论形态。一种是把本体经验化了。他从经验常识出发，他最能理解和接受的是什么？你想本体最容易被理解成什么？嗯？经验化！经验是人类存在的最基本的方式，你就在经验当中生活，你就用经验来应付生活，所以只要你考虑问题你都是从经验出发的。所以当我一说“本体”，你马上就想的是一个“东西”。按照这种经验的思维考虑，考虑来考虑去，都把本体经验化了。什么叫经验化的本体论？经验化的本体论就是把本体看成一种经验性的存在。人们通常认为本体是什么？基本粒子？DNA？统一场？数学公式？总是按照那种经验化的思维方式，追究那种最深层的根本性的存在是什么。其实这还是古代水平的“万物所由来，万物所复归”的那个“始基”和“基质”。你总是按照一种始基、基质，那个宇宙之砖来理解这个本体论。这是本体论的经验化或经验化的本体论。

近代哲学的本体论，是一个理性的本体论，理性取代上帝成了本体，它认为本体应当是一个统一性原理。理性本体论实质上表现的是一种什么要求？是一种哲学科学化的要求。因为它要求哲学像科学一样，作为统一性原理来解释世界。它蕴含着的就是，哲学提供的是一种知识论的本体论，为一切知识提供一个深层的统一性原理。这又是本体的科学化或科学化的本体论。当代哲学的突出特征，就是反思和批判这种本体的科学化或科学化的本体论，也就是批判地反思现代哲学中的科学主义思潮。

19世纪中叶之后，是传统哲学转向现代哲学的一个过程。在这个过程当中，形成了当代哲学的三大思潮，这就是科学主义思潮、人本主义思潮和马克思主义哲学。科学主义思潮认为黑格尔的哲学是一种什么样的理性？是一种狂妄的理性。因为它认为哲学的理性无所不至，所以费尔巴哈说，黑格尔的哲学是精致的宗教，是精致的神学，不外乎让理性代替上帝了。恩格斯说，当黑格尔用理性去求证上帝而不能证明上帝，干脆就把理性宣布为上帝。这就是黑格尔。科学主义思潮意识到黑格尔的这个根本性的弊病。人类理性不能狂妄，应该谦虚。那么人类理性应该谦虚成什么样子呢？科学这个样子。超越科学的限度就是理性的“放荡”。科学主义正是在这个意义上“拒斥形面上学。”从19世纪中叶以来，又兴起了一种人本主义哲学。在人本主义哲学的兴起的过程当中，逐渐地形成了一种所谓的诗化的本体论。它认为，本体论的经验化，以及近代以来的科学化，都是走不通的，因此，哲学的本体，就其本性而言，是一个诗化的本体，是一个纯粹价值化的本体，经验化的本体和科学化的本体都是与哲学风马牛不相及的。这样，就形成了当代哲学中的经验化的本体论、科学化的本体论和价值化的本体论，而它们的相互割裂，又造成了哲学的存在论、认识论和价值论的割裂。这就需要我们重新思考本体论三重内涵的内在关系。

（三）本体论与人的安身立命之本

本体，是追问“是之所是”的那样的一种存在。这样的一种存在，就是世界、人类以及人的思想、观念何以可能的存在，它就是一种根据性的存在。这种作为根据性的存在，它就是基于人性的一种追求。在这种基于人性的、历史性的追究当中，它在哲学史上，为我们展现了三个方面的含义：直接地，它为我们展现的是一种对于世界统一性的寻求，也就是表现为对终极存在的追求。这是直接性的。如果我们进一步去思考就会发现，这种对于世界统一性的终极存在的追求，本质上是对于作为知识统一性的终极解释的寻求。而在进一步的反思当中，我们就会发现了，人类对于这种终极存在的追求，对于这种终极解释的追求，是根源于人类对于自身的终极价值的追求，也就是对人自身的意义的统一性的寻求。

我一直不赞成把中西哲学看得那样对立，似乎西方哲学本质上是一种知识论，而中国哲学本质上是一种伦理学；西方哲学以一种逻辑的、认知的方式去展开它的哲学，而中国哲学以一种体悟的、直觉的方式去展开它的哲学。好像它们完全是两个东西，甚至还由此怀疑说，中国哲学还叫不叫哲学？中国哲学到底有没有本体论？提出一系列的问题。

面对这些问题，我非常欣赏胡塞尔的这个说法，面向事情本身！如果我们面向事情本身，就是面向人自身的存在的本身的话，我们就会形成对本体论的重新理解，对哲学的重新理解。只要它是哲学，它都是源于对人与世界关系的反省，并通过这种反省为人自身提供一种安身立命之本。你看苏格拉底，你看柏拉图，你看亚里士多德，你看究竟他们都想什么东西？他都在想给人自身提供一个安身立命之本。一样的，都是要寻求这种终极的价值或者这种意义的统一性。它是为了能够获得对于人的终极价值的一种合乎逻辑的前提和论证，因此它诉诸于对终极存在和终极解释的寻求。西方哲学也好，中国哲学也好，印度哲学也好，只要它们是作为哲学，它作为人类关于自身存在的自我意识的理论，都是对于所谓终极价值的寻求。但是这种终极价值，为了能够获得哲学家们所希求的那种客观性、普遍性，它必然诉诸于对于终极存在和终极解释的寻求。因此在哲学的本体论当中，它必然地内涵着终极存在、终极解释和终极价值三重内涵。而一旦我们理解了这三重内涵，回过头再去看所谓的本体，就清楚了。什么是本体？本体是人类用来规范自己的全部思想和行为的根据、标准和尺度。

本体论，对于人来说，具有三重意义。它是回答人类何以可能的根据，它又是确认人之为人的一个标准，同时它还是反观人是否为人的尺度。本体论是为人类自身的存在，为规范人自己的思想和行为，提供的一种根据、标准和尺度。什么叫上帝呀？作为本体的上帝是什么呢？就是用来规范我们每个人的思想和行为的那个根据、标准和尺度。想一想，西方人所信仰的上帝是什么？这就是那个根据、标准和尺度！正是在这个意义上，尼采才说，上帝被杀死了，一切都是可能的。所以这个本体论呀，它不是一个超然于世界之外的玄思和遐想，它是一个人类最深层的东西。所以存在主义哲学家们自己就说，存在主义就是一个悖论！因为存在主义是要求人们在没有标准的前提下进行选择，这不就是存在主义的悖论么？所以我把它叫做没有标准的选择的存在主义的焦虑。那还不焦虑了？生命之中不能承受之轻呀！

哲学的本体论在它的深层上，并不是一个像我们想的抽象的东西，它是规范我们每个人的思想和行为的那个根据、标准和尺度。从人类文明史上看，从哲学史上看，人类总是在这二者之间保持着一种张力，就是在标准和选择之间的张力。所以我常愿意说我那一段很长的话：如果是一种没有选择的标准，那是一种本质主义的肆虐；如果是一种没有标准的选择，那是一种存在主义的焦虑。每个时代的人都是在这样一种标准和选择之间，寻求和保持一种必要的张力。这就是哲学的辩证智慧嘛！

为了从最深层上理解本体论，我们必须把这个问题诉诸于对人性的理解，对人的"形上"本性的理解。本体论的人性根基，一个是实践活动的理想性，一个是人类思维的至上性，还有一个是自我意识的根基性。这就是人的"形上"本性。

实践是人自身的存在方式。我们首先从实践作为人的存在方式出发，来反思哲学的本体论追求。这就比较好理解了。大家想一想，人对世界是一种否定性的关系。人总是否定世界的现实性，而把原有的非现实性变成现实性。实践既是使世界分裂的基础，同时又是使世界统一的基础。所以人的实践活动才造成了自然世界和属人世界的分裂。但是造成世界分裂的实践活动又恰好是自然世界和属人世界得到统一的基础。

什么是实践活动呀？实践活动就是把不现实的变成现实的。这是什么？理想性的活动嘛。实践的过程是一个把目的性变为现实性的过程，也就是把理想性变为现实性的过程。因此人类的全部的把握世界的各种方式，都是基于人类的实践的本性。人是一种历史性的存在，而历史是一种无限的展开性。正因为实践的理想性所造成的历史的无限的展开性，所以在人类的精神当中就有一种本体的观念，人类自身就有一种本体的寻求。

所以什么是本体论？本体论是一个无限的指向性，是一个无限的终极的关怀。“本体”不是一个实实在在存在的东西。它是一种人类的指向性，一种基于人类实践活动的理想性的指向性。所以它是“无”嘛。意向性、指向性、终极关怀，我为什么用这些词呢？那就是因为，你意向的、指向的、关怀的“有”就是“无”！怎么是个“无”呢？它就是这样一种无尽的追求！这种无限的指向性，它是基于人性的。因为实践活动就是这样一个东西，它才给人一个安身立命之本，一个逻辑的支撑点。它支撑的是什么？人是一种理想性的存在，这就是本体观念了。哲学给你提供的是什么？哲学给你提供的是人是一种理想性的存在！这不比别的都根本嘛？对一个人生活来说，最重要的是什么？最重要的是你觉解到、你自觉到你是个理想性的存在，你自觉到、你觉解到自己的实践的本性。所以本体论的人性根基，它最深层的是人类自身的存在的方式，人类的实践活动。

正是基于这种实践活动，它直接地表现为人类思维的追究，这里边正好是表现了人类的思维的本性。恩格斯说，人类的思维，按其每次的实现和个别的现实，都是有限的、非至上的，而按照人类思维的本性、使命、可能和历史的终极目标来说，它是无限的、至上的。这多漂亮呀！就这一句话，本体论就可理解了；否则就不可理解。什么叫本体论？你要按照科学思维来讲，那都是思维的每次的现实和个别的实现。哲学不是了，哲学是基于那个思维的本性、那个使命、那个可能、那个历史的终极目标。所以我不说人类的思维有两个维度么？

“构成思想”和“反思思想”。“构成思想”，是形成黑格尔所说的“环节的必然性”；“反思思想”，则是追求黑格尔所说的“全体的自由性”。从本体论去思考哲学与科学的关系，才能深化我们对哲学的理解。

你为什么会有本体论的追究呀？基于人类的实践的本性。但是这种实践的本性，它表现在人的思维当中，人类的思维从不满足于每次个别的现实的实现。恩格斯说得多漂亮，人类思维按其本性来说，它是个矛盾，所以很多人否定本体论，其实就是总强调那个思维的有限性，那个非至上性。人类思维的每次的现实都是非至上的。为什么科学家嘲弄哲学家呀？就因为科学家看到了思维的每次的现实都是有限的，而你哲学家总想超越这个有限。但是，哲学的追求是基于人类实践活动的理想性，是基于人类思维的至上性。你想一想，有谁能够把自己的思维的至上性的要求让它窒息呢?！扼杀呢?！谁能做到？所以康德说，头上的星空，心中的道德律，这是哲学的两个基本指向。对不对？你只要一看星空，你马上就会求索。一种思维的无限的指向性。对不对？你只要反省自己的良心，你又是一个无限的指向性么。是不是这样？这样一种双重的无限的指向性构成了哲学么。康德说怎么就有哲学了？对这二者都表现惊奇了！哲学基于人类本性么，哲学是人类关于自身存在的自我意识的理论，只有在理论当中，人类才能够强烈地感受到这个东西。所以我非常欣赏毛泽东在延安文艺座会上的讲话里边说，什么是文学艺术呀，文学艺术它不过是最强烈地、最集中地去表现了那个生活。所以我还非常欣赏一位文艺批评家关于《红楼梦》的论述。他说，什么是《红楼梦》?《红楼梦》是把生活的大山推倒了，重新地艺术地又构建起来了。艺术强烈地感染了我们，理论强烈地震撼了我们。你要基于人类的本性去理解理论问题，你才能够理解它。

人类的实践活动蕴含着理想性和现实性的矛盾，所以它总蕴含着一种无限的理想的指向性。那么这种理想的指向性是什么？是人类自身的安身立命之本，是一种境界性的寻求。而这种基于理想性的寻求，它必然表现为人类思维的这样一种渴求，那就是人类思维的这种至上性的无限性的要求。但是我们总把这种至上性的和无限性的要求，当做是思维给我们提供的某种知识，这就糟了。所以我们对于本体论的误解，就在于总是把思维的意向性和指向性当做了一种思维认识的结果。这是对于本体论最大的误解。所以大家总问，你说终极存在到底是哪个存在？你说终极解释究竟是哪个普遍原理？你说终极价值给我们提供了一种什么样的价值？总是把思维的这样一种无限的指向性、意向性当做了思维认识的某种特殊的结果。大家好好地理解一下，为什么我一再强调，本体论是一种理论思维的无穷无尽的指向性，是一种人类思维的追本溯源的意向性，是一种人类本身的终极的关怀？本体就是这样一种承诺，对于实践活动的理想性，对于人类思维的至上性，对于自我意识的根基性的一种承诺！这就是人的本体观念。哲学的本体论它又总是把人类文明的活的灵魂，凝聚为自己时代精神的精华。所以哲学的本体又是一种相对的绝对。它在我们自己时代的水平上，给我们提供了一套本体的理论、观念和方法。

所以我强调在整个理解哲学的过程当中，本体论是最不容易理解的。而正是这个本体论，它显示了哲学在人类把握世界的各种方式中的特殊性质和独特功能。也就是说，你要真正理解哲学，你就必须理解本体论。反过来说，你只有理解了本体论，你才有可能理解哲学。为什么一般人认为哲学很难理解呢？原因很简单，就在于不理解本体论。为什么很多人说哲学抽象呀，晦涩呀，玄虚呀，无用呀，就是因为不理解什么叫做“在者之在”，什么叫做“是其所是”，什么叫做“何以可能的根据”，虽然他不可能提出这类问题，但实际上困扰着他的，是这些问题。而一旦你能自觉到这样一些问题，就意味着你已经进入哲学了。所以黑格尔说哲学是一种思维的“自觉”，冯友兰先生说哲学是你的“觉解”。你要能向自己提出一个在者之在，是其所是，何以可能的根据问题，那么意味着你怎么样了？意味着你真正在哲学的层面上“运思”了。你不理解这个，你只有两个可能，要么你在经验常识的层面上想问题，要么你在科学的层面上想问题，而你不可能是在哲学的层面上想问题。你要想超越常识和科学，你就必须达到我们现在讲的，寻求本体。

哲学之所以同宗教、艺术、科学、常识、伦理都不一样，就在于哲学本质上是本体论。人类把握世界的其他方式都是隐含了、承诺了本体论，而它不是一种本体论的自觉或者说觉解。自觉到、觉解到本体的存在，是哲学思考的前提。一个人能不能进行哲学思考，就像马克思说的政治经济学的那个枢纽点一样，你能不能够理解马克思的政治经济学，在于你能不能理解劳动的二重性；你能不能够理解哲学，在于你能不能够理解哲学的本体论追求。

哲学的这种本体论追求，它显示了人类的一种特殊的思维方式。本来按正常说，人们要实现的是恩格斯所说的思维的每次的现实和个别的实现。可是哲学思维不是这样了，哲学思维它要达到黑格尔所说的全体的自由性。黑格尔为什么是传统哲学的集大成者呢？那就是，他把几千年来的人类的哲学思考，以他的哲学理论的方式，最集中地、最凝炼地、最深刻地、最睿智地把它表现出来了，所以他叫“集大成”。哲学就是什么呢？哲学就是全体的自由性！它要追求全体的自由性，所以它才要寻求在者之在，是其所是，何以可能的根据。

哲学的本体论追求，它不是空洞的，按照我个人的理解，就是寻求作为世界统一性的终极存在、寻求作为知识统一性的终极解释、寻求作为意义统一性的终极价值，所以我们才把哲学的本体论，按照我们中国人的习惯用法叫做“终极关怀”。千万别搞错了，叫成“临终关怀”了。但是呀，这个临终关怀和终极关怀，又有非常深刻的共同性，因为它们二者都是向死而思生！向死而思生，面向着死亡来思考生活本身。这是它二者的一致性。然而，临终关怀是在自然生命的意义上所给予的一种终极性的关怀。而哲学的终极关怀是在人的精神、价值这个意义上所提供的一种终极关怀。这二者是不一样的。但二者又都是向死而思生。为什么说哲学是对于死亡的练习呢？你没有面对死亡的这种思考，不会有真实的哲学的思考。哲学是一种终极性的关怀，它要为人自身提供安身立命之本。他必须是能够自觉到、觉解到，人是面向死亡的一种存在，所以才能够燃烧起熊熊的生命之火。

哲学，它不是我们一般所理解的那个哲理，这是有区别的。我们看一部小说，这部小说写得好，为什么好？具有深刻的哲理！那是说它冒了思想的火花。而哲学是什么？用冯先生的话说，对人生的有系统的反思！这就不一样了。

人类的全部生活是建立在这种本体论的追究之上。他要追究终极的解释，追问思想的客观性何以可能？它要追究终极的价值，追问人类为什么能够有一种共同认同的价值、伦理、道德，从而能够保证人类共同地生存下去？我们今天面对的全球化，最大的问题不就是怎么样理解或者说有没有一种普适的伦理吗？这不就是哲学界现在最关注的问题吗？如果你否认了这一点，人类还怎么能够共同生存下去呢？今天人类面对的最大问题究竟是什么？如果你是一种没有选择的标准，就会造成一种本质主义的肆虐；那么反过来，如果你是一种没有标准的选择，你就会陷入一种存在主义的焦虑。人类面临的生存和发展的问题说到底就是本体论问题嘛。

本体论是关于“在者之在”、“是其所是”和“何以可能”的学问。这样一种学问它有三重内涵，就是它寻求终极存在、终极解释和终极价值。但是当人们去理解它的时候，往往把这三者割裂开来了，结果就是哲学的存在论、真理论和价值论的割裂。因此它造成了现代哲学的真理观的相对主义，价值观的多元主义和历史观的非决定主义。而且它的一种主要的趋向就是一种哲学的相对主义和虚无主义。这正是表现了当代人类的困惑、当代人类的焦虑。

（四）本体论的现代革命

本体论之所以离我们大家远了，一个很重要的原因，是因为本体论在它的自身的发展的过程当中，在它的追求方式上，具有非常大的历史的局限性，所以才有现代哲学的本体论革命，首先是马克思的本体论革命。

本体论，它是一个历史的过程。从总体上看，我感到可以把它区分为传统本体论和现代本体论。我们首先来讨论一下，什么是传统的本体论？

哲学家总是在自己的时代去求索人类性的问题。本体论的传统方式，可以概括为三个方面。第一个是思想方式，第二个是思想原则，第三个是思想指向。从思想方式上看，它主要是把在和在者，或者说把纯粹的存在和存在的现象绝对地割裂开来，它要寻求一种超越于“在者”之上的那样一种纯粹之“在”。它把“在者”和“在”绝对地割裂开来，是服从于它的思想原则的。什么原则呢？它要在思想的原则上，把主观和客观绝对地割裂开来，它是要寻求一种没有任何主观因素的纯粹的客观的存在。本体论是一种思维的指向性，思维的一种意向性，但是传统的本体论，它的思维的指向性、思维的意向性，是一种什么东西呢？它是把相对与绝对割裂开来，它把“在”和“在者”割裂开来了，是为了寻求绝对之“在”，而它把这种绝对之在视为一种绝对的客观之在。寻求纯粹的客观性和彻底的绝对性，这就是传统本体论的思维方式。这是一种非此即彼、两极对立的思维方式。

哲学的本体论寻求，最初它诉诸的最基本的范畴是万物与始基，或者万物与基质。当哲学家进行本体论追究的时候，他要寻求的是一个万物所由来和万物所复归的那样的一种实体性的存在。但是，当近代在哲学史上把万物同始基或者万物同基质的范畴演变为变体与本体这对范畴的时候，事情就变化了。因为它认为那个本体，是流变的现象当中的那个不变的永恒的存在，它把这个变中之不变的东西称之为本体，本体首先是同变体相对待的。它构成了一种传统哲学的本体论的思维方式，还原论的思维方式，它要把一切变体的存在，还原为本体的存在，用本体的存在来解释和说明一切变体的存在。在这个意义上，从思维方式上说，这是一种还原论的思维方式。也就是，所有的变体都是变幻不定的，因而也是虚幻的存在，而只有本体它才是一种我们今天的哲学家叫做永恒在场的存在。这种抽象再进一步发展，它变成了个别同一般，或者说个别同共相之间的关系了。所谓的本体变成了一种共相的、一般的普遍的存在了。

这样的一种思维方式发展到中世纪哲学，它变换了，那就是，作为世界上的一切存在物，包括人自身的存在，都是一个被创造的结果，只有上帝，才是创造物本身。所以到了中世纪的本体论，它变成上帝本体论了。上帝是世界的根据了。大家想一想呀，传统的本体论哲学，它必然地会归结为作为一神教的上帝本体论。上帝变成了世界何以可能的根据了。上帝作为我们心中的根据、标准和尺度，规范我们每个人的全部的思想和行为了。上帝变成人和世界何以可能的根据了，上帝变成人的思想和行为的“没有选择的标准”了。

到了西方的近代哲学，它作为一个上帝的人本化的过程，它把作为本体的上帝人化了。这个人化是个过程，首先是上帝自然化了，上帝物质化了，上帝精神化了，最后是上帝人本化了。与此相对应，在近代哲学史上形成了自然本体论，物质本体论，理性本体论或者说广义的精神本体论和人本学本体论。但是在西方近代哲学的既有形态上，取代上帝的本体论，从根本上说是理性本体论。它合乎逻辑地到黑格尔这里就变成了“无人身的理性”的自我运动了，也就是“绝对理念”的自我运动了。

重新思考传统哲学的本体论追求，我们会理解一个极其重要的问题，这就是，由于本体论指向终极存在、终极解释和终极价值，是一种“终极性”的关怀，特别是由于传统哲学在其本体论的追求中，往往把“本体论”变成某种不可变易的存在，因而人们往往把本体论视为一种阉割掉内在的否定性、僵死凝固的哲学理论。这其实是一种误解。本体论所追求和承诺的终极存在、终极解释和终极价值，既是理论思维指向的永恒目标，又是理论思维公开反思和自我批判的对象，因而具有自我否定的内在根据。本体论的自我批判，或者说本体论与辩证法的统一，应当是我们重新理解本体论问题的出发点。

作为理论思维指向的永恒目标，本体论是在哲学层面上表达了人类思维及其所建构的全部科学对确定性、必然性、简单性和统一性的寻求。前面我们说过，化学寻求基本元素，物理学寻求基本粒子，生物学寻求遗传基因，这不正是对“终极存在”的关怀吗？自然科学、社会科学、思维科学和数学都要寻求“基本原理”，这不正是对“终极解释”的关怀吗？就全部科学的直接指向性而言，不都是企图以某种终极存在为基础而对自己的研究对象作出统一性的终极解释吗？有谁否认科学对“终极存在”和“终极解释”的这种“关怀”或“追求”呢？恩格斯说，人的思维是“至上”与“非至上”的辩证统一，“按它的本性、使命、可能和历史的终极目的来说，是至上的和无限的；按它的个别实现情况和每次的现实来说，又是不至上的和有限的”。[①] 哲学的本体论追求正是植根于人类思维的“本性、使命、可能和历史的终极目的”，即植根于人类思维的“至上”性。对此，当代美国哲学家瓦托夫斯基说，这种本体论的形而上学渴望之所以是不可“拒绝”的，是因为人类“存在一种系统感和对于我们思维的明晰性和统一性的要求——它们进入我们思维活动的根基，并完全可能进入到更深处——它们导源于我们所属的这个物种和我们赖以生存的这个世界”。[②]

① 《马克思恩格斯选集》第3卷，人民出版社1995年版，第427页。
② 瓦托夫斯基：《科学思想的概念基础》，求实出版社1982年版，第13页。

在这个意义上，哲学的本体论追求既是不可回避的，也是无法取消的。但是，我们在今天理解本体论，又必须着重思考本体论的内在矛盾。

在对本体论的理解中，有两个特别值得思考的问题。前面我们谈到，在哲学的意义上，本体论的三重内涵既不是相互割裂的，也不是相互并列的。如果把本体论的三重内涵割裂开来、并列起来，就会导致三种不同的哲学立场：其一，孤立地把哲学的本体论追求归结为对“终极存在”的寻求，就会把哲学所寻求的本体“经验化”，以至造成实体论的本体论，即把哲学所寻求的“本体”当做某种“始基”、“基质”或“原子”、“基因”式的“实体”性的存在；其二，孤立地把哲学的本体论追求归结为对“终极解释”的寻求，就会把哲学所寻求的本体“科学化”，以至造成知识论的本体论，即把哲学所寻求的“本体”当做具有最大的普遍性和最大的普适性的“普遍理性”或“普遍原理”；其三，孤立地把哲学的本体论追求归结为对“终极价值”的寻求，就会把哲学所寻求的本体“艺术化”，以至造成诗化的本体论，即把哲学所寻求的“本体”当做某种主观意愿的表达。这三种哲学立场所导致的共同后果，就是在哲学寻求“本体”的根基上造成存在论、真理论和价值论的分裂。

哲学对终级存在、终极解释和终极价值的寻求，它所关注的不是何者为真、何者为善、何者为美，而是把“真”、“善”、“美”作为主词而予以探寻和追究，这集中地体现了哲学本体论的真实意义：为人类的思想和行为提供判断、解释和评价真、善、美的“根据”、“标准”和“尺度”。哲学意义的“本体”，既不是某种实体性的“终极存在”，又不是某种知识性的“终极解释”，也不是某种主观化的“终极价值”，而是以寻求“终极存在”、“终极解释”和“终极价值”的方式，为人类的全部思想和行为追寻“根据”、“标准”和“尺度”。哲学本论论所具有的这种真实意义，使其在人类把握世界的各种方式中，在人类创建的全部知识体系中，扮演了一种独特的角色，这就是以其所承诺的“本体”作为最高的或最终的根据、标准和尺度，批判地反思人类一切活动和全部知识的各种前提，为人类的存在和发展提供自己时代水平的“安身立命之本”或“最高的支撑点”。在这个意义上，本体论就是哲学世界观。

在对哲学本体论的理解中，另一个值得深思的问题是，“本体”的寻求即是矛盾。哲学作为思想中的时代，它所承诺的“本体”及其对“本体”的理解和解释，都只能是自己时代的产物，而哲学本体论却总是要求最高的权威性和最终的确定性，把自己所承诺的“本体”视为毋庸置疑和不可变易的“绝对”。这样一来，哲学本体论从其产生开始，就蕴含着两个基本矛盾：其一，它指向对人及其思维与世界内在统一的“基本原理”的终极占有和终极解释，力图以这种“基本原理”为人类的存在和发展提供永恒的“最高支撑点”；而人类的历史发展却总是不断地向这种终极解释提出挑战，动摇它所提供的“最高支撑点”的权威性和有效性。这就是哲学本体论与人类历史发展的矛盾；其二，哲学本体论以自己所承诺的“本体”或“基本原理”作为判断、解释和评价一切的根据、标准和尺度，也就是以自身为根据，从而造成自身无法解脱的解释循环。因此，哲学家们总是在相互批判中揭露对方的本体论的内在矛盾，使本体论的解释循环跃迁到高一级层次。这又是哲学本体论的自我矛盾。

如何对待哲学本体论的内在矛盾，使哲学从原则上区分为“传统哲学”与“现代哲学”。“传统哲学”之所以“传统”，就在于全部的传统哲学都力图获得一种绝对的、确定的、终极“本体”。它向自己提出的问题是：什么是绝对的真？什么是至上的善？什么是最高的美？这样，它就把世界分裂为真与假、善与恶、美与丑的非此即彼、抽象对立、永恒不变的存在。这是一种统治人类几千年的非历史的、超历史的、僵化的本体论的思维方式。与此相反，“现代哲学”之所以“现代”，就在于现代哲学从思维方式上实现了“从两极到中介”的变革，从人类的历史发展出发去理解哲学的本体论追求。

讨论现代哲学的本体论批判，我在这里主要想分析一下蒯因、赖欣巴哈和萨特的看法。

关于“本体论问题”，当代美国哲学家蒯因认为，在讨论本体论问题时，必须注意区别两种不同的问题：一是何物实际存在的问题，一是我们说何物存在的问题；前者是关于“本体论的事实”问题，后者则是在语言中对“本体论的许诺”问题。蒯因的这种区分，表达了对本体论问题的现代理解，触及了传统哲学本体论的症结所在。总结哲学本体论的发展史，我们会发现，虽然传统哲学家们一直是在“说何物存在”，即在语言中承诺自己所确认的终极存在、终极解释和终极价值，但他们却总是把“说何物存在”的问题视为“何物实际存在”的问题，也就是把自己的“承诺”当做毋庸置疑和不可变易的绝对。正因如此，传统哲学家总是把自我批判的本体论变成非批判的本体论信仰。

一旦自觉到本体论是一种“承诺”，便会提出如下的问题：本体论承诺了什么？这种承诺的根据和意义何在？对此，德国哲学家赖欣巴哈在20世纪50年代初提出：“思辨哲学努力想获致一种关于普遍性的、关于支配宇宙的最普遍原则的知识”。他还具体地指出：“思辨哲学要的是绝对的确定性。如果说预言个别事件是不可能的，那末，支配着一切事件的普遍规律至少应被视为是知识所能知道的；这些规律应该可以用理性的力量推导出来。理性，宇宙的立法者，把一切事物的内在性质显示给人的思维——这种论纲就是一切思辨哲学的基础。”①赖欣巴哈的观点代表了现代西方分析哲学和科学哲学的基本看法，即：都把本体论所承诺的实质内容归结为关于世界的绝对确定性的终极解释；又把本体论追求的根源归结为错误地夸大了人类理性的力量——

① 赖欣巴哈：《科学哲学的兴起》，商务印书馆1983年版，第234、235页。

把理性视为“宇宙的立法者”。现代西方的科学主义思潮，正是以否认对理性至上性的承诺为出发点，进而否认本体论式的意向性追求——“拒斥形而上学”。

与科学主义思潮不同，以存在主义为代表的现代西方人本主义思潮，一方面是把整个传统哲学归结为与存在主义相对立的“本质主义”，拒绝本体论对终极存在和终极解释的追求；另一方面又把本体论式的意向性追求聚焦于反思人自身的存在。法国哲学家保罗·萨特明确地从本体论上把全部的存在区分为“自在的存在”和“自为的存在”，凸现“自为的存在”的特殊性——“存在先于本质”，并把考察“自为的存在”——人的生存结构——置于哲学的核心地位。

剖析西方哲学对本体论的现代理解，可以使我们比较清楚地看到，尽管现代西方哲学的各流派对本体论持有各异其是甚至恰相反对的态度（诘难或辩护，拒斥或重建），但都把传统本体论的目标理解为对绝对确定性的终极解释的寻求，都把传统本体论的根基归结为对理性至上性的承诺。在这个意义上，整个现代西方哲学——无论是科学主义思潮还是人本主义思潮——都是反本体论的：拒斥传统本体论的绝对主义和理性主义，张扬相对主义和非理性主义。而二者的区别则在于：科学主义思潮从反对绝对主义和理性主义出发，把本体论追求视为“无意义”的“假问题”而予以“拒斥”；人本主义思潮则从关注人自身的存在出发，剔除本体论对世界统一性（终极存在）和知识统一性（终极解释）的追求，而把本体论归结为对人的生存状态的关怀。

应当承认，现代西方哲学对传统本体论的解析与批判不乏深刻之处，对本体论的现代重建也不乏睿智之见。但是，我们更应清醒地看到，现代西方哲学所张扬的相对主义和非理性主义，表明它从近代哲学对人类未来满怀激情的憧憬变成了对人类未来惴惴不安的恐惧，从近代哲学对人类理性力量鲸吞宇宙的幻想变成了对理性力量深感忧虑的怀疑。消解、拒斥、烦恼、焦虑，代替了大一、统一、和谐、全体。

许多现代西方哲学家都认为，生活是根据下一步必须要解决的具体问题来考虑的，而不是根据人们会被要求为之献身的终极价值来考虑的，并把当今的时代概括为“相对主义时代”。[①] 这种本体论追求的拒斥与丧失，从对人类理性的理解角度看，是从传统哲学片面夸大人类思维的至上性，走向了片面地夸大人类思维的非至上性；而从理论与现实关系的角度看，则是理论地折射出现代发达工业社会的文化危机和精神危机。深入思考这种本体论追求的拒斥与丧失，反思当代社会的相对主义和虚无主义思潮，应当是马克思主义哲学的当代使命之一。

作为对哲学本体论的初步总结，我想作出如下的提示：我们把终极存在、终极解释和终极价值称作本体论终极关怀的“三重内涵”，而不是称作终极关怀的“三种历史形态”，这就意味着，它们之间的关系并不是此消彼长、依次更迭的，而是互为前提，始终并存的。具体地说，我们可以对哲学本体论所追寻的“终极存在”、“终极解释”和“终极价值”作出如下的总体说明：追寻作为世界统一性的终极存在，这是人类实践和人类思维作为对象化活动所无法逃避的终极指向性，这种终极指向性促使人类百折不挠地求索世界的奥秘，不断地更新人类的世界图景和思维方式；追寻作为知识统一性的终极解释，这是人类思维在对终极存在的反思性思考中所构成的终极指向性，对终极解释的关怀就是对思维规律能否与存在规律相统一的关怀，也就是对人类理性的关怀，这种关怀促使人类不断地反思“思维和存在的关系问题”，引导人类进入更深层次的哲学思考；追寻作为意义统一性的终极价值，这是人类思维反观人自身的存在所构成的终极指向性，对终极价值的关怀就是对人与世界、人与人、人与自我的关怀，这种关怀促使人类不断地反思自己的全部思想与行为，并寻求评价和规范自己的标准和尺度。显而易见，无论是对世界统一性和知识统一性的关怀，

① 参见宾克莱：《理想的冲突》，商务印书馆1986年版，第19页。

还是对意义统一性的关怀，对于作为实践主体和认识主体的人类来说，都不是一个是否“应当”的问题，而只能是一个“如何”关怀的问题。

作为终极关怀的本体论，它所体现的是人类实践活动的理想性、人类思维的至上性和自我意识的根基性，因此，本体论是人的“形上”本性的哲学表达。哲学在自己的本体论追求中，实现了近代哲学的“认识论转向”和现代哲学的“实践转向”与“语言转向”，实现了“从两极到中介”和“从层级到顺序”的变革，实现了本体论追求与本体论自我批判的统一，也就是以辩证法为实质内容的存在论、真理论和价值论的统一。理解哲学的本体论追求，理解本体论的自我批判，理解本体论与辩证法的统一，这是理解全部哲学问题之根。